자율성과 전문성을 지닌 교사 되기

공교육 혁신을 이끈 **세계의 교원 정책**

자율성과
전문성을
지닌
교사 되기

초판 1쇄 인쇄 2024년 1월 25일
초판 1쇄 발행 2024년 2월 1일

지은이 린다 달링 해몬드·디온 번즈
옮긴이 전국교원양성대학교총장협의회
펴낸이 김승희
펴낸곳 도서출판 살림터

기획 정광일
편집 조현주·송승호
북디자인 꼬리별

인쇄·제본 (주)신화프린팅
종이 (주)명동지류

주소 서울시 양천구 목동동로 293, 2215-1호
전화 02-3141-6553
팩스 02-3141-6555
출판등록 2008년 3월 18일 제313-1990-12호
이메일 gwang80@hanmail.net
블로그 http://blog.naver.com/dkffk1020
한국교육연구네트워크 www.kednetwork.or.kr

ISBN 979-11-5930-275-6 93370

• 가격은 뒤표지에 있습니다.
• 잘못된 책은 바꾸어 드립니다.

Empowered Educators

...ing systems shape teaching quality around the world

자율성과 전문성을 지닌 교사 되기

공교육 혁신을 이끈 세계의 교원 정책

린다 달링 해몬드·디온 번즈 지음
전국교원양성대학교총장협의회 옮김

살림터

교원 정책에 관심을 가져야 하는 이유

이혁규 청주교육대학교 총장, 2022년 교총협 회장

이 책의 원서는 『*Empowered educator: How high-performing systems shape teaching quality around the world*』로, 미국 국립교육경제센터NCEE 산하 국제교육벤치마킹센터CIEB에서 발간한 시리즈물의 첫 번째 책이다. 미국의 린다 달링 해몬드와 세계적인 학자들이 팀을 이루어 7개 지역의 교원 정책 시스템—싱가포르, 핀란드, 호주 뉴사우스웨일스와 빅토리아 주, 캐나다 앨버타와 온타리오 주, 중국 상하이—을 심층 연구한 결과물이다. 이 지역들을 선정한 중요한 이유는 국제성취도 평가에서 높은 성과를 보이는 동시에 사회·경제적 배경이 학생의 학업 성취에 미치는 영향이 크지 않은 형평성 교육이 실현되고 있는 곳들이기 때문이다.

꽤 많은 연구자가 참여하고 상당한 연구비가 투자된 이 국제교사정책연구the International Teacher Policy Study의 결과는 책 제목에 함축적으로 표현되어 있다. 'empowered'는 '권한을 부여받은', '능력을 부여받은', '자기 결정력을 갖춘' 등의 의미를 지닌 형용사다. 책 전체 내용을 살펴보면 이 용어는 교사들에게 단순히 자율권이나 자치권을 부여한다는 의미를 넘어선다. 이 책이 연구한 지역들은 높은 성과를 내는 유기적인 시스템을 통해 교수의 질을 관리하여 모든 학습자에게 21세기 지식정보 사회에서 성공적으로 살아가는 데 필요한 최선의 교육을 제공하고자 노력하고 있다. 그 중심에는 자율성과 전문성을 지니고 상호 협력하며 학생들의 성장을 이끄는 교사들이 있다. 이런 의미를 어떻게 옮길지 고심하면서 역서 제목을 '자율성과 전문성을 지닌 교사 되기: 공교육 혁신을 이끈 세계의 교원 정책'으로 번안하였다.

1장에서 저자들은 높은 성과를 내는 지역에서 발견한 내용을 10가지로 요약하여 제시한다. 그것은 '교원에 대한 높은 사회적 존중', '예비 교사 선발 단계에서 엄격한 선별', '교사 교육과 전문적 학습을 위한 충분한 재정 지원', '명료한 교원 전문성 기준 개발', '질 높은 교육과정과 교육 실습을 통한 충실한 교직 준비 및 입문', '연구에 기반하고 연구에 참여하는 전문직으로서의 교직', '고립된 직업이 아닌 협력적 직업으로서의 교직', '교사 발달의 지속적인 지원', '충분한 리더십 계발 기회 제공', '질 높은 교육과 형평성을 보장하는 시스템'이다. 또한 연구자들은 교사의 질teacher quality과 교수의 질teaching quality을 구분하여 설명하면서 교육 선진 지역들에서는 교사의 역량 개발뿐만 아니라 교사가 자신의 역량을 적절하게 활용할 수 있는 환경을 구축하는 것에도 큰 노력을 하고 있음을 발견하였다. 이것은 한두 가지 정책이 아니라 관련 정책들이 유기적으로 연계된 시스템적 접근을 통해 가능하다.

책을 번역하면서 한때 세계에서 가장 모범적인 공교육 제도를 구축했던 미국이 이제는 이런 교육 선진 지역에 한참 뒤처지고 있다는 절박한 문제의식과 더불어 미국의 공교육과 교원 정책을 개선하려는 뜨거운 열망을 느낄 수 있었다. 그렇다면 우리나라는 어떠한가? 우리나라는 세계적으로 교육열이 높기로 유명하지만, 교원 정책에 대한 사회적 관심은 역설적으로 매우 낮다. 대학입시제도와 관련 정책에 대해 우리 사회가 갖는 관심과 비교하면 이는 매우 분명하게 드러난다. 수학능력시험 문제 하나에 오답 시비가 생기면 온 나라가 떠들썩하고 때로 장관이 책임져야 하는 일도 발생하지만, 교원 정책을 게을리했다고 언론이나 사회가 문제 삼는 경우는 보기 어렵다.

현 정부에서 교원을 대학원 수준에서 양성해야 한다는 소위 교육전문대학원 관련 정책 발표가 있었을 때도 유사했다. 이 문제에 대한 진지한 사회적 논의가 일기 전에 교원에게 석사 자격을 요구하는 것이 필요하지 않다는 반대 의견만 높았다. 그러나 이런 반대 목소리를 내는 사람 중에 세계적인 공교육 성공 모델 중 하나인 핀란드에서 이미 1979년경 교원에게 석사 학위를 요구하는 개혁을 단행했다는 사실을 아는 사람이 얼마나 될까? 혹은 싱가포르에서 예비 교사들이 대학에 입학하면 대학 등록금뿐 아니라 생활비까지 지급하고, 4년 동안 22주나 되는 교육 실습을 경험하게 하는 것을 아는 사람은 또 얼마나 될까? 이런 나라의 세계적인 경쟁력이 수십 년 동안 지속된 일관된 교원 정책과 깊은 관련이 있는 것은 알고 있을까? 핀란드와 싱가포르뿐 아니라 이 책에 소개된 지역들은 대부분 공교육 개혁의 중심에 교원 정책을 위치시키고 필요한 지원을 계속하고 있다.

이 책을 소개하면서 현재 진행되는 대학 구조 개혁에서도 교원양성대학에 대한 지원이 특별히 중시되어야 한다는 점을 강조하고자 한다. 효율성과 경제 논리만을 우선시한 대학구조조정은 교원양성의 목적성과 중요성을 등한시하는 오류를 범할 우려가 크다. 따라서 세계의 모범적인 교원양성교육과 이를 뒷받침하는 시스템을 면밀하게 살펴서 교원양성대학 구조 개혁의 방향을 정립해야 한다. 예를 들어, 세계적인 교원양성대학인 싱가포르 NIE는 종합대학교에 소속되어 있지만, 교육부가 직접 예산을 할당하여 대학 본부의 간섭 없이 재정의 독립성을 온전히 보장받고 있으며, 교육부의 밀접한 협력과 지원 아래 질 높은 교사 양성에 필요한 다양한 제도를 운영하고 있다. 이는 싱가포르 정부가 우수한 교원 양성 및 전문성 개발을 정책의 우선순위에 두고 있어서 가능한 모델이다. 21세기에 맞는 공교육 혁신을 위해서는 교원양성대학의 역할 재정립과 질 관리 시스템의 혁신 그리고 행·재정적 지원 확대가 꼭 필요하다. 이를 위한 정부 및 범사회적 관심을 촉구한다.

물론, 이 책은 예비 교사 양성을 넘어서 교원의 생애 전체에 걸친 전문성 개발을 다룬다. 4장에서는 교원의 전문성 학습과 성장을 지원하는 다양한 접근 방식과 제도를 소개한다. 5장에서는 교직 경력단계와 교원의 리더십 개발을 가능하게 하는 각국의 사례들을 비교 설명한다. 이를 통해 각국이 교원의 평생 성장이 가능한 문화와 제도를 위해 어떻게 고민하고 나아가고 있는지를 보여준다. 6장에서는 종국적으로 공교육을 개선하고 모든 학생의 성장을 촉진하는 형평성 교육을 위한 교육 시스템을 소개한다. 마지막 7장에서는 국제적 비교 연구를 통한 창의적 정책 차용의 중요성을 언급하면서 양질의 교육이 가능한 정책 시스템과 그것을 가능하게 하는 문화와 전략에 대해 언급한다.

우리나라도 외국의 모범 사례들을 체계적으로 분석하여 우리에게 적합한 교원양성 혁신 모델을 창안해야 한다. 연구자와 실천가들이 이 연구와 같은 대규모 프로젝트를 통해 세계의 모범적인 교원 정책을 심층적으로 조사하여 한국의 교원양성과 교원 전문성 개발 시스템을 창의적으로 혁신할 기회가 오기를 소망한다. 그래서 모든 학생이 자신의 잠재력을 마음껏 펼치면서 역량있고 행복한 시민으로 성장할 수 있는 세계 최고의 공교육 시스템으로 우리 교육이 진화하기를 꿈꾸고 열망한다. 이 책의 출판이 그런 계기를 만드는 마중물이 되기를 기대하며, 번역을 위해 마음을 모아주신 전국교원양성대학교총장협의회와 12개 대학의 번역자와 감수자, 어려운 출판 환경에서도 번역의 전 과정을 챙겨주신 살림터 출판사 여러분께 감사드린다.

머리말

우리는 훌륭한 학교는 예외 없이 훌륭한 교사들로 구성되어 있다는 데 동의할 수 있을 것이다. 따라서 국가, 주 또는 지방 전체에 훌륭한 학교를 갖고 싶다면 모든 학교에 훌륭한 교사를 배치해야 한다. 이 점에 동의하지 않는 사람은 거의 없을 것 같다. 하지만 곧이어 이런 의문이 생겨난다. 그것을 어떻게 가능하게 할 수 있을까?

시간을 되돌려 남북전쟁이 발발하기 몇 년 전 미국으로 돌아가 보자. 캐서린 비처Catherine Beecher와 호레이스 만Horace Mann의 선구적인 지도 아래 현재 미국 학교 시스템의 윤곽이 형성되던 시기였음을 우리는 알고 있다. 학교가 있는 지역 사회에서는 현장에서 일하지 않는 아이들을 지도하기 위해 젊은 남성들을 고용했다. 그들의 아내들은 집에 머물렀다. 그리고 점점 많은 수의 딸들이 거의 무급에 가까운 임금을 받으며 공장에서 장시간 일하고 있었다. 교육받은 학생들은 대부분 읽기, 쓰기, 그리고 그들이 언급했듯이 '산수arithmetic'의 기초를 훈련하고 연습했다.

비처와 만은 다른 아이디어가 있었다. 남자들을 공장으로 보내고, 대신 공장에서 일하고 있던 젊은 여성들을 학교로 보내는 것이다. 비처와 만은 이런 운동을 여성을 위한 직업을 만드는 것으로 보았으며, 직업적 준비를 위해 사범학교normal schools 설립을 옹호했다. 그것이 전국적으로 전개되면서 교육의 여성화가 일반적으로 또 다른 전환점을 맞았다.

과학적 관리자Scientific managers와 지역사회 관리자town guardians는 종종 재정적인 이유로 이런 운동을 선호했다. 그들은 부모와 함께 거주하는 미혼 여성이라서 많은 급여가 필요하지 않거나, 기혼 여성이라 하더라도 남편이 가족을 부양하므로 학교가 적은 인건비로 여성들을 고용할 수 있다고 주장했다. 당시에는 교사들이 학생들보다 더 많이 알 필요가 없었고, 학생들은 기본basics 이상을 알 필요가 없었기에 교사들은 많은 역량이 필요하지 않았다. 시스템이 발전함에 따라 임신하면 해고당했으므로 이러한 젊은 여성들이 교사로서 계속 성장하도록 투자할 가치가 거의 없었다. 물론 이 시스템을 관리하려면 특히 대도시의 경우 학교가 많고, 관리해야 할 사람과 자금이 많아서 실질적인 기술과 능력이 필요했다. 그러나 관리자들은 교사들에게 무엇을 어떻게 해야 하는지 지시하기 위해 교사들보다 훨씬 많은 급여를 받는 남자들이었다. 이것은 미국의 급성장하는 산업체에서 엄청난 성공을 거둔 모델이었다. 그리고 이 모델이 학교에서 작동하지 않을 이유가 없었다.

그리고 실제로 그것은 잘 작동했다. 미국은 이 모델을 사용하여 교육적 성취에 대한 새로운 글로벌 표준benchmark을 차례로 설정했다. 20세기 중반까지, 미국은 세계에서 가장 잘 교육받은 노동력을 보유하고 있었다. 미국은 학교에서 전형적인 블루칼라 모델의 업무 조직으로 그것을 해냈다.

전 세계 교육자들이 미국 교육 시스템을 관찰하고, 교훈을 얻고, 본국에 수입하기 위해 미국을 방문했다. 그리고 미국 모델의 변형들이 세계 곳곳에서 나타났다.

하지만, 20세기가 끝날 무렵 세계는 변하고 있었다. 선진국의 학교들이 제공하는 것과 같은 기본 기술basic skills을 제공하기 위해 가난한 나라들은 방금 설명한 학교 교육의 모델을 활용하는 방법을 배우고 있었다. 그러나 가난한 나라의 학교 졸업생들은 선진국의 학교 졸업생들보다 훨씬 적은 돈을 받고도 기꺼이 일하려 했다. 기본적인 기술만 가진 사람들을 찾는 일자리는 선진국으로부터 같은 기술을 고용주가 훨씬 적은 비용으로 얻을 수 있는 국가로 옮겨갔다. 수억 명의 저개발국 사람들이 이런 식으로 빈곤에서 벗어났다. 반면, 기본적인 기술만 있는 선진국 사람들은 엄청난 곤경에 처했다. 그 후 대부분 일상적인 작업을 하는 사람들의 일이 로봇과 다른 자동화 기계에 의해 행해지기 시작했다. 아웃소싱과 자동화 사이에서, 최고 선진국에서 기본적인 기술만 있는 사람들을 위한 시장은 황폐화되었다.

그러한 사실은 블루칼라 모델의 학교 업무 조직에는 죽음의 종소리였다. 기본적인 기술만 가르칠 책임을 맡은 저임금 교사들이 우리 시대가 요구하는 일을 더 이상 감당할 수 없음을 여러 나라들은 속속 깨닫기 시작했다. 이 교사들은 교사로서의 능력이 아니라 관리자로서의 역량 때문에 선발된 학교 행정가들이 시키는 대로 움직여야 하는 학교에서 근무했다. 교사가 고등학교 졸업자 중 성적이 낮은 학생들로 충원되고, 순위가 낮은 고등 교육 기관에서 교육받고, 형편없는 임금을 받고, 승진에 대한 전망 없이 모두 같은 일을 하고, 더 나은 수행에 대한 보상 없이 경력에 따라서만 보상받는 동안, 교사가 아닌 다른 사람들이 학생의 성적을 높이는 방법을 찾아내도록 기대하는 모델로는 현시대가 요구하는 과업을 결코 성취해낼 수 없는 것이었다.

최고 선진국들에서 지금 해야 할 일은 이전에 엘리트 학생들만 계발하게 했던 지식, 기능, 태도 그리고 가치를 거의 모든 학생에게 제공하는 것이었다. 국가가 지금의 생활 수준을 유지할 수 있으려면, 이전에 사회의 미래 지도자들에게만 기대했던 자질을 모든 학생이 함양하고 학교를 졸업하게 해야 할 것이다. 소수의 사람만 고등학교 이상의 교육을 받던 19세기 중반 미국과 같은 시대에는 사회 전체의 미래 지도자를 양성하는 고등학교만이 잘 교육받은 교사를 고용할 여유가 있었음이 분명하다. 사실, 블루칼라 교육 모델은 당시에는 대중을 교육하기를 원하는 국가가 활용할 수 있는 유일한 모델이었다.

그러나 블루칼라 모델의 교사 업무 조직으로는 많은 학생이 엘리트가 되게 할 수 없었다. 전문가 모델의 교사 업무 조직만이 그런 목표를 달성할 수 있다. 그래서 탐색 작업이 시작되었다. 그런 모델은 어떤 모습일까? 미래 교사들은 어디서 길러질까? 그들은 어떻게 가르치는 일에 매력을 느끼게 될까? 어떤 종류의 교육이 그들에게 필요할까? 그들은 어떻게 가르치는 기법을 배울까? 그들은 어떻게 선발될 수 있을까? 선발 기준은 무엇일까? 그들의 일은 어떻게 조직될까? 그들에게 어떤 종류의 진로를 제공할 수 있을까? 할 수 있는 최선의 역량을 발휘하게 하려면 그들에게 어떤 종류의 인센티브가 필요할까? 교사 역량, 교육과정, 학교, 그리고 학생 성적 향상을 위해 지속적으로 일할 수 있는 직장은 어떻게 조직되어야 할까? 학교에서 더 높은 성과를 내도록 요구받는 사람이 관리자나 정책 분석가나 연구 공동체가 아니라 교사라면 학교는 어떤 모습일까? 이러한 질문들에 대한 답이 요구되는 학교 리더십의 종류를 어떻게 바꿀까? 다시 말해서, 고립된 엘리트 학교뿐만 아니라 국가, 지방 또는 주 전체에 적용될 때 가르치는 일에 대한 전문가 모델은 어떤 모습일까?

그 질문—아마도 오늘날 교육자들이 직면한 가장 중요한 한 가지 질문—은 이 책과 이 책의 바탕이 된 연구가 답하려는 질문이다. 3년 전, 나와 나의 동료인 국립교육경제센터NCEE의 국제교육벤치마킹센터Center for International Education Benchmarking, CIEB 책임자 벳시 브라운 루지 Betsy Brown Ruzzi는 린다 달링 해몬드Linda Darling-Hammond 교수에게 선도 국가들이 우리가 방금 한 질문들에 어떻게 답하는지 살펴보기 위해 교사 자질에 대한 국제 비교 연구를 할 수 있는지 물었다. 달링 해몬드는 그 기회를 놓치지 않았다.(그는 단연 세계 최고의 교육 연구자 중 한 사람이자 평생 교직에 관심을 둔 연구자다.) 이러한 연구는 일반적으로 현장 작업의 대부분을 수행하는 대학원생과 함께 수석 연구원이 맡아 진행한다. 그러나 달링 해몬드는 그렇게 하지 않았다. 그녀는 매우 큰 이 연구 프로그램에 함께 참여하도록 전 세계의 선도적 연구자들로 팀을 구성했다. 그 결과, 최고의 유명 연구진들의 진정한 협업으로 놀라운 작품이 만들어졌다. 그것은 우리가 바라던 모든 것 그리고 그 이상이다.

이 책에서 그대로 모방할 하나의 국가, 주 또는 지방을 찾지 않기 바란다. 여러분이 발견할 수 있는 것은 설명되는 해당 지역들이 처음 그리고 나중에 이런저런 것을 시도하는 과정을 묘사한 그림이다. 어떤 사람들은 다른 사람들이 갖지 못한 기회를 얻었다. 일부는 이런 작업을 하고 다른 일부는 저런 작업을 했다. 이렇게 하면서 그들은 서로의 어깨너머로 영감, 아이디어, 도구를 찾았다. 점차 주제들이 드러났다. 당신이 모델을 원한다면, 그 주제들과 이 책과 이 프로젝트의 책 시리즈에서 찾을 수 있는 정책과 관행의 모자이크를 조합해야 할 것이다. 그런 다음 여러분이 배운 내용을 자신의 목표, 가치, 맥락에 맞게 조정해야 할 것이다.

여기에는 풍부한 영감이 존재한다. 이 국가들이 만든 주요 변화 중 일부는 매우 극적이다. 일부 국가는 정치적 상황으로 인해 교사 교육의 마땅한 변화를 필요한 정도로 일으킬 방법이 없다고 생각하면서, 자신들의 교사 교육 시스템을 절망적으로 바라보고 있다. 그러나 핀란드가 어떻게 모든 교사 교육 기관을 한 번에 폐지하기로 하고, 훨씬 적은 수의 기관을 설립했는지 살펴보라. 이 모든 교사 교육 기관은 연구 중심 대학에 속해 있으며, 모든 교육과정이 학교 교육에 대한 국가의 목표와 밀접하게 연관되어 있다.

혹은 교사들이 승진함에 따라 더 많은 보상, 더 많은 권한, 더 많은 자율성, 더 높은 지위를 얻는 경력 사다리 시스템을 완벽하게 만들어내고, 그 과정에서 교직의 의미를 블루칼라 모델에서 전문가 모델로 변화시킨 상하이를 살펴보라. 아니면 싱가포르와 호주를 생각해보자. 여기서는 의학, 법률, 공학, 회계 및 많은 다른 직업의 전문화를 특징짓는 전문성 표준의 개발과 같은 방식으로 그들의 시스템을 발전시키기 위해 교사 및 학교 지도자에 대한 표준을 심사숙고해서 개발했다.

그러나 주의를 당부한다. 달링 해몬드와 동료들은, 높은 교사 자질을 설명하는 것은 이러한 혁신들과 혁신과 유사한 것들 중 어느 하나가 아니라고 지적한다. 가장 중요한 것은 전체 시스템과 그것이 서로 결합되는 방식이다. 그들은 학생 성취에서 나타나는 차이점을 설명하는 것은 교사 질관리 시스템의 모든 부분과 조각들뿐만 아니라, 이러한 교사 질관리 시스템이 그 일부인 더 큰 교육 시스템 설계와 결합되는 방식이기도 하다. 형평성 문제가 대표적인 사례다. 그것은 신규 교사들이 저소득층 및 소수 민족 배경의 학생들을 가르치는 데 필요한 필수 사항을 안내받거나 임상 실습clinical work에서 그에 관한 약간의 경험을 하는 수업을 듣게 하는 정도에 그치지 않는다. 상하이는 저소득층 및 소수 민족 학생들을 대상으로 하는 다양한 학교에서 근무하지 않고는 사실상 승진이 불가능하도록 경력 사다리 시스템을 설계했다. 싱가포르에서는 저소득층 및 소수 민족 학생들이 가장 많이 모여있는 교실에서 일하는 교사들이 최고의 교사라는 사실을 발견할 가능성이 매우 크다.

싱가포르 교사들은 열악한 학생들이 뒤처지지 않도록 조기에 진단하고 개입하는 것을 배운다. 학생 인구 구성이 세계에서 가장 다양한 지역 중 하나인 토론토에서는 형평성에 대한 고려가 교사들의 지속적인 발전의 모든 측면을 사실상 지배한다. 호주는 교사들과 협력하여 그들이 개발하는 교육과정을 통해 원주민 학생들이 교실에서 사용하는 자료에서 자신들을 살펴볼 풍부한 기회를 제공하도록 한다.

이런 그림들을 종합하면 나타나는 것은 캐서린 비처와 호레이스 만이 한 세기 이상 전에 창조한 세계와 정반대이다. 선도적 지역들leading jurisdictions은 고등학교 졸업자 중 더 능력 있는 사람들 중에서 교사를 선발한다. 이들 지역은 교직을 택하는 이들이 학업 능력이 뛰어날 뿐 아니라, 젊은이들과 소통하고, 가르치는 일에 열정을 지니고 있는지를 확인하고 싶어 한다. 이들 지역은 예비 교사 교육을 담당하는 고등 교육 기관의 지위를 격상시키고 있으며, 교사들이 가르치는 과목에 대한 깊이 있고 개념적인 이해를 지니고, 가르치는 기술을 실제로 숙달했는지 확인하고 있다. 가장 진보된 지역에서는 위신이 높은 직업에서 활용할 수 있는 종류의 경력과 일치하도록 교직에 실질적인 승진 경로를 만들고 있다. 그들은 위신이 높은 분야의 전문가들을 위해 설정된 높은 표준과 어깨를 나란히 하여, 교사를 위한 전문성 표준을 만들고 있다. 그들은 학교를 재조직하고 관리 방식을 바꾸고 있다. 그래서 교사들이 고립된 교실에서 단순히 시키는 일을 하는 것이 아니라, 학생들을 위해 더 효과적인 경험을 설계하기 위해 팀으로 서로 협력할 수 있게 하고 있다. 이러한 시스템의 교사들은 대학 연구자들의 권고 사항을 단순히 이행하는 것이 아니라 연구 공동체의 지원을 받아 자체 연구를 수행하고, 동료들과 공유하며, 스스로 현장을 발전시키는 등 학교 혁신의 동력으로 점점 더 인식되고 있다. 이러한 상위 성과 국가의 교사는 이들 국가가 교사를 존경하자는 캠페인을 해서 존경받는 것이 아니라, 전문가처럼 대우받고, 전문성 표준에 따라 일할 것으로 기대되며, 전문적인 작업 환경에서 전문적인 결과를 산출하기 때문에 존경받는다. 이 획기적인 연구를 담은 이 책은 그러한 변화를 자세히 기록하고 있다.

마크 터커MARC TUCKER, 국립교육경제센터 회장

감사의 말

많은 사람이 참여하고 돕지 않으면 이런 큰 프로젝트는 완성되기 어렵다. 이 연구를 계획하고 실행하는 데 시간과 에너지를 아낌없이 나누어 주시고, 이 책을 준비하는 과정에서 지식과 경험을 공유해 주신 많은 개인과 단체에 감사드린다.

먼저, 이 연구를 개념화하고 지도하고 열매를 맺도록 도와준 NCEE의 마크 터커Marc Tucker와 벳시 브라운-루지Betsy Brown-Ruzzi에게 감사를 표한다. 초안에 대해 사려 깊은 검토와 피드백을 해준 CIEB의 조언자들—카이밍 청Kai-ming Cheng, 마이클 데이Michael Day, 싱 콩 리Sing Kong Lee, 토니 맥케이Tony Mackay, 배리 맥고우Barry McGaw, 우르술라 레놀드Ursula Renold, 민쉬안 장Minxuan Zhang에게도 감사한다.

우리가 연구한 다양한 교육 시스템에서 시간이 어떻게 사용되는지를 다룬 이 연구의 구성에 대한 포드 재단의 기여를 인정한다. 또한 이 작업에 그들의 경험과 관점을 제공한 바넷 베리Barnett Berry와 교수질관리센터Center for Teaching Quality에도 감사를 표한다.

연구 과정을 조직하고 관리하는 데 결정적으로 중요한 도움을 준 프로젝트 팀의 소냐 켈러Sonya Keller와 존 스나이더Jon Snyder, 그리고 교차 사례에 관한 책의 핵심 주제를 요약하는 데 탁월한 연구 지원을 제공한 모드 엥스트롬Maude Engstrom에게 진심으로 감사드린다. 이 프로젝트

웹사이트에서 작업한 브렌던 윌리엄스-키프Brendan Williams-Kief와 제니퍼 크로우Jennifer Craw, 그리고 이 책과 함께 제공되는 많은 시청각 자료들을 훌륭하게 개발한 캐슬린 쿠시만Kathleen Cushman, 벤 펜더 커들립Ben Pender-Cudlip, 저스틴 사마하Justin Samaha에게 감사한다.

이 책의 저자로 지명된 사례 연구팀의 리더 외에도, 팀에 기여한 다른 사람들, 즉 라이사 아티아이넨Raisa Ahtiainen, 제슬린 홀라Jesslyn Hollar, 지아청 리Jiacheng Li, 앤 리버만Ann Lieberman, 파멜라 오스몬드-존슨Pamela Osmond-Johnson, 셰인 피사니Shane Pisani, 파시 샤흘베리Pasi Sahlberg, 재클린 손Jacqueline Sohn에게 감사한다. 로버트 로스만Robert Rothman은 교차 사례 분석을 위한 연구를 이끄는 데 도움을 주었다.

우리와 대화했던 많은 교육 전문가들에게도 감사한다. 특히 호주의 멜버른 대학교, 시드니 대학교, 월롱공Wollongong 대학교, 라 트로베La Trobe 대학교, 중국의 상하이와 동중국 사범 대학교, 핀란드의 헬싱키 대학교, 캐나다의 앨버타 대학교, 브리티시 컬럼비아 대학교, 캘거리 대학교, 온타리오 대학교, 싱가포르 난양공과대학교 국립교육원NIE의 교수진과 직원들에게 감사한다.

이 프로젝트를 위해 시간을 할애해 준 많은 정책 입안자에게 감사한다. 각국의 교육부, 교사 연맹teachers' federations, 다른 정부 및 입법 기관의 협조가 없었다면 이 작업은 불가능했을 것이다. 정책 개혁의 맥락과 목표에 대한 중요한 정보를 제공한 많은 고위 직원에게 감사를 표하며, 시간을 아끼지 않고 사려 깊은 관점을 제공해 준 데도 감사한다.

우리에게 아낌없이 문을 열어주고, 정보와 자료를 제공하고, 수업을 참관할 수 있게 해준 많은 학교, 교장, 교사, 직원, 학생들에게 특별한 감사를 드린다. 특히 호주의 엔가딘Engadine 고등학교, 캔리 베일Canley Vale 초등학교, 홈부시 웨스트Homebush West 초등학교, 풋스크레이 노스Footscray North 초등학교, 윌모트 파크Willmott Park 초등학교, 로잔나 골

프 링크스Rosanna Golf Links 초등학교, 핀란드의 밀류푸로Myllypuro 초등학교, 포이킬라크소Poikkilaakso 초등학교, 랑킨코스키Laninkoski, 쿨루메스타리Koulumestari, 비키Viikki 교사훈련학교, 상하이의 상하이 장쑤성 5번 도로Shanghai Jiangsu Road No.5 초등학교, 치바오 실험Qibao Experimental 중학교, 푸장 2번Pujiang No. 2 초등학교, 치룬Qilun 초등학교, 싱가포르의 크란지Kranji 중학교와 래플스Raffles 여학교의 교직원과 학생들에게 감사드리고 싶다.

이 작업은 이 연구에 자신들의 시간, 에너지, 전문지식을 제공해 준 모든 사람의 도움을 받았다. 그러나 여전히 남아있는 오류 또는 누락은 우리 자신의 몫이다.

후원단체

이 작업은 국립교육경제센터National Center on Education and the Economy의 국제교육벤치마킹센터Center on International Education Benchmarking의 재정 지원으로 수행되었으며, 전 세계의 교사 질관리 시스템에 대한 보고서 시리즈의 일부다. 이 연구 프로그램을 통해 생산된 자료의 전체 목록을 보려면 www.ncee.org/cieb을 방문하라.

NCEE 프로그램의 하나인 CIEB는 세계에서 가장 성공적인 교육 시스템에 관한 연구를 위한 자금을 지원하고 연구를 수행하여 해당 국가들이 탁월한 성과를 내기 위해 어떤 전략을 사용했는지 확인한다. 책, 보고서, 웹사이트, 월간 뉴스레터 및 전 세계 교육 뉴스의 주간 업데이트를 통해 CIEB는 학생들이 정기적으로 PISA 순위에서 상위권을 차지하는 국가에 대한 최신 정보와 분석을 제공한다. 자세한 내용은 www.ncee.org/cieb을 참조하라.

NCEE는 세계 경제의 변화가 미국 교육에 미치는 영향을 분석하고, 이를 바탕으로 미국교육의 의제를 수립하고, 정책 변화 및 교육자들이 이를 수행하는 데 필요한 자원 개발을 통해 가능한 그 의제를 달성할 수 있게 하려고 1988년에 설립되었다. 자세한 내용은 www.ncee.org을 참조하라.

이 책을 위한 연구는 스탠포드 대학의 교육기회정책센터the Stanford

Center for Opportunity Policy in Education, SCOPE에 의해 조정되었다. SCOPE는 미국과 세계에서 양질의 형평성 있는 교육 시스템을 발전시키기 위한 연구를 수행하고, 정책 및 실행을 촉진하기 위해 2008년에 설립되었다.

주요 저자

학습정책연구소Learning Policy Institute 소장 린다 달링 해몬드는 스탠
포드 대학의 찰스 이 두코문Charles E. Ducommun 교육학 명예 교수로, 그
곳에서 스탠포드 교육기회정책센터Stanford Center for Opportunity Policy in
Education, SCOPE를 설립하고 스탠포드 교사 교육 프로그램의 교수 후원
자faculty sponsor로 일했으며, 프로그램의 재설계를 도왔다.

달링 해몬드는 미국교육학회American Educational Research Association의
회장을 역임했으며, 연구와 평생에 걸친 업적, 연구 리뷰 및 연구를 정책
으로 연결하는 데 탁월하게 기여하여 공로상Distinguished Contributions
to Research, Lifetime Achievement, Research Review, and Research-to-Policy을
받았다. 그녀는 미국예술과학학회American Association of Arts and Sciences
와 국립교육아카데미National Academy of Education의 회원이기도 하다.
1994년부터 2001년까지 교육과 미국의 미래에 관한 국가 위원회National
Commission on Teaching and America's Future의 실행 책임자executive
director를 맡았으며, 1996년 발간된 보고서 『가장 중요한 것: 미국의 미
래를 위한 교육』What Matters Most: Teaching for America's Future은 당시 10
년 동안 미국 교육에 영향을 준 가장 영향력 있는 보고서 중 하나로 선
정되었다. 2006년, 달링 해몬드는 교육 정책에서 미국의 가장 영향력 있
는 10인 중 한 명으로 선정되었다. 2008년에는 버락 오바마 대통령의

교육정책 인수팀education policy transition team의 리더로 일했다.

달링 해몬드는 공립학교 교사로서 그녀의 경력을 시작했으며 유치원과 공립 고등학교를 공동 설립했다. 그녀는 교육 정책과 실천 개선을 위한 전략에 대해 연방, 주, 지방 공무원 및 교육자들을 폭넓게 자문했다. 그녀가 발간한 500권이 넘는 저작물 중에는 『학습할 권리』Right to Learn, 『학습하는 전문직으로서의 교직』Teaching as Learning Profession, 『변화하는 세계를 준비해야 하는 교사』Preparing Teachers for the Changing World, 『평평한 세계와 교육』Flat World and Education 을 포함하여 수많은 수상작들이 있다. 그녀는 예일 대학교에서 최우등으로 학사 학위를, 템플 대학교에서 최고의 성적으로 교육학 박사 학위를 받았다.

디온 번즈Dion Burns는 학습정책연구소의 선임 연구원이자 스탠포드 교육기회정책센터의 연구 분석가다. 정책 및 양적 분석을 배경으로, 그의 연구는 국제 교육 정책, 특히 질 높고 공평한 학습 기회를 증진하는 정책들에 초점을 맞추고 있다. 지난 20년 동안 디온은 일본에서 교사로, 뉴질랜드에서는 고등교육 정책 분석가로, 그리고 라틴 아메리카와 한국에서는 교육 외교관의 역할을 맡아서 다양하게 일했다.

캐롤 캠벨Carol Campbell은 토론토대학교 온타리오 교육연구원[1]Ontario Institute for Studies in Education, OISE의 리더십 및 교육 변화 전공 부교수이자 응용교육연구지식네트워크Knowledge Network for Applied Education Research, KNAER의 책임자다. 그녀의 저작에는 『교사 학습과 리더십: 교사의, 교사에 의한, 교사들을 위한』Teacher Learning and Leadership: Of, By and For Teachers이 포함되어 있다.

에이 린 굿윈A. Lin Goodwin은 뉴욕 컬럼비아대학교 교사 양성 대학

---

1. 캐나다 토론토 대학교에 있는 대학원 수준의 교육, 학습, 연구 기관이다. 교육학 석사/박사뿐 아니라 다양한 분야의 학위 과정과 연수 과정을 제공한다. 우리나라의 대학원 대학교와 유사하다 할 수 있다. 싱가포르의 NIE가 학부 프로그램도 제공하는 것과 차이가 있다.

교육학 분야의 이브덴 교수the Evenden Professor of Education이자 부학장이다. 최근 미국교육학회AERA의 K지부(교수와 교사 교육) 부회장을 역임했다.

카렌 해머니스Karen Hammerness는 미국 자연사 박물관의 교육 연구 및 평가 책임자다. 그녀는 이전에 많은 책에서 교사 교육에 대한 장을 집필했다. 여기에는 『세계의 교사 교육: 정책과 실행의 변화, 그리고 변화하는 세상을 위한 교사 교육』*Teacher Education around the World: Changing Policies and Practices and Preparing Teachers for a Changing World*이 포함된다.

이 링 로우Ee Ling Low는 싱가포르 난양공과대학교 국립교육원의 응용언어학 및 교사 학습 분야의 교수로 재직 중이며, 전략 기획 및 학술 질관리 부서의 장이며, 난양공과대학교의 선출직 상원 의원이다.

앤 매킨타이어Ann McIntyre는 경력 교장, 교육감 그리고 호주 뉴사우스웨일스 주의 전문적 학습 및 리더십 개발 분야의 이전 책임자였다. 이러한 역할을 맡으면서 그녀는 전문적 프레임워크의 개발, 프로그램, 연구를 이끌었다. 앤의 작업은 양질의 교육, 리더십, 그리고 학교 개선에 영향을 미친 것으로 인정받고 있다.

미스틸리나 사토Mistilina Sato는 미네소타의 쌍둥이도시대학교 University of Minnesota-Twin Cities 교사 개발 및 과학 교육 전공 부교수다. 교육발전 혁신을 위한 카르멘 스타크슨 캠벨 지위the Carmen Starkson Campbell Chair for Innovation in Teacher Development의 첫 소유자다.

케네스 자이크너Kenneth Zeichner는 시애틀의 워싱턴 대학교Washington University of Seattle의 보잉Boeing 교사 교육 교수이자 국립교육아카데미의 회원이다. 그의 저서로는 『교사 교육과 사회 정의를 위한 투쟁』 *Teacher Education and the Struggle for Social Justice*[2009], 『교사 교육의 영혼을 위한 투쟁』*Struggling for the Soul of Teacher Education*[2017]이 있다.

온라인 문서 및 비디오(본문의 Link와 연결되어 있는 목록임)

번호	설명	URL
1-1	싱가포르 크란지 고등학교의 전문적 학습 실천에 관한 동영상	http://ncee.org/2016/12/ video professional-development-insingapore/
2-1	호주 교수 및 학교 리더십 연구소의 의장 토니 맥케이는 교육의 체계적 변화를 만드는 데 호주가 직면한 주요 도전에 대해 논의한다.	http://ncee.org/2016/12/ interview-with-tony-mackaypart-1/
2-2	호주 청년을 위한 교육 목표에 관한 멜버른 선언	http://ncee.org/2016/12/ national-declaration-on-thee ducational-goals-for-young australians/
2-3	학교 자금 지원에 관한 캐나다의 접근법에 관한 보고서	http://ncee.org/wp-content/ uploads/2016/12/ Alb-non-AV-9-Herman-2013-Canadas-Approach-to-School-Funding.pdf
2-4	하버드 대학교 방문교수 파시 사흘베리가 교육과정과 평가에 대한 핀란드의 접근법에 대해 논의한다.	http://ncee.org/2016/12/ videopasi-sahlberg-on-curri culum/
2-5	중국의 국가 중장기 교육개혁 및 발전 계획 (2010-2020)	http://ncee.org/2016/12/ chinaeducation-plan-2010-2020/
3-1	하버드 대학교 방문교수 파시 사흘베리가 핀란드의 교사 모집과 선발 과정에 대해 논의한다.	http://ncee.org/2016/12/ video-pasi-sahlberg-on-teacher recruitment/
3-2	멜버른 교육대학원 교수 및 학습 부원장 라이사 맥린 데이비스Larissa McLean Davies는 교사 후보자를 어떻게 모집하고 선발하여 석사 과정에 입학시키는지를 설명한다.	http://ncee.org/2016/12/ videointerview-with-larissa-mclean davies-part-3/
3-3	온타리오 교직관리원의 교직 실무 기준[1]	http://ncee.org/2016/12/ ontario-standards-of-practice/
3-4	앨버타 주의 교수 질 관리 기준	http://ncee.org/2016/12/ albertateaching-quality-stan dards/
3-5	호주 교사 전문성 표준	http://ncee.org/2016/12/ australian-professionalstandard-for-teachers/

1. 원문의 'Standards'는 '기준' 혹은 '표준'으로 번역했다.

3-6	헬싱키대학교 초등교사교육책임자 아누 라이네Anu Laine은 교사교육에서 연구의 역할에 대해 논의한다.	http://ncee.org/2016/12/audioanu-laine-part-1/
3-7	핀란드의 교사 훈련 학교	http://ncee.org/2016/12/video finnish-teacher-training-school/
3-8	비키 교사 훈련 학교의 교사 시르쿠 미린타우스타Sirkku Mylyntausta가 교사 및 연구자로서 자신의 역할을 설명한다.	http://ncee.org/2016/12/audiosirkku-myllyntausta/
3-9	뉴사우스웨일스 주 교육 및 지역사회부의 교육 질 관리를 위한 훌륭한 교수법, 영감을 주는 학습 정책Great Teaching, Inspired Learning policy	http://ncee.org/2016/12/greatteaching-inspired-learning/
3-10	멜버른 교육대학원 학장 필드 리카즈Field Rickards는 석사 과정 교원 프로그램의 임상 교육 프레임워크와 학업 지원에 대해 설명한다.	http://ncee.org/2016/12/videofield-rickards/
3-11	온타리오 주의 정책 입안자, 교사 및 대학 교수들이 온타리오 주의 예비 교사 교육에서 정책 변화, 다양성 및 실행 지향 교육학에 대해 논의한다.	http://ncee.org/2017/01/audioinitial-teacher-education/
3-12	싱가포르 국립교육원의 TE21—21세기 교사 교육 모델	http://ncee.org/2016/12/teacher-education-model-forthe-21st-century/
3-13	싱가포르 교사의 하루를 담은 비디오	http://ncee.org/2016/12/video-day-in-the-life-of-asingaporean-teacher/
3-14	빅토리아 교육 연구소Victorian Institute of Teaching의 특수 프로젝트 책임자 프랜 코스그로브Fran Cosgrove가 교사 멘토링과 등록을 지원하는 교사 탐구의 사이클을 설명한다.	http://ncee.org/2016/12/audiofran-cosgrove-on-mentorship/
3-15	뉴사우스웨일스 주 교육 및 지역사회부 장관 미셸 브루니즈Michele Bruniges가 NSW의 정책과 교사 자질 확립에 대한 접근 방식을 논의한다.	http://ncee.org/2016/12/video michele-bruniges-on-teacher quality/
4-1	호주 공립학교 교감 다니엘 맥케이Daniel McKay는 그의 학교에서 교사의 전문적 학습이 어떻게 지원되는지 설명한다.	http://ncee.org/2016/12/video daniel-mckay/
4-2	래플스Raffles 여학교의 교육 연구 및 학습 센터의 책임자 메리 조지 체리안Mary George Cheriyan은 교육자들을 위한 '전문 학습 공간'과 '생성, 실행, 검토'의 주기에 대해 설명한다.	http://ncee.org/2017/01/videomary-george-cheriyan-on professional-learning/

4-3	크란지 중등학교 교장 탄 휘 핀Tan Hwee Pin 은 교사들이 학교 일과 동안 전문적 학습하는 시간에 대해 설명한다.	http://ncee.org/2016/12/ videotan-hwee-pin-part-1/
4-4	앨버타 주의 전문성 개발을 위한 교사 협회 프레임워크	http://ncee.org/2016/12/ aframework-for-professional development-in-alberta/
4-5	빅토리아의 교사학습네트워크Victoria's Teacher Learning Network의 임원 마이클 빅토리Michael Victory가 리더십, 교실 관리, IT, 교수 실천 및 유아교육 분야의 전문적 학습에 대한 교사학습네트워크의 접근 방식을 설명한다.	http://ncee.org/2016/12/ videomichael-victory-part-1/
4-6	치바오 중학교 수업 연구대회 평가 양식	http://ncee.org/2016/12/ qilun-primary-teacher-annual evaluation/
4-7	헬싱키의 개별 교사 수행 평가	http://ncee.org/2016/12/ finlandteacher-evaluation-form/
4-8	뉴사우스웨일스 주 교사 수행 및 개발 프레임워크	http://ncee.org/2016/12/ nswperformance-and-develop mentframework/
4-9	뉴사우스웨일스 주NSW 교장 에스텔 사우솔Estelle Southall과 애넷 우달Annette Udall이 학교에서 교사의 전문적 학습의 차별화 및 개인화에 대해 논의한다.	http://ncee.org/2016/12/ videoestelle-southall-and- annetteudall-part-1/
4-10	싱가포르 교육부의 교사성장모델 자료표	http://ncee.org/2016/12/ teacher-growth-model-tgm/
4-11	크란지Kranji 중등학교 경력 교사 로스밀리아 브테 카스민Rosmilia Bte Kasmin은 교사 평가가 싱가포르에서 전문적 성장을 어떻게 지원하는지에 대해 설명한다.	http://ncee.org/2016/12/ videorosmiliah-bte-kasmin/
4-12	치룬Qilun 초등학교 교원평가 설문조사	http://ncee.org/2016/12/ qilunprimary-students-evalu ation-ofteachers-survey/
5-1	싱가포르 국립교육원의 교수·학습 e-포트폴리오에 대한 설명	http://ncee.org/2016/12/ teaching-and-learning-eport folio/
5-2	호주의 교육 및 학교 리더십 연구소 회장 토니 멕케이Tony Mackay는 시스템 전체의 수준 높은 교육과 리더십을 위한 AITSL 플랫폼의 다양한 항목들을 설명한다.	http://ncee.org/2016/12/ videotony-mackay-part-4/

5-3	온타리오 주의 교사 학습 및 리더십 프로그램 개요	http://ncee.org/2016/12/teacher-learning-andleadership-program-overview/
5-4	온타리오 주의 리더십 전략에 관한 간략한 사실들	http://ncee.org/2016/12/ontario-leadership-strategyquick-facts/
5-5	교장을 위한 호주 전문성 표준	http://ncee.org/2016/12/australian-professionalstandard-for-principals/
5-6	바스토우Bastow 교육 리더십 연구소 소장 브루스 암스트롱Bruce Armstrong이 시스템 전반에 걸쳐 질 높은 교육과 학교 리더십 개발을 위한 정부 투자에 대해 논의한다.	http://ncee.org/2016/12/videobruce-armstrong-part-1/
5-7	멜버른 대학교의 교육 연구 책임자 존 하티John Hattie는 학교 지도자들이 교사의 효과성이 기준을 충족하는 데 어떤 영향을 미치는지 분석하는 데 도움을 주려는 그의 노력에 대해 설명한다.	http://ncee.org/2016/12/audiojohn-hattie/
6-1	헬싱키 대학교 초등교사교육 책임자 아누 라이네Anu Laine는 낮은 사회경제적 배경의 학생들을 담당하는 교사들이 이용할 수 있는 추가 자원에 대해 설명한다.	http://ncee.org/2016/12/audioanu-laine-part-2/
6-2	앨버타 주의 앨버타 K-12 교육 재원에 대한 앨버타 교육 가이드	http://ncee.org/2017/01/education-funding-in-alberta/
6-3	온타리오 주 학생 수요 보조금에 대한 온타리오 정부 지침	http://ncee.org/2016/12/ontario-guide-to-funding-for-student-needs/
6-4	호주의 학교 재원에 대한 검토	http://ncee.org/2016/12/reviewof-funding-for-schools-gonski/
6-5	앨버타 대학교 부학장 랜디 윔머Randy Wimmer가 자신이 시작한 지역사회 기반 원주민 교사 교육 프로그램과 많은 교사 후보자들을 다양한 전문적 맥락으로 끌어들이는 과제를 설명한다.	http://ncee.org/2016/12/audiorandy-wimmer/
6-6	온타리오 주 교육부의 학생 성공 담당 책임자 롭 앤드루스Rob Andrews는 지속적인 성취 도전을 경험하는 학생들을 지원하기 위한 온타리오 주의 전략에 대해 설명한다.	http://ncee.org/2017/01/audiorob-andrews-part-1/

7-1	호주 교육 및 학교 리더십 연구소의 회장 토니 맥케이Tony Mackay가 교수·학습에 대한 새로운 지식을 구축하는 네트워크 생태계로서의 개선과 혁신에 대해 논의한다.	http://ncee.org/2016/12/videotony-mackay-part-3/
7-2	반주렌Banzhuren의 역할을 하는 상하이 교사들에 대한 훈련 요건	http://ncee.org/2016/12/training-of-banzhuren/
P159	호주 교사 전문성 표준에 따른 전문적 실천의 비디오 삽화	http://aitsl.edu.au/australian-professionalstandards-for-teachers/illustrations-of-practice/findby-career-stage
P184	온타리오 주 교사 연맹이 온타리오 교사 학습 및 리더십 프로그램을 프로파일링한다.	http://www.youtube.com/watch?v=3DCiHTSaZu8&feature=youtube

차례

● 일러두기
본문 각주는 모두 역자 주다. 저자 주는 후주로, 본문에는 *로 표시했다.

1.

세계의 교원 정책

세 명의 교사가 싱가포르 크란지Kranji 중등학교의 학교 도서관에서 노트북(Link 1-1) 주위에 옹기종기 모여있다. 경력 교사senior teacher 로스밀리아Rosmiliah와 두 명의 동료는 지리정보시스템(GIS) 및 그것을 지리 교육에 통합하는 방법에 대해 열띤 토론을 벌이고 있다. 세 사람은 새롭고 혁신적인 학습 자원learning resources을 만들기 위해 프로젝트를 1년 동안 진행 중인 많은 교사 그룹 중 하나일 뿐이다.

동료들과 세 명의 교사들은 학자, 교사 교육자, 다른 실천가들이 참여하는 연례 학습 축제learning festival에서 연구 결과를 공유할 것이다. 여기서는 최우수 프로젝트팀에게 상이 주어진다. 처음에는 교사 중 누구도 지리정보시스템에 익숙하지 않았으나, 교사들이 함께 일하면서 지리정보시스템을 학생들과 함께 현장 연구 프로젝트에 통합했으며, 학생들이 새로운 수업이 재미있고 매력적임을 알게 되었다고 설명하면서 로스밀리아는 웃었다. 그녀는 이렇게 말했다.

---

1. 'Teaching policy'의 번역어다. 이 책에서 'teaching policy'는 교원의 질teacher quality뿐만 아니라 교수의 질teaching quality을 개선하는 정책들까지 포괄하는 넓은 개념이다. 그러나 한국 독자들에게는 '교원 정책'이 좀 더 명료한 의미를 전달할 것으로 보여 이 번역어를 택하였다.

교사가 되어 다른 사람들이 무엇을 하는지 또는 그것을 하는 다른 방법을 모른 채 매번 같은 일을 계속한다면 약간 지루할 수도 있다. 그리고 학생들은 당신의 수업에서 흥미를 느끼지 못할 수도 있다. … 가르치는 일은 살아 있다. … 그래서 교사도 항상 배우고 있다.

이러한 전문적 학습 공동체 그룹 외에도 크란지 중등학교의 모든 교사는 격주로 열리는 학교 전체의 '학습 및 성장Learn and Grow' 전문성 신장 워크숍에 참여한다. 여기서 경력 교사들은 '역량 있는 교사skillful teacher' 워크숍에서 구체적인 교수 전략을 소개하고 시범을 보인다. 한 주 15시간의 공강 시간 동안, 교사들은 교과별로 함께 계획을 세우고, 수업 연구 또는 실행 연구action research에 참여할 수 있다. 신임 교사들은 로스밀리아 같은 경력 교사들로부터 정기적인 멘토링을 받는다. 경험을 쌓으면서, 교사들은 자신들의 역량을 신장하고, 경력 사다리career ladder[2]를 올라가서 전문 지식을 다른 사람들에게 제공하는 기회를 갖게 된다. 여기에는 네트워크나 클러스터로 함께 학습하는 다른 12개 학교 교사들과 싱가포르 교사 아카데미Singapore Teacher Academy의 수석 교사master teachers가 진행하는 세션에 참석하는 교사들도 포함된다.

교사들을 위한 이러한 풍부한 학습 환경은 개별 혁신 학교innovative school나 개별 교장 수준에서 만들어낸 결과가 아니다. 싱가포르의 크란지 중등학교는 이웃의 다른 학교들과 매우 유사하다. 싱가포르의 교육 정책에는 교사들이 협업하고 전문적 학습에 참여할 기회가 체계적으로 내재해 있다.

---

2. '일반 교사'로부터 다양한 경력 경로가 있으며, 여러 세부적 단계를 거쳐 최종 리더십으로 올라갈 수 있게 설계된 정교한 경력 개발 시스템을 의미한다.

싱가포르는 교육을 위한 강력한 투자와 사려 깊은 설계로 국제적으로 잘 알려져 있다. 싱가포르만 그런 것이 아니다. 상위 성과 국가들은 교사들과 학교 지도자들의 지속적인 학습과 성장을 개발하고 지원하고 유지하기 위한 일련의 전략을 공통적으로 가지고 있다는 사실을 점점 더 많은 연구 결과가 보여주고 있다.^{Barber & Mourshed, 2007; Lee, Lee, Low, 2013; Tucker, 2011} 이들 국가는 개별 교육자를 잘 훈련시킬 뿐만 아니라, 학교 내부와 학교 간에 교사들과 행정가들의 전문 지식의 공유를 계획적으로 조직하여서 전체 시스템이 더 효과적으로 운영되도록 한다. 그리고 그들은 혁신적 실천을 장려할 뿐 아니라 그것을 예외적인 것으로 내버려 두지 않고 시스템 전체에 통합한다.

이 책은 마법처럼 보이는 이러한 일이 어떻게 이루어지는지 설명한다. 많은 고성과 교육 시스템high-performing education systems은 모든 지역에서 양질의 교육을 보장하도록 일관성 있는 일련의 정책을 만들고 이러한 정책의 결과가 실제로 어떻게 나타나는지 보여준다. 3개 대륙의 5개 국가를 채택하여 우리는 종합적인 교원 정책 시스템을 개발하기 위해 노력한 7개 지역jurisdictions[3]—싱가포르와 핀란드, 호주 뉴사우스웨일스 주와 빅토리아 주, 캐나다 앨버타 주와 온타리오 주, 중국 상하이—을 조사했다.

점점 더 다양한 학생 집단student populations에 서비스를 제공하는 동시에 21세기의 요구에 부응하여 더 도전적인 학습 기준learning standards을 충족하고자 노력하면서 이 지역들은 모든 학교에서 질 높은 교육을 개발하고 지원하는 방법에 의도적으로 집중했다. 이 책은 이러한 지역의 정부들이 우리가 *교수·학습 시스템*teaching and learning system이라고 부

---

3. 'jurisdiction'의 사전적 의미는 의사결정이나 판단을 내리는 법원이나 관청의 관할권을 의미한다. 이 장에서는 '교육 선진 지역'으로 번역했고, 다른 장에서는 그냥 '지역'으로 주로 번역했다.

르는 것을 어떻게 신중하게 개발하고 계획하고 실행해왔는지와 이러한 시스템들에서 배울 수 있는 교훈을 설명한다.

어떤 종류의 정책이 교육에 영향을 미치는가?

그러한 시스템을 만드는 데 실제로 마법이 필요한 것은 아니다. 교수 역량teaching force과 교사의 직무를 구성하는 여러 영역에서 목적 있는 정책purposeful policies이 필요하다.

- **모집**Recruitment: 효과적인 교사가 되기 위한 학업 능력과 개인적 특성을 적절히 종합하여 적격자를 파악하고 선발함
- **교직 준비**Teacher preparation: 교사 후보자에게 심층적 내용 지식과 교수법에 대한 이해, 그리고 그것을 양질의 교육으로 변환하는 임상 학습을 제공함
- **교직 입문 및 멘토링**Induction and mentoring: 초임 교사들이 교직에 입문할 때 경력 교사들을 관찰하고, 함께 계획하며, 배울 기회를 보장함
- **전문적 학습**Professional learning: 교사가 그들의 실천을 지속적으로 개발하고 개선하며 전문성을 공유할 수 있는 계속적인 학습 기회를 보장함
- **교사 피드백 및 평가**Teacher feedback and appraisal: 교사들의 실천에 대한 피드백과 교사들이 전문가로서 지속해서 성장하도록 하는 시스템 구축
- **경력 및 리더십 개발**Career and leadership development: 개인적 성장과 강력한 교육 리더로의 발전을 지원하는 경로들을 제공함

이러한 정책 영역은 상호 지원적mutually supportive이다. 교직에 적합한 유능한 인재를 선발하는 모집 전략Recruitment strategies은 예비 교사 교육 프로그램이 우수한 졸업생을 배출하는 데 도움이 될 수 있다. 높은 수준의 예비 교사 교육이 재능 있는 지원자들을 끌어들이는 자석 역할을 하기 때문이다. 교사가 교실에서 성공적으로 출발하도록 효과적으로 돕는 교직 입문 및 멘토링 실습은 교사가 교직에 계속 머물도록 하여 교사의 경험과 효과성을 높이는 데 도움을 주는 것으로 알려져 있다.Darling Hammond, 1998; Ingersoll & Strong, 2011 또한 베테랑 교사들이 멘토링을 제공할 기회는 그들의 지속적 학습과 전문성 향상뿐만 아니라 경력에 대한 만족감과 교직에 계속 남는 것career satisfaction and retention을 제고할 수 있다. 효과적인 피드백은 전문적 학습에 정보를 제공하여 양질의 교육을 돕는 전문성 개발 영역을 강조하여 드러낼 수 있다. 교육이 공적 활동public activity─교육자가 자신의 실천을 공유하고 피드백을 받는─이 됨에 따라 교사들의 전문성이 전체적으로 향상된다.

교원 정책의 이러한 영역을 넘어서, 양질의 교수·학습이 이루어지도록 다른 교육 정책이 어떻게 정보를 제공하고 어떻게 그것이 가능하게 하는지를 이해하는 것이 중요하다.

- 학교 교육과정, 평가 및 책무성 시스템은 교사가 무엇을 가르치며, 학생들이 학습한 바를 어떻게 보여주기를 기대하는지를 결정한다. 그리고 이것은 교육에 큰 영향을 미친다.
- 학교 재원 조달 전략은 교사들이 자신의 업무를 수행하는 데 사용할 수 있는 자원과 지원 및 그것이 교사들 자신에게 공평하게 분배되는 정도를 결정한다.
- 학교 조직과 일정은 교사들이 서로 협력하고 학습할 수 있는 시간에 영향을 미친다.

[그림 1-1] 교수 학습 시스템에서의 정책들

사회적, 정치적 맥락

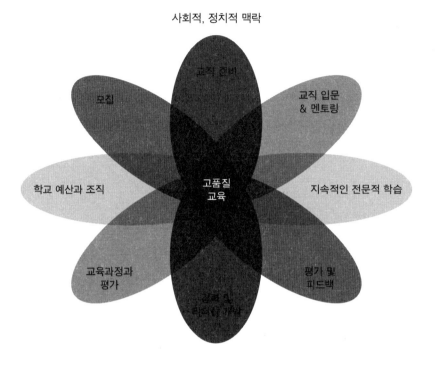

이러한 요소들은 학교 여건, 아동과 가족에 대한 지원, 정책의 설계와 실행을 형성하는 사회적, 정치적 맥락 안에서 작용한다. [그림 1-1]에서 이러한 구성 요소들이 어떻게 상호 작용하는지를 설명한다.

다양한 교육적 과제에 대응하는 데 있어서, 각 나라와 지역들이 정책 시스템의 요소들과 정책 실행 방식에 대해 강조하는 바가 서로 다르다. 예를 들어, 이어지는 장들에게 볼 수 있듯이 핀란드는 효과적인 모집 전략과 강력한 예비 교사 교육에 특히 중점을 둔다. 싱가포르에서는 협력적 전문 학습과 잘 발달된 경력 경로가 핵심 수단이다. 상하이에서는 협력과 학습을 위해 상당한 시간을 제공하는 학교 설계를 통해 신규 교사에 대한 강력한 멘토링과 모든 교사의 실천에 대한 전문성 개발이 촉진된다. 비록 정책의 강조점과 균형은 다양할 수 있지만, 제대로 작동하는 정책 환경에서는 이러한 기능 중 어느 것도 무시되지 않는다.

모든 나라는 교육에 대한 다른 환경과 맥락에 직면해 있다. 더욱이, 실행 전략은 필연적으로 다양하다. 각각의 맥락에 따라 계획initiatives이 학교로 전달될 때 정책 의도를 훼손할 수 있는 '완성되기 전에 일어날 수 있는 문제들slip between the cup and the lip'을 방지하기 위해 해결해야 하는 서로 다른 과제가 생겨나기 때문이다. 그러나 이러한 상황들에서 공통적 요소와 주제가 나타나며, 적절한 분석을 통해 받아들인다면 다른 국가들이나 환경 전반에 걸쳐 교육 정책 및 교육의 질을 개선하는 데 중요한 교훈을 얻을 수 있다.

교육과 학생의 성과를 결정하는 요인들이 복잡하다는 것을 알고 있으므로 우리는 쉬운 설명이나 근거 없는 특효약을 피하려고 노력했다. 대신, 학교에 대한 심층 관찰과 함께 이러한 시스템의 모든 수준에서 수백 개의 문서와 국가 내 인터뷰에 대한 검토를 바탕으로, 이러한 교육 시스템에서 정책들과 그 실행에 대한 풍부한 설명을 제공한다.^{이 연구의 방법론에 대한 설명은 부록 A를 참조} 우리는 이러한 접근 방식이 어떻게 잘 발달된 교수 실천에 기여하고 21세기 경제의 복잡성 증가 상황에 대비하여 학생들의 학습을 촉진할 수 있는지를 추가로 조사하고자 한다. 이 연구를 통해 우리는 정책 입안자와 실무자들이 그들 자신의 교육 환경에 적용할 수 있는 교육 정책에 대해 생각해 볼 수 있는 교훈과 원리에 대한 정보를 제공하는 것을 목표로 한다.

왜 세계의 교원 정책을 연구해야 하는가?

전 세계의 교육 성과에 대한 연구는 고성과 시스템을 달성하는 데 있어서 강한 교육 인력teaching workforce의 역할을 점점 더 언급하고 있다. 25개 교육 시스템에 대한, 널리 알려진 한 연구에서 연구자 바버와 모세드[Barber and Mourshed, 2007]는 이 국가들이 지닌 몇 가지 공통점을 발견했다. 첫째, 교사가 되기에 적절한 기술과 자질을 가진 사람들을 찾기 위한 정책이 고안되었다. 경쟁력 있는 급여는 교직을 잠재적 후보자들에게 매력적으로 만드는 데 도움이 되었으며, 예비 교사 교육 프로그램의 입학과 졸업에 있어서 높은 기준이 설정되었다. 이러한 것들이 함께 교직의 위상을 높이는 데 이바지하여 지속적인 채용을 위한 선순환을 만들었다.

둘째, 이러한 시스템들은 이론과 실천적 역량의 함양을 함께 촉진하는 교원 교육 프로그램을 개발했고, 교사들이 전문성 신장을 위한 영역을 파악하고, 서로에게서 배우고, 교수 실천을 개선할 수 있도록 지속적인 학습을 위한 정책을 수립했다. 코칭과 전문적 학습 기회는 지속적인 교원 개발과 교수적 리더십을 지원하는 데 도움이 되었다.

셋째, 이러한 시스템들은 일부 학생뿐만 아니라 모든 학생이 질 높은 교육을 받을 수 있도록 하는 전략을 만들었다. 보고서에는 다음과 같이 기술되어 있다.

교사가 될 적임자를 확보하고 그들을 효과적인 교육자로 성장시키는 것은 더 나은 결과가 나오도록 교육을 개선하는 데 필요한 능력을 학교 시스템에 제공한다. 고성과 학교 시스템은 더 나아가서 모든 아이들이 이러한 시스템의 증가된 능력으로부터 혜택을 받을 수 있도록 설계된 프로세스를 시행한다.[Barber &Mourshed, 2007, p.34]

이러한 과정에는 양질의 교육자와 전체 학교 재원의 공정한 분배뿐만 아니라 학생들이 양질의 교육으로부터 혜택을 입을 수 있도록 추가적인 교육, 건강 및 복지 지원이 포함될 수 있다. 경제협력개발기구OECD의 연구에 따르면 학생들의 요구를 더 잘 해결하기 위해 자원을 배분하는 것은 일반적으로 학생의 사회경제적 배경과 학업 성취도 사이의 강한 연관성을 붕괴시키는 데 도움이 된다.[OECD, 2013a, 2013b]

교육자의 모집, 교육 및 전문성 개발 문제에 관심을 가져야 한다는 것에 대한 사회적 동의가 높아졌다. 그러나 국가들과 지역들이 매우 다른 맥락에서 이러한 시스템을 만들고 관리하는 방법 및 교원 정책을 교육과정, 평가, 책무성, 및 포괄적인 교수·학습 시스템을 창조하는 학교 설계에 대한 접근법과 통합하는 방법에 대한 이해도는 낮은 상태다. 우리는 이 연구에서 이러한 질문들을 다룬다.

지식의 급속한 팽창과 변화로 특징지어지는 시대에는 질 높은 교수 실천을 지원하는 정책 시스템이 매우 중요하다. 캘리포니아 버클리 대학의 연구자들은 이전 시대의 전체 역사에서 생성된 것보다 더 많은 새로운 지식이 1999년과 2003년 사이에 창조되었음을 보여 주었다. 그리고 지식의 기하급수적인 성장이 계속되고 있다.[Lyman &Varian, 2003] 공학 지식은 11개월마다 두 배씩 증가하고 있으며, 공학 발전은 한때 저숙련 일자리를 창출했던 일상적인 기능routine functions을 지속적으로 자동화시키고 있다. 공항에서의 체크인과 식료품점에서의 체크아웃이 컴퓨터에 의해 이루어질 뿐 아니라 로봇 공학과 컴퓨터의 결합으로 집 청소, 수술, 자율주행차 운전도 가능해졌다.

옥스포드 대학 연구원들은 미국 경제에서 현재 700개 이상의 직업 중 47%가 컴퓨터에 의해 대체될 수 있다고 추정했다.[Frey & Osborne, 2013] 그리고 모바일 애플리케이션 개발자, 디지털 전략가, 시장 조사를 위한 데이터 탐색자, 소셜미디어 컨설턴트, 지속가능성 전문가 등 오늘날 경제에서 가장 빠르게 성장하고 있는(그리고 가장 높은 임금을 받는) 일자리는 10년 전에는 존재하지 않았다.[Caserly, 2012]

오늘날 학교에 입학하는 학생들은 아직 발견되지 않은 지식과 아직 발명되지 않은 기술을 사용하는, 현재에는 존재하지 않는 직업을 갖게 될 것이며, 우리 세대가 풀지 못한 복잡한 문제에 직면하게 될 것이다. 그 결과 고용주들이 요구하는 최고의 기술은 단순히 방향을 따르고 변화를 헤아리는 것이 아니라 복잡한 정보와 사건을 이해하며, 새로운 문제를 해결하기 위해 창의적으로 사고하고, 다른 사람들과 잘 협력하며, 문화 간 맥락에 효과적으로 참여하고, 정교한 방법으로 양적인 데이터뿐만 아니라 많은 형태의 미디어를 관리하는 능력이다. 오늘날 학생들은 전통적 지식의 규범을 기억하는 것 이상의 것이 필요하다. 그들은 새로운 아이디어, 해답, 해결책에서 지식을 찾고, 분석하고, 종합하고, 평가하고, 적용하고, 다양한 형태로 의사소통하고, 새로운 기술을 사용하고, 다른 사람들과 협력할 수 있어야 하며, 평생 동안 스스로 학습할 수 있어야 한다.

한편, 국제적 이주 인구의 증가에 따라 점점 다양한 사회가 형성되고 있다. 특히 젊은이들은 다양한 온라인 커뮤니티에 참여할 가능성이 높다. 이 각각의 참여는 다른 관점과 문화를 가진 사람들을 더 가깝게 하고 접촉하게 한다. 이러한 교류는 공동체, 시민권 및 민주주의에 대한 전통적인 개념을 변화시킬 뿐만 아니라 새로운 아이디어, 혁신성 및 다양한 가능성을 만든다.

학습자들이 단순히 '교육과정을 이수하는 것' 혹은 '책을 완독하는 것'을 목표로 하던 시기, 혹은 일부 학생들은 학습에서 성공하지만 나머지는 실패하던 시기에 요구되었던 교육과 현대의 학습 목표 달성을 위해 지원해야 할 교육은 확연히 다르다. 한때는 극소수의 학생들만 습득했던 고차원적인 기술을 다양하고 많은 학생이 습득할 수 있도록 돕기 위해 교사들은 새로운 역량을 필요로 한다. 즉, 교사는 교육 내용을 더 깊고 유연하게 이해해야 한다. 교사는 '어떻게 아이들이 독특한 주제 영역에서 그리고 주제 영역을 가로질러서 일반적으로 그리고 개별적으로 문화적 맥락에서 배우고 발전하는지'에 대한 학습 과학을 이해해야 한다. 교사는 원어민과 비원어민 학생들을 위한 언어 습득과 사용을 지원하는 방법을 이해해야 한다. 교사는 분석과 추론을 촉진하기 위하여 교수전략을 개발해야 한다. 그리고 교사는 적절한 공학기술을 자신의 수업에 지속적으로 반영해야 한다.

사실을 전달하는 데 사용되어 온 '분필과 설명Chalk and talk' 방법은 학생이 응용 학습applied learning에 적극적으로 참여하면서 교사가 촉진자 역할을 하는 방법으로 바뀌어야 할 것이다. 교사들은 모든 학생이 학습하는 과정을 확인하고, 한 교실에 존재하나 능력이 다양한 학생들에게 맞춤형 교육을 제공하기 위해 점점 더 다양한 평가 자료를 수집하고 분석해야 할 것이다. 이 모든 교사의 능력에 대한 기대는 교사가 훈련받는 방법, 교사가 경력 초기에 받는 지원, 효과적인 교수법을 개발하고 유지하는 데 도움이 되는 지속적인 전문적 학습에 영향을 미친다.

교실을 넘어 다른 장소와 양식으로까지 확장될 교사의 직무 범위를 고려한다면, 교사는 반드시 학교와 교육 시스템을 재설계하는 방법을 학습해야 한다. 정부는 교육과 학교의 역할에 관해 생각하는 방식과 학생들에게 무엇을 어떻게 가르칠지 재개념화해야 한다. 따라서 단일 정책뿐만 아니라 정책이 상호 작용하는 방식 그리고 그것들이 새로운 수요를 충족하기 위해 양질의 교수와 학습이 발생하고 진화할 수 있는 환경을 함께 제공하는 정책 시스템으로 어떻게 기능하는지에 관심을 기울이는 것이 중요하다. 우리는 이 모든 문제를 이 책에서 다룬다.

이러한 모든 요소를 고려하면서 우리는 교수에 초점을 두려고 한다. 왜냐하면 교육은 '타이어가 도로에 닿는 것'처럼 학생들과 학습 내용 및 과정 간에 직접적인 참여가 발생하고 가장 효과적으로 활용될 수 있는 곳이기 때문이다. 교사는 이 과정을 촉진하며, 교사가 만드는 전략적 행동은 교재, 활동, 사례 및 지원을 선택하고 조정한다는 측면에서 학습의 주요 매개체다.

왜 교육 선진 지역을 연구해야 하는가?

우리가 연구를 위해 선택한 교육 선진 지역jurisdictions에서는 교수의 질 향상을 위해 일관되고 체계적 지원이 가능하도록 교수와 학습 체제 개발에 큰 비용을 투자했다. 또한 이 선진 지역 모두는 OECD의 국제학업성취도평가PISA와 같이 현대 사회에서 필요한 종류의 고차원적 기능을 강조하는 교육의 질에 대한 국제 지표에서 상당한 성공을 보여주었다. 또한 대부분의 교육 제도는 언어적, 문화적, 인종적, 민족적 다양성을 포함하고 있으며, 이들 제도 모두는 저소득층 학생, 이민자, 오랜 소수민족 구성원들에게 강한 성취와 형평성의 증가를 보여 주었다.

예를 들어, 호주와 캐나다의 인구에는 많은 수의 이민자(각각 28%와 21%)가 포함되어 있으며ABS, 2015; Statistics Canada, 2013, 이는 미국(약 13%)보다 훨씬 높은 비중이다. 교육 선진 지역은 주요한 원주민 혹은 토착민 인구와 시골이나 외딴 지역에 사는 사람들의 성취도를 향상시키기 위해 노력하고 있다. 싱가포르는 학교에서 영어를 공식적으로 사용하지만 중국어, 타밀어, 말레이어 세 가지 언어 사용자 집단이 명시적으로 보호받으며 그것들이 국가 언어로 인정받는 다민족 국가이다. 모국어를 가진 다른 이민자들 역시 영어와 다른 국가 언어 중 하나를 배우는 동안에도 가능할 때마다 모국어를 보존할 수 있도록 지원된다.

상하이의 중국인 인구는 중국 전역에서 흔히 볼 수 있듯이 다양한 방언, 다양한 소득 수준과 교육 경험을 갖는 사람들로 구성된다. 1~9학년 상하이 학생 인구의 약 20%가 이주 가정의 자녀들로 구성되어 있으며, 이는 대규모 인구가 농촌으로부터 국가의 산업 중심지로 이주하는 국가적 추세를 반영한다.OECD, 2011, p.96 그리고 일반적으로 동질한 인구로 구성되는 국가라고 인식되는 핀란드는 60개 이상의 언어를 구성하는 이민자들을 받아들이고 있으며, 이 중에는 보스니아, 영국, 중국, 에스토니아, 독일, 인도, 이란, 이라크, 러시아, 세르비아, 소말리아, 스웨덴, 튀르키예, 태국, 미국, 베트남 출신 아동이 가장 많다.[Statistics Finland, 2014b] 일부 도시 학교에서는 핀란드어가 아닌 모국어를 사용하는 이민자와 아동의 수가 50%에 육박한다.[Sahlberg, 2007, p.149]

이 모든 교육 선진 지역은 일반적으로 고등학교 졸업률이 85%를 넘고 대학 진학률이 빠르게 상승하는 등 교육 수준이 높다. 아동 복지에 대한 국가적 투자를 포함하여, 학교 외의 많은 요소들이 교육 성취와 습득에 영향을 미친다는 사실을 인식하며, 이러한 모든 교육 선진 지역의 학생 성취도가 PISA에 의해 측정된 읽기, 수학, 과학에서 OECD 평균을 초과한다는 것에 우리는 주목한다.[표 1-1] 참조 PISA 시험은 정보의 기억과 인식을 넘어 학생들이 지식을 새로운 환경에 적용할 수 있는 능력을 강조하며, 이는 21세기 학습자에게 점점 더 중요해지는 역량의 종류이다.

[표 1-1] PISA 2012 평균 점수 및 순위

교육 선진 지역	수학		읽기		과학	
	순위	평균 점수	순위	평균 점수	순위	평균 점수
상하이	1	613	1	570	1	580
싱가포르	2	573	3	542	3	551
핀란드	12	519	6	524	5	545
캐나다	13	518	9	523	10	525
앨버타		517		525		539
온타리오		514		528		527
호주	19	504	14	512	16	521
빅토리아		501		517		518
뉴사우스웨일스		509		513		526
OECD		494		496		501
미국	36	481	24	498	28	497

출처: OECD (2014c) 허가에 의해 인용.

또한 이러한 교육 선진 지역은 PISA에서 레벨 4, 5, 6에 해당하는 학생의 비율로 [그림 1-2]에 표시된 것처럼 비례적으로 높은 성취도를 보인 학생들을 더 많이 배출한다. 이것은 복잡한 문제를 해결할 수 있는 능력이 더 뛰어난 성취자들을 의미한다.

[그림 1-2] PISA 2012 수학 유창성 수준

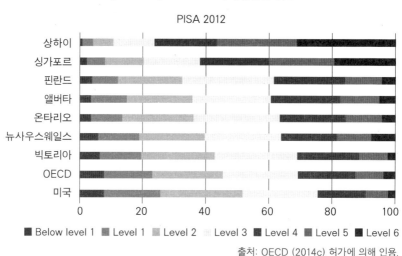

출처: OECD (2014c) 허가에 의해 인용.

더불어 중요한 것은 각 교육 선진 지역이 교육 기회의 평등을 제공하는 범위이다. 형평성에 대한 관심이 높아지고 있는 것은 국가가 더 큰 경제 및 사회의 세계화 맥락에서 경쟁하기 위해서는 일부 학생이 아니라 모든 학생이 현대 직장 및 사회에서 성공하기 위해 필요한 기능을 갖추어야 한다는 인식과 관련이 있다.[Tucker, 2011]

형평성에 대한 한 가지 광범위한 척도는 사회 경제적 지위와 성취 사이의 관계이다. 사회경제적 지위가 학생들의 성적과 상관관계가 낮다는 것은 형평성이 더 크게 구현됨을 의미한다. [그림 1-3]에서 볼 수 있듯이, 우리의 연구에서 교육 선진 지역은 주로 오른쪽 상단 사분면에 있으

[그림 1-3] 학생의 수학 성취와 형평성

●성과와 사회경제적 지위의 관계 강도가 OECD 평균 이상임.
○성과와 사회경제적 지위의 관계 강도는 OECD 평균과 통계적으로 유의미한 차이가 없음.
●성과와 사회경제적 지위의 관계 강도가 OECD 평균 이하임.

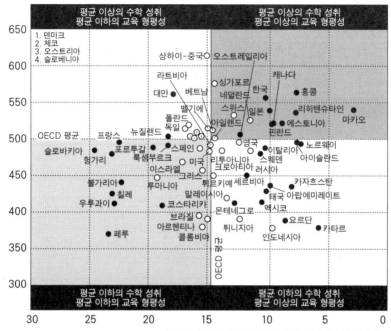

출처: OECD, PISA 2012 데이터베이스, 표 II.2.1.
통계링크 http://dx.doi.org/10.1787/888932964794

참고: 경제적·사회적·문화적 지위에 대한 PISA 지수로 설명되는 성취 변화의 백분율.
출처: OECD(2013a). 표 II.2.1. 허가에 의해 인용.

며, 이는 평균 이상의 성취도와 평균 이상의 형평성 지분율[4]을 모두 갖
는다.

핀란드, 캐나다, 싱가포르, 호주에서는 학생들의 사회경제적 지위에
의해 설명되는 성취도 변화의 비율이 OECD 평균(14.8%)보다 낮았고,

---

4. 수학 점수에 대해 사회경제적 지위가 주는 영향에 의해 측정된다.

반면 상하이의 형평성 측정은 그 평균을 약간 상회했다.(15.1%)*[표 1-2] 참조 상하이 학생들의 성취도가 거의 최상 수준이었기 때문에 PISA 성적 상위 등급을 받은 학생들 중 사회경제적으로 불리한 학생들의 비율은 다른 교육 선진 지역들에 비해 여전히 상당히 높았다. 즉, 상하이의 사회경제적으로 불리한 학교들의 평균 점수만으로도 여전히 세계 상위 5개 교

[표 1-2] PISA 2012 사회경제적 지위에 따른 점수 변동

교육 선진 지역	학생의 사회·경제적 지위에 따른 성취도 변화 비율(%)
핀란드	9.4
캐나다	9.4
앨버타	8.9
온타리오	9.6
호주	12.3
뉴사우스웨일스	12.8
빅토리아	9.0
싱가포르	14.4
OECD	14.8
상하이	15.1

출처: OECD (2014c) 허가에 의해 인용.

육 선진 지역에 들 수 있다.OECD, 2013a, p.257

우리는 이러한 관계가 아동이 경험하는 교육 기회뿐만 아니라 주어진 교육 선진 지역의 가구 간 경제적 격차가 어느 정도인지에 의해 영향을 받을 수 있다는 것을 알고 있다. 아동의 생활환경 격차가 클수록 이러한 격차의 영향이 크리라 예상되므로, 교육적 접근성은 '학교가 교육 기회를 어떻게 제공하는가'와 이 기회를 활용하기 위해 '사회는 어떻게 아동에게 지원하는가'에 의해 작동한다.

우리가 발견한 것

국가와 지역마다 교육에 대한 역사, 문화, 맥락이 다르지만 양질의 교육을 지원하기 위한 정책 수립에 접근하는 방식에서는 공통분모가 존재한다. 모든 교육 선진 지역의 핵심 목표는 '특정한 학습자를 위해 교육을 구성하는 방법에 대한 올바른 결정을 내릴 수 있는 지식이 있는 실천가에게 투자하는 것'을 포함하여 강력한 교직 전문성을 개발하는 것이었다.Darling-Hammond, 2009, p.46

전문가적 접근professional approach은 교육정책이 고등 교육을 받고, 학생에게 최선의 이익이 되는 교육에 대한 결정을 내릴 권한을 가진 교사 인적자원을 개발하는 것을 지향한다. 그리고 이 인적자원 개발은 교사 교육을 통해 축적된 지식과 근무 중 경험 및 동료와의 전문 지식 공유에서 얻은 교사의 실천적 지식을 기반으로 한다. 그것은 또한 교사는 학생과 학부모뿐 아니라 전문직으로서 서로에게도 책임을 지고 전문성 표준을 유지하기 위해 노력해야 함을 의미한다. 우리의 연구 결과는 이러한 교육 선진 지역에서 공통적으로 나타나는 몇 가지 주제를 언급하고자 한다.

1. 교원에 대한 높은 사회적 존중: 교육 선진 지역의 여론 조사 및 정부 발표에 반영된 가르치는 일에 대한 긍정적인 견해는, 유사한 교육적 배경을 요구하는 다른 직업에 못지않게 교직에도 상당한 보상이 주어지는 것에도 반영된다. 모든 교육 선진 지역에서 교사의 초봉은 국제 평균을 웃돌고 있으며, 교사의 첫 10년 이내에 상당한 증가를 보인다. 일부 국가에서는 교사 노조가 급여를 위해 협상하고, 또 다른 지역에서는 정부가 높은 급여를 책정하고 협상 과정 없이 일관되게 인상한다. 어떤 경

우에는 행정가와 교사가 동일한 협회(싱가포르, 호주 및 앨버타)에 속해 있다. 모든 교육 선진 지역에서 노조는 교직을 위해 목소리를 내고, 전문성 표준을 옹호하고 이행하는 데 대학 또는 정부 기관과 협력하며, 전문적 학습 기회를 형성하는 데 도움을 준다.

2. 교직 입문에서의 선별: 교직의 높은 위상은 일반적으로 가르치는 것을 선별적이게selective 한다. 일부 교육 선진 지역은 교사교육을 받을 후보자의 엄격한 선발로 초기 진입 시 높은 기준을 적용하고, 다른 선진 지역은 선별적인 졸업과 채용 정책을 강조하며, 어떤 선진 구역은 이 둘을 혼합해서 사용한다. 교사를 전문 직업인으로서 선발하는 기준은 아이들과 함께 일할 수 있는 높은 능력과 적절한 직업적 성향을 포함하며, 종종 학업 능력과 함께 연구 및 교육적 능력을 보여주는 것을 포함한다.

3. 교직 준비 및 전문적 학습을 위한 재정적 지원: 모든 교육 선진 지역에서 교사 지원자 교육은 무료로 제공되거나, 대부분 또는 모든 비용을 충당할 수 있을 만큼의 보조금을 지원한다. 어떤 예비교사들은 교직 준비를 하는 동안 급여나 수당을 받기도 한다. 또한 지속적인 전문성 개발을 위해 정부 지원을 받을 수 있다. 결과적으로, 교사 지원자들은 그들이 재정적으로 감당할 수 있는 만큼의 훈련만 받는 것이 아니라, 일반적으로 양질의 학습 기회에 쉽게 접근할 수 있다. 일선 학교들은 그들이 지속적으로 확장되는 상당한 전문 지식을 지니고 입직할 것을 기대할 수 있다.

4. 교직을 개괄하는 전문성 기준: 교수 능력을 개괄하는 전문성 표준은 각 교육 선진 지역의 교직 준비, 전문 면허 또는 등록, 전문성 개발 및 평가로 구성된다. 이러한 일반적인 기대는 교과 내용과 교수법에 관한 기술적 지식과 기능뿐만 아니라 학생들에게 잘 봉사하기 위해 배우고 협력하는 성향에도 초점을 맞추고 있다. 이러한 기준에 내재된 교수

와 학습의 비전은 신체적, 사회적, 정서적, 도덕적 영역에 걸쳐 전체 아동과 학생의 발달을 중요시하는 비전이며, 교사의 역할은 이러한 발달을 지원하는 것이다. 전문적인 기대와 학습을 조직하기 위한 수단으로서 기준의 확립은 전 세계적으로 급속하게 진전되고 있으며 각 교육 선진 지역에서 다양한 방식으로 생겨났다. 또한, 우리가 연구한 국가 중 현재 교원등록, 인가, 면허 제도를 갖추지 않은 국가에서는 교사로서 실무 준비가 되었음을 인증할 수 있는 평가 방법을 적극적으로 모색하고 있었다.

5. 잘 정의된 교육과정 내용과 잘 지원되는 현장실습 교육에 기반을 둔 교직 준비 및 입문: 모든 교육 선진 지역은 교사들이 교직에 입문하면 교사들 스스로가 학습자로서 배우고 그들의 학습과 실천을 구성할 수 있도록 사려 깊은 교육과정 지침(작은 나라에서는 국가, 큰 나라에서는 주 또는 지역)을 제공한다. 모든 교육 선진 지역에서, 이러한 교육과정은 최근 학생들을 위한 21세기 기능과 역량을 더 잘 반영하기 위해 개정되었다. 예비 교사 교육의 교육과정은 일반적으로 학습과 아동 발달에 대한 이해뿐만 아니라 국가 또는 주 교육과정에 관련된 내용 교수법 content pedagogy에 초점을 맞춘다. 교사는 자신이 가르칠 영역에 대한 철저한 내용 준비와 특별한 도움이 필요한 학생 및 새로운 이민자를 포함한 다양한 학습자를 가르치는 데 더 많이 준비된다.

또한 우리는 교사 지원자들을 위해 임상 훈련clinical training을 확장하는 것이 점점 더 중요시되는 것을 발견했다. 핀란드는 오랫동안 대학과 연결된 모델학교에서 석사 프로그램을 통해 교사들을 양성해 왔다. 오늘날, 사실상 다른 모든 교육 선진 지역은 이론과 실천을 연결하는 교육 실습을 제공하기 위해 학교-대학 파트너십을 개발하거나 확장하고 있으며, 몇몇 국가는 대학원 수준으로 교직 준비 기간을 확장하고 있다. 핀란드, 캐나다, 호주에서는 일반적으로 예비 교사 교육 중에 가장 광범위한 임상 장학이 이루어지며, 멘토링 또는 입직 프로그램을 통해 교직 첫 해까지도 지원이 확장된다. 싱가포르와 상하이에서는 예비 교사들이 교사교육 준비 기간에 가르치는 것을 넘어서, 교직을 시작할 때 훈련된 경력 교사로부터 더 집중적인 멘토링을 받는다. 이들은 더 적은 업무를 맡는 대신 베테랑 교사들과 협력해서 계획을 세우고 코칭을 받으며, 그들의 실천을 심화하기 위한 세미나에 참여한다.

6. 연구에 기반하고 연구에 참여하는 전문직으로서의 교직: 교육 선진 지역의 교사 교육과 전문성 개발은 일반적으로 학생과 교사 학습에 대한 연구를 기반으로 이루어지며 또 연구를 기반으로 장려되기도 한다. 예를 들면, 핀란드의 모델학교, 싱가포르와 상하이의 수업 연구, 실행 연구 그리고 다른 교사 탐구 접근법들, 또는 캐나다의 교사들에게 주는 리더십 보조금과 같은 전략은 교사 발달에 대한 새로운 연구 경향을 촉발시켰다. 또한, 신규 교사들이 받는 교육은 점점 더 연구를 활용하고, 교실 실천에 대한 연구자가 되도록 돕기 위해 설계되고 있다. 그리고 그들의 작업은 종종 다른 교사나 연구자가 활용할 수 있도록 출판된다. 이에 따라 교사들은 구체적인 수업상의 어려움을 해결하기 위해 동료 교사들과 탐구 및 실행 연구를 수행하며, 교육 실천 그 자체가 점점 더 연구 참여적이고 의도적으로 성찰적이게 되어 있다. 교육 실천을 지원하기 위해 증거를 수집하고 활용하는 것은 교사 전문성 표준과 전문성 개발의 설계에 의해 더욱 뒷받침된다.

7. 고립된 직업이 아닌 협력적인 직업으로서의 교직: 우리가 연구한 나라에서 교육은 개인의 용기 있는 행동이 아니라 팀 스포츠로 여겨진다. 교사들은 공동으로 계획을 세우고 문제를 해결해야 하며, 일반적으로 그렇게 할 시간이 주어진다. 교육 실천은 교사들이 다른 사람들의 수업을 관찰하며 자신도 관찰되고, 다른 사람들을 멘토링할 수 있는 기회와 함께 '탈사유화脫私有化, de-privatized'된다. 이런 방식으로 교사의 지

식과 전문성이 중시된다. 대부분의 경우, 협력적 전문적 참여로서의 교수는 교사의 업무에 대한 기대치를 설정하는 교수 기준과 정책 문서에 명시적으로 표시되어 있으며, 교사들이 상호 간의 학습에 기여하는 점이 교사 평가 과정의 일부로 포함되는 경우가 많다. 학교 내에서 교사들 간의 공유를 넘어, 대부분의 교육 선진 지역은 질 높은 실천을 교육 시스템 전반으로 확장하기 위해 학교 간 교사 협력을 촉진했다. 이것은 종종 전문적 학습을 위한 학교 네트워크(혹은 자매 학교)의 형태로 나타난다. 교사와 교장은 이러한 네트워크 내에서 전문성을 공유한다. 일부 교육 선진 지역은 또한 전문적 학습에 함께 참여하는 교과 네트워크 또는 여타 주제 학습공동체를 후원한다.

8. 지속적인 과정으로서의 교사 발달: 각 교육 선진 지역은 교사의 전문적 학습을, 학생 학습을 지원하고 시간이 지남에 따라 동료 교사의 학습도 지원하는 더 효과적인 작업을 위한 지속적인 과정으로 간주한다. 지속적인 학습에 대한 헌신뿐만 아니라 동료들과의 협업은 교육 선진 지역에서 사용되는 평가 과정의 핵심이며, 교사들을 리더로 식별하는 수단이다. 교원평가 과정은 징벌적 책무성보다는 교사의 성장과 발전으로 연결된다. 그리고 교직에 대한 입직 안내와 초기 안내가 워낙 탄탄하게 제공되기 때문에 무능력자의 제거가 평가의 주요 목표는 아니다. 경력 교사들도 지속적으로 새로운 기술을 배우고 지식을 확장할 기회가 있기 때문에 교직은 학습하는 전문직으로 간주된다.

9. 리더십의 기회: 모든 교육 선진 지역에서는 교사 리더십을 향상시키기 위해 노력하고 있다. 점점 더 많은 국가(싱가포르, 중국, 그리고 최근에는 호주와 캐나다)에서 교수 및 리더십 표준은 다양한 경력 단계별로 갖추어야 할 지식과 기술에 대한 기대를 명확하게 표현하며 경력 전반에 걸쳐 상위직의 리더십으로 옮겨가는 지속적이고, 지원적 학습 경로를 제시한다. 싱가포르와 상하이에는 경력 교사, 수석 교사, 혹은 멘토

교사, 교장 또는 관리자가 될 수 있는 정교하게 설계된 경력 사다리가 있다. 싱가포르에서는 교육과정, 응용 심리학, 교육 연구, 평가 및 측정 분야의 전문가로서의 교사들을 준비시키고 등록시키는 또 다른 경력 사다리가 존재한다. 호주는 이와 유사한 경력 사다리 시스템을 개발하고 있으며, 핀란드와 캐나다의 교사들은 역할의 일환으로 연구, 멘토링, 교육과정 리더십, 학교 개선 활동에 참여할 기회를 가진다. 온타리오에서는 교사 및 행정 리더십의 경로가 개발되었고 교사 연구에 대한 광범위한 지원이 이루어진다. 핀란드에서는 교사 교육 및 연구에서 교사 지도자의 역할이 두드러진다. 각 교육 선진 지역은 교사들이 교육적 혁신을 하고, 학교 의사 결정에 참여할 수 있는 공식적 또는 비공식적 기회를 제공한다.

10. 양질의 교육과 형평성을 지원하기 위해 만들어진 체계: 우리가 연구한 모든 교육 선진 지역은 양질의 교육을 체계적으로 지원하는 방법을 개발했으며, 이것은 교직에서 개인들의 업무를 지원하는 인프라를 제공한다. 교원들이 설계한 국가 또는 주 교육과정의 활용 가능성은 교사의 업무와 협력적인 계획에 중심 역할을 한다. 이 교육과정의 지침은 일반적으로 간결하며 교사들이 학생들의 요구를 충족시킬 수 있는 로드맵을 제시하지만 교사들을 구속하지는 않는다. 미리 계획된 학교 내 전문성 개발 시간과 함께, 확실한 자금이 지원되는 멘토링과 전문적 학습의 안정적 시스템은 이 인프라의 한 부분이다. 그것은 결과적으로 학습에서 더 높은 형평성과 함께 전반적으로 더 질 높은 교육을 가능하게 한다. 교육 선진 지역은 공정한 자금 조달로 재정 및 사회 정의에 초점을 맞추고 있으며, 자금 조달 계획, 교육 기준 및 전문성 개발의 강조에서 전통적으로 소외된 지역에 더 많은 혜택을 주려고 의식적으로 집중한다.

교사의 질과 교수(敎授)의 질 향상

교육 선진 지역은 교육 시스템 구축에 개별 교사의 역량 개발뿐만 아니라 개별 교사가 자신의 역량을 적절하게 활용할 수 있는 환경을 만드는 것이 중요하다는 것을 인식하고 있다. 따라서 그들은 *교사의 질* teacher quality과 *교수의 질* teaching quality에 주의를 기울인다. 교사의 질은 다음과 같은 속성을 포함하여 특정 방식으로 행동하는 기질을 포함하여 개개인이 교육에 가져오는 개인적 특성, 기능 및 이해의 묶음으로 생각할 수 있다.

- 교육 내용과 관련된 유창한 내용 지식
- 특정 내용 영역에서 다른 사람을 가르치는 방법에 대한 지식(내용 교수법) 및 생산적인 교수 실천을 구현하는 기술
- 학습의 차이 또는 어려움이 있는 학생을 지원하는 방법 및 아직 수업 언어에 능숙하지 않은 학생을 위한 언어 및 내용의 학습 지원 방법 등 학습자 특성 및 발달에 대한 이해
- 주어진 맥락에서 학생에게 무엇이 효과가 있는지 판단하기 위해 아이디어를 구성하고 설명하고, 진단적으로 관찰하고 생각하며, 적응적 전문 지식을 사용하는 일반적인 능력연구 요약은 Darling-Hammond, 2000: Darling-Hammond & Bransford, 2005: Wilson, Floden, & Ferini-Mundy, 2001 참조

또한 대부분의 교육자, 부모 그리고 정책 입안자들은 필수적이고 중요한 다음 내용과 같은 중요한 성향을 이 목록에 포함할 것이다.

- 모든 학생의 학습을 지원하려는 의지

- 공정하고 편견 없는 방식으로 가르치기
- 학생들이 성공할 수 있도록 교수법을 적용하기
- 지속적으로 배우고 개선하기 위한 노력
- 개별 학생 및 학교 전체를 위해 다른 전문가 및 학부모와 협력하기

교사의 자질과 구별되는 교수의 질은 광범위한 학생들이 학습할 수 있도록 하는 효과적인 수업을 말한다. 이러한 수업은 특정한 맥락에서 교육 방법의 요구, 수업의 목표, 그리고 학생들의 요구를 충족시킨다. 교수의 질은 부분적으로 교사의 지식, 기술, 성향과 같은 교사 질을 포함하지만, 교사가 사용하는 외부 요소를 포함한 교수의 맥락에 의해 강하게 영향을 받는다. 맥락에 대한 고려의 핵심은 교사의 업무를 지원하는 교육과정과 평가 시스템, 동료들로부터 배우고 함께 일할 기회, 교사의 자격과 그들이 가르치라고 요구받는 것 사이의 적합성, 그리고 교육 조건이다. 우수한 교사라 하더라도 결함이 있는 교육과정을 가르치도록 요청받거나 적절한 자료가 부족한 상황에서 수준 높은 교육을 제공할 수 없을 것이다. 마찬가지로, 잘 준비된 교사라도 준비 영역 밖에서 가르치거나 열악한 교육 여건에서 가르치도록 요청받았을 때, 예를 들어, 적절한 교재 없이, 표준 이하의 공간에서, 너무 적은 시간으로, 또는 너무 많은 학생을 가르쳐야 할 때 학생의 성적이 좋지 않다. 반대로, 덜 숙련된 교사라도 우수한 자료, 수업 계획에 대한 강력한 동료 지원, 그리고 예를 들어, 읽기를 배우는 데 추가적인 도움이 필요할 수 있는 학생들과 함께 일하는 보조적인 전문가들에 의해 도움을 받을 수 있다면 그는 어느 정도의 성과를 낼 수 있을 것이다.

교사들이 동등한 기술을 가지고 있다고 해도, 불충분한 자료, 형편없이 선택된 교육과정, 교사들이 서로 고립되어 고군분투하고 교육적 지

원이 없는 과밀하고 안전하지 않은 환경에서 학생들이 배워야 할 때 수업의 질은 낮다. 반면에, 질 좋고 풍부한 책, 자료, 컴퓨터를 가지고, 교사들이 함께 구축한 일관성 있고 잘 설계된 교육과정을 가지고, 비슷한 규범과 실천으로 협력하는 교사들로 구성된 팀이 있고, 학생들의 필요성에 주의를 기울이고, 적절한 시설과 자원을 가진 학교에서 학생들이 경험하는 수업의 질은 틀림없이 더 높다.

교육 선진 지역은 강력한 교사의 질이 효과적인 교육으로 이어질 가능성이 높다는 것을 알고 있다. 그러나 교사의 질이 교육의 질을 보장하지는 않는다. 교수의 질과 효과성을 발전시키기 위한 계획은 개별 교사들의 기술과 능력을 구분하고 보상하며 활용할 방법뿐만 아니라 좋은 실천을 가능하게 하는 교수 맥락을 발전시킬 방법도 고려해야 한다. 만약 교수가 성과를 내려면, 그 지역이 개발한 교수 및 학습 시스템은 교사 개개인의 질과 함께 학습 환경과 교수 맥락을 구성하는 정책들도 고려해야 한다는 것을 인정해야 한다.

이 책의 구성

우리는 이 책의 나머지 부분에서 다음에 제시할 주제들을 명확하고, 상세히 설명한다. 제2장에서는 이 연구의 5개국에서 교육이 조직되고 지원되는 방식에 대한 분석으로 시작한다. 우리는 각 국가의 자금 조달 및 거버넌스 구조를 포함하여 정책이 적용되는 교육 맥락을 설명한다. 우리는 교수 및 학습 시스템을 만드는 교육과정, 수업 및 평가 정책에 대해 각 교육 선진 지역이 어떻게 통합적인 접근법을 취하는지 논의한다. 또한 각 교육 선진 지역에서 제기되는 주요 교육 과제와 논쟁을 포함하여 정책 입안에 발생하는 더 넓은 맥락을 개략적으로 설명한다.

제3장에서는 교사 채용, 교사교육, 신임 교사의 초기 교육을 위한 구체적인 전략을 검토하면서 교직 경력 진입에 대해 살펴본다. 우리의 논의는 각 교육 선진 지역이 자격과 능력을 갖춘 개인을 교육으로 끌어들이고 그들을 공평하게 배치하고 교사 부족이 발생할 가능성이 있는 영역을 해결하기 위한 전략을 채택하는 방법을 다룬다. 그런 다음 예비 교사 교육 프로그램을 포함하는 교육 프로그램이 교사 전문성 표준에 의해 어떻게 점점 더 많은 영향을 받는지 살펴본다. 이 장에서는 교사들이 교직으로 편입되어 그들의 초기 경력 학습을 확장하고 이끄는 멘토링을 받는 방법도 설명한다.

　제4장은 각 교육 선진 지역에서 교사의 전문적 학습과 교사 지식을 개발하는 방법에 중점을 두고 있다. 특정 전문적 학습은 종종 주 정부 또는 국가의 교수 표준teaching standards에 연계되고 학생 학습과 학교 개선에 연결되어 있다. 우리는 사용 가능한 전문적 학습 전략, 즉 전문적 협력, 코칭, 멘토링, 그리고 교사의 학습을 지원하는 정부의 역할 등의 범위를 논의한다. 우리는 또한 교사 피드백과 평가에 대한 다양한 접근 방식과 이것이 교사 전문성 발달과 연결되는 방식을 개략적으로 설명한다.

　제5장에서는 각 교육 선진 지역이 교직 경력을 어떻게 구성하고 교사와 행정 리더십을 발전시키는지 살펴본다. 우리는 리더십 개발에 사용할 수 있는 지원의 범위와 교육 지도자들이 교수 및 학습 시스템을 위한 인적 자원의 일부가 되는 방법을 살펴본다.

　제6장에서는 교육 선진 지역이 어떻게 더 광범위한 교육 개선을 위한 주도권을 만들고, 학생이 높은 수준의 수업에 대해 접근할 수 있는 형평성을 촉진하기 위한 교육 시스템을 어떻게 구성하는지 살펴본다.

　제7장에서는 국제적으로 교육 정책의 발전을 폭넓게 검토한다. 앞 장에서 언급된 국가들이 어떻게 진화하고, 어느 곳의 국제적 사례로부터

학습하고 있는지, 그 국가들은 어디에서 도전받고 있는지, 어떻게 그들 자신의 환경 개선을 위한 다음의 목표를 향해 행동하고 있는지에 대해 논의한다. 우리는 이 연구에서 도출될 수 있는 교훈을 요약하여, 양질의 교육을 가능하게 하는 정책 시스템의 원칙을 도출할 뿐 아니라 강력한 교육을 개발하는 데 무엇이 중요하고 효과가 있는지에 대해 결론을 내린다.

교수의 질을 지원하기 위한 효과적인 정책 시스템을 만들면 혁신적 변화의 잠재력이 발휘될 수 있다. 예를 들어, 핀란드와 싱가포르와 같은 국가들은 불과 50년 만에, 각각 수십 년 전에 매우 낙후되고 불평등한 교육 시스템이 있었고, 인접한 지역과 비교할 때 교육 성취도가 가장 낮은 나라 중 하나였음에도 최고의 교육 시스템 중 하나로 도약했다. 비록 매우 다른 인구 구성, 역사, 그리고 사회적·경제적 도전들이 있지만, 그들의 공통점은 형평성에 대한 윤리와 전문적이고 효과적인 교수진의 힘에 대한 믿음에 바탕을 둔 정책 비전이 있었다는 것이다. 이것은 협업과 지속적인 개선에 대한 헌신이 있는 크란지Kranji 중등학교와 유사한 교육 환경을 만드는 데 도움을 주었다. 싱가포르의 고촉통Goh Chok Tong 전 총리는 '생각하는 학교, 배우는 나라Thinking Schools, Learning Nation' 계획을 발표하는 연설에서 다음과 같이 언급했다.

[이 계획]은 교사의 역할을 재정의할 것입니다. 모든 학교는 모범적인 학습 조직이어야 합니다. 교사들과 교장들은 끊임없이 새로운 아이디어와 실천을 찾고, 그들 자신의 지식을 지속적으로 새롭게 할 것입니다. 미래의 다른 지식기반 전문가처럼 가르치는 일을 하는 교직은 그 자체로서 학습전문가로 자리매김할 것입니다.Goh, 1997

* 형평성에 관한 상하이의 결과에 대한 잘 알려진 비판은 PISA(15세)의 이주 학생 비율이 모든 연령대의 이주 학생 수를 대표하지 않으며 공공 시스템 밖 학교의 이주 학생도 배제할 수 있다는 것이다. 이주 학생들은 부유하지 않은 배경을 가질 가능성이 높고, 다양한 교육 자원에 접근할 가능성도 낮다. 우리는 이 문제들에 대해 뒷장에서 논의한다.

2.

교수-학습 시스템의 맥락

우리가 연구한 각 지역에서는 그 지역 자체의 역사, 사회적·경제적 맥락, 정치적 고려를 통해 특정한 국가적 맥락에서 효과적인 교육을 위한 지원 방안을 만들었다. 이들은 모두 단절된 활동의 연속이 아니라 교육 및 학습 *시스템*을 창출하기 위한 노력으로 이러한 구상을 했다.

*시스템 프레임워크system framework*는 사회가 매력적인 교직 경력을 구축하고, 재능 있는 개인을 선발하며, 그들이 충분히 준비되게 하고, 교사들을 위한 지속적인 학습 경험을 강화하는 경력 경로들을 개발함으로써 효과적인 교육을 지원할 수 있다는 것을 인식한다. 동시에, 모든 학생이 이러한 교육을 경험할 수 있도록 사회는 교육자들이 '성공적인 실천을 위해 그들의 지식을 사용할 수 있는 권한'과 '성공적인 학교를 위해 직원을 배치하고 조직하는 데 필요한 자원'을 확보할 수 있도록 학교를 관리하고, 재정을 지원하는 방법을 찾아야 한다. 교육과정 지침, 자료 및 평가는 예상되는 가능한 학습과 교수의 형태를 구성한다. 다양한 학생의 요구를 충족시키기 위해 수업을 구성하고 자원을 할당해야 하는 교장과 교사의 재량권은 궁극적으로 교육 효과에 영향을 미칠 수 있다. 연구, 혁신의 기회 및 지식을 공유하는 방법은 지속적인 개선과 진보를 위한 가능성을 만든다.

이러한 교육 정책 및 정책 수립에 대한 전반적인 접근 방식은 각각 배경이 다른 학생들을 위한 기회 배분뿐만 아니라 교육 선진 지역의 인구통계학, 지리학, 경제와 관련된 특정 맥락과 도전 과제에 영향을 받는다. 이 장에서 우리가 연구한 각 교육 선진 지역과 그 지역의 정책 프레임워크와 맥락의 특성을 개관할 것이다.

해당 지역 각각은 그 나름의 특색이 있지만, 1990년대 이후 모든 교육 선진 지역이 일반적으로 *21세기 기술21st-century skills*이라고 불리는 것을 반영하는 학습의 개념을 수용했다는 점에 주목할 필요가 있다. 그리고 21세기 역량은 고차원적 사고, 복잡한 문제 해결 및 만족할 만한 성취를 교육과정과 평가 시스템에 통합하기 위해 매우 의도적으로 노력했다. 또한 각 교육 선진 지역은 점점 더 다양한 학생들에게 새로운 기준을 가르치는 데 필요한 교수법을 반영하기 위해 교사들을 위한 기준을 재구성했다. 그리고 각각의 교육 선진 지역은 이러한 목표와 기대를 충족시키기 위해 추가 지원이 필요한 학생들에게 기회를 제공하고 형평성을 보장하기 위해 적극적으로 움직이고 있다.

호주

호주는 다양성과 다문화적인 특성이 높은 나라다. 지리적으로 매우 넓으며, 인구는 2,350만 명(텍사스 주 인구와 비슷함)이며, 대부분 동부 및 남동부 해안 도시에 거주한다. 그러나 대도시권 밖의 많은 외딴 학교들이 가장 가까운 도시까지 차로 몇 시간 거리에 있기도 하다. 이는 교육자들을 외딴 지역으로 끌어들이고, 연수와 전문적인 학습 기회를 제공하는 것을 포함하여 교육적 과제들을 만든다. 21세기 이후 국제 이주가 인구 증가의 주요 동인이었기 때문에 문화적 맥락은 지속적으로 변화하고 있다.[ABS, 2015] 실제로 인구의 약 28%가 해외에서 태어났다.

뉴사우스웨일스 주와 빅토리아 주는 오스트레일리아에서 가장 인구가 많은 주다. 뉴사우스웨일스 주의 인구는 750만 명으로 워싱턴 주와 비슷한 규모다. 인구 580만 명인 빅토리아 주는 위스콘신 주와 인구가 비슷하다. 각각은 상당히 도시화되어 있으며, 인구의 약 90%가 도시에 살고 있다. 빅토리아 주에서는 인구의 거의 4분의 3이 멜버른 지역에 살고 있으며, 전체 주민의 절반 이상이 외국에서 태어난 부모가 있다. 빅토리아 주와 뉴사우스웨일스 주에서는 공립학교 학생의 4분의 1 이상이 가정에서 영어 이외의 언어를 사용한다. 마카오어, 광둥어, 베트남어, 그리스어, 이탈리아어 등이 이들 주에서 학생들이 가정에서 사용하는 흔한 언어다. 오스트레일리아 원주민은 전국 인구의 약 2.4%, 뉴사우스웨일스 주의 약 6%를 차지한다. 다양한 학생들에 대한 더 큰 형평성을 확보하는 것이 국가 및 주 정부 차원의 교육 정책에서 중요하게 간주하는 목표다.

거버넌스와 예산 지원

공교육은 역사적으로 주state의 기능이었다. 교육 시스템은 호주의 6개 주 정부와 2개의 큰 준주territories에 의해 관리된다. 그러나 대부분의 예산은 연방정부에 있다. 각 주는 국세를 재원으로 예산을 받고 호주(연방) 정부와의 파트너십 협정을 통해 추가 정책 예산additional targeted funds을 받는다. 게다가 호주의 교사 교육은 주로 40개의 국가 지원 연구 대학에서 이루어진다. 이것은 기본적으로 주 기반 교육 시스템으로 운영되는 호주에서 눈에 띄는 연방정부의 역할이다. 호주는 학생의 약 3분의 1이 가톨릭 또는 사립Independent학교에 다니고 있다. 명목상으로는 사립학교이지만, 이들 각 분야의 학교들 또한 호주 정부로부터 자금의 대부분을 지원받는다. 학교들은 호주 국가 교육과정의 목적에 부합하는 교육과정을 제공해야 하며, 그들은 국가시험 프로그램인 나플랜

NAPLAN에 참여해야 한다.

2008년 이후, 호주는 교육의 질과 형평성에 대한 정치적, 공공적 우려가 커짐에 따라 교육 분야에서 국가적으로 일관된 정책을 수립하는 방향으로 나아갔다.^{Link 2-1} 많은 다른 국가보다 공평하지만 주, 지역, 학교 시스템, 사회경제적 그리고 원주민 지위에 따라 상당한 성취 격차가 존재한다. 예를 들어, 2012년 대도시 지역과 외딴 지역의 학생 간 PISA 수학 성취 차이는 거의 2년간의 학교교육에 해당하는 것으로 추정되었다.^{Thomson, De Bortoli, & Buckley, 2014}

질 높은 교육 및 평등 교육 시스템 달성을 위한 정책 비전은 '호주 청년을 위한 교육 목표에 관한 멜버른 선언'^{MCEETYA, 2008, Link 2-2}에 명시되어 있다.

- **목표 1**: 호주의 학교교육은 형평성과 수월성을 고양한다.
- **목표 2**: 모든 호주 청년은 성공적인 학습자, 자신감 있고 창의적인 사람, 그리고 적극적이고 정보에 밝은 시민이 된다.

교육 정책에 대한 국가차원의 일관된 접근을 향한 움직임은 다음과 같은 측면을 포함했다.

- **교육과정 및 평가**: 호주 교육과정, 평가 및 보고 기관The Australian Curriculum, Assessment and Reporting Authority, ACARA은 2008년에 설립되었으며, 국가 교육과정 프레임워크와 국가 평가 및 정보공개 Public Reporting 전략을 개발했다.
- **교육의 질**: 호주 교육 및 학교 리더십 연구소Australian Institute of Teaching and School Leadership, AITSL는 2009년에 설립되었으며 교육자들을 위한 국가 표준과 교육 및 리더십 경력의 모든 측면에

대한 프레임워크를 개발했다. 이는 교육자의 준비, 입문, 전문적 학습 및 경력 발전에 이르기까지 모든 단계를 포함한다. 이러한 표준과 프레임워크를 각 주에서는 지역에 맞는 적절한 방식으로 구현하고 있다.

- **예산 지원**: 교육 개선 및 학생 1인당 자금에 대한 국가적으로 일관된, 보다 공정한 접근 방식을 위해 예산에 대한 국가 파트너십 협약이 연방정부와 주정부 간에 체결되었다. 그러나 이 증대된 투자는 지금까지 부분적으로 시행되고 있다.

교육과정과 평가

2013년 이후로, 주들은 호주 교육과정 프레임워크를 점진적으로 시행하고 있다. 이 프레임워크는 교과 주제를 반영한 여덟 개의 학습 영역과 '각 학습 영역의 교육과정 내용과 범 교육과정 우선 사항cross-curriculum priorities과 함께, 21세기에 성공적으로 생활하고 일하는 데 도움이 되는 지식, 기술, 행동 및 태도'를 포함하는 일곱 가지의 일반 역량을 명시하고 있다.[ACARA, 2015] 그 능력은 다음과 같은 기술이 포함한다.

- 문해력
- 수리능력
- 정보 및 의사소통 기술 역량
- 비판적이고 창의적인 사고
- 개인 및 사회적 역량
- 윤리적 이해
- 간문화적 이해

또한, 세 가지 범 교육과정 우선 사항은 호주인들이 어떻게 함께 그리고 그들의 지역에서 살아야 하는지에 대한 국가적 열망을 반영한다. 이러한 우선 사항은 원주민과 토레스 해협 섬의 역사와 문화, 아시아 및 호주의 아시아와의 관계, 그리고 지속 가능성이다. 국가 교육과정은 미국에서의 학생 학습 표준과 교육과정 프레임워크와 유사하게 작동한다. 이는 학생 학습 목표와 주제에 대한 로드맵을 만들었으며, 지역적으로 설계되고 선택된 자료로 구현된다.

각 주 정부는 주 교육과정을 호주 정부 교육과정에 일치시키고, 이러한 학습 기대치의 결과를 구현한다. 그리고 많은 주가 자격 인증 시스템을 두고, 고등학교에서 이에 대한 인정을 하도록 역할을 한다. 이를 통해 학생들은 수행과제나 포트폴리오를 포함하는 개방형 시험을 통해 광범위한 학문적 혹은 직업적 내용 영역에서 자신의 역량을 입증할 수 있다. 저학년(3, 5, 7, 9학년)에서 호주 교육과정 평가 및 보고 기관ACARA 은 문해력 및 수리력 국가 평가National Assessment Program - Literacy and Numeracy, NAPLAN를 실시하며, 그 결과는 마이스쿨MySchool 웹사이트에서 확인할 수 있다. 이 사이트에서 학부모와 지역사회는 각 학교의 인구통계, 재정 및 학업 성취 자료를 볼 수 있다. 이 자료는 동일 집단의 2년간 학업 성취도 향상 및 유사한 인구 특성을 가진 학교 간 비교 자료를 보여준다. 그러나 학교 순위를 매기거나 분류하거나, 보상과 불이익을 줄 목적으로 활용하지는 않는다.

국가 수준과 일부 주에서 정책 논쟁arm wrestling 후 뉴사우스웨일스 같은 주는 시험 자료의 주요 역할이 학교 개선을 안내하는 것이며, 시험 자료가 학교에서 성공적인 실천을 식별하고 필요한 영역에 시스템 자원을 할당하기 위한 근거로 사용되어야 한다는 것이 강조되었다. 뉴사우스웨일스 주의 전 공무원은 다음과 같이 설명했다.

시스템의 평가 프로그램이 충분한 자원을 갖추고 교수와 학습에 명확하게 연계될 때, 그 교사들과 학교들이 잘 수용할 가능성이 높아진다. 뉴사우스웨일스 주에서는 교육과정 자원 및 전문적 학습과 연계된 진단 정보의 제공을 통해 평가 프로그램이 학습 프로그램 개발을 안내하는 또 다른 신뢰할 수 있는 자료의 원천으로 인식될 수 있었다.

교사와 교육teaching

개별 교사와 학교에 대한 학부모와 지역사회의 강력한 지원에도 불구하고 호주의 교직은 역사적으로 높은 지위의 직업으로 간주되지 않았다.[Crowley, 1998] 그러나 국가 및 주정부의 정책에서 교사의 지위 향상이 명시적인 목표로 설정되면서, 이러한 상황은 빠르게 변화하고 있다. 교사들의 입직 시 임금이 변호사나 다른 전문가들의 초봉과 견줄 수 있을 만큼 높아졌다. 빅토리아 주의 현 교육부 장관 제임스 멀리노James Merlino[2015]는 "우리는 교직의 지위를 높이고, 빅토리아 주 정부 관내 학교에 최고의 고급 전문 인력을 유치하고 유지하는 데 전념하고 있다"고 언급한다.

이 중 하나는 새로운 교사 전문성 표준을 경력 사다리 체계로 변환하여, 각 주들이 우수한 교사들의 기술을 인정하고 더 잘 활용하기 위해 채택하고 적용하고 있다는 것이다. 이런 맥락에서 뉴사우스웨일스 주는 최근 높은 성취를 이룬 교사 수준에 도달한 사람들을 위해 최고 급여 범위를 10만 호주 달러(당시 미국 달러와 호주 달러가 유사한 가치였음) 이상으로 확대하기로 했다. 이 교사들은 행정직(교장 등)으로 전직하지 않고도 자신의 전문 지식을 공유할 기회를 갖는다. 또한 뉴사우스웨일스 주는 교사들의 일정에 협업과 기획을 위한 시간을 추가했다. 호주 전역에서 양질의 교육quality teaching은 점점 더 국가 교사 전문성 표준을 통해 이해되고 있다. 이 표준은 전문적 지식과 실천뿐만 아니라 동료와의 전문적인 학습과 참여도 포함한다.

지난 10년 동안은 예비 교사들을 위한 보다 포괄적이고 임상 중심의 교육, 초임 교사를 위한 강화된 신임 교사 교육, 그리고 더 널리 활용 가능한 전문 학습 기회에 대한 투자가 이루어졌다. 전문적 학습은 학교 내에서 그리고 학교 간에 이루어진다. 수업 계획, 학생 과제 검토, 그리고 학교 개선 계획을 위한 학년별, 교과별 및 기타 학습팀을 학교에서 흔하게 볼 수 있다. 학교 네트워크는 호주 학교의 특징이며 자원 공유, 교사 및 학교 리더의 전문적 협업 및 역량 강화, 학교 간에 효과적인 실천을 확산시키는 기제로 작용한다. 점점 더 교육의 질을 뒷받침하는 국가 정책과 함께, 학교 네트워크는 학교 간의 학습과 더 많은 기회를 지원하여 형평성에서 중요한 역할을 한다. 새롭고 더 공평한 자금 지원 계획 외에도, 형평성 계획은 자격 있는 교육자를 일하기 어려운 지역사회로 유치하고 중앙에서 지원하는 코치, 교육 전문가 및 특별한 프로그램을 필요한 학교에 제공하기 위한 인센티브도 포함한다.

캐나다

호주와 비슷하게, 캐나다도 지역 수준에서 교육에 대한 책임을 두는 연방주 체제를 채택하고 있다. 10개의 주와 3개의 준주Territories에 걸쳐 퍼져 있는 캐나다는 인구는 캘리포니아보다 조금 적지만 영토는 미국보다 크고, 3,600만 명에 가까운 인구를 가진 나라다. 국토 면적으로는 세계에서 두 번째로 큰 나라지만 인구의 80%가 미국 북부 국경 근처에 살고 있다. 다문화이며 다국어를 사용하여, 약 21%가 다른 나라에서 이민 왔고 11%는 영어나 프랑스어가 아닌 다른 모국어를 사용한다. 영어와 프랑스어는 공식 언어official languages이며 학교에서 사용되는 주요 언어다.Statistics Canada, 2013

캐나다 내에서, 우리는 다국어와 다양한 인구를 가진 앨버타와 온타리오 두 지역에 초점을 맞췄다. 앨버타 주의 420만 시민 중 약 18%가 이민자로, 이는 미국보다 높은 비율이다. 약 10%의 학생들이 영어 이외의 주요 언어를 구사한다. 또한 약 9%가 퍼스트 네이션즈First Nations, 메티스Métis, 이누이트Inuit(FNMI)[1] 아동으로 확인된다. 온타리오 주는 1,350만 명으로 일리노이 주보다 약간 인구가 많은 수준이다. 이 주에 전체 국가 이민자의 40% 이상이 거주하고 있으며, 100개 이상의 언어가 사용되고 있다.[Statistics Canada, 2013] 이러한 다양성은 학교 시스템에서도 볼 수 있는데, 약 27%의 학생들이 캐나다 이외의 곳에서 태어났으며, 이는 이웃 뉴욕주의 이민자 비율보다 높다.[Krogstad & Keegan, 2014]

교육 수준이 매우 높으며, 인구 중 절반 이상(53%)이 대학 학위를 취득하여 OECD 국가 중 가장 높은 비율이다.[OECD, 2014b] 캐나다는 일반적으로 읽기, 수학, 과학에서 세계 상위 10개국에 든다. 앨버타 주와 온타리오 주는 캐나다 주 중에서 성취도가 가장 높은 주이다. 교육적 성취도 또한 상대적으로 공평하게 분포되어 있으며, 사회경제적 지위는 PISA 2012 수학 성취도 결과 변량의 9%만 설명한다. 이는 OECD 평균인 14.8%보다 훨씬 낮고 핀란드와 거의 비슷하다. 파킨Parkin[2015, p.20]이 지적하듯이, "캐나다는 전반적으로 높은 성취도, 평균 이상의 이민 인구, 이민자와 비이민자 사이에 큰 성취 격차가 없는 몇 안 되는 나라 중 하나다."

이 형평성은 캐나다인들이 이용할 수 있는 다양한 사회 서비스에 의해 뒷받침된다. 모든 시민은 무료 의료 서비스와 다양한 사회 서비스를 제공받는다. 여기에는 초등학교 입학 전 교육비를 상쇄하는 보편적 보육

---

1. 'FNMI'는 'First Nations, Métis, and Inuit'의 약어로, 캐나다의 다양한 원주민 그룹을 나타내는 용어다. 'First Nations'는 단독으로 쓰일 때는 '원주민'으로 번역하기도 했다. First Nations는 남쪽 지역에 사는 캐나다 원주민을, Metis는 캐나다의 3개 프레리 주와 브리티시 콜럼비아, 노스웨스트 준주 및 미국 북부 일부에 거주하는 원주민을, Inuit는 북극 지역에 사는 캐나다 원주민을 가리킨다.

수당이 포함된다. 그 결과 저소득 가정 출신의 아이들조차도 다른 많은 나라에서보다는 어려움을 적게 경험한다. 정부는 보육료 지원, 임대료 지원 및 저렴한 주택, 공공의료보험 등의 형태로 저소득층을 지원한다.

거버넌스와 예산 지원

대부분의 다른 OECD 국가들과 달리, 캐나다에는 연방 교육부가 없다. 각 지방의 교육부는 정책과 입법 프레임워크를 설정하고 자체적인 학교 시스템을 운영할 책임이 있다. 전문 인력이 있는 교육구는 지역에서 선출된 위원회의 지도 아래 학교를 관리한다. 예를 들어, 온타리오에서 각 학교 이사회school board는 선출된 지역사회 구성원, 원주민 대표 및 학생 대표로 구성되어 운영된다. 각 학교에는 매년 선출되는 학교운영위원회school council[2]가 있으며, 학부모, 학생, 직원, 지역 봉사자로 구성된다. 모든 교사는 4개 부문 노조의 포괄 조직인 온타리오 교사 연맹의 회원이다.

교육부 장관 협의회Council of Ministers of Education Canada의 형태로 연방 기구가 존재하며, 매년 두 차례 회의를 열고 주 및 준주에 걸쳐 조정 역할을 하면서 교육에 대한 장기적인 비전을 수립한다. 교육부 장관 협의회는 지역의 학생 성취도를 벤치마킹하고, 대중에게 알리는 역할을 하는 '범캐나다 평가 프로그램Pan-Canadian Assessment Program'이 원활히 운영되도록 한다. 또한 정보 공유를 위한 매개체로서 역할을 하며, 이는 지역 간 정책이 유사성을 지니게 하는 데 기여한다.Mehta & Schwartz, 2011 유아교육부터 성인학습까지 포괄하는 '학습 캐나다 2020 정책 선언Its Learn Canada 2020 policy statement'Council of Education, Council of Canada, Canada, 2008 은 국가적 관심 영역을 알려준다. 여기에는 예를 들어 원주민 교육, 소수민

---

2. 'school board'는 교육구/교육청 수준의 위원회 혹은 이사회를, 'school council'는 학교 단위의 자문위원회 혹은 운영위원회를 의미한다.

족 및 제2외국어 프로그램, 국가 수준의 성과 지표 및 학습 평가 프로그램을 위한 노력 등이 포함된다.

캐나다의 역사는 프랑스어와 영어를 사용하는, 공적인 지원을 받는 학교와 다양한 종류의 사립학교의 분리된 시스템을 만들어냈다. 앨버타에서는 거의 2,200개 학교 중 약 3분의 2가 공립학교다. 나머지 3분의 1은 분리된Separate 학교(일반적으로 프로테스탄트나 가톨릭), 프랑코폰Francophone 학교, 차터Charter 학교, 사립Private 학교 및 원주민FNMI 학생들을 위한 밴드band 학교로 구성된다.[3] 연방정부가 지원하는 원주민 보호구역의 밴드스쿨을 제외하고, 분리된 학교들은 모두 사립학교이지만 주정부로부터 예산을 지원받는다. 예산을 지원받는 사립private 학교들은 주정부의 성취도 시험과 졸업 시험을 활용한다.

온타리오 주에서는 학령기 아동의 95%가 영어 공립, 영어 가톨릭, 프랑스어 공립, 또는 프랑스어 가톨릭 학교라는 네 개의 공적 자금 지원을 받는 교육 시스템 중 하나에 속해 있다. 이 학교들은 모두 공립학교로 간주된다. 프랑스 몰입 학교(프랑스어만 사용하는 학교)는 온타리오 주의 2백만 명 이상의 공립학교 학생 중 약 5%를 대상으로 한다. 온타리오 주의 학군 규모는 매우 다양한데, 토론토 학군의 경우 25만 명 이상이고 그 외의 시골 지역의 경우 수백 명인 경우도 있다. 정부 지원금이 없는 소수의 사립학교는 교육부 정책으로부터 독립적으로 운영할 수 있다. 온타리오 중등학교 졸업증명서에 인정되는 학점을 제공하려는 학교는 장학을 받아야 하며, 중등학교에서 주정부 문해력 시험을 필수적으로 이용해야 한다. 다른 사립학교들은 3학년, 6학년, 9학년 및 10학년을 대상으로 주정부 시험을 선택적으로 사용할 수 있다.

---

3. 'Separate'는 종교계 학교, 'Francophone'는 프랑스어로 수업하는 학교, 'Private'은 학비를 내고 다니는 사립 학교, 'Band'는 일반적으로 보호구역 내에 있는 원주민 학교를 뜻한다.

두 지역 모두 학생들의 다양성을 존중하고 성취 격차를 줄이기 위해 다양한 프로그램을 추진하고 있다. 이를 통해 모든 지역에서 자격을 갖춘 교사, 문화적으로 민감한 교육과정, 다중 언어 유지 및 교육 언어 language of instruction 습득을 위한 교수 자료, 학생들을 위한 적절한 교육 및 사회 지원 시스템을 갖추는 것을 목표로 하고 있다.

예를 들어, 온타리오 주에서는 성과가 저조한 학교에 추가 자원, 기술 지원 및 전문성 개발 지원을 제공하겠다는 계획을 시행함으로써 더 엄격한 기준을 충족해야만 개입이 이루어짐에도 성과가 저조한 학교 수가 20%에서 약 6%로 감소했다. 그리고 영어를 모국어로 사용하는 학습자와 영어를 제2언어로 배우는 학습자 사이의 성취 격차가 줄어들었다. 현재의 정책 비전은 학생들의 복지를 증진시키는 것을 포함하여 높은 성취, 더 큰 형평성, 그리고 대중의 신뢰 증대라는 목표를 확장한다.^{Government of Ontario, 2014}

각 지역은 학교에 대한 예산 지원 계획이 다르지만^{Link 2-3}, 모두 지역 학교 차원의 교육 자원을 평준화하고 더 많은 지원이 필요한 학생들에게 추가 지원을 한다. 여기에는 사회경제적 배경, 원주민 지위, 학교의 지리적 위치, 장애 상태와 같은 요소들이 포함된다. 교육에 대한 강력한 지원은 두 지역 모두의 특징이다. 예를 들어, 앨버타 주에서 2015년까지 공교육과 교사를 지지하는 보수 정부가 연속 90년 동안 집권했다. 이러한 오랜 기간의 정치적 안정은 앨버타 주의 정부와 교육 기관 간의 강력한 관계를 촉진하여 높은 수준의 협력을 이끌어 냈고, 이는 교육 발전에 대한 지속적인 헌신을 촉진했다. 강력한 관계는 모든 교사와 교장이 같은 교원 노조에 소속되어 있어 더욱 강화되고 있다.

앨버타 주와 마찬가지로 온타리오 주 거버넌스의 두드러진 특징은 교육 기관 전반에 걸쳐 그리고 교육 기관 내에 존재하는 높은 수준의 신뢰와 협력이다. 2003년부터 학교 개선 전략의 핵심요소는 공립학교 시스템에 대한 신뢰를 구축하기 위해 교사들과 협력하는 것으로, '직무 내 역량 강화job-embedded capacity-building'와 이미 학교 내에서 일어나고 있는 최선의 모범 사례 공유를 포함한다.Levin, 2014 교육 시스템의 모든 수준에서 공유 리더십과 역량 강화의 발전을 강조하는 온타리오 주의 행동 이론과 일관되게, 교육부의 접근 방식의 주요 특징은 정책과 교육적 지식의 융합이다. 이는 정부 관료와 경험 많은 교육자들이 교육부에서 협력하고 교육 부문과 파트너십을 통해 함께 일하는 직원 모델에 내재되어 있다. 한 분석가가 지적했듯이, "핵심 아이디어는 책임과 인센티브와 같은 '딱딱한' 개념보다는 문화, 리더십, 공유 목적과 같은 '더 부드러운' 개념에 관한 것이다."Mehta & Schwartz, 2011, p.158

교육과정과 평가

캐나다에는 국가 수준의 교육과정이 없다. 개별 지역이 교육과정 지침과 학습 프로그램을 개발하여 교육 및 교사 발전을 조직하는 데 도움을 주고 있다. 앨버타 주의 교육 당국은 현재 "지구촌 상호 작용, 세계적 경쟁, 지구촌 세계에의 참여 및 지구촌 연결망으로 정의될 미래 세계에 학생들이 성공적으로 적응할 수 있도록 준비하기 위한" 교육 비전의 일부로 21세기 역량을 함양하기 위한 교육과정으로 개정하고 있다. 온타리오 주 교육부는 변화하는 사회에 적절한 최신 교육과정 상태를 유지하고 발전시키기 위해 지속적으로 교육과정 검토 주기를 설정하는 식으로 대응하고 있다. 이러한 모든 과정은 연구 기반으로 운영되는데, 이 연구 과정에는 교육 전문가의 분석, 현장과의 협의, 시행 기간 동안 학교 이사회School board에 대한 지원 제공 등을 포함한다.Ontario Ministry of Education, 2013

앨버타와 온타리오 주는 주정부 시험을 시행함으로써 주기적으로(3학년과 6학년, 고등학교에서) 학생을 평가한다. 이러한 주 단위의 시험과 학교 내의 시험은 학습을 위한 평가assessment for learning를 가능하게 하기 위한 것이다. 앨버타 주 교육부는 기존 3, 6, 9, 12학년을 대상으로 시행되어 오던 주정부 성취도 시험을 대체한 새로운 학생 학습 평가 결과가 교사 혹은 학교를 등급화하는 데 활용되지 않을 것임을 분명히 밝혔다. 대신 이 평가는 학년 초반에 실시되고 평가 결과는 해당 학년 동안 학생의 학습을 위해 활용된다. 광범위한 교육 이해 관계자와 협의하여 재설계된 새로운 평가 방식은 객관식 질문에 대한 강조를 줄이고, 지식을 다양한 상황에 적용하는 능력과 같은 역량을 보다 효과적으로 평가하는 것을 목표로 한다.

3학년과 6학년(읽기, 쓰기, 수학), 9학년(수학) 및 10학년(문해력)을 대상으로 하는 온타리오 주 전체 시험에서는 학생들의 성적 향상을 지원하기 위해 학교 이사회, 학교 및 학생에게 표적 피드백targeted feedback을 제공한다. 온타리오 주 교육부는 '학습을 위한 평가assessment for learning'를 촉진하는 접근법을 이해시키기 위해 학교와 교사들에게 다양한 자원을 제공하는데, 학생들의 학습과 개선을 이끌어내는 전략으로서의 자기평가 및 동료평가나 학생들의 학습 향상을 위해 피드백을 제공하는 방법 등이 포함된다. 교사는 '공식 및 비공식 관찰, 토론, 학습 대화, 질문, 회의, 숙제, 조별로 수행되는 과제, 전시, 프로젝트, 포트폴리오, 발달의 연속Developmental continua[4], 공연, 동료 및 자기 평가, 자기 반성, 에세이, 시험' 등과 같은 다양한 평가 방법의 활용을 권유받는다. Ontario Ministry of Education, 2010, p.28

두 주는 모두 교사가 교육과정을 개발하고 제정할 수 있도록 전문가의 개발 지원을 제공한다. 앨버타의 교육부는 교사들이 교과과정 표준에 맞게 수업을 조정할 수 있는 자원을 제공한다. 온타리오 주는 전문적인 개발과 자료 및 코칭을 결합하여 주 전체의 읽고 쓰는 능력과 계산

---

4. 발달의 연속(Developmental continua)은 학습 및 발달에 관한 평가 도구로, 특정 주제나 영역에서 학생의 지식 및 기술이 발전하는 과정을 주로 시각적으로 나타낸다.

능력을 습득할 방안을 수립했다. 이 방안은 읽기, 쓰기 및 수학에서 기대 수준을 달성한 학생의 비율을 10년 동안 54%에서 72%로 높이는 데 이바지한 것으로 널리 알려져 있다.^{Levin, 2014}

교사와 교육

교직은 캐나다 대중에게 존경받는 직업이다. 2013년 앨버타 교사 협회에서 실시한 설문 조사에 따르면 교사 10명 중 9명이 교사로서의 직업에 대해 매우 헌신적이며, 공개적으로 자신이 교사임을 자랑스럽게 여긴다는 데 동의했다. 교직에 대한 전반적인 존중은 교사 급여에 반영되어, 처음에는 대학 교육이 필요한 다른 직종의 급여보다 높게 시작한다. 다만 급여 상승폭은 근무 년수가 올라감에 따라 점차 감소하여 다른 직업들과 유사한 수준이 된다. 온타리오 주는 상당수의 교사 과잉 상태인 반면, 앨버타 주는 교사 수요와 공급이 어느 정도 균형을 이루고 있다. 다만, 원격 지역의 학교remote schools에서는 교사 부족이 발생하여 두 주 모두 교사 채용 유인책을 마련하고 있다.

캐나다의 교사들은 가르칠 준비가 매우 잘 되고 있으며, 점점 더 많은 교사가 석사 학위 수준에서 교육을 받고 있다. 예비 교사들의 현장성 강화를 위한 많은 프로그램을 통해 교사 교육의 실습 측면을 강화하는 데 점점 더 중점을 두고 있다. 온타리오 주는 최근 교사 교육 프로그램의 실습 경험 제공 기간을 두 배로 늘리고, 교사 교육 프로그램의 최소 기간을 늘리면서, 온타리오 교육연구원the Ontario Institute of Studies in Education 같은 교사 양성기관이 교사 교육 프로그램을 석사 수준으로 상향하도록 장려하고 있으며, 교사 양성 준비 과정에서 교육 연구와 실천을 점점 통합하고자 한다.

초임 교사를 위한 입직 프로그램이 특히 잘 마련되어 있으며, 온타리오 주에서는 모든 신규 교사가 2년간 초임 교사 지원 프로그램의 일환으로 훈련된 멘토의 도움을 받게 된다. 멘토와 멘티는 교사의 실천과 효과성을 향상시키고 지속적인 전문 학습에 대한 노력을 지원하기 위해 공동의 시간을 할애받아서 협력적인 계획 수립, 교실 관찰 또는 학생 활동 평가를 한다.

전문성 개발은 캐나다 각 지역에서 주로 교사 주도 활동으로 이루어진다. 온타리오와 앨버타 주에서는 성공적인 교육 실천을 지원하고 보급하기 위해 교사들이 주체가 되는 대규모 혁신 및 현장 연구 프로젝트를 후원했다. 이 두 주는 지식 공유를 위한 네트워크, 회의, 출판 및 그 밖의 수단을 지원하기 때문에 이러한 활동은 학교에 큰 영향을 미쳤다. 교사 협회는 또한 많은 전문성 함양 프로그램의 개발에 참여하고 있으며, 종종 이러한 프로그램의 실행을 용이하게 하기 위해 정부와의 협력에도 적극적이다.

전문적 학습 정책professional learning policy은 교사들이 자신의 교육 실천 개선에 대해 개인적 성찰과 대화에 집단적으로 참여하는 협력적 전문가의 환경을 조성할 것을 요구한다. 각 지역의 결과를 보면, 교사의 지식을 인정하고 학교 개선이라는 포괄적 목표를 위해 교사들이 자신의 전문성을 활용할 기회를 제공하는 것은 학교 문화culture of schooling에 달렸다는 것을 알 수 있다.

핀란드

핀란드는 인구가 미네소타 주 정도(549만 명)지만 교육에 대한 국제적 논의에서 핀란드의 위상은 훨씬 높다. 한때 스칸디나비아에서 교육 수준이 가장 낮은 국가였던 핀란드는 현재 세계에서 가장 교육 수준이 높은 국가 중 하나다. 99% 이상의 학생이 의무 기초 교육을 성공적으로 이수하고, 약 90%가 고등학교를 졸업한다. 고등학교 졸업생의 3분의 2가 대학이나 전문 기술 대학에 입학한다. 수학, 과학, 읽기 분야 PISA 평가에서 모든 OECD 국가 중 거의 최상위를 차지한다. 또한 이민자 학생 비율이 늘고 있는데도 매우 고른 성취도를 자랑한다.

핀란드는 '이 모든 것을 합리적인 비용으로 광범위한 형평성, 훌륭한 품질, 많은 참여를 특징으로 하는, 공적 재정이 지원되는 현대적 교육 시스템 모델'이라고 불려 왔다.^{Sahlberg, 2010, p.324} 이는 부분적으로 학교를 설계하고, 교사를 지원하는 방식 때문이기도 하다. 이는 어린이와 가족들을 위한 강력한 사회적 지원 덕분에 가능하며, 이로써 지원이 부족한 환경에서 많은 사람이 겪는 어려움 없이 모든 어린이가 학습할 준비를 갖추고 학교에 입학할 수 있다.

모든 수준의 교육 비용의 98% 이상이 공공 부분에서 투자된다.^{OECD,} ²⁰¹⁵ 핀란드 교육 문화부는 국가 정책 비전을 설정하고, 전국 300개 이상의 지방자치단체Municipalities가 3,700개 이상의 학교를 관리한다. 지방자치단체는 지방세를 통해 학교에 자금을 지원하는 자치 행정기관으로 간주된다. 지방자치단체의 재정 형편이 각기 다를 수 있기에 중앙 정부는 전체 교육비의 약 1/3을 차지하는 지방 정부에 대한 보조금을 형평성 있게 지원한다. 연방정부의 역할은 교육 기회를 보장하고 국가 수준의 교육과정을 통해 학교 교육의 일반적인 방향을 안내하는 역할을 담당한다. 그러나 목표 달성 방법에 대한 거의 모든 결정은 스스로 혁신할 역량이 있는 지방자치단체와 학교에서 담당한다.

핀란드에서 성과를 낸 개혁은 먼저 학생들을 시험 점수에 따라 서로 다른 진로로 구분하는 관행을 없애고, 다음으로 시스템의 근간인 매우 지시指示적인 교육과정을 바꾸면서 1970년대에 시작되었다. 새로운 공통 교육과정이 개발되고, 교사 교육이 개선되고 확대되었으며, 의료 서비스 및 치과 치료, 특수 교육 서비스, 통학 지원 등을 포함한 어린이와 가족을 위한 사회적 지원이 생겨났다.

정책 입안자들은 매우 유능한 교사들에게 투자한다면 지역 학교가 무엇을 어떻게 가르칠지에 대해 더 많은 자율성을 지닐 수 있으리라 생각했다. 1990년대 중반에 핀란드는 수많은 규제로 가득 찬 교육과정 관리 시스템(여러 방안이 적혀 있고 무려 700페이지가 넘는 오래된 교육과정 지침에 반영됨)을 폐기했다. 현재의 국가 핵심 교육과정은 훨씬 간결한 문서 형태로, 예를 들어 수학 과목에 대한 모든 안내가 10쪽 미만으로 정리될 정도이며, 교사들이 지역 교육과정 및 평가를 공동으로 개발하도록 안내한다. 최근 교육과정 개혁은 학생들에게 창의적으로 생각하고 자신의 학습을 주도하는 방법을 가르칠 것을 강조했다.

핵심 원리로서의 형평성

모두를 위한 형평성과 교육은 핀란드 교육에서 전략적 비전의 핵심 요소다. 2000년 이후로 핀란드는 PISA 및 기타 국제 평가에서 불우한 환경의 학생들과 그렇지 않은 학생들 간의 점수 차이를 가장 낮게 유지하면서도 전체적으로 최고 점수를 획득했다. 1970년대에는 학생들 사이에 상당한 성취도 격차가 있었지만, 2006년까지 핀란드의 PISA 과학 영역에서 학교 간 격차는 5%에 불과한 반면, 다른 OECD 국가의 학교 간 격차는 평균 약 33%였다.[OECD, 2007] 핀란드 학생들의 전반적인 성취도 편차도 거의 모든 OECD 국가보다 작다.

최근 몇 년 동안 교육 수준이 상대적으로 낮은 국가로부터의 이민이 급격히 증가하고, 학교가 해결해야 할 언어 및 문화적 다양성이 더 확대되었음에도 이는 명백한 사실이다. 학교는 가능한 한 학생들의 모국어와 문화를 배울 기회를 주려고 노력한다. 이것은 스웨덴어, 러시아어뿐 아니라 아랍어, 보스니아어, 소말리아어, 태국어, 터키어, 베트남어를 사용하는 학생들이 최근 들어 빠르게 늘어나고 있다는 것을 의미한다. 헬싱키의 일부 학교에는 핀란드 출신 학생 수만큼이나 이민 가정의 학생 수가 많다. 그러나 핀란드에서는 점점 성취도가 높아지고 있으며 형평성이 더 높아지고 있다.

형평성의 원리는 장애 학생을 위한 학교 교육에서도 분명히 드러난다. 핀란드의 모든 학생은 학생들의 요구를 충족시키는 맞춤형 시스템을 통해 해당 지역의 학교에 입학할 권리가 있다. 광범위한 교사 교육을 통해 교사들이 다양한 학생들을 가르칠 방법을 익혔고 그에 따라 특수 교육 서비스의 적용 대상 또한 넓어졌다. 많은 어린이가 학습을 위한 맞춤형 지원을 받는다. 특히 교육받는 초기에 이러한 지원을 받아서 나중에 성공을 이룰 수 있도록 준비된다.

교육과정과 평가

핀란드에서는 교육과 관련된 의사 결정을 할 때 가장 중요한 핀란드 국가교육위원회Finnish National Board of Education, FNBE가 교육과정의 기본 틀을 개발하고, 교육의 질을 평가하며, 주요 교육 분야에 대한 지원과 지침을 제공한다. 핀란드국가교육위원회가 설계한 국가 수준의 교육과정 기본 틀은 유연한 기준을 기술한 간단한 문건이다. 학교들은 교육과정을 개발하고 실행하는 데 중요한 책임[Link 2-4]이 있으며, 여기에는 교과서 채택도 포함된다. 국가 수준의 교육과정은 직업에 필요한 기능뿐만 아니라 학생들이 급변하는 경제와 사회에 대비할 수 있는 역량을 제공하는 것을 목표로 한다.[Sahlberg, 2015b] 다른 많은 나라와 달리 핀란드는 문해력과 수리력을 강화하기 위해 다른 과목의 교육과정을 소홀히 하는 것을 피하는 대신 '개인의 인성, 도덕성, 창의성, 지식, 및 기술 성장의 모든 측면에 동등한 가치'를 부여한다.[Sahlberg, 2010, p.333] 탐구, 초인지적 기능[5], 그리고 자신의 학습을 안내하고 평가하는 학생의 능력 개발에 중점을 둔다.

국가 수준의 교육과정 기본 틀은 교사들에게 각 과목의 '좋은' 성적과 매년 학생 진도에 따른 전반적인 최종 평가에 대한 권장 평가 기준을 제공한다. 그런 다음 학교와 교사들은 이러한 지침을 활용하여 각 학교의 더 자세한 교육과정과 학습 성과 목표를 수립하고, 교육과정 기준을 평가하는 방법을 정한다. 핀란드국가교육위원회(2008년 6월)에 따르면 학생 평가의 주요 목적은 학생 자신의 성찰과 자기 평가를 안내하고 장려하는 것이다. 따라서 교사의 지속적인 피드백이 매우 중요하다. 교사는 언어적verbal 피드백과 서술적narrative 피드백을 통해 학생들에게 형성적 평가와 종합적 평가를 제공한다.

핀란드 교육 실천의 가장 두드러진 특징은 학생이나 학교를 평가하는 데 사용되는 보편적인 표준화 시험이 없다는 것이다. 미국의 국가 학력 평가NAEP에서와 같이 학교와 학생의 표본을 추출하여 정부의 국가 평가 계획에 따라 교육과정과 학교 투자에 대한 정보를 얻기 위해 평가가 이루어진다. 일반 고등학교의 12학년 학생들이 선택해서 치르는 입시는 입학시험 위원회Matriculation Examination Board에서 주관하며 교사를 포함한 교육 전문가가 개발하고 채점하는 개방형 시험이다. 이 시험 외에 모든 평가는 학교가 주관한다.

이러한 학교 내 평가는 교육과정에 내재된 활동으로, 학생들을 연구와 탐구에 참여시키기 위해 이루어진다. 현재 모든 학생은 학습에 대한 자기 평가를 수행하도록 권장된다.[Schwartz & Mehta, 2011] 따라서 학생의 자기 성찰과 수정을 안내하는 학습을 위한 평가assessment for learning는 학습에 대한 평가만큼 자주 사용된다. 이는 교사들이 교사와 학생들에게 실

---

5. 자신의 사고 과정이나 문제 해결 과정을 조절, 점검하는 사고 기능이다. 구체적으로는 다음과 같은 기능들이 이에 포함된다. 자신이 문제 해결에 필요한 지식이나 전략을 갖추고 있는지 확인하기, 문제 해결 과정 계획하기, 적절한 전략을 선택·적용하기, 적용한 전략이 적절한 것인지 점검하기, 문제 해결에 필요한 자원과 노력, 동기를 적절히 투입·분배하고 있는지 점검하기, 결과를 평가하고 왜 이런 결과가 나오게 되었는지 확인하기 등이다. 한국교육심리학회, 『교육심리학용어사전』, 2000.

행 가능한 피드백을 제공하는 평가 활동을 구안하는 데 숙련되어야 함을 요구하며, 이는 교사 교육 프로그램의 중심 주제다. 교육과정에 포함된 이러한 학교 기반의 개방형 평가의 활용은 종종 국제 시험에서 핀란드가 높은 성취를 나타내는 중요한 이유로 널리 알려져 있다.Finnish National Board of Education, 2007: Lavonen, 2008

교사와 교육

교사는 핀란드에서 높은 존경을 받는 직업이며, 젊은이들이 가장 선호하는 직업 중 하나다. 초임 교사의 급여는 다른 직업과 비슷하다. 그러나 더 큰 매력은 직업에 대한 높은 존경심, 바람직한 근무 조건, 교사가 자신의 업무에서 창의적이고 혁신적일 수 있도록 허용하는 교직에 대한 깊은 신뢰에 기반한 분위기인 것으로 나타났다.

처음에 교사 교육 기관에 입학하는 기회 자체가 일부에게 주어진다. 초등학교 교사 교육 지원자 10명 중 1명 정도만 선발된다. 지원자는 지원서, 자기 소개서, 대면 면접에 덧붙여 최근 교육 연구를 읽고 해석하는 능력을 평가하는 입학 시험에 통과해야 하며, 핀란드의 연구 중심 대학에서 최초 5년간은 강화된 교사 교육을 이수해야 한다. 그 과정은 완전히 무료로 제공되며, 학생들에게는 생활비가 지급된다. 학생들은 교육 분야나 학교에서 주로 가르치는 과목 분야에서 석사 학위를 받고 졸업한다.Sahlberg, 2015b

교사 교육 프로그램에는 교육학 및 교육과학에 대한 광범위한 학문적인 강좌가 포함되며, 최첨단 실천을 기반으로 한 연구에 강조를 둔다. 이와 함께 대학과 연계된 학교에서의 장기간 임상 경험도 포함된다. 이러한 교사 훈련 학교teacher training schools는 학습 및 교수법에 대한 연구를 촉진할 뿐만 아니라 혁신적인 실천을 개발하고 본보기로 삼는 것을 목표로 한다. 교사들은 '교육 시스템의 문제 해결 능력 향상에 기여'할 수 있도록 연구 방법에 대해 훈련을 받는다.^{Buchberger & Buchberger, 2004, p.10}

교사는 도전적인 교육과정을 만드는 방법과 학생들을 정기적으로 연구 및 조사에 참여시키는 수행 평가를 개발하고 활용하는 방법을 배운다. 교사 교육은 특별한 도움이 필요한 학생을 포함하여 다양한 방식으로 학습하는 학생을 가르치는 방법을 배워야 함을 강조한다. 평등 지향적인 핀란드인들은 교사가 어려움에 처한 학생을 돕는 법을 배우면 모든 학생을 더 효과적으로 가르칠 수 있고 실제로 어느 아이도 홀로 뒤처지게 내버려 두지 않을 거라고 판단했다.

교사 훈련 학교에서 예비 교사는 핀란드 학교의 일반적인 특징인 문제 해결 그룹에 참여한다. 문제 해결 그룹은 교사 교육 전반에 걸쳐 강조되는 계획, 행동 및 성찰적 평가의 순환 과정에 참여한다. 이것은 실제로 교사가 자신의 학생들을 위해 계획하는 모델이다. 그리고 학생들은 자신의 연구에서 유사한 종류의 연구와 탐구를 수행할 것으로 기대된다.

이 과정은 교사들이 수업을 개선하기 위해 지속적인 탐구와 지식 공유에 참여하는 학교에서 계속된다. 성취도가 높은 다른 국가와 마찬가지로 핀란드 학교는 가르치는 문제에 대해 교사들이 정기적으로 협력할 수 있는 시간을 제공한다. 교사들은 일반적으로 적어도 매주 한 번은 오후에 만나 교육과정을 계획하고 개발하며, 같은 지방자치단체에 있는 학교는 자료를 공유하기 위해 함께 연구할 것을 권장한다. 실제로 교실, 학교, 지방자치단체 및 국가 차원에서 지속적인 반성, 평가 및 문제 해결을 통해 전반적인 시스템을 개선하고자 한다.

상하이

핀란드와 마찬가지로 상하이는 2009년 중국 내 하나의 지역으로 참가했을 때 수학, 과학 및 읽기 교육에서 PISA 순위에서 가장 높은 수준의 놀라운 성취를 보여, 국제 교육계의 주목을 받았다. 인구 2,400만 명이 넘는 상하이는 세계에서 가장 인구가 많은 도시 중 하나로, 텍사스주 인구와 비슷하다. 지역 비즈니스 및 수출의 중요한 허브로 식민지 역사에서 유래한, 중국 본토에서 가장 국제화된 도시다. 상하이의 학교 시스템은 1,624개의 초등학교, 중학교, 고등학교, 특수 교육 학교에서 약 150만 명의 학생을 지원한다. 추가로 300개의 비공립학교가 상하이에서 운영된다.

상하이 거주자들은 중국 다른 지역과 비교할 때 평균 소득이 가장 높고, 기대 수명이 가장 길다. 고등 교육 진학률이 높고, 고등 교육 기관의 수가 급격히 늘었다. 중국의 다른 지역과 마찬가지로 상하이의 교육은 사회적 계층 이동을 위한 주요 수단으로 여겨진다. 그리고 상하이의 경제 발전과 지도자들의 선견지명은 최고 수준의 교육 시스템 개발과 관련하여 상하이가 중국 전체의 선두에 있지만, 중국의 전체 시스템의 일부로서 완전히 통합되어 있으며, 교육에 대한 국가적 접근 방식의 한 부분인 개혁과 실천을 알리고 실행하는 것을 동시에 수행하고 있다.

최근 몇 년 동안 중국은 교육에 대한 국가 차원의 투자를 크게 늘리고 있으며, 특히 교사에 대한 보상, 준비 및 지속적인 전문 학습을 개선하기 위한 전략에 중점을 두고 있다. 그러한 노력의 대부분은 더 발전된 도시 지역의 기준에 근접할 수 있게 하고자 멀리 떨어진 시골 지역사회의 학교를 개선하고 교직원의 삶을 향상시키는 데 역점을 두었다. 그러나 중국은 21세기 교육과정에서 목표로 삼고 있는 혁신을 추진해 왔으며, 새로운 중국 교육이 무엇인지 보여주기 위해 상하이를 늘 지목했다.

거버넌스와 예산 지원

중국의 다른 지역과 마찬가지로 상하이의 교육은 공식적으로 중국 교육부의 관리 감독을 받는다. 교육부는 교육에 대한 정책 비전과 법적 틀을 설정하고, 모든 행정 조직 분야와 마찬가지로 교육 분야에서도 중국 전통의 중요한 부분인 국가 시험을 규제한다. 중국의 지방 정부는 부처의 지침에 근거하여 정책을 개발할 수 있으며, 자원 분배를 담당한다.

중국의 정책 비전은 '2010-2020 중장기 교육 개혁과 발전을 위한 국가 계획'2010-2020, Link 2-5, Communist Party of China Central Committee and the State Council, 2010 에 명시되어 있으며, 광범위한 공개적인 협의를 거쳐 작성되었으며, 교육을 국가 발전의 주요 원동력으로 삼고자 했다. 국가적 차원에서 다음과 같은 교육 및 인적 자원에 대한 투자를 획기적으로 높이는 것을 목표로 한다.

현대화, 세계와 미래에 대한 요구에 부응하고 모든 면에서 소강사회 moderately prosperous society 및 혁신국가 건설을 위한 요구를 충족하기 위해 인재 양성을 근본 사명으로 삼아야 하며, 개혁과 혁신으로부터 힘을 얻으며, 교육의 형평성을 향상시켜야 하며, 전면적인 양질의 교육을 해야 하며, 새로운 역사적 출발점에서 과학 교육 발전을 추진해야 하며, 세계 최대 교육 시스템에서 세계 최고의 교육 시스템으로의 전환을 가속화해야 하며, 인적 자원이 많은 나라에서 다방면의 인적 자원이 풍부한 나라로 전환해야 한다.p.6

국가의 경제 엔진을 구축하기 위한 핵심 전략은 노동력의 질을 향상시키기 위해 투자하는 것이다. 그러한 투자의 규모가 어마어마하다. 2020년 계획은 "수억 명의 양질의 인력을, 수천만 명의 유능한 전문 인력을, 최고의 혁신인력을 많이 양성하고 육성해야 한다."고 강조한다.p.8 두 번째 주요 목표는 학교 내뿐만 아니라 지역과 지역 간 불평등을 해결하여 전체 국가 교육 시스템을 변화시키는 것이다. 위안 구이런Yuan Guiren 교육부 장관은 2013년 3월 정부 공식회의에서 "내 꿈은 학생들을 적성에 맞게 가르치고, 모든 사람을 차별 없이 교육하며, 이 나라의 모든 사람을 유능한 인재가 되도록 양성하는 것"이라고 말한 바 있다.[Roberts, 2013]

세 번째 목표는 교육과정을 21세기 기술 시대로 전환하는 것인데, 이 21세기의 기술은 상하이가 제정하고 선도하는 목표이기도 하다. 상하이는 중국의 교육 정책에서 독특한 지위를 차지하고 있다. 상하이의 교육 정책은 새로운 교육 정책을 전개하는 출발점으로 사용되며, 국가 정책에 영감을 주는 혁신의 시험대가 되기도 한다. 상하이는 4개의 특별한 지위를 갖는 시 중 하나로,[6] 더 통일된 교육 정책 시스템을 만들 수 있다. 상하이 시교육위원회는 상하이 내에서 교육 정책을 수립하고, 국가의 법률에 대응하는 역할을 담당하는 기관이다.

중국의 교육 예산은 분권화되어 있으며, 지방 정부가 주로 재정을 책임지고, 중앙 정부의 예산(전체의 약 17%)을 보충해 줌으로써 불평등을 완화하는 데 도움을 준다. 상하이 시교육위원회는 상하이 내의 시골과 도시 학교 간 교육비를 평준화하고자 노력했다. 상하이는 또한 가족들과 함께 이주한 학생들이 도시의 경제적 기회를 이용할 수 있게 하기 위해 기회를 균등하게 제공하려고 노력해 왔다. 상하이로 유입되는 이주자 수는 2000년 이후 세 배 증가하여 거주 인구의 거의 40%를 차지한다. 상하이는 저출산과 인구의 고령화가 급속히 진행되기 때문에 그러한 이주 근로자들은 상하이 경제에 매우 중요하다. 동시에 이주민의 급격한 유입은 상하이 소재 학교에 큰 도전이었다. 이주 노동자들의 자녀들이 도시 학생 인구의 약 20%를 차지하는 것으로 추정된다. 등록 상태(중국

---

6. 상하이, 베이징, 청도, 창하이는 23개 성과 같은 지위를 갖는 행정구역이다.

전역에서 운영되는 복잡한 과정)*에 따라, 이주 학생들은 상하이 교육청에서 운영하는 학교에서 교육을 받거나 현지에 등록되지 않은 학생들을 위한 사립학교에서 교육을 받는다.

상하이는 이주 아동이 '우리 아이들our children'이라는 것을 확실히 했고, 이주 가정의 자녀들을 위한 양질의 교육 경험을 보장하기 위해 노력해왔다.[OECD, 2011, p.96] 상하이 시교육위원회는 이주 아동을 위한 사립학교로 지정된 학교 수를 줄이고, 가급적 일반 공립학교에 입학하게 하려고 노력하고 있다. 현재 이주 아동들을 위해 지역 내에 특정 공립학교를 지정했다. 게다가, 상하이 시교육위원회는 사립학교들이 이주한 사람들의 출신 지방에 봉사하는 학교로 등록될 때 중앙 정부로부터 받는 자금을 늘릴 것이라고 발표했다.

2010년부터 상하이에서 이주 노동자 부모와 함께 사는 아동들을 포함하여 상하이의 모든 학령기 아동은 9년간의 의무 교육을 받는다.[Shanghai Municipal Statistics Bureau, 2011] 상하이는 중국에서 처음으로 초등학교와 중학교 입학률을 100% 달성했으며, 오늘날에는 상하이에서 이주 가정 학생들도 일반 가정 학생과 마찬가지로 높은 중등학교 출석률을 보인다.[OECD, 2011] 상하이의 학생들에게 고등 교육의 기회도 활짝 열렸다. 2004년 고등학교 졸업생의 75%는 고등교육 기관에 진학했는데, 그중 45%는 대학교에 진학하고, 30%는 다양한 유형의 전문대학 등에 진학했다.[Cheng & Yip, 2006]

교육과정과 평가

상하이는 추후 중국 전역으로 확대될 가능성을 염두에 두고 시범적 교육과정 개혁을 자주 시행한다. 1990년대에 상하이는 전통적인 교과 영역을 초월하여, 비판적 사고와 문제 해결을 목표로 하는 보다 적극적인 유형의 교육으로의 변화를 포함한 국가 수준의 교육과정 개혁을 최초로 시도했다.[Tucker, 2014] 중국의 국가 수준의 개혁 노력은 보다 혁신적이고 창의적인 사고를 장려하고, 학생들이 자신의 관심사를 알고 잠재력을 발휘하게 하는 데 초점을 맞추는 방향으로 지속되어 왔다. 2020년 국가 계획의 핵심 부분은 다음과 같은 교육과정에서의 주요한 변화를 요구한다.

우리의 교육 개념과 교수 내용 및 방법론은 상대적으로 시대에 뒤떨어져 있고, 초중학생들의 학업 부담이 너무 크고, 양질의 교육을 추구하는 것이 제약받고 있으며, 우리 학생들은 사회에 대한 적응력이 약하며, 혁신적이고 실용적이며 다재다능한 전문가들은 매우 부족한 상태에 있다.[2020 plan, p.6]

2020년 계획은 교수 학습 과정에서 학생 중심의 접근을 요구함으로써, 학생들이 현실적인 실제 문제를 해결할 수 있도록 학교 교육과정을 개편하고, 시험 공부로 보내는 시간을 줄이고, 보다 창의적이고 자기 규제적인 활동에 학생들을 참여시킴으로써 이러한 우려를 해소할 것을 제안한다. 교육과정 전환에 대한 요구의 중심에는 시험 중심의 교육에서 창의성과 혁신적인 사고를 개발하는 학생 중심 교육으로의 변화가 존재한다. 즉, 이는 학생들과 그들의 가족이 성공을 무엇이라고 생각하고 어떻게 이해하는지에 대한 심오한 문화적 변동을 요구하는 변화다.

전통적으로 시험 성적은 매우 중요한 것으로 간주되어 왔다. 한 논평자가 지적했듯이, 상하이에서 "우수한 시험 성적은 존경할 만한 유일한 성공으로 간주된다."[Cheng, 2011, p.24] 열심히 공부하는 것은 널리 공유되고 장려되는 문화적 가치이며, 학생들의 교실 수업 참여율도 매우 높은 편이다. 또한 학생들은 학교 시간 외에 공부하는 데 상당한 시간을 보내고, 많은 학생은 개인 교사의 도움을 받는다. 중국의 2020년 국가 계획은 학생들의 스트레스와 수면 부족을 유발하는 무거운 학업 부담을 줄이는 것을 골자로 한다. 상하이는 학생들의 숙제를 제한하고 학생들의 신체 운동 증가를 적극 장려하기 위해 노력해 왔다.[Cheng, 2011]

상하이에서는 '학생에게 수업시간을 돌려준다'는 기치 아래 전통적인 강의식 수업보다는 학생 참여로 교육을 전환하려는 노력이 지속되어 왔다. 시험 준비를 위해 내용 암기에만 집중해 온 오랜 역사를 가진 학습 문화에서, 이러한 보다 건설적인 수업 방식은 "시험 준비의 오래된 정통성과 교사가 전달하는 정보에 대한 절대적 권위를 부여하던 문화를 바꾸었다. 이러한 변화는 결국 교실 교육의 상전벽해와 같은 변화를 만들었다."[Cheng, 2011, p.35] 이러한 변화는 상하이가 교사 교육 프로그램의 교육과정뿐만 아니라 시스템 전체에 걸쳐 모범 사례를 예시하고 확산시키기 위해 활용하는 수업 대회teaching competitions에서도 아주 잘 드러난다.

비록 중카오zhongkao, 고등학교 학생모집 입학시험와 가오카오gaokao, 대학 입학시험 같은 두 개의 외부 시험만이 있지만, 그것들은 교사의 업무와 학생들의 경험에 지대한 영향을 미친다. 교사들은 학생들의 입학시험 합격률을 높이는 방향으로 가르치도록 묵시적 압력을 받아왔다. 어떤 경우에는, 교사들이 학생들의 탁월한 입학 성적에 대한 금전적 보상을 받을 수 있고, 일부 교사 준비 프로그램은 학생들이 시험을 잘 준비하는 교육을 포함할 수 있고, 중학교에서 교수 활동을 시험 준비에 만전을 기하도록 유도하려는 유혹도 있다. 이것은 시험이 보다 비판적이고 창의적인 사고력을 개발하는 것을 목표로 하는 교육과정 개혁에 걸림돌이 될 수도 있음을 암시한다.

상하이는 중국에서 평가와 관련된 제반 개혁을 주도했으며, 그 결과 자체 시험 개발을 허용한 중국 내 최초의 지역이며, 시험을 상하이시의 교육과정에 맞게 조정하기도 했다. 이것은 그 이후 중국의 다른 지역으로 확산했다. 현재 진행 중인 시험 개혁은 가오카오가 주는 엄청난 스트레스를 줄이고, 시험을 교육과정에 더 밀접하게 맞추기 위한 것이다. 여기에는 객관식 문제를 없애고 비판적 분석과 자기 생각의 옹호에 관한 응용 문제의 수를 늘리는 것이 포함되었다.

교사와 교육

중국에서 교사들은 교육 내용에서 권위자일 뿐만 아니라 다음과 같이 도덕적이고 정서적인 가르침을 책임지는 어른이자 솔선수범자로 여겨진다.

> 현재 상하이의 교육과정 개혁에서, '학생에게 물 한 컵을 준다'는 가르침은 단순히 학생들에게 지식과 능력을 주는 것 이상을 의미한다. 교사는 또한 적절한 교수 학습 과정과 방법을 활용하여 학생들의 바람직한 정서, 태도 및 가치를 증진시킬 것으로 기대된다.[Tan, 2013, p.34]

급여는 낮고 많은 농촌 지역에서 교사가 부족하지만, 중국에서 교직은 존경받는 직업으로 여겨진다. 최근 국가의 법령은 교사들에게 각 지방의 다른 공무원들의 평균 이상의 급여를 지급하도록 요구하고 있다. 상하이의 교사들은 다른 지역보다 두 배나 더 많을 정도로 가장 높은 임금을 받고 있다. 교사들의 경력 사다리는 4단계로 구성된 승진 체계를 통해 고도로 발달된 평가 과정을 거쳐 진급할 수 있게 되어 있으며, 책임과 보상과도 연계되어 있다.

전국적으로 많은 교사가 사범대학에서 2년제 준학사 학위를 받고 근무하고 있다. 그리고 각 지역들은 모든 중등 교사에게 학사 학위를 요구하는 새로운 기준을 충족시키기 위해 노력하고 있다. 상하이에서는 교사들의 교육 수준이 상당히 높다. 사실상 모든 중등 교사와 대부분의 초등학교 교사가 학사 학위가 있으며, 중등 교사의 약 6%가 석사 학위 소지자다. 최근의 보고서는 "교사 전문 교육과 함께 학사 학위를 소지하는 것이 상하이의 교직에 새로 들어서려는 모든 사람에게 새로운 기준이 되었다."고 언급한다.[Zhang, Xu, & Sun, 2014, p.146]

상하이의 대부분의 교사를 공급하는 두 대학(동중국 사범대학과 상하이 사범대학)은 지원자들이 교육사회학, 철학, 심리학 등을 공부하는 것에서 시작하고, 내용 교수법 훈련, 아동 발달 및 교수 방법 등을 포함하는 4년간의 프로그램을 제공한다. 초등 예비 교사들은 그들이 가르칠 모든 과목에 대한 광범위한 공부 외에도, 중등 교사들처럼 사회 과학, 수학, 자연 과학, 또는 공연과 미술 등의 내용 영역에서 전문적인 지식을 지녀야 한다. 현장 실습에 대한 점증하는 강조는 예비 교사들이 3학년과 4학년 때 받는 교육 실습practicum과 학생 교수 활동student teaching의 양을 확대시켰다.

하지만 이는 교직 생활의 시작에 불과하다. 예비 교사들은 졸업하기 위해 일련의 엄격한 시험을 통과해야 하며, 그 후 상하이에서 교사가 되기 위해 추가적인 시험, 면접, 그리고 수업 시연을 해야 한다. 일단 교사로 임용되면 베테랑 교사로부터 집중적인 멘토링을 받는다. "노인이 젊은이를 키워낸다"는 말에 반영되어 있듯이, 선배 교사들은 초임 교사들에게 지속적인 전문 교육을 풍부하게 제공한다. 상하이의 경력 있는 교사들은 학급 경영의 기본에 대한 전수뿐만 아니라 학생들이 교육 내용을 이해하고 있는지를 지속적으로 파악하기 위해 학생들에게 좋은 질문을 하는 것, 즉 일종의 학생 학습에 대한 지속적인 형성 평가와 같은 정교한 교육적 기술을 초임 교사들과 함께 수행한다.[Tucker, 2014]

상하이의 교사들은 전형적으로 학교에 기반을 둔 3개의 협업 집단에 각각 참여하는데, 협업 집단은 교사들의 학습 활동을 지원하고, 학생들에게 학습과 행복을 고양하는 역할을 담당한다. 자오얀즈jiaoyanzu[7]로 알려진 수업 및 연구 그룹은 연구를 수행하고, 새로운 교육을 논의하며, 동료 교사들에게 관찰, 멘토링 및 피드백을 제공한다. 소규모 수업 준비 그룹은 공동으로 수업을 계획하고 개선하며, 수업 문제를 해결하고자 한다. 학년 단위의 교사 집단은 학생 복지를 포함하여 학생들에게 공통 적인 문제를 다룬다.[Jang, Xu, & Sun, 2014]

이러한 활동은 상당 부분 정규 수업이 없는 때 이루어질 수 있으며, 대부분의 교사들은 초등학교에서 일주일에 약 15시간, 중고등학교에서 일주일에 12시간만 학생들을 직접 가르친다. 남은 시간은 또한 모든 교사가 하는 일인 보고서 채점, 학생들과의 만남, 또는 현장 기반 연구를 수행하는 데 사용된다. 터커[Tucker, 2014]가 이전 연구에서 지적했듯이, "교사는 교사로 준비하는 기간 동안 연구 방법을 배우고, 그들의 교수 실천을 체계적으로 개선하기 위해 집단적으로 협업하면서 그러한 연구 방법을 사용할 것으로 기대된다."[p.28] 교사들의 연구는 출판되고 동료 교사에게 공유되며, 경력 사다리를 올라가기 위해 요구되는 사항이다.

교육 실천의 질은 매우 중요하게 여겨지고, 교육 성과는 정기적으로 인정받고 축하받는다. 수업은 자신의 학교나 다른 학교에서 온 교사나 학부모들에게 자주 공개되는데, 이는 그들의 수업에 대해 토론하고 피드백할 수 있는 많은 기회를 제공한다. 교사는 때로 선발되어 학교를 대표하는 수업 대회에 참가하기도 하는데, 그런 대회들은 학생들을 대상으로 수업을 진행하고 전문가 패널이 심사하는 방식으로 운영된다. 학교 벽에는 교수 연구를 장려하고 교사들의 지속적인 교수-학습 향상을 장려하기 위해 대회에서 높은 성적을 거둔 교사들의 사진과 상장이 전시되기도 한다.

---

7. 교연조(教研组)를 말하며, 교연실(教研室)보다 규모가 작은 연구반을 의미한다.

싱가포르

말레이시아 반도 남쪽 끝에 위치한 싱가포르는 약 550만 명의 인구를 지닌 나라다. 인구는 미네소타 주와 비슷하지만 면적은 뉴욕 시보다 약간 작아서 세계에서 가장 밀도가 높은 나라 중 하나다. 싱가포르는 상업과 무역의 지역적·세계적 중심지이며, 외국인 거주자들이 인구의 약 29%를 차지하는 국제화된 도시 국가다. 싱가포르의 다문화 및 다국어 사회는 주로 중국인(76%), 말레이인(15%), 인도인(7.5%)으로 구성되어 있으며, 모든 학교에서 모국어인 만다린어, 말레이어, 타밀어를 가르치고 있다. 영어가 교수 용어이긴 하지만 영어는 소수 학생의 모국어이며, 싱가포르 학생은 모두 완벽한 이중 언어를 구사해야 하며, 그들 중 다수는 2개 이상의 언어를 구사하기도 한다.

싱가포르는 높은 수준의 읽고 쓰는 능력과 기술적 전문 지식을 갖춘 국제적인 감각과 문화적으로 유능한 시민을 육성하는 것을 목표로 한다. 천연자원이 거의 없기에 싱가포르는 시민들을 가장 가치 있는 자원으로 간주하며, 교육을 정책과 정부 투자의 중심적인 분야로 여긴다. 모든 개인을 위한 교육의 중요성, 그리고 경제와 국가 건설을 위한 교육의 중요성에 대한 강한 믿음이 있다.

싱가포르는 국제적으로 가장 중요한 변화를 경험했는데, 1965년 독립한 이래 교육이 소수 부유층의 전유물이었던 나라에서 세계에서 가장 높은 수준의 학업 성취도를 거둔 번영하는 국가로 반세기 만에 탈바꿈했다. 오늘날 약 75%의 젊은이가 고등학교 졸업 후 기술 학위 또는 대학 과정postsecondary technical or college degree을 이수하고, 나머지는 기술 교육 기관the Institute of Technical Education을 통해 최신 고등 직업 교육을 받는다. 이들은 싱가포르에 있는 많은 다국적 기업 중 어느 하나에서 첨단 기술 또는 서비스 분야에 종사할 가능성이 점점 높아진다.

현대적 경제와 다양한 사회의 건설

싱가포르는 강력한 공교육 시스템 구축에 투자했으며, 독립 이전까지 존재했던 다양한 범위의 학교를 통합했다.[Stewart, 2011] 싱가포르의 약 75%의 학교는 정부가 운영한다. 그다음으로 큰 범주는 정부 지원 학교로, 종종 종교와 연관되며, 그중 다수는 독립 이전 시대로 거슬러 올라간다. 이들은 또한 공립학교로 간주되며, 그들은 공공 재원에서 최대 95%의 지원을 받을 수 있다. 그리고 학생들을 선발할 수 있는 7개의 독립 특성화된 중등학교가 있다. 그들은 적은 양의 정부 보조금을 받고, 학생 등록금은 입학하는 모든 사람이 다닐 수 있도록 필요에 따라 정부에서 지원받는다. 이들 학교는 모두 정부가 운영하는 학교와 동일한 교육과정과 평가를 따라야 한다.

싱가포르의 교육 행정은 규모가 작아서 중앙집중화되어 있으며, 교육부가 직접 관리한다. 다른 곳에서는 국가, 주, 도시 또는 학군의 기능에 해당하는 것을 교육부가 동시에 맡고 있다. 교육부는 학교, 교육부, 그리고 국가 유일의 교원 양성 기관인 국립교육원the National Institute of Education 간의 긴밀한 정책 연계를 조율한다. 이러한 긴밀한 삼자 관계는 정책policies, 실행practice, 준비preparation를 연결하는 PPP로 알려져 있다.

전국 365개교는 30개 클러스터로 구성돼 있으며, 각각의 클러스터는 10~13개교로 구성돼 정책 추진의 충실한 이행과 질적 활용을 위해 운영된다. 클러스터는 학교 간 모범 사례 공유를 위한 중요한 메커니즘이며, 전문적인 학습을 위한 플랫폼이다. 교사와 교장은 자신의 학교와 학교 클러스터의 효과적인 기능에 기여할 것으로 기대된다. 매우 재능 있고 지식이 풍부한 교사 지도자와 시스템 지도자를 모집하고 훈련하기 위해 잘 개발된 경력 사다리와 함께, 교육부와 클러스터는 교실에서 큰 진전을 이루고, 시스템의 모든 측면이 어떻게 작동하는지에 대해 깊이 이해하는 교육자들로 구성되어 있다. 이러한 경로는 교육 시스템 내에서 전문성이 개발되고 공유되도록 보장한다.

혁신과 형평성의 함양

1997년 이래, 싱가포르의 교육 비전은 세계 경제의 점점 더 빠른 변화에 대비하기 위해 시스템을 개혁하는 것이었다. 고촉통 당시 총리는 "극도로 지구촌화된 미래가 될 것"이며, "지식과 혁신이 절대적으로 중요할 것"이라고 언급했다.[Goh, 1997] 1997년 출범한 '생각하는 학교, 배우는 나라Thinking Schools, Learning Nation'라는 구상은 학생들을 위해 이러한 기능을 명시적으로 가르치고 평가함으로써 교육과정과 평가를 변화시켜 학교 내에서 창의적이고 비판적인 사고 문화를 발전시키려 했다. 또한 이런 구상은 학습할 내용에 대응하여 지속적으로 교수 전략을 수정하기 위해 현장 연구, 수업 연구 및 기타 교수 탐구 방법을 지원받는 교사들 간의 성찰적 문화를 조성하고자 했다.

이러한 발상은 교육의 모든 측면에 기술을 통합하고, 정책 수립을 지속적으로 알리기 위해 학교로부터 교육부에 이르기까지 더 많은 피드백을 발전시키며, 학교가 각 학생의 역량을 파악하고 개발할 수 있도록 하겠다는 책무와 맞닿아 있다.[Goh, 1997] 싱가포르 교육 거버넌스의 핵심 특징은 모든 학생을 위한 학습에 대한 전념이다. 철학적 접근은 모든 학생을 다양한 잠재력을 가진 다양한 학습자로 간주하며, 정부의 역할은 학생들이 그 잠재력에 도달할 수 있는 교육의 기회를 공평하게 제공하는 데 있다.[Teh, 2014]

21세기 경제에 적합한 학교와 학생들이 필요하다는 요구는, 학생들이 성공적인 삶을 영위할 수 있는 인격과 삶의 기술 형성을 목표로 하는 교수학습으로의 변화를 불러왔다. 이 접근 방식은 교육과정과 평가에 녹아 있다. 국가고사는 6학년 말(초등 졸업시험), 10학년(O 수준), 12학년(A 수준)에 실시되는 등 시험과 표준화 평가 횟수가 줄었다. 시험은 구조화된 에세이와 문제 해결법을 포함하여 항상 개방형이다. 현재 이런 시험들은 싱가포르 평가위원회Singapore Examinations Board가 교사들의 도움을 받아 출제하고, 채점의 일관성을 지원하는 중재 과정moderation process과 더불어 교사가 채점하며, 평가 내용에는 학생들이 수행하는 프로젝트와 조사가 포함된다. 예를 들어 과학 과목에는 학생들이 설계하고, 수행하고, 분석하고, 작성해야 하는 과학 조사가 포함되어 있는데, 이는 시험 점수의 일부를 차지한다.

2004년 도입된 '더 적게 가르치고, 더 많이 배우라Teach Less, Learn More'는 정책은 교육과정 내 교육 내용의 양을 더욱 줄이고 탐구 시간을 열어 놓는 것을 목표로 했다. 교육과정의 기본 틀은 비판적이고 창의적인 사고, 지구촌 의식, 시민적 문해력, 문화간 이해 기술을 포함한 21세기의 기술과 역량을 강조하기 위해 개정되었다.Ministry of Education, Singapore, 2015 싱가포르에서는 수업 중 문제 기반 학습과 프로젝트 과업에 대해 점점 강조하고 있다. 학교 기반 평가는 역량에 대한 학생들의 진전 정도를 평가하기 위해 여러 지표를 활용할 수 있다. 학생들에게 자기 평가에 적극 참여하고 학습 과정에서 더 큰 역할을 수행할 것을 권장한다.

교사와 교육

싱가포르의 교사들은 사회로부터 높은 존경을 받는다. 이는 문화적 맥락뿐만 아니라 사회에서 교육의 중요성을 강조하고 직업으로서 교사의 위상을 높인 정책 덕분이다.

교직의 보수 또한 높은 편이다. 초임 교사는 초임 회계사와 엔지니어와 비슷한 수준의 급여를 받을 뿐만 아니라 초임 교사 교육비도 전액 지급되며, 예비 교사 시절의 교육 중에도 급여를 받는다. 대부분의 교사들은 적어도 학사 학위가 있고, 약 3분의 1은 석사 학위를 가지고 있다.

모든 예비 교사 교육은 NIE에서 이루어지며, 점점 더 많은 수의 교사들이 대학원 수준의 교육을 받으려는 경로를 밟는다. 놀랄 것도 없이, 교사 교육은 상위 3분의 1만이 최종 예비교사 후보 명단에 오르고, 나머지 3분의 2는 선발 면접을 통과하지 못하는 등 경쟁이 매우 치열하다. 교사 교육은 교육에 필수적인 가치, 기술, 지식에 의해 뒷받침되며, 교육적 훈련뿐만 아니라 교육 내용의 견고한 전문성을 가지고 학습자 중심의 교육에 대한 접근을 강조한다.

모든 교사는 그들이 입학하는 학교의 더 경험이 많은 교사나 교사 지도자들로부터 지속적인 전문 학습 과정, 심포지엄, 그리고 학교 기반 멘토링을 포함하는 졸업 후 공식적인 입문 프로그램을 이수하게 된다. 멘토링은 초임 교사를 넘어서 확장되고 있다. 중학교 교사 중 하위 40%가 멘토링 또는 코칭 활동에 참여하고 있다.[OECD, 2014d] 멘토링 외에도, 교사들은 종종 소집단 수업 연구, 현장 연구, 그리고 다른 교사 탐구 프로젝트에 참여한다. 이러한 소규모 교사 집단 또는 전문 학습 팀은 그들의 교육 실천과 학생 학습을 검토하고, 혁신적인 교육 실천을 강화하거나, 자신들의 분야 및 다른 교사들을 위한 교육과정 자원을 개발할 수 있다. 이러한 지속적인 협업을 위한 시간은 따로 마련되어 있다. 각 학교의 교직원 역량 개발자school staff developer는 교사들의 전문성 발달이 교사들의 요구에 맞게 이루어지도록 보장하고, 학교의 목표 달성을 적극 지원한다. 이 역할은 교사 지도자들teacher leaders과 함께 학교 전체의 구조화된 전문 학습 프로그램을 계획하고 실행하는 것을 포함한다.

학교의 경계를 넘어 교사 지도자들은 또한 전문적인 학습 동아리에서 다른 교사들을 지원한다. 이들은 교육적 지도자pedagogical leaders, 교수법 멘토instructional mentors 그리고 전문적 학습 지도자professional learning leaders의 역할을 맡는다. 교육적 지도자로서 이들은 그들의 교과 분야의 교수-학습 전문가다. 교수법 멘토로서 이들은 더 효과적인 교사가 되도록 경험이 적은 교사를 지도한다. 전문적 학습 지도자로서 이들은 학습 동아리의 다른 교사들을 위한 전문적인 학습 활동을 계획하고 수행하게 도와준다. 예를 들어, 교사들의 학습 공동체는 교사 지도자에 의해 설립되고 이끌어지며, 교육적 혁신과 과목 숙달과 관련된 프로젝트에서 교내 및 학교 간 교사 협력을 촉진한다. NIE뿐만 아니라 싱가포르 교사 아카데미Academy of Singapore Teachers, AST와 다른 아카데미 및 언어 센터는 교사 양성 과정의 모든 부분을 강화하는 전문직 시스템을 만든다.

상하이와 마찬가지로 싱가포르 교사는 근무시간이 길지만 다른 나라 교사에 비해 주당 수업시간(OECD 평균 19시간 대비 약 17시간)이 상대적으로 짧다. 이것은 교직에 대한 기대가 교실 수업뿐만 아니라 매력적인 수업 계획을 검토하고 개선하고, 학생들의 성적을 매기고, 피드백을 제공하고, 협동적인 전문적 학습과 연구에 참여하는 시간을 포함함을 강조한다. 학생들을 위한 교내 활동은 학교 기반으로 진행되며, 교사들이 관리한다. 금전적 및 비금전적 보상은 높은 성과를 장려하는 데 활용되며, 교사들에 대한 피드백과 지원, 멘토링, 및 지속적인 전문적 성장을 강조하는 평가 시스템과도 잘 부합한다.

요약

이 연구가 다루는 지역은 여러 면에서 다양하다. 싱가포르와 같은 작은 도시 국가부터 호주와 캐나다 같은 지리적으로 큰 영토에 이르기까지 그리고 4백만 인구의 앨버타 주부터 상하이의 2천 4백만 명에 이르는 인구까지 다양하다. 그럼에도 이러한 국가나 지역에서 나타난 교육 정책 수립에 대한 접근 방식에는 다음과 같은 중요한 유사점이 있다.

- **중앙 정부 목표**Central purpose**와 지역적 혁신**: 교육 기능의 중앙 집중화와 분권화 간의 균형이 존재한다. 정부는 항상 개선을 위해 잘 작동하는 시스템을 만드는 것을 지향하는 방식으로 예산, 교육과정, 교육, 평가 및 교사 발달을 연결하는 정책 결정이 일관되게 유지될 수 있는 장기적인 정책 비전을 설정한다. 한편, 지역적 혁신은 자체의 역량 강화와 함께 과도한 탑다운 방식 명령top-down mandates으로부터 탈피함으로써 가능하다.
- **형평성 있는 자원 분배**: 자원을 더 공평하게 분배하기 위한 메커니즘이 존재한다. 이 메커니즘은 국가 또는 주 정부로부터의 형평성 있는 배분의 형태를 취한다. 즉, 더 불리한 학생들이 있는 학교에 대한 자금 지원을 늘리고, 학생 학습을 위한 특별 자원targeted resources과 다양한 학생 요구를 충족시킬 수 있는 교육자에 대한 투자 등의 형태로 나타난다.
- **21세기 역량 개발을 위한 교육과정 및 평가**: 각 국가는 의사소통과 제2외국어 능력, 창의성, 비판적 사고와 문제해결 능력 등 21세기 역량을 점점 더 강조하기 위해 교육과정을 개정했다. 각 국가에서는 보다 형성적인 평가 및 학습을 위한 평가로 개선하려는 움직임이 있다.
- **가치 있는 직업으로서 교직**: 경쟁력 있는 급여와 예비 교사 학비 보조에서부터 직무 내 전문적 학습 기회 및 뛰어난 실천에 대한 인정 등 교직에 대한 다양한 지원은 가르치는 일이 교사뿐만 아니라 일반 대중들의 눈에도 바람직하고 생산적인 직업으로 보이게 한다.

각 지역에서는 교사 지식이 중시되는 여건을 조성하고, 교사가 협동하고, 지식을 공유하고, 학생 학습의 향상을 지향하는 협동적 전문 학습에 참여할 수 있는 기회를 제공한다. 게다가 학교와 교사들은 교실 수업에 영향을 미치는 결정을 내리는 데 일정한 재량권을 부여받는다. 즉, 교육적 환경의 큰 차이에도 불구하고 각 지역은 교사의 전문적 자본을 향상시킬 수 있는 정책을 개발하고 지속적으로 강화하고 있으며, 교사의 개인적 지식과 강점, 그리고 교사 인력의 집단적 능력을 활용하고 있다.Hargreaves & Fullan, 2012

제3장에서는 정책 파이의 첫 번째 조각을 더 자세히 살펴볼 것이다. 각 지역은 어떻게 잠재성 높은 개인을 교직으로 끌어들이고, 수업에 대비하여 필요한 예비 교사들의 지식, 기술 및 실천 능력을 어떻게 향상시키며, 교사 교육의 세계와 학교 현장을 연결하여 초임 교사들을 교직에 어떻게 입문시키는지 등을 살펴볼 것이다.

* 후커우(Hukou)는 영주권이나 토지 소유권에 따라 가족의 호적 등록을 하는 국가 시스템이다. 이 시스템에서는 가족이 고향에 등록하고, 다른 지역으로 이주할 수도 있지만, 가족의 영주권은 등록된 지방에 보존된다. 가족의 후커우 지위는 해당 지방의 의료, 교육, 복지, 주거 기회 같은 사회 시스템에 대한 접근성을 결정한다.

3.

교직에 적합한
교사 지망생 모집 및 교육[1]

고성과 국가들이 모든 학생이 자격을 갖춘 훌륭한 교사들로부터 교육받을 수 있도록 보장하기 위해 채택하는 전략의 핵심 요소는 선발 단계에서부터 교사들을 신중하게 선발하고 충분히 준비시킨다는 점이다. 우리가 연구한 지역들은 다음 세 가지 방법으로 그렇게 한다. 첫째, 높은 능력을 지닌 개인들이 교직을 고려하도록 유도하고, 교직 지원자들을 신중히 선별하여 가장 헌신적이고 유능한 사람들이 교직을 택할 수 있도록 보장한다. 둘째, 예비 교사들이 교직 첫날부터 가르칠 준비가 될 수 있도록 준비시키는 것이다. 셋째, 교직 입문 초기부터 교사의 교수 실천의 발전을 지원한다는 점이다. 이러한 지역들은 교사들이 계속해서 학습할 것을 기대하며(이후 장에서 보여주듯이 교사들에게 충분한 학습 기회를 제공하지만), 초기 모집, 예비교사 교육 및 교사로의 입문induction은 높은 자격을 갖춘 전문직으로 나아가는 중요한 단계다.

구체적인 선발[2], 준비, 임용 관행은 나라마다 세부적으로 다르다. 어떤 나라는 다른 나라보다 어느 한 측면에 더 중점을 둔다. 예를 들어 핀

---

1. 'RECRUITING AND PREPARING PROFESSION-READY TEACHERS'를 번역한 것이다.
2. 'Recruitment'는 2장에서는 '모집'으로 주로 번역했으나, 3장에서는 '모집'과 '선발'을 병용했다. 주로 교사양성대학에서 신입생을 뽑는 과정을 의미하지만, 문맥에 따라서는 교사양성대학 졸업 후 정식 교사로 뽑히는 과정을 의미하기도 한다.

란드의 경우, 그리고 호주와 캐나다는 교사의 초기 준비 과정에서 강도 높은 임상 훈련의 제공을 점점 더 강조한다. 반면, 싱가포르와 상하이와 같은 국가에서는 초임 교사가 근무하는 첫 해에 멘토를 통해 보다 광범위하고 강도 높은 임상 훈련을 지원한다. 후자의 경우, 모든 학교에 전문가 멘토를 배치하는 경력 사다리 시스템이 이 모델을 지원한다.[5장 참조] 그러나 모든 나라들은 강력한 내용과 교육적 준비를 제공하고, 교사들이 독립적으로 교육 활동에 임하기 전에 잘 가르칠 준비가 되어 있기를 기대한다. 이 시스템들은 모두 예비 교사 시절의 준비와 입문을[3] 지속적으로 강화해왔다. 또한 모든 학생이 유능하고 자상한 교사들로부터 가르침을 받을 수 있도록 하기 위해 모든 시스템은 교육의 형평성에 대한 강한 믿음으로 교사들의 준비와 배치를 관리한다.

이 장에서는 우리가 연구한 5개국에서 선발, 준비, 임용의 관행을 살펴보려 한다. 이 장에서는 각각 고유한 특징을 설명하기도 하고, 모든 나라에 공통적인 주제를 강조하기도 한다. 이러한 공통 주제에는 교직을 매력적으로 만들고 교직 준비를 재정적으로 감당할 수 있게 하는 경쟁적 보상과 보조금 지원, 교육 프로그램과 교사 학습 기회를 안내하는 전문성 기준, 공통 교육과정과 다양한 학생들과 관련된 내용과 교수법에 대한 철저한 준비, 그리고 훌륭한 멘토에 의한 임상적 경험 등이 포함된다.

최고의 인재 영입

우리가 연구한 나라들에서, 가르치는 일은 대체로 매우 존경받는 직

---

3. 'induction'은 새로운 직원이나 구성원이 조직에 처음으로 합류할 때 주어지는 프로세스를 가리킨다. 이는 새로운 구성원이 조직의 문화, 정책, 절차, 업무 및 기대사항을 이해하고 적응할 수 있도록 지원하는 것을 목적으로 한다. 여기서는 '입문' 혹은 '임용' 등으로 번역했다.

업이다. 따라서 교사 채용은 문제가 되지 않는다. 즉, 많은 젊은이가 교직에 몰려들고 있기 때문에, 교사 준비 프로그램에 지원한 사람들 중에서 가장 유망한 지원자를 뽑는 것이 과제다. 다음 장에서 자세히 설명하겠지만 잘 작동하는 시스템에서 교사에 대한 대우는 다른 존경받는 직업인들의 대우와 비슷하다.

동시에 정부가 지원하는 교원 양성 대학 학생들의 등록금은 더 수익성이 좋은 직업을 찾을 수도 있는 개인을 교사로 유인하는 것을 더욱 용이하게 만든다. 우리가 연구한 지역에서는 예비 교사들의 등록금이 무료이거나 정부에 의해 거의 지원되기 때문에, 학생들이 큰 부담 없이 교직의 길을 걸을 수 있다. 게다가 어떤 지역은 교사 후보자들이 교육받는 동안 생활비나 급여를 제공한다.

경제적 보상

우리가 연구한 지역에서 교사들의 급여는 직업 전반에 걸쳐 다른 대졸자들이 받는 평균(일반적으로 대학 교육을 받은 근로자들 평균의 90~105%)에 약간 못 미치거나 대체로 유사한 수준이었다. 대조적으로, 미국 교사들은 평균적으로 다른 대졸자들이 받는 임금의 약 70%를 받는다.[OECD, 2014a] 경쟁력 있는 급여 체계Pay scale는 이런 시스템에서 교사의 위신을 강화한다. 동시에 경제적 보상은 매우 유능한 개인을 교직에 유인하는 역할을 한다.

예를 들어, 우리가 연구를 수행할 당시 일부 원거리 지역을 제외하고는 캐나다에 교사 임용 후보자가 많이 있다는 것을 발견했다. 여기서 교육받은 신참 교사들은 정규직 자리에 오르기 전에 몇 년 동안 임시 교사로 근무하기도 한다. 앨버타 주에서는 교사가 해당 지역의 모든 직업 중 급여가 가장 높은 직업군에 포함된다. 유틸리티[4]와 석유 및 가스 채굴 업종이 교사보다 임금이 높은 유일한 두 가지 직업 범주였다.[Alberta Learning Information Services, 2013] 초임 교사는 2012년에 58,000 캐나다 달러를 받았고, 10년 경력의 교사는 92,000 캐나다 달러를 받았으며, 추가로 더 많은 혜택을 받을 수도 있었다.[Alberta Education, 2014](캐나다 달러는 당시 미국 달러와 대략 비슷했고, 교사의 초임은 그해 미국 평균 초임 교사 급여보다 약 60% 높았다.)*

온타리오 주 교사들 또한 보수가 매우 높으며, 석사 학위를 취득하거나 추가 자격증을 이수함으로써 급여를 늘릴 수 있다. 결과적으로, 교사들의 급여 상승 곡선은 다른 직업들보다 더 급격하게 올라간다. 2011년, 5년 교직 경력 후 받는 급여 66,893 캐나다 달러는 대학을 졸업하고 정규직 직업을 가진 개인들의 평균 급여와 비교하여 백분위 75% 이상이었다. 10년간의 교직 생활 후 교사는 대학 졸업자 집단 내 급여의 90번째 백분위에 근접했다.[Johnson, 2013]

호주에서도 교사들의 급여 수준은 대체로 높은 편이다. 2012년 정부가 지원한 직업 조사에 따르면, 교직에 입문한 신규 교사는 급여 수준에서 27개 전문직 중 7위를 차지했다. 이는 여러 의학 분야와 공학 분야보다는 약간 낮지만 법, 컴퓨터 과학, 생물학, 수의학 및 기타 과학, 약학 및 회계 분야 종사자보다 앞선 것으로 나타났다.[Graduate Careers Australia, 2013] 교사 급여는 나이가 들면서 다른 직업의 급여보다 떨어지는 경향이 있지만, 주 정부는 새로운 경력 사다리에서 성취 기준을 충족한 유능한 교사들의 급여를 대폭 올리기 위해 급여 구조를 수정해 왔다. 예를 들어, 뉴사우스웨일스 주는 최근 더 높은 수준의 교사 전문성 표준을 충족한 자격이 출중한 교사들의 급여를 크게 늘리는 방식으로 급여 구조

---

4. 유틸리티(utility)는 수도·전기·가스 같은 공익사업을 지칭한다.

를 개정했다. 교사들은 다른 직업에 비해 상대적으로 높은 초임—2012년 기준으로 약 60,000 호주 달러에 가까운—에서 시작했다. 그리고 2016년부터 시행된 새로운 시스템은 고성과highly accomplished 수준 혹은 그 이상을 달성하면 100,000 호주 달러 이상의 급여를 받을 수 있게 했다.

싱가포르의 교사 초임은 대학 교육을 받은 다른 근로자의 초임과 대략 비슷하며, 기술직 공무원이나 회계사의 초임과 맞먹는다. 교사들은 예비 교사 교육을 시작하면 월급을 전액 받기 시작한다. 일정 기간 다른 직업 경험을 갖고 교직에 입문한 지원자들의 경우 이전의 근무 경력을 인정하여 산정된 초봉을 받게 된다. 경력에 따른 급여 증가는 타 직종에 비해 뒤지지 않는다. 연간 급여 증가는 세 갈래의 경력 트랙에서의 성과, 잠재력 및 발전에 기초하여 매겨진다.

중국은 2009년부터(1993년 교사법에 따라) 모든 교사의 평균 급여를 같은 지역의 모든 공무원의 평균 급여보다 높게 유지하도록 요구했다. 상하이는 중국에서 가장 높은 봉급을 제공한다. 비록 중국의 다른 지역의 교사 급여가 훨씬 낮지만, 중국 정부는 최근 다른 지방, 특히 가난한 농촌 지역에서 교사 급여를 높이고 주택 보조금과 같은 다른 인센티브를 창출하기 위해 대규모 투자를 했다. 또한 경력 사다리[5장 참조]는 보상과 연계된 교사 승진을 제시한다.

핀란드의 교사 급여는 국가 평균 임금 수준에 매우 가깝고, 이는 평균 교육 수준(대학원 학위)을 지닌 공공 부문 업무 종사자들과 유사한 수준이다. 그러나 학교 수준(초등학교, 중학교 또는 고등학교)과 재직 기간에 따라 교사 소득에 상당한 차이가 있다. 그럼에도 교사의 지위와 근무 조건이 매력적이기 때문에, 필요한 교사 수보다 많은 지원자가 몰려든다. 핀란드에서는 최근 교사들이 특별히 업무를 우수하게 수행할 경우 학교장들이 보너스를 제공하거나 급여 인상을 할 수 있도록 교사 급여 체계의 요소를 추가했다.

이 모든 사례에서 교사 지원자들은 교육에 대한 연구에서 재정적인 지원을 받으며, 이 교육 연구 활동은 교사의 채용과 근속에 영향을 미친다. 스클라파니와 림$^{Sclafani\ \&\ Lim,\ 2008}$은 싱가포르에 대해 다음과 같이 설명했다.

> 싱가포르는 성적이 좋은 학생들을 어떻게 지원하게 하는가? 교사들은 기술직 공무원들의 연봉과 엇비슷하지만 미래 연봉만 고려하는 것은 아니다. 그것은 여러 요인의 조합이다. 가장 눈앞의 혜택으로는 교육부가 모든 등록금, 수업료, 그리고 매달 받는 월급을 교사양성기관에 재학 중인 학부생들에게 지급한다는 것이다. 대학원 단계에서 교사 준비 과정에 들어가는 사람들에게 지급하는 급여는 대졸자 공무원이 받는 것과 맞먹는다. 만약 지원자가 프로그램을 이수하지 못하거나 규정된 기간 전에 교직을 그만두면 그동안 받은 혜택은 돌려주어야 한다. 이는 프로그램을 진지하게 이수하려는 강력한 동기를 부여하게 한다.[p.3]

교사 준비 과정에 합격한 지원자들은 예비 교사로서 교육을 받는 동안에 급여를 지급받을 뿐 아니라, 해당 교육을 성공적으로 수료했을 시 고용까지 보장받는다.

핀란드 교사 교육도 수업료가 무료이고, 지원자는 훈련을 받는 동안 급여를 받는다. 온타리오에서는 정부가 지원자 교육 비용의 약 60%를 부담한다. 호주에서는 대부분의 교사 교육을 받는 학생은 연방 지원 제도Commonwealth-supported slot로 대학에 다닌다. 2012년에 교사 교육을 위한 영연방 교원 교육 보조금은 공립대학 비용의 2/3 이상을 충당했으며, 수요가 많은 분야의 교사들에게는 추가 장학금을 제공한다.

교직의 매력

교직은 금전적인 것 이상의 매력이 있다. 교직이 위상이 높은 직종이라는 평판이 교사 지망생 모집에도 영향을 끼친다. 핀란드에서 교직은 대학생이 가장 선호하는 직업이다.[Liiten, 2004] 교직은 싱가포르에서도 선호도 측면에서 높은 순위를 차지하고 이직률은 연간 3% 미만으로 매우 낮다. 교육부가 실시한 한 설문 조사에 따르면, 교사가 직업을 유지하는 세 가지 주요 이유는 긍정적인 직업 문화, 경쟁적으로 벤치마킹되는 높은 보수, 전문성 신장 및 경력 성장을 위한 충분한 기회다.

앨버타 주의 교사들은 수십 년 동안 대체로 보수적인 정부를 통해 많은 지원과 존중을 받아 왔다고 느낀다. 2013년 앨버타 교사 협회에서 실시한 한 설문 조사에 따르면, 교사 10명 중 9명이 스스로에 대해 교사로서 가르치는 일에 매우 헌신적이라고 평가하며 공개적으로 자신이 교사라고 말하는 것에 자부심을 느낀다.[ATA, 2014, p.56] 이 설문 조사에서 교사의 약 2/3가 자신의 직업적 실천에 대한 통제력이 부족해서 스트레스를 받는 일이 없거나 적게 받는다고 응답했다.[개인적인 대화, J. C. Couture, 2014년 9월]

2003년 이후 온타리오 주에서는 교직의 위상과 매력이 크게 향상되었다. 교사를 홀대하고 공교육에 대한 투자가 감소했던 시기가 주 정부의 지원적인 접근 방식으로 대체되었기 때문이다. 그 결과, 퇴직이나 다른 형태의 이직은 연간 약 4%(미국의 약 절반)로 감소한 반면, 교사 교육으로의 진입 인구가 증가하여 교사 과잉 공급과 교직 분야에서의 경쟁이 심화되었다. 온타리오 교직관리원Ontario College of Teachers[20115]의 조사에 따르면 신임 교사들은 자신의 직업에 매우 헌신적이다. 교직에 입

---

5. 온타리오 교직관리원(OCT)은 대학이 아니라 교직을 감독하고 통제하고 규제하는 기관이다. 교사 자격증 발급, 윤리 기준 및 전문성 기준 설정, 교사 교육 프로그램 인증 등을 담당한다.

문한 첫 5년 동안 대략 10명 중 9명은 5년 후에도 확실하게 혹은 아마도 교직에 몸담고 있을 것이라고 밝혔다. 한편 OISE에서 3년마다 실시하는 여론 조사에서 온타리오 주민들은 교직을 크게 존중하고 공교육 시스템을 지지하는 것으로 나타났다.[Hart, 2012] 온타리오 교사 연맹Ontario Teachers Federation의 론다 킴벌리 영Rhonda Kimberley-Young은 다음과 같이 말했다.

고등학교를 졸업하고 대학에 진학하는 학생들이 '가르치는 일을 하고 싶다'고 생각한다면, 그것은 그들 스스로도 교직과 관련하여 좋은 경험을 했기 때문입니다. 그리고 그들은 '교직이 일하기 좋은 곳일 것'이라고 생각합니다. 물론 이는 '젊은이들의 삶에 영향을 미치고 싶다'는 의미입니다. 저는 그것이 사람들을 교직으로 끌어들이는 근원적 요인이라고 생각합니다. 그러나 '교직은 존경받는 직업입니다. 나는 공교육에 대해 좋은 느낌을 갖고 있습니다'라는 편안함도 존재합니다.

그녀의 동료 린디 아마토Lindy Amato는 이렇게 덧붙였다.

사람들은 "나는 교사입니다."라고 자랑스럽게 말합니다. 자신이 교사인 것에 자부심을 느끼고 있음을 의미하지요.

온타리오 교직관리원의 마이클 살바토리Michael Salvatori도 다음과 같이 동의했다.

교직은 여전히 가장 신뢰받는 직업 중 하나이고 그것이 교직을 긍정적으로 보는 데 도움이 된다고 생각합니다. 사람들은 대중이 우러러보는 전문 직종 중 하나인 교직에 종사하기를 원합니다.

대중이 교육 시스템을 적극적으로 지원하고 학생은 학교에서 겪는 긍정적 경험을 통해, 자신도 미래의 학생들에게 긍정적 혜택을 주는 강력한 공교육 시스템을 더 많이 지원하고 거기에 기여하고자 하는 교사가 되려는 마음을 갖게 하는 선순환 구조가 만들어졌다. 온타리오 중등 교사 연맹Ontario Federation of Secondary School Teachers의 로리 풋Lori Foote은 다음과 같이 강조한다.

대부분의 경우, 우리 모두가 해결해야 할 문제들이 있으며, 학교 시스템을 개선하기 위해 노력합니다. 그러나 대부분의 사람은 꽤나 긍정적인 교육 경험이 있고 교사 지망생aspiring teacher candidates은 교육의 가치를 알고 있습니다. 그들은 교육이 훌륭한 균형 요인balancing factor이라는 점을 이해하고 있습니다. 즉, 스스로 만족하고 앞으로 나아갈 수 있고 성취하는 삶을 살길 바란다면, 좋은 교육이 꼭 필요합니다. 저는 사람들이 그러한 열정에 사로잡히고 그 열정을 나누고 싶어 하며 자신이 교육을 통해 얻은 것과 동일한 기회를 다른 사람들도 갖게 하고 싶어 한다고 생각합니다. 캐나다에서는 그렇게 해주는 것이 보편 교육 시스템universal education system이라는 점에서 우리는 운이 매우 좋습니다. 그리고 그것은 보편성universality, 포괄성comprehensiveness, 숙련도proficiency 및 책무성accountability이라는 우리 신조의 일부입니다. 나는 사람들이 [교사]는 교육을 통해 미래를 건설하는 사람이라는 점을 이해하고 그 일부가 되고 싶어 한다고 생각합니다.

중국에서 교사는 어른, 역할 모델, 그리고 부모가 자기 자녀의 미래를 만들어 주도록 의탁하는 사람으로서 존경받는다. 도교 의식의 전통Tao traditions of ritual에서 '하늘-땅-군주-부모-교사heaven-earth-sovereign-parent-teacher'라는 문구는 수시로 사용되며, 사람들에게는 자신이 총체적으로 통치받고 지원받는다는 인식이 깊이 뿌리박혀 있다. 따라서 교사는 정규 교육뿐만 아니라 공부에서의 성과를 통해 학문, 노력, 인생 성공의 본보기를 보여줌으로써 학생의 삶에서 특별한 사람으로 여겨진다. 교직은 이처럼 중요한 역사적·사회적 명성 외에도, 안정적이고 보수가 좋으며 상대적으로 지위가 높은 직업으로 간주된다. 직업적 명성에 대한 조사에서, 교직은 기업체의 관리직이나 군대의 중간급 장교 같은 직업보다 더 높고, 의사와 비등하게 높은 순위를 차지한다.[Dolton & Marcenaro-Gutierrez, 2013: Li et al., 2004, Ingersoll, 2007에서 인용] 교직은 안정적인 급여를 제공하는 직업으로 간주되므로 이 같은 직종은 중국에서 교육을 많이 받은 사람들이 선망하는 대상이 된다.

선발 방법

우리가 연구한 지역들에서, 일반적으로 개인의 학업 능력뿐만 아니라 어린이들과 잘 교감하고 활동할 수 있는지, 그리고 종종 다른 성인들과도 잘 협력할 수 있는 의지와 능력이 있는지를 기반으로 교사 지망생들을 선발한다. 개념적·분석적 능력 그리고 문제해결 능력과 함께 대인 관계와 의사소통 기능들도 평가한다. 우리는 우리가 연구한 지역들에서 정교한 선발 방식을 발견했고, 여기서 그 일부를 강조하고자 한다.

핀란드의 교사 선발

교직의 명성은 핀란드에서 특히 두드러진다. 고등학교 졸업생을 대상으로 한 설문조사에 따르면, 핀란드의 젊은이들 사이에서 교직은 일관되게 가장 존경받는 직업이다.[Martin & Pennanen, 2015; Ministry of Education and Culture, 2012도 참조] 핀란드 관료들은 교사의 가치를 공식적으로 중요하게 인식하고,

국가 정책도 학교 교사들이 내리는 전문적 판단을 기반으로 한다. 핀란드인들은 교직을 의사, 법률가 또는 경제학자 등과 같이 고귀하고 권위 있는 직업으로 여기고 물질적 이익보다는 도덕적 소명 의식으로 구동되는 직업으로 인식한다.

그 결과, 매년 약 4천 명을 모집하는 교사 교육 기관에 약 2만 명의 학생이 지원한다. 예를 들어, 2016년에는 8백 명을 모집하는 초등 교사 양성 과정에 8천 명 이상이 지원했다. 헬싱키대학교에는 120명 모집에 약 2천 명이 지원했다. 초등학교 교사 교육 프로그램 지원자 수는 2010년 이후 18% 증가했다.[Finnish National Board of Education, 2014]

이 방대한 지원자들 중에서 학생을 선발하는 과정은 엄격하다.[Link 3-1] 우선, 초등 교사 양성 과정에 지원하는 사람은 교사 교육 프로그램을 운영하는 8개 연구 대학의 교수진이 개발한 VAKAVA로 알려진 국가 시험을 치러야 한다. 2006년에 처음 도입된 VAKAVA는 5~8개의 연구 논문을 분석하고 해석하는 문제로 구성된 3시간 분량의 필기시험이다. 선발 과정의 첫 단계부터 연구 기반 직업 역량을 평가하는 것이다.

예를 들어, 2013년 VAKAVA에는 7개의 논문이 포함되었는데, 그중에는 수학 수업에서 아이들의 담화를 조사한 연구와 아이들의 소셜 미디어 사용과 다른 사람들에게 자신을 어떻게 묘사했는지 조사한 연구가 있었다. 지원자들은 5월에 8개 대학에서 동시에 실시하는 시험 전에 약 6주 동안 자료를 읽고 공부해야 한다.

VAKAVA 응시자는 희망하는 대학에 지원하고, 그 대학은 이 1차 시험에 합격한 사람 중에서 모집 정원의 약 3배수를 선발한다. 이 후보자들은 종합적 관점에서 교육에 대한 관심을 파악하는 용도로 고안된 면접과 추가 평가 과정을 거친다.

대학 간 공통 면접이나 선발 절차는 없다. 헬싱키대학교에서는 교육학부Department of Teacher Education 교수와 강사가 후보자들을 대상으로 개별 및 집단으로 면접한다. 집단 면접에서는 3~4명의 후보자에게 읽을 텍스트나 교사와 그들의 작업에 대한 간략한 자료를 제시하고 집단 상황에서 어떻게 소개하고 토론할지 함께 준비를 하게 한다. 교사 교육자들은 동기 부여, 협업 의지 및 기타 특성들 측면에서 예비 후보자 집단을 관찰한다. 교사 교육자들은 후보자를 개별 면접도 하여 순위를 매긴다.

선발되지 않은 사람은 이듬해에 다시 지원할 수 있다. VAKAVA 응시자를 대상으로 한 최근 설문 조사에 따르면 지원자의 56%는 첫 번째로 응시한 것이고, 28%는 두 번째, 18%는 세 번째 응시라고 응답했다. 다시 지원하지 않는 경우에는 경쟁이 다소 덜 치열한 유치원 교사 교육과정에 지원할 수 있다.

싱가포르의 교사 선발

싱가포르의 교사 선발 절차도 까다롭다. 싱가포르 교육을 대표하는 체계적인 접근 방식을 기반으로 교육부와 NIE가 공동으로 관리하는 전국적으로 일원화된 선발 과정을 통해 교사를 채용한다. 후보자의 학업 성취도, 의사소통 기능 및 교직에 대한 동기에 중점을 두고, 선발 과정에서 파트너 학교들이 주요 의사 결정자 역할을 한다. 교사가 되려는 학생은 양성 프로그램에 들어가기 전에 4단계 과정을 거쳐야 한다. 4단계 중 3단계인 선발 면접에서 이미 최종 후보자 3명 중 1명만 합격한다. 맥킨지 회사McKinsey and Company[2007]의 연구는 선발 과정을 [그림 3-1]과 같이 요약했다.

우선, 교육부는 학력에 따라 후보자를 선발한다. 그러한 요구 사항을 충족하는 지원자는 소정의 입학 능력 시험을 통과해야 한다. 특히 중요한 것은 교육부의 교사 양성 프로그램의 핵심 요건인 영어 능력이다.(영어는 싱가포르의 4개 공식 언어 중 하나이고 학교에서 가르치는 언어다.)

[그림 3-1] 싱가포르의 교사 선발 절차

CV 선발[6]	• 최소 자질 검증 – 지원자의 학업 성적은 자기 연령 집단에서 상위 30%에 속해야 함. – 지원자는 소정의 학교 및 대학 교육을 이수해야 함. – 지원자는 아동과 교육에 대한 관심의 증거를 보여야 함.
평가	• 문해력 확인 – 지원자는 높은 수준의 문해력을 갖추어야 함. – 증거에 따르면, 교사의 문해력은 다른 측정 가능한 변수보다 성취도에 더 큰 영향을 미침.
면접	• 태도·적성·인성 검증 – 경험이 풍부한 학교 지도자 2명으로 패널을 구성하여 진행. – 다양한 실기 시험이나 활동을 포함할 수 있음.
NIE 모니터링	• 태도·적성·인성 검증 – 입학 전에 훈련된 멘토와 함께 학교 생활함. – 예비 교사 교육(initial teacher education) 과정 동안 모니터링되며, 잘 수행하는 경우에만 졸업 가능.

출처: Barber and Mourshed(2007). 더 최근의 정보로 업데이트함.

학력과 영어 실력을 바탕으로 선발된 사람들을 대상으로 면접을 한다. 면접은 현재 재직 중이거나 최근에 은퇴한 교장이나 교감으로 구성된 패널이 진행한다. 면접관은 의사소통 기능, 교육에 대한 열정, 미래의 학생들에게 바람직한 역할 모델이 될 잠재력 등을 살펴본다. 스클라파니와 림[Sclafani & Lim, 2008]은 이렇게 말한다.

교육부는 타인을 도와주려는 열정이 있는 청년들을 찾고 있다. 싱가포르에서 지역 사회 봉사는 모든 학생에게 해당하는 교육의 일부이고, 튜터가 필요한 어린 학생이나 동료와 협력하는 과제들을 수행하는 활동은 교사가 교직의 길로 권장할 학생들을 식별하는 데 도움이 된다.[p.3]

---

6. 이 과정은 이력서(Curriculum Vitae)를 검토하여 적합한 후보를 선별하는 과정을 말한다.

면접관이 교육자로 적합하다고 판단하면, 후보자는 학교 현장에서 계약직 교사로 근무하기 전에 교직 입문 프로그램Introduction to Teaching Program, ITP을 이수해야 한다. ITP는 교사들에게 교사 주도의 전문적 학습을 제공하기 위해 교육부가 만든 조직인 싱가포르 교사 아카데미 Academy of Singapore Teachers가 운영한다. 이 프로그램은 모든 계약직 교사에게 교직의 기대와 윤리, 그리고 교육의 기초에 대한 인식을 제공하는 입문 과정이다. 여기에는 성장 마인드셋, 수업 계획과 실행, 학습 평가, 테크놀로지 활용 및 학급 관리가 포함된다.

후보자로서 급여를 지급받는 인턴 교사 기간School stint은 수개월에서 1년까지 다양하다. 계약 교사contract teacher는 학교 멘토(보통 경험이 더 많은 교사 또는 교사 리더)와 보고 감독관(보통 학과장 또는 교과 부장)의 지도 및 감독하에 교육 관련 업무를 수행하고, 이때 시험지 채점이나 평정 업무는 제외된다. 후보자는 수습 기간이 끝나면 교사 자질을 평가받는다. 학교로부터 좋은 추천을 받고 그 평가 과정을 통과해야만 교사 양성 교육과정에 들어갈 수 있다. 그리고 교사 양성 교육과정에서도 지속적으로 모니터링되며, 드물긴 하지만 성과가 좋지 않으면 탈락할 수 있다.

캐나다의 교사 선발

캐나다에서도 엄격한 선별 절차selective를 거쳐 교사 교육 대상자를 뽑는다. 앨버타 주와 온타리오 주에서는 교사 양성 프로그램에 합격하는 사람이 지원자의 절반도 되지 않는다. 가장 큰 교사 양성기관인 토론토 대학의 온타리오 교육 연구소Ontario Institute for Studies in Education에서는 지원자 4명 중 1명 정도만 선발된다. 온타리오 주에서 교사 교육과정에 들어가려면, 지원자는 온타리오 교직관리원의 교사 실천 기준 Ontario College of Teachers' Standards of Practice에서 정한 역량을 갖춰야 한다. 각 대학은 이런 기준들을 자체적인 방식으로 실행한다. 합격 기준에는 일반적으로 학업 기준이 포함되고, 입학 면접, 교수 진술[7], 아동과의 경험에 대한 토론 그리고 교육 경험을 입증하는 증거 등으로 역량을 평가한다.

교사의 인적 다양성을 높이기 위해 원주민First Nations 문제에 대한 지식과 원주민 공동체와 학생들과의 연결을 교육 실천에 반영할 수 있는 교사 지망생을 우대한다. 앨버타 주에서도 이와 마찬가지로, 9개의 교사 양성 기관에서 교사 지망생은 전형적으로 교사 교육의 사전 입학 과정 preadmissions courses을 성공적으로 이수하고, 교수진과 면접하고, 자원봉사 활동을 하고, 경우에 따라 포트폴리오를 완성해야 한다. 후보자가 기대에 미치지 못하면 프로그램에서 탈락시킬 수 있는 중간 점검 과정들도 있다.

상하이의 교사 선발

중국 일부 지역에서는 교사가 부족하지만, 상하이에서는 교사가 과잉 양성되고 있다. 상하이의 두 교사 양성 기관인 화동사범대학교East China Normal University와 상하이사범대학교Shanghai Normal University는 입학 시와 4년 동안의 교사 교육 프로그램 내내 학생을 선별한다. 소정의 교과와 실습 과정을 성공적으로 이수한 사람은 교사 자격을 얻기 위해 중앙 정부에서 발행하는 교사 자격증을 신청해야 한다. 교원 자격증은 유치원, 초등학교, 중학교, 고등학교, 직업고등학교, 직업고등학교 인턴십 지도자secondary vocational internship advisor, 고등 교육 등 7가지 유형이 있다. 이 자격증에는 후보자가 공부한 분야를 기반으로 한 전문 교과 영역이 표기된다.

---

7. 교수 진술(teaching statement)은 교수학습 과정에 관한 자신의 신념뿐만 아니라 자기가 교실에서 그러한 신념들을 구현할 수 있는 구체적인 방식에 관한 에세이다.

교원 자격을 얻으려면 2014년부터 이전의 지역 시험을 대체하는 새로운 3단계 국가 검정 시험을 통과해야 한다. 먼저 후보자는 교육학, 심리학 및 교수법에 대한 필기시험에 합격해야 한다. 그런 다음에는 합격자를 대상으로 일반적으로 수석 교사 및 지역 교육구 공무원이 면접한다. 이들은 일반적으로 전직 교사 경력이 있는 사람들이다. 면접에서 후보자들은 특정 과목의 교수 능력을 증명하고, 교수 과정 기술teaching process skills을 시연하며, 교실 관리와 질문 기술에 대해 질문을 받을 수도 있다. 마지막으로 모든 교사는 중국어 시험(말하기 및 듣기 요소 포함)도 통과해야 한다.

상하이에서 교사로 임용되려면 후보자는 저명한 전직 교사들로 구성되는 내용 영역 전문가들이 출제하는 또 다른 교육구 수준district-level의 시험에 합격해야 한다. 각 교과 영역에는 시험 문제를 출제·채점하고 잠재적 채용을 위한 면접 과정에 참여하는 책임자가 있다. 이 시험에는 전문 분야의 내용 지식, 다른 교과 영역 및 교육학에 관한 문제들이 포함된다.

교육구에서 주관하는 시험에 합격한 지원자를 대상으로 교육구의 내용 영역 전문가들로 구성된 패널들이 면접을 진행한다. 면접 질문은 구체적인 내용 지식에 관한 질문에서부터 특정 개념을 가르치는 방법에 관한 질문, 그리고 "수업 준비에서 가장 중요하다고 생각하는 것은 무엇입니까?"와 같은 학생에 관한 질문 및 교육학적 질문에 이르기까지 다양하다. 면접에서 지원자에게 패널이 선택한 주제에 대해 짧은 수업을 시연해 보라고 하는 경우가 많다. 상하이에서 교직 진입 기준은 매우 높아서, 내용에 대한 심층적 지식, 교육학에 대한 이해, 교직에 대한 성찰적 태도가 요구된다.

호주의 교사 선발

호주에서 교사 양성 과정에 들어가기 위한 경쟁은 교육 기관에 따라 차이가 있고 다소 덜 치열한 편이다. 그러나 초기 교사 교육 프로그램 initial teacher education program에 대한 호주의 새로운 인증 기준은 교사 교육 기관에서 문해력과 수리력이 상위 30% 이내의 지원자 중에서 선발하게 요구하고, 졸업생은 졸업 후 해당 교직에 진입하기 위한 등록 기준을 충족해야 한다.

많은 대학이 오랫동안 개인의 다른 자질과 특성을 선발 기준의 일부로 포함했지만 이러한 관행을 더 정교화하고 널리 확대하려는 움직임이 있다. 이러한 '더 정교한 선발 과정'의 사용에 대한 강력한 지원은 교육부의 교사 교육 자문 그룹Teacher Education Ministerial Advisory Group의 최근 연방 보고서 내용 중 하나였고, 2016년 예비 교사 교육 프로그램 인증 과정에 새로운 선발 지침이 추가되었으며, 2017년부터 모든 신규 지원자에게 적용되었다.[TEMAG, 2015; AITSL, 2015a] 우리가 이야기를 나눠본 교원 노조 대표들은 이러한 선발 과정의 강화 방침을 지지했고, 예비 교사 교육 정책은 후보자가 우수한 학업 능력은 물론 강력한 의사소통 기능과 같은 교수 적성을 갖추어야 한다고 제안했다.[호주 교원 조합 대표인 A. Mulheron, S. Hopgood, A. Gavrielatos와 2014년 1월 27일 개인적으로 의사소통한 내용임]

이러한 연방 정부의 계획 외에도, 일부 대학에서는 혁신적인 선발 이니셔티브를 진행 중이다. 예를 들어, 멜버른 대학교University of Melbourne에서는 후보자를 학업성적 증명서 및 업무 수행 경험을 기반으로 평가할 뿐만 아니라, 문해력, 수리력, 공간적 추리력에서부터 의사소통 스타일, 인내심, 문화적 감수성 및 윤리에 이르기까지 후보자의 다양한 능력과 관점을 평가하는 일련의 과제 수행 결과를 기반으로 성향과 교직 적합성을 평가한다. 이러한 특성 중 일부는 최근 도입된 교사 선발 도구로 측정되고, 이 도구는 성실성, 친화성, 개방성 및 끈기를 포함한 여러 차

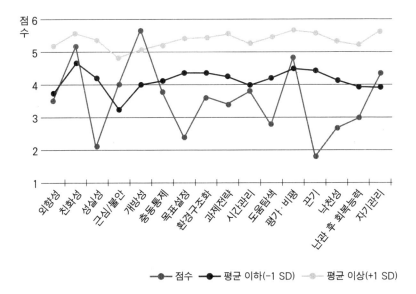

[그림 3-2] 교사 선발 도구

점수 6 5 4 3 2 1

외향성 / 친화성 / 성실성 / 근심/불안 / 개방성 / 충동통제 / 목표설정 / 환경구조화 / 과제/전략 / 시간관리 / 도움탐색 / 평가·비평 / 끈기 / 낙천성 / 난관 후 회복능력 / 자기관리

━●━ 점수　━●━ 평균 이하(-1 SD)　━●━ 평균 이상(+1 SD)

원에서 후보자를 평가한다.[그림 3-2] 참조 이 결과들과 다른 지원 자료들을 함께 활용하여 입학을 결정하고, 교수진은 후보자들 간 점수 차이가 교사 교육 및 그 이후의 결과와 어떻게 관련되는지 연구한다.

멜버른 교육대학원MGSE[8]의 교수·학습 부학장Deputy director 라리사 맥클린 데이비스Larissa McLean Davies[Link 3-2]가 아래와 같이 설명한 것처럼, 선발 과정에서 이러한 강점들의 균형이 중요하다.

우리는 많은 시간을 투자하여 후보자의 프로필을 보고 그들의 강점이 어디에 있는지 실질적으로 살펴봅니다.… 최종 합산 점수는 중요하지 않습니다. 이것은 GPA와 함께 (교사 선발 차원들에서) 다양한 측면을 보는 훨씬 더 미묘한 방법입니다.

---

8. MGSE는 'Melbourne Graduate School of Education'의 약어다.

교직 준비 교육Preparing Professionals

실천 기준Standards for Practice: 교사 학습을 위한 프레임워크

교사가 교직에 첫발을 내디뎠다면, 문제는 그들의 훈련이 앞으로 직면할 도전적인 일을 진정으로 잘 헤쳐 나아갈 수 있게 하는가이다. 어떤 사람들에게 교수 능력은 말로 표현하기 어려운 특성이다. 교사는 그런 능력이 있을 수도 있고 그렇지 않을 수도 있다. 그런 견해를 가진 사람들에게 양질의 교육을 보장하는 가장 좋은 방법은 가르치고 싶은 사람들이 교사가 되게 한 다음, 그들의 성과를 측정하여 성공하지 못한 사람들을 제외시키는 것이다.

고성과 시스템은 이러한 신념만으로는 작동하지 않는다. 모든 교사가 갖추고 있어야 하는 고유한 일련의 지식과 기능이 있고 교사가 이러한 역량을 배우고 성과를 향상시킬 수 있다는 확신 위에서 작동한다. 많은 시스템이 모든 아이가 배울 수 있다고 전제하는 것처럼, 이러한 시스템은 모든 교사도 배울 수 있다고 믿는다.

더욱이, 이러한 시스템은 교사가 갖춰야 하는 지식과 기능을 일련의 실천 기준들로 명시하고 있다. 효과적인 수업에 대한 연구에 기반을 둔 이러한 기준들은 학생들에 대한 기준과 유사하게 교사의 수업 준비, 실행, 평가 및 전문적 성장을 안내할 수 있는 명확한 방식으로 교사가 알아야 하고 수행할 수 있는 것을 설명한다. 이들은 교사를 지원하는 사람들뿐만 아니라 교사에게 기대하는 것들을 명료화하여 교사가 점점 더 유능해지게 한다.

미국에서는 1980년대에 교사전문성표준국가위원회National Board for Professional Teaching Standards가 설립되면서 교수 기준teaching standards들이 명료화되기 시작했다. 이 위원회는 성취해야 할 교수 기준의 개요를 제시하고 교사가 이러한 기준들을 달성했는지 측정하기 위한 평가

방안을 개발했다. 또한, 전국 신임교사 평가 및 지원 컨소시엄Interstate New Teacher Assessment and Support Consortium에 참여하는 주들에서는 교원 자격증 취득과 관련된 교수 기준들을 수립했다. 이 아이디어는 전 세계로 퍼져나가 이제는 거의 모든 고성과 국가의 중요한 한 가지 특징이 되었다.

핀란드는 예외적으로 예전부터 대학들이 함께 모여 교사 교육을 위한 기준과 교육과정에 대한 기대치를 설정했다. 그리고 우리가 연구한 각 지역은 최근 몇 년 동안 교사들이 배우고 갖추어야 할 지식과 기능을 설명하는 기준을 채택하고 있다. 싱가포르에서는 졸업 예정 교사 역량 Graduand Teacher Competencies 선언문이 주요 교사 교육 기관인 NIE에서 개발되었다. 캐나다에서는 주에서 교직에 대한 기준을 설정하는데, 온타리오 주에서는 교직관리원College of Teachers이, 앨버타 주에서는 교육부가 설정한다. 호주에서는 빅토리아와 뉴사우스웨일스 주에 있는 교사 교육 전문 기관profession-led Institutes of Teaching이 비슷한 역할을 한다. 국가 기준은 AITSL을 통해 채택되고 주 수준의 전문 기관을 통해 구현된다. 상하이에서는 중국 교육부가 기준을 정한다.

이 기준들에는 많은 공통점이 있지만 몇 가지 흥미로운 문화적 차이도 있다. 예를 들어, 모든 기준에는 학생과 그들의 학습에 대한 교사의 헌신, 실천을 평가하는 데 사용되는 성찰 기능을 포함한 전문 지식과 기능, 그리고 다른 전문가와 협력하고 실행 개선을 위해 계속 배우려는 헌신 등에 관한 기준 범주들이 포함된다. 또한 일부(예: 앨버타 주, 싱가포르, 상하이)는 인지적·사회적·정서적·신체적 발달뿐만 아니라 도덕적·윤리적 발달 등 아이의 모든 측면을 발달시켜야 하는 교사의 책임을 강조한다. 싱가포르의 기준에는 자기 관리, 인적 자원 관리, 혁신과 기업가 정신과 관련된 기능들도 포함되는데, 이는 역동적이고, 동기가 높고, 리더십을 지닌 교육자를 양성하려는 국가의 열망을 나타낸다.

캐나다

이러한 기준은 실용적 지식과 기능 외에도 학생과 학생의 학습에 대한 교사의 도덕적·윤리적 헌신, 나아가 교사 자신의 지속적 성찰과 학습에 대한 책임을 다루어 학생들의 요구를 충족시키는 능력 향상에 지속적인 관심을 갖게 한다. 예를 들어, 온타리오 주의 경우, 온타리오 교직관리원이 개발한 교사 실천 기준Standards of Practice for the Teaching Profession[Link 3-3]은 다음과 같은 내용을 담고 있다.

- **학생과 학생의 학습에 대한 헌신**: 교사는 학생들을 보살피고 헌신한다. 학생들을 공평하게 대하고 존중하며 개별 학생의 학습에 영향을 미치는 요인들에 세심한 주의를 기울인다. 학생들이 장차 캐나다 사회에 이바지할 시민으로서 성장하게 돕는다.
- **전문 지식**Professional knowledge: 교사는 자신의 전문 지식을 최신 상태로 유지하고 실천과의 관계를 인식하기 위해 노력한다. 학생 발달, 학습 이론, 교육학, 교육과정, 윤리, 교육 연구 및 관련 정책, 법률 등에 대한 이해와 성찰을 바탕으로 실제 상황에서 전문적 판단을 내린다.
- **전문적 실천**Professional practice: 교사는 전문적 지식과 경험을 적용하여 학생들의 학습을 촉진한다. 적절한 교육학, 평가, 자원 및 테크놀로지를 사용하여 개별 학생과 학습 공동체의 요구에 대한 계획을 세우고 대응한다. 지속적인 탐구, 대화, 성찰로 자신의 전문적 실천을 개선한다.

  또한, 온타리오 기준은 우리가 연구한 다른 여러 국가의 기준과 유사하게 학교 전체의 안녕에 기여하고 전문 학습 공동체의 구성원 역할을 해야 하는 교사의 책임을 명시적으로 다룬다.
- **학습 공동체에서의 리더십**: 교사는 협력적이고 안전하고 지원적인

학습 공동체를 구축하는 과정에 참여하고 그 공동체가 원활하게 운영될 수 있도록 돕는다. 교사들의 공유된 책임과 리더십 역할에 대한 인식을 바탕으로 학생들의 성공을 촉진한다. 이러한 학습 공동체에서 윤리적 기준에 내재된 원칙들을 유지하고 지지한다.

1997년 제정된 앨버타 주의 교수 질 관리 기준Teaching Quality Standards[Link 3-4]도 비슷하다. 즉, 교사 경력 전반에 걸쳐 교사에게 바람직한 지식, 기능, 성향을 기술하고 교원 자격증, 전문성 신장, 감독, 평가를 안내한다. 이 기준은 아동을 전인적 측면에서 바라보고, 학습에 영향을 미치는 상황적 요인들을 이해하며, 이들을 종합적으로 고려하여 적응적 맞춤형 의사 결정을 내리는 것을 강조한다. 이 기준의 한 가지 목적은 교사 교육 프로그램을 평가하는 것이다. 교육부 전문성 기준 부서 Professional Standards Branch는 5년마다 각 대학의 프로그램에 대해 감사 보고서와 유사한 효과성 보고서를 작성하여, 해당 기관이 교수 질 관리 기준을 충족하는지 확인한다. 이 과정에서 대학교 프로그램을 이수하고 있는 재학생, 졸업생, 그리고 졸업생을 채용한 사람들을 대상으로 하는 설문조사가 이루어진다.

이 기준은 전문적 성장을 이끄는 데도 사용된다. 1998년에는 교사 성장·감독·평가 정책을 세워 교수 질 관리 기준을 지원했다. 매 학년, 모든 교사는 연간 전문성 성장 계획서를 작성하여 제출해야 하는데, 여기서 (1) 자신의 학습 요구 평가 결과를 토대로 자신의 다음 성장 목적과 목표에 반영하고, (2) 이들과 교수 질 관리 기준이 어떻게 관련되는지 보여주며, (3) 학교, 학교 당국 및 정부의 교육 계획을 고려해야 한다. 이 연간 계획은 교장 또는 교장으로부터 위임받은 교사 집단의 검토나 승인을 받아야 한다. 교수 기준은 이러한 방식으로 교사의 경력 전체에 걸쳐 영향을 미친다.

호주

캐나다와 마찬가지로, 호주에서의 교수 기준은 역사적으로 주 정부 소관이었다. 2009년, 학생을 위한 국가 기준과 교육과정에 관한 연구를 토대로 연방정부는 호주 교육 및 학교 리더십 연구원Australian Institute for Teaching and School Leadership, AITSL을 설립하여, 교사와 학교 리더를 위한 국가 기준을 개발하는 노력을 시작했다.

국가 기준을 개발하기 위해 AITSL은 수업과 리더십에 대한 실질적인 연구 결과를 활용했고, 규정 담당 공무원, 노조, 교사 및 학교 지도자로 구성된 전문가 초점 집단을 포함하는 광범위한 이해 당사자들과 협의했다. 학교와 교직의 모든 분야를 대표하는 기관의 이사회는 이 기준을 채택했다. 따라서 이 기준은 처음부터 폭넓은 지지를 받았고 관련된 모든 이해 당사자가 이를 인정했다.

이 기준은 다음과 같이 7가지 기준을 다루는 세 교육 영역[Link 3-5], 즉 전문적 지식·실천·참여에 대한 지침을 기술한다.

- 전문적 지식
  1. 학생들과 학생들이 학습하는 방식을 안다.
  2. 내용과 그것을 가르치는 방법을 안다.

- 전문적 실천
  3. 효과적인 교수·학습을 계획하고 실행한다.
  4. 지원적인 학습 환경을 조성하고 유지한다.
  5. 학생의 학습을 평가하고 피드백을 제공하며 그 결과를 보고한다.

- 전문적 참여

6. 전문적 학습에 참여한다.

7. 동료, 부모와 보호자, 지역 사회와 함께 전문적으로 참여한다.

이러한 기준은 교사들이 졸업graduate, 숙달proficient, 고성취highly accomplished, 지도lead라는 네 가지 경력 수준에서 알아야 할 것과 해야 할 것들을 개략적으로 설명한다. 그 목적 중 하나는 교직 내부와 다른 교육 이해관계자들 사이에서 교사에게 기대하는 것에 대한 공통 담론을 지원하기 위해 양질의 교육을 구성하는 요소들을 명시하는 것이다.[AITSL, 2011] 또한, 이 기준은 지속적인 성찰과 학습 과정을 지원하면서 교육에 대한 발달적 접근을 촉진하기 위한 것이다. 각 주는 이 기준을 채택했고 전문적 학습, 평가 및 인증뿐만 아니라 인증 및 등록 과정에서 이 기준을 가장 효과적으로 사용할 수 있는 방법을 모색하고 있다.

상하이

중국 교육부는 2011년에 초등 교사와 중등 교사를 위한 교사 전문성 표준을 발표했다. 이 기준은 교육 관련 법률을 준수하고 교사에게 기대되는 전문성 수준에 대해 교사 준비 프로그램에 더 강력한 지침을 제공하기 위해 개발되었다. 이러한 기준은 광범위한 4개 영역 범주로 구성되고 61개 기본 요구 사항 또는 교수 기준으로 세분하여 명시된다.

첫 번째 영역은 학생 중심 교수법을 확립하는 데 중점을 둔다. 여기 포함된 기준들은 학생의 인권과 개성을 존중하고, 학생의 신체적·발달적 요구를 이해하며, 학생을 보살피고 보호하는 것을 말한다. 두 번째 영역은 교사의 윤리에 중점을 둔다. 이 영역에 해당하는 기준들에는 교사가 학생들의 역할 모델이 되고 교직에 대한 열정과 강력한 전문성을 가지고 자신의 일에 애착을 갖기를 기대하는 것이 포함된다.

세 번째 영역은 교육의 이론적·실제적 측면에 중점을 둔다. 여기에 해당하는 지식과 기능 기준들에는 학급 경영, 학생의 사고 이해, 학생의 문화적 특징과 행동 이해, 전반적인 생애 발달과 가치관 형성 이해 등 일반적인 교육학 지식이 포함된다. 또한 교과 내용 지식disciplinary knowledge뿐만 아니라 구체적인 교과 내용에 대한 교수법과 교수 전략 같은 내용 교수 지식pedagogical content knowledge[9]도 포함된다.

마지막 영역은 교사의 평생 학습과 교직 전반의 지속적 발전에 기여하는 것에 중점을 둔다. 이 영역의 기준들은 교사가 동료와 협력하여 경험과 자원을 공유해야 함을 명시하고 있다. 교사는 또한 솔선수범하여 '관련 정보를 수집·분석하고 교육과 교수법을 지속적으로 성찰·개선'해야 한다.Ministry of Education of the People's Republic of China, 2011; Wu, 2014

이를 위해 교사는 실천 기반 요구 사항과 문제practice-based needs and problems를 파악하고 탐색과 연구를 통해 해결해야 한다. 이렇게 하여 도출된 연구 결과는 출판되는 경우가 많으므로 개별 교사의 교실이나 학교를 넘어 널리 보급된다.

싱가포르

싱가포르에서는, 학생을 위한 21세기 역량과 '학생 중심 및 가치 중심'의 교수·학습에 대한 국가 차원의 새로운 비전을 지원하기 위해 교사 교육 표준standards for teacher education이 수립되었다.Heng, 2012 NIE는 21세기 교육 전문가가 학습자를 문제 해결자, 비판적 사고자, 지역 사회 공헌자로서 성장하게 할 수 있게 하는 데 필요한 가치·기능·지식을 명료화하여 교사 교육 틀을 마련했다. 흥미롭게도 이 틀은 기능과 지식뿐만 아니라 학습자 중심성, 높은 수준을 목표로 개선 노력을 기울이는 교사 정체성, 교직과 지역 사회에 대한 봉사라는 세 가지 가치 세트에 특히

---

9. 'pedagogical content knowledge'는 '교수 내용 지식', '교수법적 내용 지식', '내용 교수 지식' 등으로 번역되는데, 이 책에서는 '내용 교수 지식'으로 번역했다.

중점을 둔다. 이들은 'V³SK' 틀에 명시되어 있고, 전문적 지식은 학습자를 도와주기 위해 존재한다는 것을 보여준다.

이 틀과 함께 NIE의 졸업생 교사 역량graduate teacher competencies, GTCs도 있으며, 예비 교사 교육 프로그램 졸업자들을 위한 전문성 표준, 벤치마크 및 목표를 개관한다.[표 3-1] 참조 이 역량들은 교육부의 교원평가 및 개발 시스템(향상된 성과 관리 시스템)을 본떠서, 예비 교사 전문성 수행의 세 가지 차원인 전문적 실천, 리더십 및 경영, 개인적 효과성을 명시하고 있다.

[표 3-1] NIE의 GTC 틀

수행 차원	핵심 역량
전문적 실천	1. 전인적 아동으로 육성한다. 2. 아이에게 양질의 학습을 제공한다. 3. CCA[10]에서 아동에게 양질의 학습을 제공한다. 4. 다음을 통해 지식을 함양한다. 　i. 교과 내용 숙달 　ii. 반성적 사고 　iii. 분석적 사고 　iv. 솔선수범 　v. 창의적 수업 　vi. 미래에 초점
리더십 및 경영	5. 마음을 얻는다.(Winning hearts and minds) 　i. 환경 이해하기 　ii. 타인 발전시키기 6. 타인과 함께 일한다. 　i. 부모와 파트너십 구축하기 　ii. 팀으로 일하기
개인적 효과성	7. 자신과 타인을 이해한다. 　i. 자아 조율하기 　ii. 개인적 성실성과 법적 책임 다하기 　iii. 타인을 이해하고 존중하기 　iv. 회복탄력성과 적응성 갖기

출처: Singapore NIE(2009)

---

10. CCA는 Co-Curricular Activities의 약어로 교과를 넘어서는 통합적인 교육활동을 의미한다.

이 역량들은 성과 관리 시스템과 마찬가지로 아동과 동료에 관심을 가지고 가르치는 데 필요한 자질과 헌신을 인식하면서 '전인적 아이로 육성하기'로 시작되고, 이를 달성하기 위한 지식과 기능 영역을 명시한다. 이는 타인의 발전을 돕는 것을 포함하여 '마음을 얻기winning hearts and minds'로 이어지고, 진실성, 존중, 회복탄력성, 적응성을 포함하여 '자신과 타인을 알기knowing self and others'로 마무리된다.

현직 교사의 경우, 교사 성장 모델Teacher Growth Model, TGM은 교사의 전문적 성장과 학습을 안내한다. TGM은 윤리적 교육자, 유능한 전문가, 협력적 학습자, 변혁적 리더 및 지역사회 형성자community builder라는 5가지 학습 결과를 다루도록 구성되어 있다. 각 결과와 관련된 역량은 모델 내에 나열되어 있다. 교사는 TGM을 토대로 자신의 전문성 향상을 위해 학습해야 할 것들을 고찰한다. 각 결과와 역량에 따라 주제별로 구성된 프로그램과 활동들이 있다. 교사들은 자신이 개발하려는 영역을 선택하여 전문 학습 과정과 활동에 참여할 수 있다.

전문적 실천을 가능하게 하는 준비

고성과 국가들은 교사 후보자들에게 가르칠 수 있는 탄탄한 토대를 제공하기 위해 철저한 준비 과정을 제공한다. 우리가 조사한 대부분의 지역에서 교사 교육을 제공하는 대학은 상대적으로 적다. 예를 들어 핀란드에는 8개, 앨버타에는 9개, 상하이에는 2개, 싱가포르에는 1개의 교원양성대학이 있다. 그리고 이 대학들은 높은 기준을 충족할 수 있도록 교사들을 준비시키는 데 상당한 노력을 투자한다. 이 지역들에서는 교사의 이직률이 상당히 낮기 때문에, 대학들은 짧은 기간 동안 교직에 입문하고는 얼마 되지 않아 이직할 가능성이 높은 다수의 교사를 준비시키기 위해 노력하지 않아도 된다. 이 지역들에서는 일반적으로 오랜 기간 교직에 몸담을 개인에게 투자하고 있다. 이것은 필요한 총 교사의 수를 줄이므로 이 지역들이 그러한 집단에 더 사려 깊게 투자할 수 있게 한다.

교사 양성 대학은 정부와 협력하여 자체적인 실천을 개선하기 위해 지속적으로 노력한다. 최근 몇 년 동안 이루어진 자체적 개선 방향은 임상 경험 기간을 연장하고 임상 경험의 설계를 재고하여 그것들을 강좌들과 프로그램 목표에 더 긴밀하게 연계시키고 더 전문적으로 관리되도록 하는 것이다. 더 강력한 임상 훈련이 예비 교사 교육 과정에서 이루어진다. 그리고 점점 더 많은 경우 교사로 발령받은 첫 해에 강력한 멘토링 프로그램의 일부분으로 이루어진다. 우리는 이 두 가지 모두 교사로서의 학습 과정learning-to-teach process의 일부라고 설명한다.

핀란드

핀란드는 초기 교사 교육 측면에서 세계적으로 선구적인 국가이기 때문에, 핀란드부터 시작하려고 한다.^{Sahlberg. 2015b} 핀란드는 1971년에 교사 교육을 대학교universities로 이관하고, 1978-1979년에는 석사 학위 과정을 개설하여 수십 년 전에 교육 개혁 노력을 시작했다. 당시 세계의 많은 다른 국가들은 모든 교사에게 학사 학위조차 요구하지 않았으며, 심지어 오늘날에도 그러하다. 이에 비해 핀란드는 모든 교사에게 석사 학위를 요구하는 소수의 국가 중 하나다. 많은 선도적 국가들은 이제 이 방향으로 빠르게 전환하고 있다.

그러나 가장 주목할 것은 수학 연한이 아니다. 모든 핀란드 교사가 받는 매우 지적이고 심층적인 임상 준비 과정에 내재된 본질이 매우 특별하다.

우선 학부 및 대학원 과정으로 구성된 핀란드의 5년 과정은 매우 엄격하다. 앞에서 설명한 바와 같이, 입학생은 교육에 대한 1차 연구물을 읽고 해석하는 시험을 통과해야 한다. 초등학교 교사 자격을 얻기 위해서는 가르칠 교과 영역에 대한 강좌(핀란드어, 수학, 역사, 과학뿐만 아니라 연극, 음악, 체육 등), 교육학 강좌, 의사소통 및 언어 발달에 관한 강좌, 그리고 연구와 분석에 관한 강좌(여기에는 학사와 석사 학위 논문작성도 포함됨)[Link 3-6]를 이수해야 한다.

초등 예비 교사들은 교육학과 유리된 과정을 이수하는 것이 아니라, 교과 내용을 광범위하고 심층적으로 공부하고 그 내용을 가르치는 방법과 통합해야 한다. 예를 들어, 초등 교사 교육 프로그램 첫해에 학생들은 국어에서부터 과학, 수학에 이르기까지 그들이 가르칠 다양한 교과 영역의 교수teaching에 관한 엄격한 과정을 이수한다. 동시에 학생들은 방법론(또는 교수법) 과목과 아동 발달에 관한 두 개 과목(교육적 목적으로 개발된 '학생과의 상호작용 및 인식'과 '교육심리학 개론'으로 융통성 있게 번역될 수 있는)을 포함하는 교수법 강좌를 수강해야 한다. 그리고 교사 훈련 학교에서 점차 기간이 늘고 있는 일련의 교육 실습에 참여해야 한다.

이러한 초기 실습 기간 동안 교육 실습생student-teacher은 아동들의 사회적 관계를 파악하고, 아이들을 면담하며, 아동 발달 강좌들에서 자신이 현재 배우고 있는 것을 학교 현장에 적용하는 과제를 통해 아이들을 관찰하는 방법을 배운다. 현장 교사의 수업과 교실에서 일어나는 상호작용도 관찰해야 한다. 이와 동시에 학생들은 자신이 궁극적으로 가르칠 모든 교과의 교수법 강좌(60학점)도 수강한다. 학생들은 또한 일반적으로 '부전공 과목'과 '선택 과목'(75학점)의 일부로서 특정 수의 '순수' 내용 강좌(예를 들어 수학 또는 핀란드어)을 선택하기도 한다. 이런 방식은 (순수한 내용 강좌보다는 교과 내용의 교수법teaching에 더 중점을 두고) 1970년대 후반부터 시행되어 왔다.[Uusiautti & Mättae, 2013] 교과 내용을 교수법의 렌즈를 통해 공부한다는 사실은 '내용 교수 지식pedagogical content knowledge'을 발전시킨다.^{Shulman, 1986}

교사 양성 과정에서는 다양한 방식으로 학습하는 학생들을 가르치는 방법을 배우고 특별한 도움이 필요한 학생들을 포함하여 다양한 학습자들을 가르치는 것도 강조한다. 여기서는 학습, 평가 및 교육과정 개발에 대한 이해는 물론, '다문화성multiculturality'과 '학습 곤란과 배제의 예방prevention of learning difficulties and exclusion'에 대한 교육을 위한 '특수성과 다양성 다루기: 다양성을 위한 교육' 및 '학교에서의 문화적 다양성' 같은 강좌, 그리고 '교육과 사회 정의'에 대한 강좌를 강조하는 것을 포함한다.

핀란드 교사 교육에는 임상 경험도 많이 요구하여 실제 임상 실습에서 배울 기회를 충분히 제공한다. 세 번의 임상 실무 실습 기간 중 적어도 두 기간은 대학의 교사 교육 프로그램과 관련된 교사 훈련 학교들에서 진행된다. 병원에서 의학을 가르치는 것과 흡사하게, 이 학교들은 연구 기반 실천을 보여주고 지속적으로 연구하고 탐구하여 연구와 실천을 연계시키는 전문 교사들로 구성되어 있다. 핀란드 전역에서 교사 교육 학위를 제공하는 8개 대학 모두 교사 훈련 학교가 있는데, 전국적으로 총 11개가 있다. 이들은 교사의 학습을 지원하기 위해 조직된, 자치단체가 운영하는 다른 파트너나 현장 학교와도 협력한다.

교사 훈련 학교는 핀란드 교사 교육의 중요하고 독특한 특징이다. 교사 훈련 학교는 대학교에 소속된 기관이며, 교육문화부Ministry of Education and Culture가 자금을 지원하는데, 대학과 교육문화부 간 연례 협정의 일환으로 모든 교사 훈련 학교에 별도의 예산을 편성한다. 이 교사 훈련 학교에 대한 지원금은 교육 실습생 지도를 위한 추가 비용을 제외하고는 일반 공립학교와 비슷하다.

교사 훈련 학교는 다른 공립학교와 마찬가지로 인근의 아동을 위한 공립학교이고 국가교육과정과 교수 요건teaching requirements의 적용을 받는다. 그러나 교사 양성 대학 교수진이 교장과 교직원을 채용하고 교육과정, 교수법, 그리고 종종 교육 시설의 설계에 참여하여 학생들과 교육 실습생의 학습을 지원하는 역할을 한다.

예를 들어, 현재 헬싱키대학교[Link 3-7]와 연계된 교사 훈련 학교인 비키 Viikki는 2003년에 설립되었고, 교육에 관한 학습learning about teaching을 지원할 수 있는 특수 기능을 한다. 이 학교는 1학년부터 9학년까지 학생들을 위한 '종합학교comprehensive school'와 일반 고등학교를 운영한다. 부설 유치원이 본관과 인접해 있어 5~6세 아이도 다닐 수 있다. 그러나 학교의 주된 목적은 예비 교사들의 학습을 지원하는 것이다. 킴모 코스키넨Kimmo Koskinen 교장은 학교 전체의 다양한 교실에 일반적으로 30~36명의 교육 실습생이 배치되어 있다고 추정한다.

이 학교의 특별한 특징 중 하나는 교육 실습생들을 위한 다양한 공간과 시설이다. 교육 실습생들을 위한 회의 테이블이 있는 방, 자료와 교재를 보관하는 사물함과 책장, 의복실, 그리고 점심 식사 공간이 마련되어 있다. 최신 기술을 갖추고 교육 실습생과 실습 지도 교사가 회의하기에 적합하게 설계된 전용 회의실은 수업 분석을 중시한다는 점을 보여준다.

우리가 방문했을 때, 한 번은 전용 회의실에서 교육 실습생들이 실습 지도 교사들과 만나 수업 계획을 점검하고 다음 단계에 대해 이야기하는 모습을 관찰한 적도 있다. 이처럼 계획, 실행, 성찰 및 평가의 순환 과정에 주목하는 것이 교사 교육 전반에 걸쳐 드러나며, 이는 정규 교사가 자신의 학생들을 위해 계획을 세울 때 행하는 방식을 모델링한 것이다. 졸업생들도 나중에 교사로서 자신도 이와 비슷한 종류의 연구와 탐구에 참여할 것으로 기대된다. 이러한 회의 세션들은 실천을 통한 학습 learning in practice은 교사들이 자신들의 경험을 분석하고, 연구와 관련시키며, 메타인지적 성찰에 참여할 기회 없이는 스스로 이루어지지 않는다는 점을 강조한다. 어떤 면에서, 이것은 전체 시스템이 의도하는 과정을 보여준다. 즉, 교실, 학교, 지방자치단체 및 국가 수준에서 지속적인 성찰, 평가 및 문제 해결 과정을 거친다.

교육 실습생들은 짝을 지어 수업을 공동으로 계획하고 교대로 가르쳐보고 담당 수석 교사master teacher와 간담회를 실시한다. 교육 실습생들은 자신의 연구를 수행해야 하는데, 교수진이 3~7명의 교육 실습생들로 구성된 연구 모임을 후원한다. 연구 모임은 수학, 과학 또는 다른 주제에 대한 교수·학습과 같이 교수진의 관심사와 전문성과 밀접하게 관련된 문제들을 조사한다.

이 학교들의 교사는 성과가 높고 연구에 적극적으로 참여한 경험이 풍부한 교사들로 특별히 선발된다. 비키Viikki 학교에서는 대부분의 교사가 박사 학위를 취득했거나 박사 과정을 이수하고 있으며 여러 연구 프로젝트에 참여하고 있다. 예를 들면, 이 학교에서 26년 동안 가르친 경험이 있는 시르쿠 밀린타우스타Sirkku Myllyntausta는 12개국의 수학 교육에 대한 국제 프로젝트에 참여하고 있고, 디자인 중심 교육에 대한 동핀란드대학교University of Eastern Finland의 연구 그룹Link 3-8과 함께 연구하고 있다. 이 여교사는 4명의 다른 교사들과 함께 3, 4, 5학년용 종교 관련 교과서도 집필하고 있으며, 얼마 전에는 한 동료와 함께 창의적 글쓰기 책을 출판했다. 이 교사는 사실은 자신이 교육 실습생이었을 때부터 교사 훈련 학교에서 일하는 것이 꿈이었다고 설명했다.

시르쿠는 교사 훈련 학교 교사가 되는 것의 이점을 전문 지식을 공유하고, 새로운 교육 연구에 대한 최신 정보를 유지하며, 지적 도전을 받고, 지속적 학습이 갖는 가치의 조합으로 설명한다.

중요한 것은 교사로서 경험을 많이 쌓고 학생들을 가르치고 그들과의 상호작용에 깊은 관심을 가진 후, 그 모든 것들과 저의 직업적 기능을 공유하는 것이 매우 의미 있다고 느낀다는 점입니다. 또한, 저는 학생들과 토론하는 것을 즐깁니다. 교사 훈련 학교 교사로서 교육에 대한 최신 연구와 최신 교수법을 알고 학생들과 함께 수업에 적용하고 자신의 방법을 성찰하는 것이 매우 중요하다고 생각하기도 합니다. 그리고 당신도 그게 저를 계속 나아가게 하는 원동력이라는 점을 알 것입니다. 학생들이 저와 저의 직업적 능력에 도전하게 하는 방식 때문에 학생들과 매일 협력하는 것은 매우 매력적입니다.

시르쿠의 동료 안니 로쿠미에스Anni Loukomies는 전체 교사 양성 과정에서 하는 경험의 핵심이 이론과 교실 현장을 연계시키는 것인데, 자신의 역할은 이론과 실제를 이어주는 일종의 다리로서 교육 실습생이 이를 배우게 도와주는 것이라고 설명했다. 그 교사는 교육 실습생들이 종종 '실제 실천real practice'은 이론과 다소 괴리되어 있다고 생각한다는 점을 강조했다.

많은 교육 실습생이 이론적 연구와 학교에서 이루어지는 실천은 서로 동떨어져 있는 것으로 본다. "이제 우리는 이론에서 벗어나 진짜 실습하기 시작했어요."라고 말한다.

그러나 이 여교사는 예비 교사들이 이러한 관계를 볼 수 있게 도와주는 것이 자신의 일이라고 설명한다.

감독자로서, 우리는 그들에게 말하는 적절한 방법을 찾으려고 노력합니다. … 이제 여기는 여러분이 이전에 공부한 내용을 실제와 접목시켜야 하는 장소입니다. [그래서] 여기서 하고 있는 것을 어떤 개념들을 활용하여 성찰해야 할까요? 그리고 여기서 만나는 현상들은 무엇일까요? 내 입장을 두 단어로 표현한다면, 이론과 실천의 가교라고 할 것입니다. 그리고 저는 어떻게 해서든 이러한 아이디어를 교육 실습생들에게 알려주고 학교 생활에서 겪는 문제들을 이론적인 용어로 성찰하는 방법을 보여주는 모범이 되어야 합니다.

이러한 사례에서 알 수 있듯이, 핀란드 교사 교육의 핵심적 특징은 교수·학습에 대한 연구·탐구·분석에 중점을 둔다는 점이다. 여기에는 연구 방법에 대한 공부와 석사 학위 논문 작성이 포함된다. 이러한 역량들은 전문성을 갖춘 교사로 발전하는 데 중추적인 요소로 간주된다. 이는 모든 강좌가 교육 연구를 통합하는 방식으로 이루어진다는 것을 의미하고, 초등교사의 경우에는 교육 과학educational science이 5년 동안의 전공 영역이다.[Kanasen, 2007; Krokfors, 2007; Toom et al., 2010] 질적 연구 방법과 양적 연구 방법 등 연구 방법과 탐구 관련 과목들을 이수해야 하고, 학사 및 석사 학위 논문도 작성해야 한다(총 300학점 중 70학점). 많은 학생이 박사 학위를 취득하고, 대부분은 핀란드의 고학력직인 교직에서 계속 가르친다. 핀란드 교사 교육의 이러한 특징 중 많은 부분이 다른 나라로 확산하고 있다.

호주

대학과 파트너 학교 사이, 이론과 실제 사이를 훨씬 강력하게 연계시키려는 핀란드의 아이디어는 호주에서 다양한 방식으로 뿌리를 내렸다. 빅토리아 주에서는 대학원 과정을 준비하는 교사들의 비율이 증가하고 있고(중등 교사에게는 필수이고 초등 교사에게도 점점 더 보편화되고 있음), 이 대학원들은 1년 과정이 아니고 강좌 이수뿐만 아니라 훨씬 광범위한 임상 연수를 하는 2년 과정 모델로 이동하고 있다. 석사 수준의 교사 교육 프로그램은 대부분 상당히 많은 연구 요소를 요구하거나 권장하는데, 종종 전문적인 실천의 기초로서 증거를 생성·분석·실행하는데 필요한 탐구 기능을 개발하기 위한 실천 기반 연구 프로젝트다.

교사 교육 개선을 위한 정책 수단

호주 전역에서 1990년대 중반부터 예비 교사 교육의 질을 향상시키기 위해 몇 가지 정책적 수단이 사용되어 왔다. 전국에 걸쳐 일관된 교사 등록 절차teacher registration를 향한 움직임은 2011년에 시작되었다. 뉴사우스웨일스 주와 빅토리아 주에서는 2000년대 중반부터 교사 등록을 의무화했다. 교사 등록을 하려면, 주 기준state standards을 충족해야 하고 2013년 이후부터는 국가 교사 전문성 기준national teacher professional standards에 따라 측정된 교육에 필요한 역량을 충족한다는 증거를 제시해야 한다. 또한 교사들을 동일한 기준으로 준비시키기 위해 프로그램들은 인증을 받아야 하고, 변화를 견인하기 위한 인가 요건도 마련되었다.

예비 교사 교육의 질을 강화하기 위해 연방이 주도하는 여러 계획이 진행 중이다. 최근 국가 기준 도입은 교사 양성 프로그램을 대학원 수준으로 이동시키고 한때 공통적으로 운영되던 1년제 대학원 프로그램을 단계적으로 폐지하며 2년제 석사 학위 제도를 도입해야 한다는 압력을 불러일으켰고, 이는 호주 교원 노조Australian Education Union[AEU, 2014]를 비롯한 여러 기관과 단체로부터 지지받고 있다. 이로써 심도 있는 임상 훈련에 더 많은 시간을 할애할 수 있게 되었으며, 강화된 인증 요건을 충족하면 대학과 학교 사이에 교육 실습 환경에서 교사 후보자의 실습 지도와 지원 수준에 대한 일관성 있는 합의를 필요로 할 것이다.

교사 교육 시간을 연장하려는 움직임은 내용 전문성을 더 심화시키는 기회로 해석된다. 중등 교사는 일반적으로 전공과 부전공으로 전문 분야를 준비한다. 역사적으로 볼 때, 초등학교 교사는 일반 교사

generalist로 교육받아 왔으며, 일반적으로 영어, 음악, 체육 등 전담 과목specialist subject을 제외한 모든 과목을 가르칠 수 있도록 광범위한 교육을 받았다. 최근 교원 교육 장관 자문단Teacher Education Ministerial Advisory Group의 보고서는 교사 교육 프로그램이 수학, 과학 또는 추가 언어와 같은 전문 분야를 제공할 것을 권고했다.[TEMAG, 2015] 전문화의 의도는 교사들이 동료들과 그 지식을 공유하여 이러한 교과 영역들에서 학교 역량을 구축할 수 있게 하는 것이다.

이미 많은 대학이 높은 수준의 교과 전문화를 제공한다. 예를 들어, 멜버른 교육대학원의 교육학 석사(초등)는 지원자들이 수학이나 과학 교육 전공을 선택할 수 있게 하고, 해당 전공 내용은 전체 프로그램의 1/4을 차지한다.[개인적 대화, 딘햄S. Dinham, 2014년 1월 15일] 모나쉬Monash 대학의 예비 교사들은 영역 역량을 강화하기 위해 설계된 세 가지 학문 분야 중 하나인 영어와 리터러시 리더십, 수학 리더십, 또는 영어 이외의 언어 중 하나를 선택한다. 모든 학교에서 영어 외의 언어를 제공해야 한다는 요구는 빅토리아 주의 학생 다양성을 반영하는 것이고, 이는 외국어 능력을 갖춘 교사들의 필요성을 증가시켰다. 따라서 이 전공을 선택한 학생들은 대학의 관련 학과 내에서 자신이 선택한 언어를 공부한다. 리터러시나 수학을 선택한 사람은 개념 전달에 초점을 두면서 그 학문 분야의 기초 내용에 대한 전문성을 갖춘다.

국가와 주 차원의 다양한 정책들은 신규 예비 교사의 입학 기준들을 높였다. 이러한 각 단계는 거의 한 세기에 걸쳐 점진적으로 진행되었지만 2000년대 들어서면서 교사 전문성 증가가 가속화된 역사적 과정의 일부로 볼 수 있다.

이러한 움직임에 따라 뉴사우스웨일스 주는 일련의 야심찬 개혁에 착수했다. 2007년부터 모든 교사 교육 프로그램은 양성 과정을 졸업하는 교사의 질을 향상시키고 주의 교사 전문성 기준을 충족시키기 위해 고안된 엄격한 평가 과정을 거친다. 더 최근에는, 뉴사우스웨일스 주에서 교사를 선발·교육·개발·평가·보상하는 방식을 변환시킬 응집력 있는 전략을 제공하기 위해 '위대한 교육, 탁월한 학습Great Teaching, Inspired Learning'으로 알려진 새로운 정책이 제정되었다. 2012년에 뉴사우스웨일스 주 초기 교사 교육 요건은 프로그램들에 대해 국가적으로 합의된 인증 요건을 통합하여 추가로 개정되었다.

'위대한 교육, 탁월한 학습'이라는 개혁Link 3-9은 초기 교사 교육에 여러 가지 변화를 일으켰다. 이 정책은 21세기 '지식, 이해, 기능, 가치관'의 관점에서 교사의 자질을 정의하는데, 여기에는 심층 학습, 창의성, 대인 의사소통, 문제 해결 능력, 자신감, 사회적 연결성, 평생 학습 등이 포함된다.DEC. 2013 교사에게 요구되는 역량은 내용 지식, 학생의 요구를 평가하는 능력, 그리고 여러 교수 전략을 사용하는 능력의 균형으로 정의된다.

교사 교육 프로그램은 학생 학습 및 교수 전략, 학급 및 행동 관리, 리터러시, 테크놀로지, 원주민 교육, 특수 교육 및 다양한 언어적·문화적 배경을 지닌 학생들에 대한 교육을 포함한 교육 실천의 핵심 요소에 대한 지식과 기능뿐만 아니라, 탄탄한 교과 지식을 갖춘 엄격한 지적 준비를 제공해야 한다. 학생의 학습을 평가하고, 평가 자료를 해석하며, 실제 수업을 변화시킬 수 있는 교사 전문성을 개발하는 데 중점을 둔다.

또한, 이 새로운 정책이 도입되었으므로 국가 차원의 교수 기준에 따라 교육 실습생들은 '고성취' 또는 '선도 교사lead teacher' 수준에 도달한 교사의 지도를 받는다. 더욱이, 지도 교사supervising teacher가 교사 지망자들을 지도하려면 특정한 전문성을 개발해야 한다. 또한, 이 새로운 정책은 현장 교육 실습 결과에 대한 기대 수준을 설정하고 주의 모든 고등 교육 기관에 걸쳐 일관된 방식으로 후보자의 경험을 평가할 수 있는 도구의 개발을 요구한다.

연구 기반, 탐구 지향, 임상 준비: 엠티치(Mteach) 모델

교사 교육 재설계 과정의 선도적 사례를 보여준 것은 시드니 대학교로, 정부 개혁이 의무화되기 훨씬 전부터 예비 교사 교육의 질에 상당한 변화를 주었다. 1996년 시드니 대학교는 호주 최초의 교육석사mater of teaching, Mteach 프로그램을 개설했다. 이 2년제 정규 학위 프로그램은 급변하는 사회와 전문직의 요구에 교사들이 부응할 수 있도록 수준 높은 탐구중심 전문 학습의 중요성을 인식하여 개발되었다.

이 석사 프로그램은 교사가 학생뿐 아니라 자신의 지속적인 학습에 집중하게 하려는 강한 의지를 바탕으로 한다. 이러한 초점은 또한 사회 정의에 대한 강한 의지를 수반한다. 이 프로그램에 입학하려는 지원자들의 경쟁이 매우 치열한데 매년 약 250명의 학생들에게 서비스를 제공하며, 최종적으로 요구되는 실행 연구를 위한 교사 연구 기회를 주는 인턴십을 포함하여 학교 경험을 통한 지속적인 사례 기반 탐구 기회를 제공한다. 이 과정에서 멘토들은 예비 교사들이 교사로서 새롭고 명확한 전문성을 개발하도록 돕는다. 이 프로그램을 마치는 예비 교사들은 학교와 시스템 운영자들로부터 높은 평가를 받는다.

다른 많은 대학 중 개혁을 자극한 최근의 또 다른 선구적인 프로그램은 멜버른 대학의 석사 과정 모델이다. 2008년 학부 중심 대학에서 대학원 중심 대학으로 전환하면서 이 모델이 시작되었는데 현재 유아, 초등, 중등 교사 교육 프로그램에 1,200명 이상이 등록하고 있다. 빅토리아 교육훈련부Victorian Department of Education and Training, DET**, 호주 교육, 고용, 직장관계부Australian Department of Education, Employment, and Workplace Relations, DEEWR, 빅토리아 가톨릭 교육청Catholic Education Office in Victoria과 손잡고 출범한 연구 기반 임상 프로그램으로 설계된 2년제 석사과정은 부분적으로 미국의 '새로운 시대를 위한 교사들Teachers for a New Era' 프로그램의 영향을 받았는데, 많은 의료 관련 직

업군과 같이 교직 또한 임상 실습이 필요한 직업clinical practice profession
으로 간주된다.McLean Davies 등, 2012

이 프로그램은 석사 수준의 학문적 연구와 협력 학교에서의 실습을
통합한다. 이는 학습자 개개인의 요구를 충족하기 위해 자료를 활용하
여 교육적인 개입educational intervention을 계획하고, 구현 및 평가할 수
있는 전문 역량을 갖춘 졸업생을 양성하기 위해 고안되었다. 교육과정,
평가, 학습 및 교육의 견고한 토대를 바탕으로 지원자들은 다음을 수행
하는 방법을 배운다.

- 학습자가 현재 알고 있는 내용과 앞으로 배울 준비가 되어 있는
  내용에 대한 자료 수집
- 학습자를 다음 단계의 지식 수준으로 이끌 수 있는 적절한 학습
  전략 수립
- 자료를 기반으로 한 교육적 개입
- 교사들의 결정이 학생의 학습에 미치는 영향 평가

이 과정은 또한 교사들이 학습을 증진하기 위해 가능한 개입을 연구
하고 결정하도록 장려하는데, 그중 일부는 익숙하지 않을 수 있다. 이
진단적 접근 방식은 교사가 학생들이 필요로 하는 것을 평가하고, 연구
에 의해 지원되는 실천에 대한 선택을 평가하고, 근거 있는 결정을 내
리고, 개선을 목적으로 투입한 행동의 결과를 평가할 것으로 기대된다.
[표 3-2] 참조

따라서 MTeach 접근법의 설계는 교육 연구에 기초한다. 이 프로젝트
에서 인터뷰한 예비 교사와 졸업한 교사들은 진단 주기와 학생 학습에
대한 자료 및 증거 수집의 통합이 이미 그들의 교수 관행으로 자리잡았
다고 언급했다. 그들은 파트너 학교에서 이루어지는 연구 및 분석 기반

[표 3-2] 중재적 실천가(Interventionist Practitioner)의 탐구 주기

열망	학생은 _____을 배울 준비가 되어 있고, 이에 대한 증거는 무엇인가?
분석	가능한 증거 기반 개입은 무엇이며 각각에 대한 관련 비계 과정은 무엇인가?
적용	선호하는 과정은 무엇이며 왜 선호되는가?
예상	예상되는 영향은 무엇이며 어떻게 확인할 것인가?
평가	무슨 일이 일어났고 어떤 결과적인 결정이 내려졌는가?

출처: Rickards(2012)

과정, 그리고 밀접하게 연결된 임상 실습에서 이러한 과정들을 경험한다. 파트너 학교 지원자들은 학교로부터 오랜 기간 떨어져 있으면서 짧은 몇 번의 정해진 기간 동안 학교를 경험하는 것이 아니라, 전 학기에 걸쳐 일주일에 이틀씩 학교에 있다. 이러한 주간 학교 경험은 매 학기 3주간의 추가 교육 실습으로 보충된다. 이러한 긴밀한 연결은 의대 학생들을 위한 실습 병원 같은 기능을 하는 학교-대학 파트너십에 기반한다.

예비 교사들은 대학 기반의 '임상 전문가clinical specialists' 및 학교 기반의 '교수 펠로우teaching fellows'와 함께 일한다. 그리고 교수 펠로우는 교수 실천을 지원하기 위해 지도 교사supervising teachers와 예비 교사와 함께 일한다. 임상 전문가와 교수 펠로우는 함께 수업 계획을 검토하고 피드백을 제공하며, 수업을 관찰하고 코칭한다. 이 두 가지 직책은 학교의 멘토 교사들이 멘토 역할에서 임상 교육 방법을 적용하는 데 도움을 주며, 이를 통해 학교의 문화를 형성하는 데 기여한다. 모든 과정은 실습 경험과 연결되어 있다. 중요한 것은 임상 전문가와 교수 펠로우가 교사 후보자들이 학문적으로 공부한 것에서 가르치는 일로 나아가고, 실습 경험을 효과적으로 활용하며, 이러한 경험을 학문적 공부와 긴밀하게 통합할 수 있도록 돕기 위해 서로 긴밀하게 소통한다는 점이다.

이 프로그램에서 진단, 개입 및 평가로 이루어지는 임상적 수업 체계 Link 3-10는 교사 후보자 평가의 기초를 형성한다. 각 지원자의 학기는 임상적인 방식의 시험으로 마무리된다. MTeach 프로그램은 세 가지 핵심 과목—학습자, 교사, 교육학; 사회적, 직업적 맥락; 언어와 교육—과 후보자의 선택과목 및 전문 실습 세미나를 결합하는데 이를 바탕으로 교사 후보자를 평가한다. 이것은 프로그램의 각 과정이 독립된 시험으로 평가되는 전통적인 대학 환경과 대조적이다. 임상적 실습 시험clinical praxis exam은 예비 교사들이 학생들의 요구를 파악하고, 필요한 개입을 실행하고, 그들의 노력의 효과를 평가하게 한다.

- 학습 요구를 잘 파악하고 적절한 개입을 선택했는가?
- 학습에 대한 어떤 종류의 증거가 수집되었고, 이들은 학생의 학습 향상을 평가하는 데 어떻게 사용되었는가?
- 교사와 개입이 학생의 학습에 어떤 영향을 주었는가?
- 개입은 성공적이었는가, 그렇지 않다면 이유는?

_2014년 5월 멜버른 교육대학원 학장 필드 리카드(Field Rickards)와 인터뷰

그런 다음 이 연구에서 얻은 연구 결과는 교수진과 실무자로 구성된 대학의 패널에게 제시된다. 따라서 응시자의 학습 및 준비성은 그들이 공부한 것뿐만 아니라 어떻게 그들이 이 지식을 그들의 교육 실천에 적용할 수 있는지에 기초하여 종합적으로 평가된다.

이 모델에 의해 가능했던 긍정적 결과의 한 신호로서, 호주 교육 연구 위원회Australian Council for Education Research는 MTeach에 대한 외부 평가에서 졸업생 90%가 그들의 초임 교사 역할에 대해 잘 준비되었다고 느꼈음을 발견했다.Scott, Kleinhenz, Weldon, Reid, & Dinhan, 2010 또한 MTeach 졸업생들이 더 높은 취업률, 더 강한 직업적 헌신 및 낮은 퇴사율을 보인다는 증거가 있다. 교장들은 졸업생들이 학교의 교육 프로그램에 상당한 영향을 미쳤다고 보고한다. 많은 파트너 학교들은 현재 증거 기반 접근법

을 통한 학교 전체의 변화를 지원하기 위해 더 많은 교사가 이 모델에 참여하도록 대학과 협력하고 있다. 멜버른 대학은 비슷한 모델, 철학, 영향을 따르도록 학교 리더십 프로그램을 조율하고 있다.

탁월한 교육을 위한 학교 센터(SCTE)

호주의 임상 실습을 강화하기 위한 다른 시도로는 탁월한 교육을 위한 학교센터School Centers for Teaching Excellence, SCTE가 있다. 이 빅토리아 프로그램은 연방 정부가 구상했으며, 각 주들이 지역적으로 설계하고 실행했다. 빅토리아 프로그램은 초기 교사 교육의 혁신적인 임상 실습을 촉진하기 위해 2010년 주 교육훈련부Department of Education and Training에 의해 시작되었다. 이 계획은 교사 지원자들에게 전문적인 실습 경험을 제공하고 이론과 실제를 더 밀접하게 연결시킬 수 있는 학교 역량을 구축하는 것을 목표로 한다. SCTE는 빅토리아 대학교, 빅토리아 교육 연구소, 교장 및 교사 협회 등 다양한 교육 관계자들과 협의하여 교사 교육과정이 학교의 일상과 더욱 긴밀하게 통합되는 방향으로, 예비 교사의 임상 실습을 개선하기 위해 개발되었다. 이러한 한층 몰입형 거주 모델immersive residency models[11]은 대학 교수진이 학교에서 교사 팀과 예비 교사들과 협력하여 교육과정 계획, 학교 개선 전략 및 연구 등을 수행하는 것을 포함한다. 이는 미국에서 시작된 전문성 개발 학교 모델과 핀란드에서 개발된 교사 훈련 학교와 유사한 방식이다.

일곱 개의 연합체가 형성되었으며, 각 연합체는 하나 이상의 대학, 여러 개의 학교, 교육훈련부 지역 사무소로 구성되어 있다. 전체 연합체에서 총 6개의 대학, 65개 학교와 약 1,000명의 예비 교사 후보자가 이 프

---

11. '몰입형 거주 모델immersive residency models'은 주로 교육이나 예술 분야에서 쓰이는 용어로, 학생이나 예술가가 일정 기간 특정 장소에 거주하여 몰입하면서 학습하거나 작업하는 모델을 나타낸다.

로그램에 참여했다.[DEECD, 2014b] 이 연합체는 교사 자질 향상을 위한 국가 파트너십National Partnership for Improving Teacher Quality과 빅토리아 주 교육훈련부에 의해 자금을 지원받는다. 시범 사업은 매우 성공적이어서 2014년 해당 부서는 이를 확장하여 영구적인 프로그램으로 만들었다. 그것은 현재 '전문 실습 교육 아카데미Teaching Academies of Professional Practice'라고 불린다. 호주 교육 연구 위원회는 이 사업이 다음과 같은 단계를 통해 교사로서의 준비를 강화했다는 것을 발견했다.

- **파트너십 및 협업**: 현장 기반 모델에서 이루어지는 접촉의 증가와 대학 교직원의 학교 방문으로 인해 학교와 대학 교육자 간의 관계와 의사소통이 강화되었다. 이로 인해 학교 교육과정이 확장되고 강화되었으며 대학 강좌 내용과 실습생의 실습 학교 배치에 상당한 변화가 생겼다.

- **실습 모델**: SCTE 모델은 학교 생활에 대한 예비 교사의 참여를 더욱 강조하면서 교사 교육의 현장 중심적이고 실습 지향적인 모델 개발을 가능하게 했다. 실습의 전형적인 패턴은 실습 기간 연장(종종 한 학기)으로, 예비 교사들이 학교에서 적어도 일주일에 2일을 보내고, 그 후 더 전통적인 3주 또는 4주의 블록 배치가 이어진다. 예비 교사들은 종종 교수진과 학습팀 회의에 초대되어 정책 및 학교 중점 분야를 함께 논의할 기회를 갖게 된다. 학교에 예비 교사를 팀으로 배치함으로써 더 큰 상호 지원의 기회를 제공한다.

- **멘토링**: SCTE 멘토링 활동을 통해 발전된 새로운 멘토링 문화의 결과로 학교 내 교사들 간의 전문적인 협업이 향상되었다. 팀별 협업에 대한 강조는 단순히 지도 교사 한 명과 예비 교사 한 명을 연결하여 지도 교사에게 추가 급여를 지급하던 교사-지도자 관계

를 넘어 더 많은 협업 모델을 가능하게 했다. 일부 현장에서는 '전문가 멘토expert mentor'의 역할도 도입했다.

- **강좌의 질**course quality **및 설계**: 학교와 대학 간 관계를 통해 강좌는 실습과 밀접하게 연계되고, 지역의 요구, 인종적 다양성 및 사회경제적 불이익 등 지역의 특성에 맞게 조정될 수 있다. 학교의 팀티칭과 통합 교육과정은 강좌 구성에 반영되며, 예비 교사들도 팀으로 일하거나 팀프로젝트 작업을 하는데, 이는 학교 교육과정에 긍정적인 영향을 주었다. 이러한 협력 관계의 일부로, 교사팀은 예비교사팀과 강좌 개발 및 실행을 위해 함께 일했다. 예비 교사 평가의 일부는 이런 과정들로 대체되는데, 예를 들어 실습 발표와 교육과정 프로젝트 결과물 발표 등이 그에 해당한다.
- **평가의 질**: SCTE 프로그램에서 실습 성과에 대한 평가는 대체로 팀 활동이 되었고, 멘토 팀은 예비 교사 팀의 성과를 평가하기 위해 다양한 방식으로 의견을 교환한다. SCTE 프로그램의 실무 평가는 대부분 과거보다 더 나은 정보와 더 많은 협의에 기반한다.

캐나다

호주와 마찬가지로 캐나다에서도 교사 교육이 점차 대학원 수준에서 이루어진다. 핀란드와 호주의 선구적인 동료 기관들과 비슷하게 토론토 대학교 온타리오 교육연구원University of Toronto/Ontario Institute for Study of Education, UT/OISE은 주 정부가 정책을 변경하기 10여 년 전에 교사 준비를 위한 2년 과정의 석사 학위 수준 프로그램을 만들었다. 이 프로그램은 학술적이고 교육적인 연구와 통합된 파트너 학교에서 상당한 임상 실습을 한다. 이 프로그램에서 교사 후보자들은 기존 연구들을 활용할 뿐만 아니라 그들 자신의 연구를 수행하는데, 이는 형평성, 다양성 그리고 사회 정의에 초점을 둔 견고한 프로그램이다.***

UT/OISE 교사 교육 지원자는 학습자 문서learner document[12]에 명시된 역량을 입증해야 한다.

- **학습자에 대한 지식(예):** "교육에는 학생 학습에 대한 책임이 포함된다는 것을 이해한다."
- **교사 정체성(예):** "형평성, 다양성, 포용, 사회 정의, 환경 정의의 원칙을 구현하는 개인 교육 철학을 개발한다."
- **교육의 변혁적 목적(예):** "교육 변화 과정에서 교사, 학습자, 가족, 지역사회, 학교 및 시스템이 수행하는 역할을 이해한다."
- **교과 내용 및 내용 교수 지식(예):** "학습자, 환경, 교육과정 및 평가에 대한 지식을 바탕으로 모든 학생의 성공을 목표로 교육학적 결정을 내린다."
- **사회적 맥락에서의 교수 학습(예):** "조직적/제도적 실천이 사회 집단/학습자에게 얼마나 불리하고 유리한지를 이해하고 불평등에 대응하기 위해 다른 사람들과 협력하는 방법을 안다."

UT/OISE는 교사 후보자가 비판적이고 사려 깊으며 행동 지향적 학습을 수행함으로써 우수한 교사가 되기를 열망한다. 앤 로페즈Ann Lopez 교수는 다음과 같이 언급했다.

우리는 교수법, 과제, 평가 및 평가 방법assessments, and evaluation 등을 모두 결합하여 종합적인 학습을 촉진한다. 최종적으로, [교사 후보자]는 프로그램의 모든 요소를 모아서 효과적인 교사가 되는 것이 무엇을 의미하는지 스스로 이해할 수 있어야 한다. 그리고 그들이 무엇

---

12. 학습자 문서(learner document)는 학습자가 필요한 정보를 제공하고, 학습 목표를 이해하고, 학습 활동에 참여하는 데 도움을 주는 역할을 한다.

을 더 배워야 하는지와 무엇을 배우지 말아야 하는지 성찰할 수 있어야 한다. 만약 우리가 실제로 그렇게 했다면, 우리는 교사 후보자들이 변화를 만들 수 있다는 것에 매우 만족한다. 우리 프로그램의 장점 중 하나는 교사 지원자들이 수사적인 방식이 아니라 의미 있는 방식으로 자신이 평생 학습자라는 것을 이해하고 그것을 어떻게 수행하는지 알도록 실제로 돕는 것이라고 생각한다.

다른 양성 프로그램들도 동일한 목표를 많이 공유하고 있었다. 그러나 그러한 목표를 달성하기 위해 학사 학위 이후 2년제 과정 이수를 요구하는 프로그램은 이전에는 거의 없었다. 2015년 이전에는 온타리오 주의 요건이 상향되기 전으로, 석사 학위 수준 모델은 이 주의 표준이 아니었다. 온타리오 주의 교사는 일반적으로 3, 4년의 학부 과정과 1년의 예비 교사 교육을 수료한 후 온타리오 교직관리원Ontario College of Teachers의 인증을 받았다. 일부 프로그램은 교육 관련 강좌들을 4~6년 동안의 학부 과정과 통합했다. 몇몇은 2년제 석사과정을 시작했다.

이러한 변화는 일부 교사 교육—준비 프로그램—의 제한된 기간, 특히 지도를 받는 임상적 경험guided clinical experience의 범위(기존에는 최소 40일로 설정됨)에 대한 우려와, 교육받은 교사의 과잉 공급에 대한 우려에서 비롯되었다. 예를 들어, 2008년 21개 학군의 4개 기관 졸업생, 교사, 그리고 고용주들을 대상으로 한 설문 조사에 따르면, 절반 이상의 교사들이 그들의 준비가 '좋다'거나 '매우 좋다'고 느끼는 것으로 나타났다. 83%가 임상 경험에 만족했지만, 더 많은 경험에 대한 바람을 표현했다.Herbert et. al., 2010 연구자들이 주목한 점은 요구 조건이 더 까다로운 온타리오 주 바깥의 프로그램 혹은 2년제 석사과정을 졸업한 교사들이 일반적으로 이론과 실천을 통합하고 다양한 학습자를 가르치기 위한 준비 면에서 자신들의 프로그램을 더 우수하게 평가했다는 점이다.

2015년 시행된 온타리오의 새로운 시스템[Link 3-11]에 따르면, 교사 교육은 적어도 2년간의 프로그램이 되었으며 최소 80일의 실습 기간을 포함하는데, 이는 이전 요구사항의 두 배다. 그리고 많은 프로그램이 이 요건을 실질적으로 초과한다. 이 개혁은 또한 기술technology 사용에 대한 집중뿐만 아니라 다양성과 특별한 요구를 가진 학생들에 대한 강조를 확대했다. 온타리오에 교사들이 과잉 공급되면서, 정책 입안자들은 더 적은 수의 교사들을 더 철저하게 준비시키고 그들이 처음부터 보다 성공적으로 가르칠 수 있도록 하는 방향이 타당하다고 결정했다. 핀란드와 호주처럼 이론과 실천을 융합하고, 요구가 다양한 학생들을 가르치는 데 필요한 정교하고 목표화된 전략에 더 집중하고, 교실에서 '형평성 교육학equity pedagogy'을 실행하는 방법을 배움으로써 더욱 큰 성공이 기대된다.[Banks & Banks, 1995] 로페즈Lopez는 이러한 변화가 단순히 공급 과잉에 대한 대응만은 아니라고 지적했다.

이는 21세기 학습자와 21세기 교육자가 21세기 사회의 요구를 충족시키기 위해 교사들이 무엇을 테이블로 가져와야 하는지에 대한 응답이기도 하다. 환경 같은 문제를 살펴보고 다르게 배우는 학생들의 필요를 인식함으로써 특수교육이 중시되어야 하며, 이러한 지식이 교육과정에 내재되어야 한다. 이것은 교사 후보자들이 모든 학생의 요구에 부응하는 학습자로서의 사고방식과 학습문화를 키울 수 있도록 지원한다. 나는 교육부가 새로운 2년제 프로그램에서 이에 대응하고 있다고 생각한다. 즉, 문화적으로 적절하고 감수성이 있는 교수법의 중요성을 강조하고, 교육과정에 원주민 지식을 통합하고, 원주민 커뮤니티 출신의 학생들을 더 잘 교육하도록 보장하는 것이다. 나는 이것이 새로운 교사 교육과정에서 중요한 문제라고 생각한다.

데메트라 살다리스Demetra Saldaris는 온타리오 주 교육부의 교육 정책 및 표준 분과에서의 프로그램 시간 연장은 단순한 학습 시간의 확장이라기보다는 학습 및 경험을 강화하기 위한 것이라고 언급했다.

교사뿐만 아니라 시스템을 위해서도 학습 태도learning stance가 얼마나 중요한지 들어보았을 것이다. 학습 태도는 학문적 용어로서가 아니다. 그것은 학생들이 무엇을 필요로 하는지 배우는 것이며 시스템의 모든 수준에서 배우는 태도를 갖는 것이다. 우리가 말하는 학습 태도는 사회가 어떻게 변화하고 있는지에 기초한다. 그러므로, 학생들은 사회의 일부가 되기 위해 무엇을 알고 무엇을 할 수 있어야 하는가, 그리고 교육자들은 이러한 필요를 해결하기 위해 무엇을 배워야 하는가? 그것이 우리가 말하는 학습 태도이고 그것은 우리 모두가 교육부, 이 사회, 학교 또는 교실 수준에서 취해야 하는 태도다. 이것은 '더 오래 공부'하는 태도가 아니다.

앨버타 주에서는 9개의 승인된 교사 교육 기관 중 8개가 학사 학위 취득 후 2년 프로그램을 제공하며, 이를 통해 교사 자격증을 얻을 수 있다. 교육학 석사 학위를 취득하는 데는 약 3년이 걸린다. 대부분의 기관은 5년간의 복수 또는 복합 학위 프로그램도 제공하여 예술 또는 과학 학사 및 교육학 학사 학위를 동시에 취득할 수 있다. 일부는 4년제 학부 과정을 제공한다. 중등교육 프로그램은 전공과 부전공을 요구한다. 초등교육 프로그램은 최소한 영어/프랑스어 문학과 작문, 캐나다 연구, 수학, 과학을 공부해야 하는데, 광범위하며 학제적interdisciplinary이다.

다른 지역과 마찬가지로 광범위한 학생 요구에 부응하도록 교사들을 잘 준비시키기 위해 특히 임상 실습 기간을 연장하려는 움직임이 있다. 교육부 전문성 기준 부서 책임자director of the ministry's Professional

Standards Branch는 많은 교사 교육 프로그램이 평균 약 14주의 임상 실습에서 20주의 실습으로 확대되고 있다고 언급했다.

앨버타 주 역시 교사들의 학습 태도와 높은 기준에 대한 강한 기대를 표명한다. 전문성 기준 부서의 전 책임자 폴 맥리드Paul MacLeod는 앨버타 주가 모든 교사에게 심도 있는 교육을 제공하는 이유를 설명했다.

우리는 종종 심장병 전문의들에 대해 이야기한다. 나는 의사가 나를 수술하기 전에 전문의 프로그램을 마치기를 원한다. 나는 그가 현장에서 배우는 것을 원치 않는다. 우리는 인턴십 과정이 있다는 것을 안다. 그 의사가 인턴십을 거쳐야 하는 것을 알지만, 나를 수술하기 전에 그가 학위를 취득한 상태이길 선호한다. 선생님들도 마찬가지다. 우리는 그들이 성장하리라는 것을 알고 있다. 우리는 당신이 전문적으로 배우는 것을 결코 멈추지 않는다는 것을 알지만, 당신은 학위를 취득하고 인증 기준을 충족해야 한다.

이러한 견해는 퍼스트 내이션즈First Nations 학생들을 교육하는 것을 목표로 하는 캐나다를 위한 교육Teach for Canada에 대한 앨버타 주의 새로운 접근 방식이 되었다. 교사 후보자들이 교사 교육을 받기 전에 수업을 시작하는 대안적인 경로와는 달리, 캐나다를 위한 교육은 승인된 교사 교육 프로그램과 퍼스트 내이션즈First Nations, 메티스Metis, 이누이트Inuit 학생들을 가르치기 위한 추가 훈련을 받은 교사 후보자만 포함한다.****

싱가포르

싱가포르는 2001년에 교사 교육 프로그램을 개편하여 교사들의 교수법 지식과 기술뿐만 아니라 내용 지식도 향상시켰다. 싱가포르는 현재 약 3분의 2가 학부 내용 전공에 이어 1년 과정 대학원 교육 프로그램을 이수하는 등, 대학원 수준 교사 교육으로 나아가고 있다. 그리고 3분의 1은 4년제 학부 과정을 마친다. 초등학교에서 가르칠 교사를 포함한 모든 교사는 적어도 하나의 교과 영역(추가로 그들이 가르칠 다른 과목에 대한 공부)에 대한 깊은 숙달도를 보여야 하며 임상 훈련도 확대되었다. 학교와의 파트너십 모델을 통해 학교들이 실습 기간 동안 교육 실습생들을 보다 적극적으로 지원하도록 한다.

V^{3}SK 프레임워크를 기반으로 한 교원교육 과정에는 교사가 가르칠 교과목, 교육과정, 교수 및 평가, 정보통신기술, 언어 및 학술적 담화기술 교육, 인성 및 시민성, 봉사 학습service learning 및 연구를 포함한다. 4년제 학부 프로그램의 학생들은 학과 전공을 취득해야 하며, 대학원생은 학과 전공 학위를 소지해야 한다. 교육과정 연구Curriculum studies는 예비 교사들에게 특정 과목을 가르치기 위한 교육학적 방법론을 제공하는 것을 목표로 한다. 초등교사는 두세 과목을 가르칠 수 있도록 교육받으며, 중등교사는 두 과목을 가르치도록 교육받는다.

싱가포르의 모든 예비 교사 교육은 난양공과대학교Nanyang Technological University, NTU에 소속된 국립교육원National Institute of Education, NIE에서 이루어진다. NIE에서 예비 교사들은 실제 교사가 되어 미래에 가르치게 될 방식과 동일한 방식으로 배운다. 모든 학생은 노트북이 있고 캠퍼스 전체는 무선이다. 도서관 공간과 점점 더 많은 교실은 원형 테이블과 3~4개의 의자로 의도적으로 배치되어 있어 학생들이 지식을 공유하고 협업할 수 있는 장소를 제공한다. 소파와 의자가 있는 안락한 공간은 교사들과 교장들의 협업을 위해 설계되었으며, 완전한 기술 지원(예: DVD 플레이어, 비디오 및 컴퓨터, 그리고 그들의 작업을 투영하기 위한 플라스마 화면)이 되는 다양한 시설을 갖추고 있다. 예비 교사 교육과정과 실습에서는 문제 기반 및 탐구 학습을 위한 지도, 협력 증진, 교실 내 다양한 학습 스타일에 대한 대응 등에 중점을 둔다.

NIE의 21세기 교사 교육 모델(TE21)은 앞서 설명한 기준에 따라 교사를 준비시키는 것을 목표로 한다. 이질적인 학생 모집단을 위해 교사들이 지식 조직자, 동기 부여자, 촉진자, 공동 탐구자 및 학습 과정의 설계자와 같은 21세기 교육의 다중 역할을 할 수 있는 생각하는 전문가 thinking professionals들이 될 수 있도록 한다.

이 비전의 핵심은 현실 세계에 적용되는 문제 기반 학습과 21세기 교육 및 학습을 위한 혁신적인 평가 역량 프레임워크에 초점을 맞추는 것이다. 이는 NIE 교육자와 교사들이 학습으로, 학습의, 그리고 학습을 위한as, of, and for learning 혁신적인 평가 실천 방법을 적용할 수 있게 하는 것을 목표로 한다. 여기에는 교사들이 적절한 평가 과제를 설계하고, 효과적인 교수와 학습의 일환으로 평가를 계획하며, 학습자의 개선을 위한 피드백을 제공하고, 반성적이고 자기 주도적인 학습자가 되도록 자기 평가 능력을 개발할 수 있게 돕는 것이 포함된다.

각각의 강좌 코디네이터들은 서로 지속적으로 소통하여 다른 강좌들에서의 평가 역량을 일관성 있게 유지하고 조화롭게 하고자 노력한다. 또한 예비 교사들은 내용학뿐 아니라 내용학을 넘어서는 평가 능력을 배우게 된다. 프로그램 전반에 걸쳐 구조화된 성찰이 장려되고 촉진된다. 이러한 성찰적 자질을 개발하기 위해 예비 교사들은 시간의 경과에 따른 학습과 성취의 증거를 체계적으로 모은 교수와 학습 전자 포트폴리오e-portfolio를 작성해야 한다. 이것은 자신의 교육 철학과 역량 및 능력이 예비 교사 교육과정 동안 어떻게 발전하는지, 곧 예비 교사의 성장과 발전을 기록하는 데 사용된다.

싱가포르의 교육과 교사 양성에는 가치에 대한 강한 신념이 있다. 교사 교육 프로그램은 교사들이 학습자의 발전과 다양성을 깊이 이해해야 하며 각 아동이 최대한의 잠재력을 발휘하도록 도와야 함을 강조한다. 교사들은 자신의 교과와 교사로서의 역할에 열정적이어야 하고 높은 기준에 도달하기 위한 강한 추진력과 배움에 대한 갈증이 있어야 한다. 그들은 또한 윤리적이어야 하고 적응력이 있어야 하며, 어려운 교육환경에서 회복탄력성을 갖추어야 하며, 다른 전문가들과 협력해야 한다. NIE 예비 교사 프로그램에서 협동 학습과 그룹 프로젝트를 초기부터 강조하는 것은 예비 교사가 초임 교사가 될 때 전문적인 학습과 공유를 위한 기반을 마련하는 데 도움이 된다.

가치에 대한 강한 강조에 따라, NIE는 학생들에게 인성 교육 과목을 수강하고 지역사회 봉사 프로젝트를 수행할 것을 요구한다. 이 프로젝트는 20명씩 그룹으로 진행되며 최소 20시간 이상이 소요되는데 마지막에 각 학생은 구체적인 결과물을 준비한다. 예를 들어, 싱가포르 인구의 약 10%에 영향을 미치는 눈 질환을 해결하기 위해 망막 색소 협회 Retinitis Pigmentosa(RP) Society와 함께 일한 한 그룹은 RP 환자를 위한 인쇄물 확대 보조 기술을 구입하기 위해 기금을 모았고, 현재 이를 필요로 하는 사람들에게 빌려주고 있다. 싱가포르 교사들은 교과 내용과 교수법의 대가일 뿐만 아니라 학생, 가족, 공동체의 안녕에 기여하는 사람이 될 것으로 기대된다.

상하이

중국의 교사 교육은 농촌 지역에서 흔히 볼 수 있는 2년제 대학에서 4년제 대학 학위로 빠르게 진화하고 있는데, 전국 교사의 반 이상이 4년제 학위가 있다. 상하이에서는 거의 모든 교사(95%)가 대학 학위가 있으며, 72%는 4년제 대학 출신이다. 상하이의 교사들은 크게 두 사범대학교에서 교육받는데, 지방 운영 기관인 상하이 사범대학교 Shanghai Normal University와 국가에서 순위를 매기는 종합대학으로 동중국 사범대학교 East China Normal University가 있다.

많은 나라의 경우 교사교육을 전공으로 하는 학부에서 초기 2년은 교사교육과 관련 없는 학문 교육과정을 이수하고 이후 2년간 교사교육을 위한 수업이 제공되는데, 이와 달리 중국의 사범대학교에서는 4년 내내 교사 교육을 위한 집중적인 교육이 제공된다. 교사들이 사려 깊고 윤리적이며 탐구 지향적인 실전가가 되도록 준비시키는 것이다. 예를 들어, 상하이 사범대학교에서 학생들은 일반 교양general education 과목을 주로 1학년에 수강한다. 여기에는 교육사, 사회학, 심리학, 도덕 원리, 교육 철학, 교육 연구 방법론, 교육 경영, 인적 자원 개발 및 관리, 사회심리학, 가정교육 등의 주제를 포함한다.

2학년 때는 전공 분야 기초 과목을 수강한다. 이는 사회과학, 수학 및 자연과학, 공연 또는 예술 등의 분야로 구성된다. 초등 교사와 중등 교사는 사회과학, 수학 및 자연과학, 연주 및 예술 분야 등 전공 분야 내에서 교과 내용에 특화된다.

3학년 때 학생들은 교육학과 교육 실습 과목을 수강한다. 이는 연령대별 교수법 과목, 시청각 교육, 컴퓨터 응용의 기초, 현장 학교에서의 실습 및 실습 수업 경험 등을 포함할 수 있다. 상하이 사범대학교에서는 교과 내용 강좌와 교육학 강좌를 수강하면서 매 학기 2주간의 교육 실습을 경험한다. 학위 취득 4년차이자 마지막 해에 학생들은 강좌 수강과 함께 8주 동안 인턴십 실습에 참여하는데, 이 실습은 우수한 학교에서 이루어져 학생들이 최상의 실천 사례를 볼 수 있다. 또한 대학은 높은 직급의 우수 교사들을 초청하여 대학생들을 위한 강의를 제공한다.

중등교사를 위한 교육과정은 교육학 강좌, 내용학 전공 강좌, 그리고 8주간의 교생 인턴십을 이수해야 한다는 점에서 초등과 유사하다. 초등교사 예비교육은 교육학 교수진의 책임이지만, 교과내용 영역의 중등교사 예비교육은 대학의 여러 전공 학과에서 이루어지며 교수법 및 교육학 강좌만 교육학 교수진이 가르친다.

교육 실습 동안 교사 후보자에게는 학교의 지도 교사 혹은 멘토 그리고 대학 교수 멘토가 배정된다. 후보자는 수업 계획을 개발하고, 수업을 진행하고, 아동과 함께 일하고, 학급을 운영하고, 부모와 의사소통하고, 스토리 타임이나 수학 조작mathematics manipulatives 같은 특정 교수법을 사용하는 방법을 배우고, 자신의 수업 기술에서 더 향상해야 할 부분을 인지하게 된다. 이 연구에 포함된 다른 국가와 마찬가지로 중국의 2020 계획에는 임상 실습 경험을 더 확장하고 교과과정과 학생 교육을 더 잘 연결하려는 계획이 포함되어 있다. 학생들은 자신의 실제 경험을 소중히 여기며 자신의 지역 사회 내 학교에서 자원봉사를 함으로써 실제 교육 경험을 추구한다. 우리 연구의 포커스 그룹 참가자들은 보다 실질적인 경험을 얻기 위해 자원봉사, 개인 교습 또는 비즈니스맨을 위한 프로그램에서 영어를 가르쳤다. 자원봉사 실습 경험은 사실상 교사 준비를 위한 교육과정의 일부로 볼 수 있다.

동중국 사범대학교의 멍 시안천 대학Meng Xianchen College 학생들은 가르치는 것을 배우는 것의 임상적 측면에 더 중점을 두는 새로운 프로그램을 경험한다. 학생들은 유사한 대학 과정을 수강하지만 실제 교육 경험에 더 많은 시간을 할애한다. 3학년에서는 한 학교에서 2개월간 인턴십을 하고, 4학년에서는 다른 학교에서 한 학기 동안 보조 교사로 일한다.

교직 입문

교사 교육 프로그램은 교사가 성공적으로 가르칠 수 있는 지식과 기술을 갖추도록 설계되지만, 교육자들은 교사의 학습이 교사 교육 프로그램을 넘어서 교실에서 다양한 새로운 경험과 도전을 만날 때 지속되는 것을 알고 있다. 의과대학 교육을 받은 후 인턴십 및 레지던트 과정에 참여하는 의사와 마찬가지로 교사들에게는 복잡한 업무에 필요한 문제 해결 지식과 전략의 광범위한 레퍼토리를 개발하기 위한 추가 지원이 필요하다. 경제협력개발기구OECD가 실시한 2013년 국제교수학습조사Teaching and Learning International Survey, TALIS에 따르면, 경력 3년 미만의 중학교 교사의 절반 이상(51.7%)이 정식 입문 프로그램에 참여했다. 그 비율은 호주(69.3%)와 앨버타(64.5%)에서 3분의 2에 가깝고 싱가포르(96.9%)에서는 거의 보편적이다.OECD, 2014d, 표 4.28Web 핀란드에서는 공식적인 교직 입문 프로그램이 드물지만 교장의 93%가 초임 교사를 위한 비공식 멘토링 지원이 제공되었다고 보고했다.

우리가 조사한 대부분의 지역에서는 유용한 학습 지원을 제공하는, 신임 교사를 위한 집중 멘토링 및 입문 프로그램을 개발했다. 여기에는 감독자의 더 빈번한 방문 및 조언, 지정된 멘토의 직접 코칭, 주요 주제에 대한 세미나, 동료와의 공동 계획 시간, 초임 교사가 이러한 학습 활동에 참여할 수 있게 하는 수업 부담 감소가 포함될 수 있다. 이러한 지원은 교사가 학습을 계속하는 동시에 학생들이 필요한 교육을 받는 데 필요한 발판을 제공하는 것을 목표로 한다.

아마도 교직 입문을 지원하는 가장 잘 통합된 모델은 상하이와 싱가포르에 있으며, 여러 해 동안 프로그램이 운영되어 왔다. 경력 사다리 시스템제5장에서 설명은 초임 교사 멘토링을 공식적으로 맡고 이를 위해 시간을 할애하는 일련의 교사 지도자를 지정한다. 두 상황 모두에서 교사는 계획, 채점, 학생 및 동료와의 만남, 가르치는 데 필요한 추가 작업을 위해 일상적인 일정Link 3-13에서 상당한 공강 시간noninstructional time을 갖는다. 초보 교사는 또한 멘토와 함께 작업하고, 세미나를 수강하고, 동료와 협력할 수 있는 추가 자유 시간을 갖는다.

역사적으로 두 지역에서 대학의 예비 교사 교육은 교과 내용 지식과 교육 이론에 중점을 두었으며, 지도받는 임상 실습supervised clinical practice이 상대적으로 적었다. 지도가 철저하게 이루어지는 처음 몇 년의 입문 단계는 교사들이 실제 실천에 대해 가장 많이 배우는 기간이었다. 최근 몇 년간 두 지역 모두 예비 교사 교육에서 임상 실습을 더 확대하고 통합하고 있다. 그러나 잘 개발된 입문 프로그램은 교직으로 이어주는 매우 유용한 다리 역할을 한다.

입문 프로그램은 캐나다에서 더 최근에 일어나고 있는 혁신이며 호주에서는 더욱 정교화되고 있다. 특히 온타리오 주와 뉴사우스웨일스 주에서 매우 발달된 모델이 나타나고 있다. 핀란드에서는 광범위한 예비 교사 교육이 매우 많은 임상 훈련을 포함하고 있어서 다른 국가에서 임용 첫 해의 실천에서 발생하는 많은 것을 이미 대부분 해결하고 있다. 또한 신임 교사들은 일반적으로 고용될 때 동료의 도움을 받는다. 이러한 또래 그룹 멘토링 또는 공동 멘토링은 대부분의 국가에서 널리 사용되는 일대일 마스터-견습생 모델Geererts, Tynjälä, Heikkinen, Markkanen, Pennanen & Jijbels, 2015과는 구별되는 집단적 접근법이다. 최근 핀란드는 또한 몇몇 학교에서 일대일 멘토링을 시범적으로 시행하기 시작했다.

상하이

상하이는 1980년대 후반에 공식 교사 입문 프로그램을 개발했다. 상하이 시교육위원회가 만든 이 프로그램은 중국 문화 개념인 라오다이칭laodaiching을 반영하는데, 이는 '늙은이는 젊은이를 데려온다the old bring along the young'는 뜻이다. 라오다이칭의 중심 개념은 연결이다.

노인과 젊은이는 서로 연결되어 있다. 그들의 연결은 교육에 대한 지식과 기술(그리고 그 실무에 대한 헌신)을 통해 이루어진다. 여기서 우리는 공유된 집단주의 지향성을 엿볼 수 있다. 동시에 차이에 대한 기대가 있다. 즉, 나이 많은 교사, 라오다이lao dai가 젊은 교사, 칭qing에게 제공할 수 있는 무언가를 갖고 있다.[Paine & Ma, 1993, p.681]

이 정책에 따르면 새로운 교사들은 1년의 수습 기간을 부여받는데, 그 기간 동안 개별 교사는 숙련된 교사로서의 경험과 평판을 기반으로 선발된 멘토에게 배정된다. 이 경험 많은 동료는 새로운 교사와 긴밀히 협력하여 수업 계획, 교재 및 교수법 선택, 학생 과제에 대한 결정, 학생 피드백 제공 등의 과정을 안내한다. 이렇게 멘토링으로 맺어진 동료들은 최소 주당 2시간을 함께 일한다.[International Alliance of Leading Education Institutes, 2008, p.65] 멘토는 또한 새로운 교사를 관찰하고 새로운 교사는 고도로 숙련된 교육의 모델을 보기 위해 멘토를 관찰한다. 멘토는 자신의 활동을 기록하고 학교장이 검토할 수 있도록 초임 교사의 발전 과정을 문서화한다.

학교 일정 구조상 대부분의 교사가 직접 아동들을 가르치지 않는 시간을 한 주에 적어도 20시간을 확보할 수 있으므로, 멘토들은 계약된 근무일 중에 신규 교사와 함께 일하고 관찰할 수 있는 시간을 갖는다. 또한 멘토들도 초임 교사로부터의 피드백과 초임 교사의 발전에 대한 학교장의 기대를 바탕으로 평가받는다.[Salleh & Tan, 2013] 또한 학교에는 멘토링 짝을 구성하고, 교사들의 연구 회의를 조직하고, 학구에 보고하는 책임을 지닌 전문적 학습 코디네이터 역할을 하는 교사가 있다.

초임 교사는 정식 멘토링 외에도 교사학습, 연구모임 등을 통해 경험 많은 교사들과 정기적으로 긴밀한 접촉을 하고 있다.[교사 연구 모임인 자오얀쯔 Jiaoyanzu에 대한 설명은 4장 참조] 교사들은 공동 수업 계획 세션에 참여하고, 주기적으로 동료들에 의해 관찰 받는다. 이것은 공식적인 평가 목적뿐만 아니라 수업 설계를 개선하고, 경험 많은 교사들이 교수 설계와 의사결정에 대해 어떻게 생각하는지를 듣기 위한 것이다. 교사 협력 그룹에 참여하는 것은 공통의 지식을 공유하고, 공통 언어를 사용하며, 가장 중요하게 는 학생 성과에 대한 일련의 기대치를 공유하고 이러한 목표를 달성하 도록 지원하는 방법을 공유하는 공동체 속으로 새로운 교사가 사회화 되는 방법을 제공한다.

채용과 평가의 관점에서 보면 교직 첫해는 채용 학교와 초임 교사에 게 중요한 결정 시점decision point이다. 교직 첫 해가 마무리될 때 교사 는 지필시험뿐 아니라 학교 차원에서 교사와 교장에 의해 관찰된 내용 을 토대로 평가된다. 1차 연도 말에 평가 기준을 충족하지 못하는 사람 은 재고용되지 못하거나 영구직으로의 전환이 지연된다.

수습 기간probation year 이후 재고용되는 경우, 교사가 나중에 직장에 서 해고될 확률은 매우 낮다. 대부분의 교사는 성공할 잠재력이 있는 것 으로 평가된다. 상하이의 한 부교육감에 따르면, 첫 발령 1년 이후 매년 약 2~4명의 교사들이 그녀의 학구에서 해고되고 그 이후에는 해고가 거의 발생하지 않는다. 주Zhu는 해고되는 교사들은 "대개 가족의 강요 로 교사가 된 사람들이며, 열정이 없는 경우가 많다."라고 말한다.

싱가포르

싱가포르의 모든 신규 교사들은 교육부가 자금을 지원하고 관리하는 2년짜리 정식 입문 프로그램에 참여한다.[그림 3-3] 참조 이 프로그램은 본질 적으로 예비 교사 교육 시작 전에 교사의 '나침반 의식compass ceremony' 으로 시작된다. 이것은 예비 교사가 교육부에 고용되었을 때 그들이 수 행하는 도덕적·윤리적 사명의 중요성을 강조하기 위해 설계된 의식이다. 이것은 교육부가 이미 교육부 직원인 교사들을 그들의 역할에 대한 기 대치에 맞게 교육하고 사회화하는 첫 번째 기회다. 교직 입문은 졸업 후 오리엔테이션 프로그램을 통해 진행되며, 교사들이 자신의 역할과 교직 에 대한 기대치를 이해하도록 돕는다. 이는 개인의 신념, 가치 및 실천을

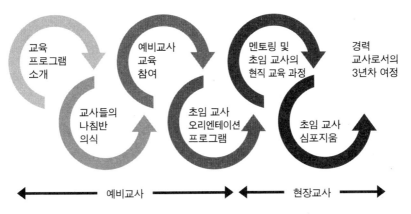

[그림 3-3] MOE 교사 입문 프레임워크

교육
프로그램
소개

교사들의
나침반
의식

예비교사
교육
참여

초임 교사
오리엔테이션
프로그램

멘토링 및
초임 교사의
현직 교육 과정

초임 교사
심포지움

경력
교사로서의
3년차 여정

◀──── 예비교사 ────▶ ◀──── 현장교사 ────▶

출처: 싱가포르교사아카데미Academy of Singapore Teachers(n.d.).

반영하고 아동의 전인적 양육의 중요성을 강조한다. 이러한 기대, 신념
및 가치는 교사의 행동을 안내하고 교사들이 교직 표준을 충족하도록
교직 윤리와 강령에 명시되어 있다.

교직 입문 후 2년 이내의 초임 교사는 학교 내에서 멘토링을 받는 동
안 이들을 위해 특별히 설계된 다른 과정에도 참여하는데, 이 과정은
학급 관리, 학부모 참여, 교사와 학생 관계, 반성적 실천, 교수법 및 평
가 능력 등의 주제를 다룬다. 2년간의 여정은 2년차 마지막 시기에 열리
는 초임 교사 심포지엄으로 마무리된다. '가장 중요한 것: 목적, 열정 및
전문성'이라는 제목의 이 심포지엄은 효과적인 실천과 교육에 대한 강
한 헌신을 요구하고 초보자가 전문가의 역할로 전환되는 것을 나타낸다.

학교 기반 멘토링은 초임 교사들이 더 많은 경험자의 지원을 받아 실
천 공동체 내에서 지식을 습득하도록 돕는다. 초보자 및 베테랑 교사가
이용할 수 있는 멘토링 구성Mentoring arrangements은 일반적으로 학교
교직원 개발자school staff developer와 교사 리더가 감독한다. 초임 교사
는 일반적으로 해당 과목 분야에서 공식적인 멘토를 지정받지만 멘토링

은 학교 전체의 실천으로 간주되기 때문에 학교의 다른 사람들로부터도 지원받는다. 초임 교사는 일반적으로 경험이 많은 교사에 비해 80% 정도의 수업 부담을 지며, 이로써 초임 교사가 교직에서 성장하는 데 필요한 추가적인 시간과 공간을 확보하게 한다.

TALIS 결과에 따르면 국제 설문조사에 포함된 모든 국가 중에서 싱가포르가 멘토 역할을 하는 교사 비율(39%) 또는 현재 멘토가 배정된 교사 비율(40%)이 가장 높은 것으로 나타났다. 이는 TALIS 평균 14%-13%와 크게 대조된다.[OECD, 2014d] 또한, 멘티의 85%는 같은 과목을 가르치는 멘토에게 배정되었으며, 이는 TALIS 평균인 68%보다 높은 수치다.[OECD, 2014d]

멘토들은 다양한 역할을 수행한다. 일반적으로 학교의 멘토링 목표가 달성될 수 있도록 멘토링 프로그램을 이끌고 멘토 역할을 하는 멘토 코디네이터가 있다. 그다음으로 멘토들이 있는데, 보통 경험이 많은 교사나 교사 지도자(예를 들어 시니어 혹은 리드 교사)로, 초임 교사들이 전문적 역량을 계속 향상시킬 수 있도록 전문적인 지원의 중추 역할을 한다. 이러한 멘토들은 멘토링 역할을 준비하기 위해 전문성 개발 훈련을 받는다. 멘토링이 그들 업무의 중심적인 부분이기 때문이다. 그들은 특정 과목에 대한 교육적 리더십, 사회 정서적 지원, 전문성 개발, 자원 공유 및 특정 분야 또는 기술 분야에 대한 전문 지식을 제공한다.

크란지Kranji 중학교 교장 탄 휘 핀Tan Hwee Pin은 초임 교사들을 위한 지원을 이렇게 묘사했다.

우리는 우리 학교의 초임 선생님들을 크란지 가족의 일원으로 환영한다. 그들이 수행하는 역할과 학생들과 상호 작용할 때 요구되는 기대치 및 표준을 알 수 있도록 그들을 우리 학교 문화에 입문시키는 것이 중요하다. 우리 멘토링 프로그램은 교감의 조언을 받는 7명의 경력 교사팀이 주도한다. 모든 초임 교사 또는 실습생에게는 경험이 풍부한 멘토 교사가 배정된다. 초임 교사는 해당 과목의 수업을 관찰할 뿐만 아니라 다른 과목의 교사도 관찰한다. 나는 모든 과목의 교사들이 서로 다른 강점이 있으며 다른 분야에서 다른 교수법을 사용한다고 믿는다. 그물을 더 넓게 던짐으로써 새로운 교사들은 전략의 레퍼토리를 모을 수 있을 것이고, 그들이 성숙한 교사가 될 때 이러한 전략들을 활용할 수 있을 것이다.

우리가 인터뷰한 초임 교사들은 '내가 만난 모든 멘토, 내가 함께 일했던 모든 선생님'에 대한 감사를 표현했다. 그들은 "모두 매우 지원적이고 배려심이 많았기 때문이다. 그들은 당신이 어떻게 지내고 있는지, 어떤 도움이 필요한지 계속 확인해준다." 우리는 "멘토들은 … [멘티의] 강점을 살리려고 [멘티] 이전 지식을 활용하려고 노력한다"라고 들었고, 초임 교사들이 "학교 문화, 기대 사항, '해야 할 것과 하지 말아야 할 것'을 알 수 있도록 돕는다"라고 들었다. 인터뷰에서 응답자들은 끊임없이 도움을 받을 수 있다고 느낀다고 했다. "심지어 '빌려도 될까요?'라고 물어볼 필요가 없다. 멘토들은 '와서 가져가세요'라고 할 것이다. 나는 이것이 매우 좋은 환경이라고 생각한다. 모두가 도움이 되는 분위기다."

멘토들은 멘티들이 자신의 지식을 구축할 수 있도록 격려함으로써 매일의 즉각적인 실천을 뛰어넘도록 지원한다. 한 초임 교사가 이렇게 언급했다.

멘토들은 이런 질문을 할 것이다. "암묵적 학습이라고 불리는 개념에 대해 들어본 적이 있나요? 아니죠? 이것은 꽤 새로운 것이에요. 아마 당신은 그것에 대해 알아야 할 겁니다. 저는 그것에 별로 동의하지 않아요. 어떻게 생각하시는지 알려주세요." 아니면 누군가 몰래 여러분 옆에 앉아서 이렇게 말할 수도 있다. "저는 이 책을 읽고 있습니다. 정말 흥미롭습니다. 몇 페이지를 읽고 그것에 대해 어떻게 생각하는지 말해보는 게 어때요?"

싱가포르에서 초임 교사의 수습 기간은 1년이다. 일단 교사들이 승인을 받으면, 그들은 재인증이나 면허증을 받을 필요가 없다. 따라서 승인은 종신 재직권과 유사하다. 스클라파니와 림Sclafani & Lim[2008, p.4]은 이렇게 말한다.

신임 교사는 학년별 책임자, 과목별 책임자 및 부서장이 관찰하고 지도한다. 신임 교사에게 부족한 점이 있으면 추가 지원과 코칭이 이루어진다. 모든 사람은 신임 교사가 적응하고 향상하도록 돕기 위해 노력하지만 개선 부족, 부적절한 태도 또는 전문성 부족은 용납되지 않는다. 신임 교사는 다른 학교로 옮기는 것을 시도할 수 있지만, 교사와 함께 일한 1년 동안 성과가 향상되지 않으면 교직에서 퇴출을 요구받을 수 있다. 시스템은 최선을 다하여 지원과 도움을 제공함에도 진전을 이루지 못하는 사람들은 상담을 거쳐 배제해야 한다고 믿는다. 이 기준을 넘어서면 아주 적은 수의 교사가 퇴사하게 되는데 그 이유는 성실성 결여, 학생과의 부적절한 행동, 재정적 관리 오류 또는 인종적 무감각일 수 있다.

캐나다

교사들을 위한 교직 입문 프로그램은 주마다 다르다. 앨버타 주는 현재 멘토링을 요구하거나 그에 대한 자금을 지원하지는 않지만, 대부분의 학교는 그것을 제공한다. 2013년 중등 교사를 대상으로 한 TALIS 설문조사에 따르면, 새로운 교사의 80% 이상이 공식 입문 프로그램을 이용할 수 있으며 신임 교사의 80% 이상이 비공식 프로그램을 이용할 수 있다.[OECD, 2014d] 그러나 이러한 프로그램의 성격은 학교마다 다르다.

대조적으로, 온타리오 주에서는 영구 계약직으로 입사한 모든 1년차 신임 교사들과 장기 대용 근무 계약(일반적으로 대체 교사substitute teachers에게 주어지는 계약)을 한 교사들은 신임 교사 입문 프로그램 NTIPNew Teacher Induction Program에 참여해야 한다. 2006년 설립되고 교육부가 자금을 지원하는 NTIP에는 (1) 학교 및 교육위원회에 대한 오리엔테이션 (2) 첫 1년 동안 더 경험이 풍부한 교사로부터 지속적인 멘토링 (3) 신임 교사의 필요에 적합한 전문성 개발 및 훈련이 포함된다. 온타리오 주 교육부의 이전 책임자인 폴 안토니Paul Anthony에 따르면 이 프로그램의 목표는 초보 교사가 더 빨리 익숙하고 유능해지도록 도움으로써 학생들에게 더 효과적인 서비스를 제공하게 하는 것이다.

경험 많은 교사가 학생들에게 더 나은 교육을 제공할 수 있다는 많은 증거가 있지만, NTIP의 핵심 개념은 '어떻게 하면 그 경험을 가속화할 수 있을까'였다. 교사가 물리적 환경에서 편안해지도록 돕는 것에서부터 아이들과 그들의 부모, 학교 등과 마주칠 모든 문제와 그것을 신속히 처리하는 데 필요한 지원이 어디에 있는지 배우는 것까지의 모든 경험을 포함한다. 그 뒤에 있는 전반적인 의도는 '어떻게 하면 그 경험을 가속화하여 궁극적으로 학생들이 경험 많은 교사에게서 얻을 수 있는 개선된 교육을 받을 수 있는가?'였다.

교육위원회는 NTIP 지원을 정규직 또는 장기 대체 교사에 대해 2년까지 연장할 수 있다. 안토니는 2년차로의 연장은 신임 교사들이 1년차 이후 다음과 같이 말하는 것을 인지한 후 이루어졌다고 언급했다.

"나는 지금 첫 해의 끝에서야 내가 무엇을 모르는지 깨달았다. 이제야 내가 무엇을 모르는지 알았다." 그래서 그들이 와서 우리에게 "두 번째 해는 어때요?"라고 말했다. 그것은 현장 경험에서 직접 도출된 여러 사항 중 하나이며 사람들은 "나는 내가 모르는 것을 막 깨달았고 더 많은 시간이 필요하다."라고 편안하게 말하게 되었다.

멘토는 교육 및 멘토링 기술에 따라 선택되며, 해당 지역 내에서 교육을 받아야 한다. NTIP는 멘토와 신임 교사가 협업할 수 있는 공동의 여유 시간을 제공한다. 이 시간은 무엇보다도 공동 계획, 교실 관찰 및 학생 업무에 대한 공동 평가에 사용될 수 있다. 학교는 일대일 멘토링과 대규모 또는 소규모 그룹 멘토링과 같은 다양한 멘토링 모델 중에서 선택할 수 있다. 멘토는 교사의 개별적 요구에 적합한 지침을 제공한다. 여기에는 교수 전략 시연 및 코칭 또는 피드백 제공, 목표 설정, 교실 관리에 대한 조언, 교육 전략을 위한 홍보, 학교 분위기 및 행정에 대한 통찰력의 제공이 포함되고 개학 첫 며칠 동안은 정서적 지원을 한다. 주된 강조점은 초보자들이 직업적인 관계를 관리하고 지속적인 성장과 발전에 필요한 자원을 찾는 방법을 배우게 돕는 것이다. 한 초임 교사는 이렇게 설명했다.

나의 멘토가 목표 설정 지원을 많이 해주었다. … 그래서 함께 앉아 나의 올해 목표가 무엇이었는지 알아봤다. 그것들은 모두 내 개인적인 비전에 초점을 맞췄지만, 학교의 맥락 안에서 이루어졌다. … 참여를 증가시키는 방법에 더욱 익숙해지려 할 때 교실 관리로 돌아가고, 그런 다음에는 더 넓은 네트워크를 형성하는 방법을 생각해보게 된다. … 그래서 우리는 자리에 앉아 학급 관리를 위한 전문성 개발 기회를 살펴보았고, 그녀는 나와 함께 교장실로 가서 대화를 나누고 네트워크

확장에 필요한 개인적인 관계를 만들 방법을 모델링해 주었다.[Tina]

멘토링은 교사를 평가하기보다는 교사에게 도움이 되도록 고안되었다. 교장은 첫 12개월 동안 두 차례 성과 평가를 하고, 만족스럽지 못할 경우 교사들에게 최대 24개월까지 개선의 시간을 준다. 비록 소수의 교사가 상담을 거쳐 퇴출될 수 있지만, 주요 목표는 초보자들이 전문가가 되도록 돕고 그들을 그 직업에 계속 머물게 하는 것이다. 이 점을 염두에 두고, 지역에서 가장 크고 다양한 학구인 토론토의 교육위원회는 NTIP를 넘어 2년 동안 멘토링을 연장하고 시범 교실 학습demonstration classroom learning을 제공하기 위한 프로그램을 구성했다. 프로그램은 멘토를 위한 전문적인 학습과 함께 다양한 학년과 주제에 대한 집중 관찰, 보고, 실행 계획 및 공동 교육 기회를 제공한다. 그 결과는 주목할 만했다. 온타리오 교직관리원The Ontario College of Teachers[2012]은 교직으로의 전환Transition to Teaching 연구에서 온타리오 내에서 면허를 갱신한 신규 교사의 유지 비율이 95% 이상임을 발견했다.(갱신하지 않은 교사의 대부분은 수요가 더 많은 다른 지방으로 옮겼지만, 80% 이상이 언젠가 온타리오로 돌아가기를 희망하고 있다.) 더욱 놀라운 것은 토론토 교육청에서 2005~2010년에 고용된 약 4천 명의 초임 교사 중 매년 1년차 채용자의 98%에서 99%가 교직에 남았다.[Darling-Hammond, 2013] 이에 비해 미국에서는 신임 교사의 최소 10%가 2년이 되기 전에 떠나고, 5년까지 약 30%가 떠난다는 연구 결과가 대부분이다.[Darling-Hammond, 2010]

이는 교직 경력에서의 견고한 출발을 의미한다. NTIP에 대한 오타와 대학교의 연구는 다음과 같이 결론짓는다.

온타리오 주의 초임 교사들은 학생들의 학습을 지원하는 데 책임이 있는 교사로서 자신의 능력을 확신한다. 그들은 그들의 직업 선택에 만족한다. 그들은 교직에 남기를 원하며 대다수는 같은 학교에 남기를 원한다.^{Kane, Jones, Rottman & Conner, 2010}

호주

상하이, 온타리오 주와 마찬가지로 호주 빅토리아 주와 뉴사우스웨일스 주의 교직 입문은 정규직 자격full certification(빅토리아 주에서는 등록 registration으로, 뉴사우스웨일스 주에서는 인증accreditation으로 알려져 있는)과 관련이 있다. 신규 교사는 임시 인증을 받고, 어느 주에 있는지, 공립학교인지 아닌지에 따라 1~3년 안에 교사 전문성 기준을 충족했음을 입증해야 한다.

입문 프로그램은 2000년대 초반에 시작되어 유지되고 있으며 잘 확립되어 있다. 뉴사우스웨일스 주 교육 및 지역사회부는 2003년부터 교사 멘토 프로그램을 제공했다. 처음 시작했을 때 이 프로그램은 50명의 교사 멘토를 고용했다. 이들은 신임 교사들이 많이 근무하는 90~100개 학교에서 일했다. 이들 멘토는 학교에 임용되어 매년 공립학교 신규 임용 교원의 약 60%를 지원한다. 교사 멘토 프로그램에 대한 평가는 교사의 자질을 높이고 그들이 교직을 계속 유지하게 하는 측면에서 도움이 됐다는 것을 보여준다. 다른 학교에서는 초임 교사를 지원하기 위해 자체적으로 멘토를 임명했다. 뉴사우스웨일스 주의 현재 제도에서는 입문 프로그램을 통해 모든 초임 교사들이 경험 많은 동료들과 학교 지도자들의 지원을 받아야 한다. 학교 내 멘토와 초임 교사를 지원하기 위한 온라인 전문 학습 프로그램이 제공된다.

빅토리아 주는 2004년에 교사 등록과 입문 프로그램을 연계시켰고, 그것은 거의 보편화되었다. 임시로 인증된 교사의 90% 이상이 매년 멘토 지원을 받고 있다.^{Victoria Institute of Teaching[VIT], 2014, p.10} 빅토리아 교직관리원 VIT¹³은 멘토들에게 멘토링의 지식과 기술에 대한 교육을 제공한다. 매년 1학기에 제공되는 이틀간의 프로그램은 2004년 이래 약 12,000명의 선생님에게 혜택을 주었다.^{Victorian Institute of Teaching, 파프로스와 코스그로브D. Paproth와 F. Cosgrove와의 인터뷰, 2014년 5월 21일} VIT가 실시한 조사에 따르면 임시 등록 교사의 약 90%가 멘토나 경험 많은 선생님들의 피드백을 통해 유익한 변화를 만든 것으로 나타났다. 94%는 경험 많은 교사와의 공동 작업을 통해 훌륭한 전문적 실천이 어떤 모습인지 알 수 있었고, 학생들의 참여와 학습에 전문적인 성찰을 할 수 있었다고 했다. 멘티가 보고한 혜택 외에도 멘토의 95% 이상이 임시 등록 교사 멘토링에 참여함으로써 전문적 학습의 혜택을 경험했다고 보고했다.^{VIT, 2014}

호주의 교육정책이 발전하면서 두 가지 요인이 더 효과적인 멘토링을 가능하게 했다. 첫 번째는 전문성 표준에 초점을 맞추는 것이다. 이는 처음에는 주에서 제정되고 나중에 새로운 국가 표준으로 강화되었으며, 각 주의 교사 등록과 인증에 활용하고 있다. 특별 프로젝트의 VIT 책임자 프란 코스그로브Fran Cosgrove는 멘토링을 교수 기준teaching standards과 연결하여 동료 간의 우정과 정서적 지원에서부터 교수 역량과 학생들의 학업에 대한 전문적인 대화까지 멘토링의 관점을 확장하는 데 도움이 되었다고 다음과 같이 설명했다.

우리는 "이 일을 하려면 전문적인 관계여야 하고 그 전문적인 관계를 설정해야 한다. 우리는 표준과 전체 등록 과정을 통해 이것을 정의해야 한다."^{Victorian Institute of Teaching, 파프로스와 코스그로브D. Paproth와 F. Cosgrove와의 인터뷰, 2014년 5월 21일}

---

13. 빅토리아 교직관리원은 법률에 따라 설립되었고, 교원 양성 프로그램 인증, 등록된 교사의 교직 수행 능력 추적, 신규 교사 입문 교육 및 교원 전문성 기준에 따른 경력 개발 지원 등의 업무에 종사한다.

교사들은 자신의 성찰과 행동을 안내하기 위해 국가 표준에 의해서 제시된 '교사 연구와 지식 구성 순환 모형'^{Link 3-14}을 활용하도록 권장받는다.^{[그림 3-4] 참조} 이 순환 모형은 신규 교사들에게 학생들의 요구를 파악하고, 그 학생들의 요구를 충족하는 데 필요한 교수·학습 활동을 설계하고, 새로운 교수·학습 활동을 4주에서 6주의 기간 동안 실행하고, 이 활동의 효과를 평가하도록 요구한다. 이 순환 모형은 경력 교사들이 교사 자격을 유지하기 위해 따르는 전문적 학습 사이클에 신규 교사가 입문하도록 돕는 토대를 제공하고 교수 활동에 대해 논의하기 위한 공통의 언어를 제공한다.

프란 코스그로브^{Fran Cosgrove}는 이 과정을 다음과 같이 설명했다.

[신규 교사들이] 하나의 연구 질문을 제기합니다. 그런 다음 다른 교사들과 수업 관찰 및 토론을 통해 그 연구 문제를 해결해 나갈 지식을 쌓아가고 능력을 키워갑니다. 그것은 학교 기반일 수도 있습니다. 교사들은 학교 외부나 학교 내에서 전문적인 독서 또는 전문성 신장 활동을 수행할 수도 있습니다.

그런 다음 [우리는] 신규 교사들에게 이 지식을 사용하여 특정 영역에서 학생들의 학습 능력 향상을 위해 교수·학습 활동을 어떻게 전개해 나갈 것인지에 대한 실행 계획을 세우게 합니다. 우리는 그들이 멘토와 논의하면서 일정 기간 동안 교실에서 그것을 실행하도록 요청합니다. 우리는 멘토들에게도 이 기간에 그들이 할 수 있는 한 참여하게 합니다. 이 모형의 전체적인 아이디어는 신규 교사들에게 멘토가 있다는 것인데, 멘토는 신규 교사가 볼 수 없는 것들을 볼 수 있게 도와주고, 교수·학습 활동의 실행에 대한 논의에 함께 참여합니다.

그런 다음에는 학습 결과를 확인합니다. 학생들은 어떤 학습 결과를 보이는가? 당신은 그것을 어떻게 알 수 있는가? 당신이 물어본 질문은 무엇인가? 그들은 당신이 기대하지 않은 것들을 배웠는가? 어떤 학생들은 어떤 것을 배웠고 다른 학생들은 그러지 못했는가? 왜 그랬는가?

그러고 나서 그들은 그것에 대해 성찰의 시간을 가집니다. 그것은 나의 교수 활동에 어떤 의미를 주는가? 나의 연구 질문에 주는 의미는 무엇인가? 그것은 다른 종류의 연구의 필요성을 제기하는가? 마지막으로 내가 실천가로서 이것을 통해 진정으로 무엇을 배웠는가 하는 것입니다. 그런 다음 전체 순환 주기를 다시 시작합니다.Victorian Institute of Teaching, 파프로스와 코스그로브D. Paproth와 F. Cosgrove와의 인터뷰, 2014년 5월 21일

[그림 3-4] 교사 연구 및 지식 구성 순환 모형

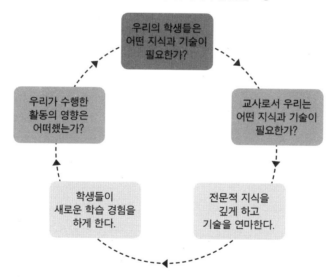

두 번째 주요 변화는 협업을 위한 시간 제공이었다. 비록 호주의 교사들이 상하이나 싱가포르의 교사들보다 수업으로부터 자유로워지는 시간이 적지만, 최근의 정책들은 교사들이 함께 일할 수 있는 더 많은 기회를 제공했다. 빅토리아 주에서는 교원 노조와의 단체 교섭 합의에 따

라 신규 교사의 업무량이 적어도 5% 줄었으며, 이는 주당 1~2시간에 해당한다. 비록 멘토 교사들은 AEU 협약에 따라 추가적인 수업 면제 시간을 받지 못하지만, 교장은 지정된 멘토가 주당 38시간 근무의 범위 안에서 멘토 역할을 할 수 있도록 보장해야 한다.

뉴사우스웨일스 주는 최근 신규 교사들을 위해 매주 2시간에 대한 자금을 추가로 지원하기로 했다. 이렇게 하면 신규 교사들의 경우 매주 총 4시간, 다른 교사들의 경우 2시간의 추가 시간 여유를 갖게 된다. 이 시간은 협력적 계획 수립, 수업 준비, 그리고 평가를 위해 사용할 수 있다. 신규 교사들은 일반적으로 이 추가 시간을 수업을 관찰하거나, 경력 교사와 함께 활동하거나, 자격 인증accreditation 과정의 일부로 교수 활동의 증거를 수집하거나, 학교 내에서 멘토와 함께 전문적 학습에 참여하거나, 또는 학생들의 학습을 위해 공동으로 계획하고, 가르치고 평가하는 데 사용한다.

뉴사우스웨일스 주 정부 내 학교를 감독하는, 교육 및 지역사회부의 장관인 미셸 브루니예스Michele Brunijes는 다음과 같이 언급했다.[Link 3-15]

교사 간 협업이 교사의 지속적인 학습과 성장에 절대적으로 중요하다. 정부의 지원을 받아, 우리는 신규 교사들을 위해 첫 2년 동안 자유 시간을 마련했다. 우리는 학교 내에서 그러한 일이 일어날 수 있는 특정한 조건이 충족되기를 원했다. 그 조건은 일정 기간 동안 멘토를 배치하여 지속적이고 일관성 있는 지원을 받을 수 있도록 하는 것이다. 또한 교사 전문성 기준으로 안내하여 신규 교사들이 하나의 로드맵을 수립하도록 하는 것이다. 이는 신규 교사들의 전문적인 학습과 성장은 아무리 강조해도 지나치지 않을 정도로 중요하기 때문이다. 이는 신규 교사들을 위한 지원이지만, 모든 교실의 모든 교사들은 지원을 받을 권리가 있다. 전체 순환 주기를 통해 우리가 교사의 협업과 교사의 전

문적 학습을 지원하는 것은 매우 중요하다.^{뉴사우스웨일스 주 교육 및 지역사회부 장관 미}
셸 브루니예스와의 인터뷰, 2014년 6월

　교직에 임용된 후 처음 4년간 신규 교사들을 추적한 뉴사우스웨일스 주 연구에서 신규 교사들을 지원하여 이들이 계속 교직에 머물게 하는 데 이와 같은 협업 환경 조성이 얼마나 중요한지는 분명히 드러났다. 신규 교사들의 교수 활동 및 교직에 계속 머무르려는 동기에 가장 큰 영향을 미친 요인들을 조사한 결과, 9가지 요인이 나타났다. 첫 번째 두 가지는 학생과의 상호작용 및 교직의 도전과 만족감으로, 이들은 학생들과 상호작용하고 교수 활동에서 즐거움을 찾을 수 있는 능력과 관련이 있었다. 나머지 7가지 요소는 모두 전문적 학습 및 학교 내 지원과 관련이 있었다. 이 지원은 동료 교사 지원, 전문적 협업, 장학 및 멘토링, 행정 지원, 학교 문화, 학교 풍토, 그리고 교수 학습 활동 지원이다.

　이 연구는 교사의 전문성 신장에 기여하는 가장 중요한 요소 중 하나는 교수 활동에 대한 피드백과 동료들 사이의 협력적, 전문적 학습이라는 것을 밝혔다. 학교는 학생들뿐만 아니라 선생님들도 배울 수 있는 장소여야 한다는 것이 분명하다. 이 연구는 4장과 5장^{McIntyre, 2012}에서 설명한 교사 전문 학습을 위한 정책과 실행, 그리고 교사의 성장과 발전을 위한 새로운 정책의 토대가 되었다. 뉴사우스웨일스, 빅토리아 같은 주에서 시행 중인 모형을 기반으로 AITSL을 통해 개발된 새로운 정책에 따라 교사 입문 및 교사 등록registration에 대한 통일된 지침이 호주의 모든 주 및 교육청으로 확대되어 제공될 것이다.

연구에서 배운 교훈

이러한 여러 국가를 가로질러, 교직 진출에 관련된 몇 개의 공통된 주제가 발견된다. 이들을 살펴보면 다음과 같다.

이들 국가의 교원 양성 체제는 매우 까다로운 선발 기준이 있으며, 광범위한 기준으로 예비 교사를 선발한다. 맥킨지McKinsey 보고서[Auguste, Kihn, & Miller, 2010]는 핀란드, 싱가포르 등 국가의 교원 양성 기관이 학업 능력 상위 30%인 학생들을 선발하고 있다는 사실을 밝혀냄으로써 미국에서 큰 관심을 끌었다. 두 나라가 교사 후보자들에게 높은 수준의 학업 능력을 기대하는 것은 사실이지만, 그들이 후보자들을 선발할 때 적용하는 또 다른 기준들이 있다. 우리가 연구한 이 국가들 및 다른 국가들에서 후보자에게는 선발 과정에서 성적을 넘어서 학생에 대한 관심, 학생과의 경험, 학생에 대한 헌신, 그리고 다양한 능력과 성향을 보여줄 것을 기대한다. 여기에는 여러 추천서뿐 아니라 면접 및 수업 실연이 포함된다.

이렇게 까다로운 선발 이후에는 양성 과정에 대한 예산 지원과 경쟁력 있는 급여가 뒤따른다. 우리가 연구한 국가들은 다른 대학 졸업생들과 비교하여 교사들에게 동등한 급여를 지급하기 때문에 교직에 진출하는 것에 관련된 기회 비용이 거의 없다. 또한, 양성 과정은 무료이거나 예산이 지원되며, 일부 국가에서는 교원 양성 과정 재학 중에 급여 또는 수당이 지급된다.

교원 양성 과정 프로그램은 학술적인 내용, 교수법적 지식 및 전문성 기준을 포함한다. 이 장에 설명된 모든 프로그램은 모든 교사 후보자가 교수법적 지식뿐만 아니라 교과 내용 지식에서 탄탄한 토대를 형성하게 한다. 학부 과정 프로그램의 초기에는 예비 교사들이 가르치게 될 과목에 관련된 강좌들을 수강한다. 우리가 연구한 몇몇 국가 모두가 운영하

는 대학원 프로그램에 선발되기 위한 자격 기준으로 후보자는 하나 이상의 전공에서 학사 학위를 소지해야 한다. 대부분의 국가에서 예비 중등 교사들은 가르치게 될 과목에 해당하는 2개의 전공 또는 전공과 부전공으로 2개의 영역에서 높은 수준의 교육을 받는다. 초등학교 교사들은 그들이 가르칠 다양한 교과 영역에 걸쳐 교육을 받는다. 싱가포르, 상하이에서는 초등학교 예비 교사가 더 심화할 과목을 선택하는데, 이런 방식은 호주 일부 대학에서도 나타난다. 이 모든 국가들에서 예비 교사는 자신이 가르칠 교과 영역에 고유한 교수 전략을 배울 수 있는 과목별 내용 교수 지식subject-specific pedagogy을 공부한다. 이 모든 활동은 교사의 도덕적, 윤리적 헌신, 교수 관련 지식 및 기술을 포함하여 교사가 알아야 할 것, 갖추어야 할 인성, 할 수 있는 것을 명확하게 제시하는 전문성 기준에 토대를 둔다. 이 기준은 양성 과정을 포함하여 교직 경력 전반에 걸쳐 지속적으로 학습하고 실행해야 할 것을 의미하는, 즉 전문적 실천을 위한 틀에 해당한다고 볼 수 있다.

교원 양성 과정 프로그램은 연구에 기반을 두며, 예비 교사들도 연구를 수행할 수 있도록 교육한다. 연구는 이들 국가에서 교직이 어떠한 것인지 그 특징을 보여주는 데 중요한 역할을 한다. 다양한 교과 영역 및 특정 학생 집단에 관련된 학습, 발달, 교육과정, 평가, 효과적인 교수, 그리고 학습 전략에 대한 연구는 학생들을 대상으로 하는 프로그램 설계를 위한 중요한 토대를 제공한다. 교사들에게는 연구 결과를 읽고 그것을 실천 활동에 적용할 것이 요청된다. 더욱이 그들은 교수 실천에 관해 연구하는 방법을 배우고, 교원 양성 기간과 그 이후 경력 기간 내내 연구를 수행할 것이 요청된다. 실행 연구는 우리가 연구한 모든 국가에서 전문성 신장 활동과 교수 활동에서 그 중요성이 점점 더 증가하고 있는 요소이다. 핀란드에서는 교사 후보자들이 교사 임용을 위한 석사 학위 과정의 일환으로 개별적으로 연구 논문을 작성해야 한다. 연구 대상 국

가 모두 연구에 대한 이해 및 연구 방법에 정통한 교원 양성을 목표로 삼고 있다. 이를 통해 교사는 연구 결과를 읽고 이를 현명하게 활용할 줄 아는 전문가가 될 수 있으며, 또한 자신의 학생에 대해 자료를 수집하고 분석할 줄 알게 되며, 자신의 교수 활동을 성찰하는 교육자가 될 수 있다.

교원 양성 과정에는 능력 있는 멘토의 지도를 받는 임상적 경험이 포함된다. 모든 국가는 예비 교사들이 실제 교실에서 그들이 실천하려는 교수 활동에 대한 모범을 보여주고 코칭을 제공하는 전문 멘토들의 도움을 받을 때 가장 많은 것을 배운다는 것을 인식하고 있다. 많은 국가가 핀란드가 수십 년 전에 도입한 모형을 모방하고 있다. 이 모형에 따라 예비 교사들은 대학과 협약한 교사 훈련 학교에서 고도의 기술을 갖춘 멘토 교사의 도움을 받으면서, 연구 결과 효과성이 입증된 것으로 대학의 강좌에서 배운 교수 활동을 실습해 보는 기회를 갖는다. 동시에 임용 후 첫해 또는 두 해 동안 체계를 갖춘 멘토링을 제공하여 학교 현장에서의 학습을 확장한다. 이것은 상하이와 싱가포르에서 높은 수준으로 발전했으며, 다른 국가에서도 발전되었다. 여러 국가에서 신규 교사 입문 과정은 자격증 인증certification과 연계되며, 이로써 공식적인 교직 경력 체제로 편입된다.

교원 양성 과정과 신규 교사 입문 과정은 교육 체제의 일부다. 핀란드, 싱가포르, 호주, 캐나다 등의 국가에서 선발, 양성 및 입문 제도는 교사들이 경력을 시작할 때부터 가르칠 준비가 되어 있도록 하는 것을 목표로 삼고 있다. 그러나 그들은 거기서 멈추지 않는다. 제4장 및 제5장에서 설명하는 바와 같이 이들 국가는 모두 교사가 경력 중 학습을 계속하면서 능력과 관심사에 따라 성장할 수 있도록 적극적으로 지원하는 체제를 갖추고 있다.

전문적인 학습 및 승진 제도는 많은 목표를 달성한다. 그것은 교사들이 최신 연구 결과에 뒤지지 않도록 하고 교수 및 학습에 대해 밝혀진 연구 결과를 그들의 교수 활동에 반영하도록 돕는다. 그들은 교사들이 적극적인 학습자로서 활동하게 함으로써 학생들을 위해 학습의 모범을 보일 수 있도록 한다. 그리고 그것은 교사들이 교직에 머무는 것을 도와 안정적인 교사 집단이 유지되도록 한다.

후주(NOTE) ─────────────────────────────────

* 2012~2013년 미국 교사의 평균 초봉은 36,128달러였다. 미국 교육 협회National
  Education Association 2012-2013 주별 평균 신규 교사 급여. http://www.nea.
  org/home/2012—2013-average-starting-teacher-salary.html에서 검색
** 2008~2014년에는 the Department of Education and Early Childhood
  Development: DEECD로 불렸다.
*** http://www.oise.utoronto.ca/ite/Home
**** Teach for Canada[14]는 Teach for All과 제휴하지 않는 캐나다의 독립적인 조
  직이다.

─────────────────────────────────

14. Teach For Canada는 비영리단체로서 교사의 신규 선발 및 연수 활동에 종사하며
  교원들이 교직에 계속 머물도록 지원한다. 현재 120명의 Teach For Canada 교육자
  들이 있다. 이들은 온타리오 주 북부와 마니토바의 23개 원주민 단체(First Nations)
  와 제휴를 맺고 활동하고 있다.

4.

교수 활동의 질 제고

모든 학교는 모범적인 학습 조직이어야 한다. 교사와 교장은 항상 새로운 아이디어와 실천 활동을 찾고 자신들의 지식을 지속적으로 확대할 것이다. 미래의 다른 지식 기반 전문직처럼 교직도 학습하는 전문직이 될 것이다.

고척동Goh Chok Tong 싱가포르 총리(1997년)

3장에서 설명한 바와 같이, 질 높은 교육 체제들은 모든 예비 교사가 처음부터 가르칠 준비를 충분히 하도록 하기 위해 예비 교사에게 지식 및 경험의 탄탄한 토대를 제공하는 데 중점을 둔다. 그러나 그들은 거기에서 멈추지 않는다. 이들 체제는 또한 교사의 활동을 계속 개선해가면서 동시에 계속 학습하여 매년 점점 더 발전할 수 있도록 돕는 구조와 기회도 제공한다. 마지막으로, 그들은 교사들에게 학교와 교육구에서 그들의 향상된 기술을 사용하여 새로운 역할을 수행할 기회를 제공한다.

이러한 기회와 구조는 다양한 형태로 구현된다. 첫째, 이들 체제는 질 높은 교수가 무엇인지에 대한 명확한 진술을 제시했다. 이것들은 종종 실천 기준으로 문서화되어 있다. 이러한 기준은 교사 양성 교육, 신규 교사 멘토링 및 입문, 전문성 개발, 평가, 그리고 피드백을 위한 지침을 제공한다.

둘째, 이 교육 체제들은 교사들에게 동료들과 함께 활동하고 학습할 수 있는 시간을 제공하며 혁신적 교수·학습 활동들의 효과를 검증하기 위한 연구를 수행할 수 있는 시간을 제공한다. 이를 실현하기 위해 이들 국가의 학교는 교실 벽을 허물어(비유적으로) 교사들이 서로 협력하며 자신들의 교수 활동을 상호 관찰할 수 있도록 하고, 교사들이 이러한 활동을 할 시간을 갖도록 수업 시간을 편성한다. 교사들이 하루 종일 학생 앞에 있는 것은 아니다. 그들은 또한 교사들이 교수·학습 활동에 대한 연구에 참여하도록 장려하고, 그들이 학습한 것을 공유하고, 적용하고, 축하할 수 있는 방법을 찾도록 한다.

셋째, 이 교육 체제에서는 교원 평가를 성과가 가장 낮은 교사를 배제하기 위한 징벌적 조치가 아니라 교사에게 피드백을 제공하여 교사들이 교수 활동을 개선하도록 돕는 방법으로 본다. 그리고 싱가포르와 같은 국가들은 평가와 교사의 전문성 신장 기회를 결합한다.

넷째, 젠슨Jensen과 동료들[2016]이 브리티시컬럼비아 주, 홍콩, 상하이, 싱가포르 등 4개 지역의 질 높은 체제들을 연구한 결과, 모든 체제에서 전문적인 학습을 지원하는 일련의 공통적인 정책이 확인되었다. 여기에는 협력을 위한 시간 확보 정책, 전문 학습 공동체를 조직하고 지원하는 교사 리더십 역할 개발 정책, 그리고 학습과 협력을 지원하기 위한 학교 수준 및 개인 수준의 평가 및 책무성 체제를 사용하는 정책이 포함된다. 이러한 정책을 적절하게 추진하면 다음과 같은 결과가 나타난다.

- 효과적인 전문적 학습을 중심으로 한 학교 개선
- 일상적 교수·학습 활동과 연계된 전문적 학습
- 교사 전문성 신장에 대한 인정과 해당 전문성을 활용하여 다른 교사의 학습 지원
- 교사들의 자신과 동료 교사의 전문적 학습에 대한 책임 공유

- 시스템 전반에 걸쳐서 전문적 학습을 장려하는 교육청 또는 주의 정책

이러한 특징은 우리가 연구한 다른 국가에서도 명백하게 드러났다. 이는 또한 교사의 전문성 개발이 협력적이고 지속적이며, 교사의 교실에서의 교수 활동과 연결되어 있고, 더욱더 광범위한 학교 개혁 노력들과 일관성 있게 관련되어 있는 경우 교사의 교수 활동과 학생의 학습을 개선하는 데 더 효과적일 수 있다는 것을 보여주는 많은 문헌과도 일치한다.^{Darling-Hammond & Richardson, 2009: Elmore & Burney, 1997}

이 장에서는 우리가 접한 전문적 학습과 성장의 실제 사례들에 대해 설명한다. 교사 학습을 위한 중요한 초석에는 각 국가의 국가 수준 또는 주 수준 교육과정—공동 작업의 공통된 기반을 제공하는 것—과 교원 양성, 입문, 전문성 개발, 평가 및 지속적인 피드백을 위한 지침을 제공하는, 교수 활동을 위한 전문성 표준이 포함된다. 이 전문성 표준에 대해서는 3장에서 설명했다. 우리는 또한 전문성 개발이 특별 연수와 같은 자리에서만 교사의 과제로 환기되는 것이 아님을 알게 되었다. 그것은 매일의 일상에서 일어나는 교수 및 학습 경험의 일부이며, 이들은 서로 불가분하게 연결되어 있다. 이 장은 국가들이 이러한 학습을 위해 제공하는 다음과 같은 정책 방안들을 중심으로 구성된다.

- 학습을 위한 인센티브 및 제도적 기반infrastructure
- 협업을 위한 시간과 기회
- 교육과정 개발 및 수업 연구
- 교사 연구
- 교사 주도의 전문성 개발
- 평가 및 피드백

학습을 위한 인센티브 및 제도적 기반

이 모든 국가에서 발견되는 교육에 대한 신념 중 하나는 교사와 이들의 지도자를 위한 지속적인 전문적 학습이 학교 개선에 필수적이라는 것이다. 이러한 신념은 학교 밖의 협력적 환경에서의 학습—대부분 교과 내용 또는 교수 학습 활동을 중심으로 이루어지는—을 위한 좋은 선택지들을 꾸준히 제공하는 기관의 설립 및 자금의 지원을 통해 나타나고 또한 학교에서 교사의 일상적 교수 활동에 연결된 지속적인 학습을 촉진하기 위한 일련의 요건과 인센티브에서도 나타난다.

많은 국가에서 전문적인 학습은 교원 자격증 갱신의 요건이다. 상하이에서 중국의 규정은 모든 교사가 5년마다 240시간 동안의 지속적인 전문적 학습 기회에 참여하도록 요구한다. 교육청 및 고등교육 기관은 교사들을 위한 워크숍을 제공하며, 이는 교육 이론 및 실제, 교육 공학 등의 주제를 다룬다.

뉴사우스웨일스 주에서는 자격 인증accreditation을 유지하기 위해 5년마다 100시간의 지속적인 전문성 개발을 위한 학습이 요구되며, 교사는 이 학습이 국가 교수 표준의 7개 영역 각각에서 최소한 하나의 표준을 어떻게 충족하는지 보여주어야 한다. 마찬가지로 매년 교사 자격 등록registration을 유지해야 하는 빅토리아 주에서도 교사는 매년 20시간의 전문적 학습 활동을 선택하여 완료하고 그 결과를 문서화한다. 뉴사우스웨일스 주는 매년 교사 전문성 개발 활동을 위한 날을 5회 지정하여 그 운영 비용을 지불하는데, 교사는 그때 학교에서 선정한 주제를 중심으로 협력적 전문 학습 활동에 참여할 수 있다. 호주에서는 2013년에 97%의 교사가 전문성 신장 활동에 참여했으며, 이에 비해 TALIS 조사에 참여한 국가는 평균 88%였다.OECD, 2014d

싱가포르는 교사 주도의 전문적 학습 활동이 성장에 도움을 준다고 믿는다. 싱가포르는 약 100시간의 유급 전문성 개발 시간(12일 이상)을 제공하는 가이드라인이 있다. 실제로 교사들에게 제공되는 시간은 종 종 100시간을 넘는다. 국가 수준에서 교육부는 교사에게 교사 주도의 전문성 개발 시간을 제공하기 위해 싱가포르 교사 아카데미Academy of Singapore Teachers, AST와 다른 아카데미 및 언어 센터를 설립했다. 이러한 조직은 교사 및 학교와 협력하여, 광범위한 영역에 걸쳐 전문적 학습 코스, 활동, 학습 공동체, 자원 및 전문적 지식을 제공하는 교사 지도자들의 폭넓은 네트워크를 통해 '교사에 의한 교사를 위한' 전문성 개발 기회를 제공한다. AST는 또한 학교 내의 전문적 학습 공동체PLCs를 지원하면서, 전문적 학습 공동체 촉진자에게 연수를 제공하고 PLC를 구성하고 유지하는 데 도움이 되는 수단을 제공한다. 교사의 협업을 촉진하기 위해 학교 간 교사의 학습 공동체—네트워크화된 학습 공동체로 알려진—를 지원한다. 이러한 학교 내 및 학교 간 학습 공동체는 일반적으로 교사 지도자들이 지원한다.

온타리오 주에서는 교육부가 교원 단체에 상당한 자금을 제공하면서 전문적 학습 활동을 지원했으며, 여기에는 교사들이 이를 활용할 수 있는 인센티브 제공에 필요한 수업 면제 시간, 여행 및 숙소에 대한 지원도 포함된다. 온타리오 주의 교육위원회는 또한 매년 우선 순위 전략과 필요에 연계된 전문적 학습 및 역량 구축을 지원하기 위해 교육부로부터 자금과 다른 지원을 받는다. 예를 들어, 2014~2015년에 교육부는 유치원부터 12학년까지의 특수 교육에 관한 전문적 학습, 프랑스어 능력 신장을 위한 PLCs, 원주민 학생, 수학, 차별화된 수업differentiated instruction, 문해력, 평가와 피드백을 통합한 혁신적인 실천, 교사 연구, 그리고 학생들의 학년 간 이동과 학교 간 전학에 대해 지원했다.

온타리오의 전문적 학습 인센티브에는 지식을 확장하고 교수 활동을 향상시켜서 추가 자격additional qualifications, AQs을 획득한 교사에게 보상할 수 있는 급여 구조도 포함된다. 2014년에 온타리오 주 교육부, 교원 단체 및 기타 기관에서 400개 이상의 AQ 코스를 제공했으며, 이들은 온타리오 교직관리원Ontario College of Teachers, OCT의 인증을 받았다.

핀란드는 최근 전문적인 학습에 대한 지원을 확대했는데, 이는 교사별로 참여한 학습 시간에 큰 차이가 난다는 증거 때문이었다. 예를 들어, 2007년 조사에 따르면, 핀란드 교사의 3분의 2만이 전문성 개발 활동에 참여한 것으로 나타났다.[Piesanen, Kivinemi, & Valkonen, 2007] 이에 대응하여 핀란드 정부는 전문적인 학습을 장려하기 위해 오사바 Osaava(capable[역량 있는] 또는 skillful[능숙한])라고 불리는 새로운 프로그램을 개발했다. 이 프로그램에 따라, 교육부와 지방자치단체가 아래와 같은 5가지 전략적 목표를 위해 매년 제공하는 연간 4,000만~6,000만 유로에 800만~1,000만 유로를 추가했다.

1. 교사의 평생학습에서 형평성 및 지도력 증진
2. 교육 기관에서의 융통성 있는 학습 경로의 실현
3. 혁신적 전문성 개발 모형의 재구성 강화
4. 교육 기관과 전문성 개발 기관 간의 네트워킹 및 연계 제고
5. 성공적인 전문성 개발 활동의 보편화

또한 이 프로그램에는 신규 교사들의 입문을 위한 지원과 교사 지도자를 위한 지원이 모두 포함되어, 이들의 전문적 학습이 연속성을 지닐 수 있도록 했다. 자금의 약 20%는 신규 교사들을 위한 멘토링 프로그램, 교원 양성 기관에서의 교육 공학 활용, 그리고 교사 지도자를 위한 장기적인 전문성 개발 프로그램 지원에 특별히 배정되었다. 핀란드에서의 공식적인 전문성 개발은 대개 대학, 국가교육위원회 또는 다른 기관

이 제공하는데, 이는 새로 개선된 서비스 체제에서 특별한 도움이 필요한 학생들을 지원하기 위해 교육 공학적 수단이나 추가적인 학습을 제공하는 것과 같은 특정한 종류의 요구에 부응하기 위한 것이다. 이런 종류의 전문적 학습을 위한 예산은 정부와 지역의 학교가 제공한다. 이러한 학습 기회를 누리는 과정에서 교사들이 비용을 직접 지불하지는 않는다. 교사들은 그들이 참여할 수 있는 많은 전문성 개발 기회가 있다고 언급했으며, 그들이 이러한 기회들을 고맙게 여기며 정기적으로 활용하지만, 종종 학생들을 향한 강한 열의 때문에 자신들이 교실을 떠나거나 참석할 대체자를 확보하는 것을 꺼린다. 이는 특히 그들이 자기 학교에서 자신들의 많은 학습 요구를 충족할 수 있기 때문이다.

뉴사우스웨일스 주에서는 2005년부터 교육 및 지역사회부가 전문적 학습과 지도력 개발을 위한 수준 높은 체제를 제공했다. 매년 3,600만 호주 달러의 전문적 학습 예산이 대규모 지역 센터와의 거리에 따라 다르게 2,250개 학교에 배분되었다. 이는 교사 1인당 약 700 호주 달러, 농촌 지역 교사의 경우 1,000 호주 달러다. 신규 교사들을 지원하기 위해 추가 자금이 배정되었다.

전문성 개발 및 리더십 부서Professional Development and Leadership Directorate는 교사 및 교사 지도자와의 협의 및 각 학교의 전문적 학습 팀으로부터 매년 가장 필요한 전문적 학습에 대한 수요를 조사하는 설문에 바탕을 두고 교사 및 교사 지도자를 위한 전문적 학습 프로그램을 설계했다. 학교들은 그들의 우선순위에 가장 잘 대응할 수 있는 프로그램이나 제공자를 선택했다. 이 부서의 프로그램들이 학교들에서 가장 인기가 높았다. 뉴사우스웨일스 주의 모든 교사는 성과 관리 및 개발 계획에 따라 전문적인 학습을 이수해야 한다. 교사는 전문성 신장 및 경력 개발의 요구 및 학교의 우선순위라는 맥락에 맞추어 전문적 학습을 결정할 책임이 있다.

학교에 기반을 둔 전문 학습 체제는 두 가지 주요 신념에 토대를 두었다. 첫째, 학교는 교사의 학습 요구와 학생의 학습 요구를 연결하는 최적의 위치에 있다. 둘째, 교사에게 가장 큰 영향을 미치는 전문적 학습은 교사의 학교에서의 일상적 교수·학습 활동과 밀접하게 연계되어 있다. 전문적 학습을 위한 예산을 학교에 제공하기 위해서는 교사의 전문적 학습 예산의 배분과 그 영향을 관리할 수 있는 체제의 개발이 필요했다. 이 체제는 학생, 교사 및 교사 지도자의 학습에 가장 큰 영향을 미치는 전문적 학습 전략에 대해 교사 및 교사 지도자에게서 실질적인 증거를 수집할 수 있도록 했다. 또한, 이는 교사가 자신들의 학습과 교수 능력에 가장 큰 영향을 미치는 것이 무엇인지 발견하기 위한 종단 연구의 토대를 마련했다.[McIntyre, 2013] 이 연구에 참여한 6천 명의 교사로부터 얻은 교훈은, 수업과 교수 자료의 공동 준비에 대한 학습, 서로의 수업 관찰 기회, 학생의 학습 활동에 대한 공동 평가가 지니는 중요성이다.

교육 체제의 전문적 학습 예산을 학교에 직접 배분함으로써 교사와 교사 지도자가 수업 관찰과 피드백, 그리고 교수·학습과정안의 공동 개발 및 평가를 위한 학교 내 시간을 확보하고 안배할 수 있게 해주었다. 이것은 교사들에게 전문적인 학습을 위한 매우 중요한 원천이 되었다. 매년 교사의 전문적 학습 예산의 평균 60%가 교사의 학습을 위한 추가 시간 확보를 위해 사용되었다. 이 전략은 학교라는 공간에 대해 학생들의 배움뿐 아니라 교사들의 배움도 이루어지는 장소임을 인식시키고 이를 위해 학교 내 활동을 재구조화하는 일이 중요하다는 것을 강조했다. 뉴사우스웨일스 주의 교사 다니엘 맥케이Daniel McKay가 다음과 같이 언급했다.[Link 4-1]

지금까지 우리는 학습 공동체로서의 학교에 대해 이야기했습니다. 우리는 모든 사람을 학습자로 보고, 우리가 서로 배울 수 있다고 생각합니다. 교사는 교사에게 배우고 학생은 학생에게 배울 수 있습니다. 교사가 학생들에게 배울 수 있고 그 반대도 마찬가지입니다. 우리는 이것이 교사가 배울 수 있는 좋은 방법이라고 생각했습니다. 그들은 단지 교실에 혼자 앉아있는 것도 아니고, 일회성 전문적 학습을 하러 갔다가 다시 돌아와 무엇인가를 시도해 보는 것도 아니고, 또는 교실에서 무엇인가를 시도해보지 않는 것도 아닙니다. 서로 돕고 지지해주는 것이죠. 우리는 학교에서의 전문적 학습을 검토하고 변경하여 우리가 학생들이 배우기를 원하는 대로 교사들이 배울 수 있도록 했습니다. 분명 우리는 교실에서 학생들이 서로 협력하고, 집단 활동에 종사하고, 서로 지원하고, 서로 반성하면서 비판하기를 원합니다. 우리는 교사들이 바로 그렇게 하기를 바라는 것입니다.

협력을 위한 시간과 기회

효과적인 학교의 핵심에는 협력이 있다. 많은 정책 결정자들이 효과적인 교사를 특정한 자질이 있고 훈련을 받았고 교실에서 특별한 오아시스 같은 것을 만드는 사람으로 생각하지만, 가장 효과적인 학습을 하는 학교에서는 교사들 간에 상당한 공동 작업이 이루어진다는 분명한 증거가 있다. 교사 간의 협력이 중요한 것은 다른 교사들과 함께 일하는 것이 좋은 일이기 때문만은 아니며, 그것이 학교를 더 즐거운 곳으로 만들기 때문이다. 실제로 좋은 성과를 내는 학교는, 실적이 좋은 기업과 마찬가지로 구성원들이 서로의 지식과 기술을 활용하고, 공통적이고 일관성 있는 일련의 활동을 전개하여 전체가 부분의 합을 크게 넘어서는 학교 조직을 형성하고 있는 것으로 나타났다.

한 연구에서 경제학자들은 교사 팀의 집단적 전문 지식에 의해 나타난 학생들의 학습 성과를 정량화할 수 있었다. 그런 연구에서 가장 큰 성과는 더 경험이 많고, 더 나은 자격을 갖추고, 학교 내에서 팀으로 함께 활동하는 교사들 덕분이라는 것을 발견했다. 연구진은 소규모 교사 집단 속의 동료 학습이 이후 학생들의 성취도 향상을 가장 강력하게 예측하는 변인이라는 것을 발견했다.[Jackson & Bruegmann, 2009] 또 다른 연구에서는 학교 개선을 위해 더 높은 수준의 교사 협력이 이루어지는 학교에 학생들이 다닐 때 수학과 읽기에서 더 많은 것을 성취했다는 것을 발견했다.[Goddard, Goddard, and Tschannen-Moran, 2007] 세 번째 연구에서는 교사가 협력적인 학교에서 근무할 때 시간이 지남에 따라 더 유능한 교사가 된다는 것을 발견했다.[Kraft & Papay, 2014]

따라서 전 세계 교사들이 자신들의 교수 효과성에 자신들의 동료들이 기여하고 있다고 언급하는 것은 놀라운 일이 아니다.[OECD, 2014d] 고립된 교사들이 조립 라인의 서로 다른 지점에서 혼자 일할 수 있도록 설계된 공장 모형에 따른 체제와 달리, 교육은 팀 스포츠와 같은 것이다. 성공적인 학교는 여러 다양한 교사들의 기술과 능력을 적절히 섞고 조합하여 사람들이 협력적으로 일할 수 있도록 하기 때문에 성취도를 높인다.

협력의 가치는 최근의 여러 국제적 연구에서 강조되어 왔다. TALIS 설문조사의 분석 결과, 교사들의 협력적 전문성 개발 활동 참여는 소규모 집단 활동 및 상호적인 컴퓨터 공학의 사용과 같은 혁신적인 교수·학습 활동, 그리고 장기적 프로젝트 기반 학습과 같은 능동적인 교수·학습 활동과 관련이 있는 것으로 나타났다.[OECD, 2014d, pp.380-382] 더욱이, TALIS 분석 결과, 교사의 협력이 교사의 능력에 대한 자신감 및 교수 활동의 즐거움과 긍정적으로 관련되어 있는 것으로 나타났다. 특히 여러 학급의 교사들이 공동 활동에 자주 참여하는 것과 협력적인 전문적 학습은 교사의 자기 효능감 및 직무 만족도와 긍정적인 관계가 있는 것으로 나

OECD, 2014d [그림 4-1] 및 [그림 4-2] 참조

과거의 연구에서도 또한 저경력 교사를 위한 입문이나 멘토링 등의 동료와의 협력이나 학습의 기회가 교직 유지retention를 결정하는 중요한 요인인 것으로 나타났다.Ingersoll & Strong, 2011 다른 연구에서는 교사는 경험의 증가에 따라 효과성이 향상된다.Kini & Podolsky, 2016 이에 따른 교직 유지율 증가는 더 효과적인 교사 집단과 관련이 있는 것으로 나타났다.Clotfelter, Ladd, & Vigdor, 2006; Henry, Bastian, & Fortner, 2011

[그림 4-1] 교사의 자기 효능감 수준과 교사의 전문적 협력의 빈도[1]

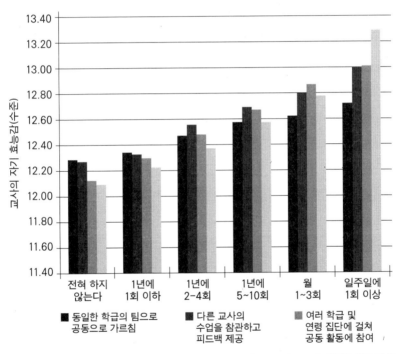

출처: OECD(2014d). 허락을 받고 제시.

---

1. 항목별로 막대그래프가 4개씩인데 용례에는 3가지만 설명되어 있다. 원본에 이렇게 나타나 있다.

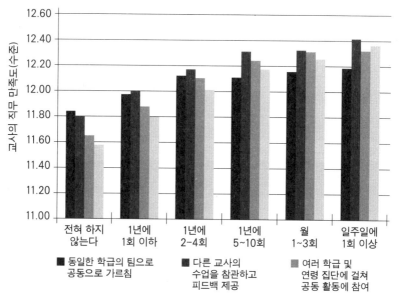

[그림 4-2] 교사의 직무 만족도 수준과 교사의 전문적 협력의 빈도

출처: OECD(2014d). 허락을 받고 제시.

협력의 시간

이러한 예에서 알 수 있듯이, 교육의 질이 높은 국가의 교사들은 많은 시간을 동료들과 협력적으로 학습하며 보낸다. 이것은 이러한 많은 나라에서 교사들이 미국의 교사보다 학생들 앞에서 가르치는 날이 적기 때문에 가능하다. 예를 들어, TALIS에 따르면 미국 교사들은 일주일에 27시간을 학생들을 가르치며 보낸다. 이는 국제 평균 수업 시간인 19시간에 비하면 50% 이상이 긴 시간이다. 반면 싱가포르의 교사들은 일주일에 약 17시간을 가르친다.[OECD, 2014d] 상하이에서는 15시간 정도 가르친다. 우리가 3장에서 언급했듯이, 호주 교원 단체는 신규 교사들을 위한 추가 시간을 협상했다. 뉴사우스웨일스 주는 신규 교사들과 경력 교사들을 위해 그 이상의 시간을 추가했다.

교사가 학생을 가르치지 않는 시간에는 자주 동료 교사들과 협력하여 수업을 계획하거나 실행 연구를 수행하면서 그들의 교수 활동과 결과를 분석한다.

학교에서는 교사를 위한 시간을 확보하고 모임의 일정을 조정하여 다양한 기회에 참여할 수 있게 한다. 이 기회들에는 정부 기관, 교원 단체 및 기타 교사들이 제공하는 공식 세미나에서 교수 활동 및 학교 개선 우선순위의 표준에 관련된 영역에서 학습할 기회와 비공식적으로 학교 내 동료로부터 배울 기회가 포함된다.

협력의 기회

예를 들어, 핀란드는 교내에서의 공유와 학습 활동에 열과 성을 다한다는 특징을 보이는데, 이런 활동은 매우 체계적이고 널리 보급되어 있다. 교육부 선임 고문 요오니 강가스니에미Jouni Kangasniemi는 오사바Osaava의 아래에 놓인 아이디어는 전통적인 전문성 개발 관점에서, 교사들이 서로 배울 수 있게 하는 더 자연스러운 지역(또는 전국) 네트워크와 공동체 내에서 일어나는 교사 학습 개념으로의 이동임을 강조했다. 그는 다음과 같이 말했다.

교사의 기존 노하우와 지식, 혁신적 방안을 활용하여 다른 교사를 발전하게 도울 수 있다는 것을 이해하는 것이 중요하고, '지혜'가 학교 밖에 있는 것이 아니라 그 안에 있다는 것을 알 필요가 있습니다.

학교 안에서 이루어지는 교사들의 전문적 학습은 체계적이며 민주적인 방식으로 진행된다. 교장들은 자신들의 학교 안에서 이루어지는 대화, 피드백, 협력 및 전문가 팀 내에서의 활동을 위한 공식적, 비공식적 기회를 서술했다. 예를 들어 코트카Kotka에 있는 랑잉스코스키

Langinskoski 중학교의 헤이디 혼카넨Heidi Honkanen 교장은 교사들이 새로운 아이디어, 지식을 공유하고 동료에게 도움을 제공하면서 배우기도 하는 효율적인 방안으로서 지속적인 전문적 대화와 주간 교사 모임의 중요성을 강조했다. 이러한 모임은 교사의 일상적 학교생활과 직결되어 있고 어떤 문제가 생겼을 때 즉각 대처할 수 있게 한다.

교사들이 그들의 활동을 위해 넓은 공통의 공간을 공유한다는 사실은—상하이에서도 마찬가지인데—교사들이 서로 배울 기회를 확장해준다. 랑잉스코스키에서 신규 역사 교사 요우니 파르타넨Jouni Partanen은 이로 인하여 동료들로부터 실제적인 해결책에 대한 새로운 아이디어와 유용한 힌트를 얻을 수 있었는데, 심지어 짧은 휴식 시간에도 그랬다고 언급했다. 그는 이렇게 학교 현장에서 그때그때 개별적으로 받는 지원이 신규 교사인 자신에게 매우 중요하다고 설명했다.

예를 들어, 수업에서 교수·학습 활동을 어떻게 구성할지 등에 대한 실제적인 질문이 있을 때 수업과 수업 사이 쉬는 시간에 커피를 마시면서 좀 더 경험이 많은 동료의 도움을 받을 수 있어 매우 편리합니다. 즉석에서 도움을 받을 수 있으므로 기다릴 필요가 없습니다.

뮐류푸로Myllypuro 초등학교의 안나 히르보넨Anna Hirvonen 교장은 학교에서 진행되는 '시범 수업demo lessons'에 대해 다음과 같이 말했다. 어떤 교수법이나 주제에 대한 특별한 전문적 지식이 있는 교사가 다른 교사들에게 수업을 시연한다. 이는 교사들의 교수 활동을 풍부하게 하고 학생들을 가르치는 가능한 새로운 방법에 대한 정보를 제공한다. 다른 기회들은 더 유기적이고 비공식적인데, 예를 들어, 학교에서 공유하는 공통 공간에서 더 경험 많은 교사들에게 도움을 받는다. 학교 밖에서 주로 일어나는 전문적인 학습에 초점을 맞추기보다는 이렇게 지역적이고 민주적인 학습을 지향한다.

빅토리아 주에서도 협력적 학습이 주로 이루어진다. 전문적 학습은 일반적으로 학교 내에서 협력적으로 서적 읽기, 전문적 학습 팀 활동, 공동 계획, 학생 자료 분석, 수업 관찰 및 문제 확인과 교수 활동 개선을 위한 후속적인 전문가 대화, 그리고 교사가 전문적인 학습을 통해 배운 내용을 어떻게 수업에 적용하는지 검토하기 등의 형태를 띤다. 공동 워크숍 및 활동을 위한 학교 네트워크 활용도 지속적으로 이루어진다.

한편, 온타리오 주의 교육위원회와 학교들은 지역의 요구와 관련된 다양한 전문적 학습을 계획하고 운영하는 데 관여한다. 활동 유형은 매우 다양하다. 예를 들어, 몇몇 학교는 교사들이 다른 교사의 교실을 방문할 기회를 제공하여 특정 교수·학습 전략의 실행을 관찰하도록 한다. 또한 학교를 기반으로 하는 프로그램에는 서적 스터디 그룹, '점심 및 학습 lunch and learn'이라는 미니 워크숍, 다양한 학교 실천 공동체, 교사들이 특정 실천 문제 또는 학교 개선 방안을 논의하는 전문적 학습 공동체가 포함된다.

여러 면에서 볼 때, 중국에서 교수 활동은 협력적 활동이며, 이것의 전제는 좋은 아이디어와 자원을 모아 결합하면 이것이 학교에 잘 반영될 것이며, 학생들을 더 잘 지원할 수 있다는 것이다. 교수 활동은 개방되어 있고, 공개적으로 검토를 받는다. 교사들은 함께 계획을 세우고 서로의 수업을 관찰한다. 그들은 자신의 학교와 다른 학교에서 동료 교사를 관찰하는데, 이 활동을 '교실 개방open classroom'이라고 부른다. 이 개방성은 더 강력한 집단적 이상을 설정하며 이 이상을 기준으로 질 높은 가르침과 질 낮은 가르침의 차이를 가늠할 수 있다. 좁은 교실에서 수업을 운영하고 많은 학생을 관리하는 것은 아직 교사 개인의 몫이다. 그러나 개인은 동료들의 수업을 정기적으로 관찰할 수 있는 전반적인 문화에 몰입함으로써 좋은 교수법에 대한 이미지와 개인의 성장을 위한 열망을 갖게 된다.

　　빈번한 동료 관찰과 공동 수업 준비로 중국 교사들은 학교의 전체 동료들의 교수의 질에 대해 잘 알고 있다. 교사들은 동료들의 교수 양식, 교과 지식 수준, 학급 경영 능력, 교수 활동의 강점 및 약점, 그리고 학생들 사이의 평판에 대해 코멘트할 수 있다. 그들은 학교의 좋은 교사들을 자랑스러워하고 가르치는 데 어려움을 겪는 몇몇 동료들에 대해서는 안타깝게 생각한다. 뛰어난 교사는 그들의 인격이 아닌 뛰어난 교수 활동 때문에 동료들 사이에서 존경받는다.[Paine & Ma, 1993, p.682]

　　전문적 학습 활동에 대해 교사들을 대상으로 한 전국적 조사에서 57%가 과거 2년 동안 교실 관찰, 수업 실천 대회 및 교사 연구 활동에 참여한 적이 있다고 응답했다.[Gang, 2010]
　　후술하는 바와 같이, 많은 학교에서는 교육과정 계획 및 수업 연구를 위한 학교 내 전문적 학습을 수행하고, 교사 연구 집단을 구성하고, 교수 활동의 문제 해결을 위한 협력 활동을 전개한다.

교육과정 개발 및 수업 연구

　　이들 국가에서 교사들의 협력 활동의 대부분은 동료들과의 교육과정 계획 및 수업 연구에 초점을 둔다. 국가 수준 또는 주 수준 교육과정 가이드에 토대를 두고, 교사들은 학교 수준에서 교육과정 단원과 수업을 개발하기 위해 협력하며, 자주 학생들의 학습을 평가하기 위해 학교 기반 수행 평가를 공동 개발하고, 사용하고, 검토한다. 이것은 연구 프로젝트, 과학적 탐구 및 교육 공학의 적용을 포함하며, 교사들이 표준과 교육과정의 목표를 깊이 이해하고 그들의 교과 내용 및 학생에 대한 지식을 공유하는 것을 돕는다.

교육과정 및 평가 개발

이 같은 교육과정 설계를 위해 진행되는 협력적 활동은 교사들을 학습 맥락에 머무르게 한다. 질 높은 체제들이 교사의 전문적 학습을 가능하게 했던 한 가지 중요한 방법은 교육과정 계획, 그리고 평가의 개발 및 채점에 교사들을 참여시키는 것이다. 이 나라들의 교육과정은 학생들이 비판적으로 사고하고, 문제를 해결하고, 효과적으로 의사소통하기 위해 지식을 사용하는 능력을 강조한다. 따라서 평가에는 학교 내에서 그리고 공식적인 시험 체제에서 학생들이 복잡한 활동에 임하게 하는 확장된 수행 과제가 포함된다. 이것은 교사들에게 상당한 학습 기회를 제공한다. 교사들이 공동으로 평가를 개발하고 채점함으로써 교사들은 학생들이 도달하기를 기대하는 표준에 대해 확실하게 이해하게 되고 학생들이 이런 표준에 도달하도록 돕는 데 필요한 수업에 대한 이해에 이르게 된다.

핀란드는 외부의 표준화된 학생 평가를 사용하지 않고 교실 기반 평가를 강조하는 국가로 잘 알려져 있다. 이는 학생들이 12학년에 자발적으로 응시하는 대학 입학시험 이전까지 지속된다. 핀란드에서는 국가의 핵심 교육과정이 교사들에게 교육과정 목표, 권장하는 내용 그리고 각 교과에서 학년별 평가 기준과 매년 학생의 성취 전체에 대한 최종 평가의 기준을 제공한다. 지역의 학교와 교사는 이 가이드라인을 토대로 각 학교에서 더 상세한 교육과정과 일련의 학습 성과 목록을 작성하고 교육과정의 준거benchmarks를 평가하기 위한 접근 방식을 결정한다. 교사는 학교 정책 및 관리 영역과 더불어 교육과정 및 평가 영역에서 광범위한 의사결정의 권한을 지닌 교육 전문가로 인정받는다.Finnish National Board of

핀란드 국가교육위원회[National Board of Education, 2007]에 따르면, 학생들을 평가하는 주된 목적은 학생들의 자기성찰과 자기평가를 안내하고 장려하는 것이다. 따라서 교사에게 계속 피드백을 받는 것이 매우 중요하다. 교사는 학생들에게 구두 피드백, 문서 형식의 피드백 형태로 형성적이고 총괄적인 보고서를 제공한다. 핀란드의 교육 지도자들은 교육과정에 내재된 학교 중심, 학생 중심, 개방적인 과제의 사용을 국제 학생 평가에서 놀라운 성공을 거둔 중요한 이유로 지적한다.[Lavonen, 2008]

대학 입학을 위한 정보를 제공하는 자발적 대학 입학시험은 학생들의 문제 해결 능력, 분석 능력, 작문 능력의 측정에 초점을 둔다. 대학 교수와 고등학교 교사들이 입학시험 위원회의 지도 아래 시험을 출제한다.['Finnish Matriculation Examination', 2008] 이 시험은 개방형 에세이 및 문제 해결 문항들로 구성된다. 입학시험 위원회의 위원들(약 40명)은 시험 교과 분야의 교수 및 교육과정 전문가다. 이들은 대학과 국가교육위원회가 지명한다. 그리고 300명 이상의 협회 회원(일반적으로 고등학교 교사 및 대학교 교수)이 시험 문항을 개발하고 검토하는 과정을 돕는다. 고등학교 교사들은 공식적 지침에 따라 입학시험 답안을 지역별로 현지에서 채점한다. 그리고 위원회가 임명한 전문 평가자들이 채점 표본을 재검토한다.[Kaftandjieva & Takala, 2002]

현재 핀란드는 이전부터 주기적으로 국가 교육과정을 검토하고 있으며, 교사들도 그 과정에서 중요한 검토자 역할을 하고 있다. 이것은 그들에게 전문적 학습의 기회도 된다. 교사들은 이 과정에서 중심적인 역할을 했기 때문에, 전직 교사이자 헬싱키 대학교의 교과 교육 교사 양성 프로그램에서 가르치는 교수인 한넬레 캔텔[Hannele Cantell]이 지적하는 것처럼, 교육과정 변화에 대해 스트레스나 우려를 표현하지 않는다. 교사들이 이미 초안을 보았고, 여러 버전을 읽고 검토했기 때문이다. 그녀의 설명대로 "그들은 교육과정이 어떻게 변할지 안다." 교육과정 개정은 교사의 지식, 전문성 및 경험이 어떻게 교육과 관련된 주요 정책 결정과 국가적 노력의 중심을 차지하는지를 예시한다. 또한 그것은 핀란드식 접근의 기반이 되는 공동의 비전에 대한 강한 의식을 반영한다.[Halinen, 2014]

빅토리아와 뉴사우스웨일스 주도 교사들이 평가를 개발하고 점수를 매길 수 있게 하는 상당한 기회를 제공한다. 주 정부가 교사들의 의견을 반영하여 개발한 고등학교 시험은 대부분 문장식, 구두 및 수행 요소가 포함된 개방형 문항으로 이루어진다. 이 문항들에 대한 답안지는 교사들이 '조정moderation' 과정을 거치면서 채점한다. 이 과정에는 채점의 일관성을 위한 훈련의 일환으로 여러 교사가 채점자 간에 조정calibration하는 활동이 포함된다. 또한 학년도 전반에 걸쳐 주어지는 교실 기반 과제들은 전체 시험 점수의 절반 이상을 차지한다. 교사는 교수·학습과정안의 기대에 부응하는 이러한 필수 과제(주요 주제들에 관한 실험실 실험 및 조사 그리고 연구 보고서와 발표)와 평가를 설계한다. 교실의 필수 과제는 학생들이 나중에 응시하게 될 시험을 준비하게 돕는 그런 종류의 학습 기회를 얻을 수 있게 한다. 그리고 학생들이 개선해야 할 피드백을 받을 수 있게 하고, 이러한 매우 어려운 시험뿐만 아니라 대학과 인생에서도 성공할 준비가 되게 한다.[Adamson & Darling-Hammond, 2015; Darling-Hammond & Wentworth, 2014]

이 과제들은 교수·학습과정안에 명시된 기준에 따라 등급이 매겨지며, 시험 점수에 포함된다. 교사가 부과하는 과제의 질, 학생들의 활동 결과, 그리고 학생에게 주어지는 성적과 피드백의 적절성은 검증 체제 안에서 평가받는다. 그리고 학교는 이 모든 요소에 대한 피드백을 받는다. 그 결과로 학생들을 위한 풍부한 교육과정과 광범위한 교사 참여와 교사의 성장 및 학습을 위한 많은 기회를 얻는다.

싱가포르의 평가 체제도 비슷하게 설계되며, 1990년대 후반에 시작된 '사고하는 학교, 배우는 나라'라는 기치에 따른 개혁의 일환으로 점점 프로젝트 기반형으로 변화하고 있다. 11, 12학년을 위한 새로운 A-수준 교육과정과 평가 체제에는 수행 기반 평가가 포함된다. 여기에는 학생들이 과학 탐구를 설계하고 수행하며, 협력 프로젝트에 참여하며, '지식과 탐구'라는 새로운 교과의 일부로서 간 학문적 탐구를 완성하는 것이 포함된다. 이것은 학생들이 새로운 문제나 쟁점을 해결하기 위해 다양한 분야의 지식과 기술을 적용할 것을 요구한다. 에세이 시험과 그들이 추가하는 문제 기반 시험 같은 새로운 평가는 싱가포르 시험평가위원회가 교사의 도움을 받아 설계하고 점수를 매긴다. 교사는 점수 매김에서 일관성을 확보하기 위해 조정 과정에 참여한다. 이 전문적인 역할은 교사가 교육과정에 포함된 기준을 더 잘 이해하고 더욱더 효과적인 수업을 계획할 수 있게 한다.

수업 연구

또 다른 핵심 전략은 일본, 중국 및 아시아 여러 지역에서 사용되며 호주, 캐나다, 미국 등으로 확산하는 수업 연구lesson study다. 예를 들어, 중국의 학교들은 학년별 수업 계획 집단beikezu을 형성한다. 이들은 특히 수업 계획에 중점을 두고 학생들의 학년 수준에 적절하게 교육과정을 재구성하는 데 초점을 둔다. 이러한 집단의 활동은 학습자인 아동에게 초점을 맞추고 교육과정 및 수업을 학습자 중심으로 운영하려고 노력하는 좀 더 최근의 현상을 반영한다.

수업 설계는 상하이에서 세밀하게 조율되는 활동이며, 학교 내 많은 교사의 의견을 적극적으로 반영하는 방식으로 이루어진다. 다른 학교나 수업 실천 대회에서 시연 수업으로 사용될 수업은 여러 교사의 피드백을 바탕으로 실행되고 수정된다. 많은 학교에서 수업 계획은 교과 영역 지도 교사 또는 소규모 학교에서는 교장의 승인을 받아야 한다.

수업 계획 양식은 학교에 따라 다르다. 더욱이, 교사들이 같은 내용을 비슷한 방식으로 가르치려고 하더라도 수업 목표는 학급마다 다를 수 있다. 학급마다 학습의 속도와 수업의 초점이라는 측면에서 그들만의 요구가 있을 수 있기 때문이다. 교사들은 왜, 어떻게 수업을 할 것인지에 대한 의사결정과 이유에 대해 미리 심사숙고해야 한다. 이 수업을 위한 분석에는 학습 내용에 대한 교사의 이해(교과서 분석), 학생이 학습해야 하는 것과 그 깊이(지식 및 능숙도proficiency 평가), 수업 중에 학생이 어려워하리라 예상되는 것(곤란도 분석)이 포함된다.

상하이 학교의 수업 연구

우리가 방문한 상하이의 학교마다 교사들은 수업 계획을 서로 논의하기 위해 제시했고, 다른 교사들과 행정가들이 관찰하는 가운데 한 교사가 자기 교실에서 수업을 시연했다. 그 후 수업 협의회를 통해 수업 개선 방법에 대한 피드백을 제공했다.

피드백 토론은 공통된 구조를 따랐다. 교사는 수업에 대해 모두 발언을 하고 수업 진행 방식을 요약했다. 일반적으로 고경력 교사인 그룹 리더가 수업이 성공적으로 이루어진 부분에 대해 몇 가지 의견을 제시한 다음 개선안을 제안했다. 그런 다음 다른 교사들이 그 뒤를 따라 잘 진행되었다고 생각하는 점을 요약하고 몇 가지 개선 사항을 제안했다. 교장이나 다른 고위직이 참여하는 경우, 이들은 회의 마지막에 더 길게 요약하고 학교가 어떤 교육을 위해 노력해야 하는가에 대해 광범위한 논평을 추가했다. 또는 그룹의 리더가 여러 논평을 요약했다. 이러한 회의는 학교 수업 시간과 동일한 시간(약 35분) 동안 이루어졌다.

상하이의 제조업 지역인 민항 지구Minhang District에 있는 치룬

초등학교Qilun Elementary School에서 5학년을 담당하는 장 지아잉 Jiaying Zhang 교사는 수학 교과 시범 수업을 진행하고 수업 참관인들이 미리 살펴볼 수 있도록 공식 수업 계획안을 준비하여 수업을 마친 후 참관인들이 토론할 수 있게 했다. 이 학교에서 전형적으로 사용되는 매우 상세한 수업 계획서부록 B 참조는 교과서 분석에서 시작하며 교사가 가르치려고 하는 수학적 개념을 탐구한다. 지아잉 교사의 교과서 분석은 수학에 대한 그녀의 깊은 지식과 아이들의 개념 이해 방식을 보여준다. 지아잉 교사는 교과서가 기하학적 개념을 표현하는 방식에 의문을 제기하고 다각형에 대한 이해와 다각형 구성 요소와의 관계에 대한 자신의 생각을 소개한다.

그런 다음 지아잉 교사는 학생의 학습이라는 렌즈를 통해 학습 목표를 분석한다. 지아잉 교사는 이 수업에 앞서 학생들이 다각형에 대해 무엇을 배웠는지 그리고 다각형 내의 각도에 대한 새로운 아이디어를 탐구할 때 학생들이 직면할 수 있는 어려움을 알고 있으며, 학생들이 이미 알고 있는 것과 수업에서 교사가 소개하는 새로운 개념들 사이에 더 강한 연결을 만드는 데 도움을 줄 방법을 생각한다. 지아잉 교사의 분석은 수학적 개념에 대한 지식과 학생들의 참여 방법에 대한 교사의 지식을 잘 보여준다. 계획된 교수 및 학습 전략에는 교사 질문, 직접 조작, 학생의 가설 설정 활동, 학생의 아이디어 공유를 위한 짝 활동 등이 포함된다. 수업을 빨리 진행하고 학생들이 쉴 새 없이 활동하도록 하여 35분의 수업 시간 동안 많은 활동을 수행한다.

수업 계획 분석은 "어떻게 하면 학생들이 이해할 뿐만 아니라 연관성에 대해 더 깊이 생각하게 할 수 있을까?"라는 질문으로 마무리된다. 이것은 상하이 교사들의 연구 마인드를 보여준다. 수업은 교수 실천teaching practices을 지속적으로 개선하기 위해 학생들이 배우는 방법을 질문하고 더 많이 배우는 공간이다.

실제 수업 동안, 지아잉 교사는 수업 계획에 충실했고 학생들은 교사가 교실에 들어온 순간부터 마칠 때까지 참여했다. 수업 후 협의회에서 참관자들은 수업 개선을 위해 몇 가지를 제안했다. 한 교사는 학생들이 자료를 가지고 탐구하기 전에 평행사변형의 구조에 대한 가설을 세우는 과정을 적극적으로 수행하고, 그 다음에 탐구를 통해 발견한 것에 관한 결론을 도출할 것을 제안했다. 다른 교사는 학생들이 더 다양한 관계를 탐구할 수 있도록 다각형을 만드는 데 사용할 막대의 길이를 다르게 하여 활동 자료를 더 어렵게 만들 것을 제안했다. 한 교장은 교사가 학생들에게 하는 질문은 수업 중에 관찰한 직접적인 교사 질문과 학생의 대답으로 이루어지기보다 학생들이 스스로 관계를 찾을 수 있도록 하는 '더 큰' 질문이어야 한다고 평했다. 이 모든 제안은 학생의 사고와 학습 참여에 기초한 교수 방식을 지지하며, 교사의 역할은 학생의 탐구를 자극하고 학생 자신이 발견한 것에서 스스로 결론을 도출할 수 있도록 돕는 자료와 활동의 설계자로 간주된다.

싱가포르에서 교사들은 학교의 교사 지도자(즉, 경력 교사와 리더 교사)와 싱가포르 교사 아카데미AST의 수석 교사들의 도움을 받아 수업 연구 실천Link 4-2을 배우거나 개선할 수 있다.

선임 수석 교사principal master teacher인 아이린 탄Irene Tan과 신시아 세토Cynthia Seto는 교사들이 워크숍과 네트워크화된 학습 공동체를 통해 수업 연구lesson study를 배울 수 있도록 지원받는 방법을 함께 설명했다.

수업 연구[워크숍]를 위해 우리는 각 학교에서 최소 3명의 교사들로 구성된 그룹을 보낼 것을 요청한다. 이는 교사들이 수업 연구의 여정에서 서로의 지지를 받을 수 있도록 하기 위한 것이다. 4개의 세션이 있다. 교사들이 첫 번째 수업 연구에 참여하기 전에 우리는 교사들이 수업 연구가 무엇인지 알 수 있도록 약간의 읽기 자료를 보낼 것이다. 올해는 일부 학습이 온라인 모듈로 이루어지기 때문에 교사들은 먼저 온라인 환경에서 몇 가지 상호작용을 할 것이다.

첫 번째 세션은 면대면으로 수업 연구가 무엇이고 수업이 어떻게 설계되는지에 대해 이야기한다. 두 번째 세션에서는 구체적인 수업 설계로 들어가서 수업이 어떻게 설계되었는지에 대해 각자의 관점에서 서로에게 피드백을 제공하고 비평한다. 그런 다음 교사들은 [학교에서 가르친 후] 수업을 수정한다. 우리 모두 수업 후 토론뿐 아니라 수업 관찰을 하는 것이 어떤 것인가를 경험하게 된다. 이는 세 번째 세션에서 이루어진다. 네 번째 세션에서는 모두 모여서 "당신은 무엇을 했고, 앞으로 어떻게 할 것이고, 학습한 것을 바탕으로 무엇을 할 것인가?"를 논의한다.

우리는 거기서 멈추지 않는다. 우리는 교사들이 "좋아요, 우리 또한 수업 연구 네트워크로 연결된 학습 공동체가 있어요. 우리와 함께 이 여정을 계속하고 싶다면 참여할 수 있어요. 당신의 팀을 데려오세요."라고 하도록 격려한다. 네트워크는 회원들이 하고 싶은 일을 안내한다는 의미에서 보다 유연한 접근 방식을 [제공한다]. 만약 누군가가 "좋아, 우리가 효과적인 학습을 촉진하기 위해 기술을 어떻게 사용할 수 있는지 살펴보자."라고 한다면, 우리는 함께 수업 연구를 할 수 있다. 다시 한 번 우리는 수업을 관찰하고 어떻게 개선할 수 있는지 알아본다.

AST는 내용 교수 지식을 개발하는 분야별 접근 방식을 강조한다.

[그림 4-3] 상하이 둥중국사범대학 푸젠 제2초등학교 교사와 수업 후 토론하는
교사 연구 집단

　대부분의 경우, 교사들은… 자신의 부서에서 수업 연구를 계속할
것이다. 내가 이렇게 보는 이유 중 하나는 우리의 수업 연구 접근법이
모든 교과에 통용되는 일반적인 방식generic manner으로 수행되지 않
았기 때문이다. 이러한 일련의 워크숍을 할 때, 우리는 교과별로 진행
한다. 예를 들어, 내가 수업 연구 워크숍을 한다면, 화학 교사들만을
위한 것이다. 신시아는 초등학교 수학 교사들을 위한 [워크숍]을 할
것이다. 워크숍에서의 대화는 내용 면에서 매우 풍부하다. 특정 교과
와 관련되는 특별한 교수법signature pedagogy에 [우리는 의존한다]: 수
학에는 수학을 가르치는 방법이 있다. 과학에는 과학을 가르치는 방
법이 있다. … AST에 있는 우리의 경우, 일부는 수업 연구를 할 수 있
는 특전이 있다. 그러면 우리는 정말로 교과에 맞게 토론을 조정할 수
있다.

교사 연구

고성과 시스템에서 전문적 학습의 주요 강조점은 연구다. 3장에서 언급한 바와 같이, 교사는 교사양성 프로그램에서 연구 방법에 대한 견고한 기반을 확보하고 자신의 탐구를 수행하며 증거에 근거한 결론을 도출할 수 있을 것으로 기대된다. 이는 그들의 경력에도 적용된다.

싱가포르에서는 거의 모든 교사가 학생들의 요구를 더 잘 충족시키기 위해 교수 및 학습을 검토하는 연구와 혁신^{Link 4-3} 프로젝트에 참여하고 있다. 모든 학교에는 PLC가 있으며, 과목, 학년, 특별 관심 분야별로 구성된 학습 팀이 있다. 학교는 교사들이 그룹으로 모여서 프로젝트를 논의하고 실행할 수 있는 시간을 제공한다. PLC는 교사들의 실천을 조사하기 위해 실행 연구, 수업 연구, 학습 연구 및 학습 모임 등과 같은 다양한 교사 탐구 접근teacher inquiry approaches을 활용할 수 있다. PLC는 매주 만나서, 학생 학습과 관련된 핵심 문제를 선정하고, 데이터를 수집 및 분석하고, 교육 해결책을 개발 및 시험하며, 이러한 해결책의 영향을 평가한다. 한 초등학교의 교감은 PLC가 어떻게 운영되는지 다음과 같이 설명했다.

> 개별 교사들은 자기 수업의 변화를 소개하고, 학생들이 무엇을 이해하고 무엇을 했는지 확인하기 위해 수업 토의 및 학생 작업student work에서 증거를 수집했다. 교사들은 수업을 관찰하고 무엇이 잘 되었는지, 어떤 부분이 개선되어야 하는지 토론한다.^{Jensen et al., 2016. p.35}

교사들의 연구 역량 개발을 촉진하기 위해 교사들은 실행 연구 훈련을 받은 학교 내 교사 지도자들의 지원을 받을 수 있으며, NIE나 AST에서 세미나나 워크숍 시리즈를 수강할 수 있다. 연구 결과는 교과 및 학교 수준, 다른 지역 학교 그리고 지역 및 국제회의 등 다양한 플랫폼을 통해 공유된다.

상하이의 죠안쯔

연구와 탐구는 상하이에서 특히 강조되어 왔다. 그곳에서 교사 연구 그룹인 죠안쯔*Jiaoyanzu*는 가설을 개발하고, 증거를 수집하고, 증거를 분석하고, 결론을 도출하는 데 많은 시간을 보낸다. 죠안쯔의 목표는 학교뿐만 아니라 개별 교사들을 위한 교육 관행을 개선하는 것이다. 이를 위해 죠안쯔 회원들은 매주 만나 함께 교육과정을 살펴보고, 수업을 설계하고, 서로 수업을 관찰하고, 수업에 대해 함께 토론하고, 시험 문항을 만들고, 특강 및 타 학교 견학과 같은 교사 전문성 개발 활동을 조율하고, 교사양성과정에 있는 교육실습생들과 협력하고, 학생들이 경험하고 있는 교수의 질에 대해 학생들의 의견을 구하고, 학생 작업을 살펴보는 등 다양한 활동에 참여한다.

죠안쯔는 학교에서 높은 성과를 인정받는 교사가 이끈다. 지도자는 교직 사다리teaching ladder에서 높은 위치에 있을 수도 있고, 유망한 젊은 교사일 수도 있다. 교장은 죠안쯔의 대표들과 긴밀히 협력하며, 이들 대표는 비공식 위원회 또는 내각으로서 조언하는 역할을 한다.

교사들은 교사양성 프로그램에서 연구 방법과 연구 문제를 통해 생각하는 방법을 배우고, 교직 경력 전반에 걸쳐 교수와 학교에 대한 연구를 수행한다. 교사들 또한 개별적으로 자신의 연구를 수행하며[Liang, Glaz, DeFranco, Vinsonhaler, Grenier, & Cardetti, 2012], 약 75%의 교사가 최소 하나의 연구를 발표한다.[Gang, 2010] 학교는 매년 교사들의 연구 보고서 중 일부를 교육청 district offices에 제출하며 많은 교사 연구가 책과 교육 잡지로 발표된다.

일부 교사들은 연구 교사researching teacher라는 직함으로 교육청에 소속되어 있다. 이 교사들은 학교에서 이루어지는 연구를 조정하고 모니터하는 것을 지원한다. 연구 주제는 교육학적 문제, 교과별 질문subject matter-specific questions, 행정 과정, 교육 정책에 이르기까지 다양하다. 교사들은 교과별 질문에 가장 많이 관심을 가진다.

앨버타 학교 개선 계획

가장 야심 찬 교사 연구 이니셔티브 중 하나는 2000-2001년에 시작된 정부, 대학, 노조, 교육감 및 교육위원회가 함께 참여하는 프로젝트인 앨버타 학교 개선 계획Alberta Initiative for School Improvement, AISI으로, 이는 주 전역의 학생 학습 개선을 목표로 교사 및 지역 사회가 협력적인 학교 기반 실행 프로젝트를 개발하도록 장려하는 것이다. 연간 7,500만 캐나다 달러의 예산으로, AISI는 지방 학교의 95%가 참여하는 1,800개 이상의 프로젝트를 지원할 수 있었다. 살베르그Sahlberg, 2009, p.87는 "AISI의 가치와 전체 규모에 필적할 만한 유사한 변화 노력을 어디서도 찾아보기 어렵다."고 평했다.

교사들은 데이터 설계, 수집 및 분석, 연구 결과 공유, 재정 책임 등 프로젝트의 모든 측면을 책임진다. 이 프로젝트는 3년 주기로 운영되었으며, 각 주기는 이전 주기의 학습을 기반으로 하여 궁극적으로 리더십 역량 구축 및 전 지역에 학교 및 프로젝트의 네트워킹을 가능하게 했다.

AISI에 따라 개발된 프로젝트는 학생 학습을 측정 가능한 성과들 중의 하나로 활용했으며, 평가자들은 그들의 긍정적인 결과가 지역 전체의 성취도에 차이를 만들어냈다고 결론지었다.Crocker, 2009; Parsons & Beauchamp, 2012 다양한 프로젝트를 통해 교수 개선을 위한 수많은 개별 학교 전략이 개발되었지만, 문제 기반 학습PBL과 PLC라는 두 가지 접근법의 성장과 성공은 특히 두드러졌다. 앨버타 주의 교직 커뮤니티는 PBL의 가치를 깨달았고, 4개의 3년 주기 프로젝트가 추진되는 동안 많은 프로젝트들이 학생의 학습을 향상시키기 위해 기술technology과 PBL 전략을 결합하는 데 중점을 두었다. PBL의 목표는 학생들이 조사 중인 문제나 쟁점에 대해 진정한 경험을 하고 더 깊은 이해를 위해 집단으로 작업하고 협력적으로 토론하는 것이다. 학생들은 과정 전반에 걸쳐 촉진자로 활동하는 교사와 함께 PBL 모델에서 주도적 역할을 한다. AISI 프로젝트를 통해, 이 지역은 수학과 과학을 가르치는 방식에서 특히 성공적인 변화를 경험했다. 앨버타 주의 수학 교사와 과학 교사들은 기술 활용을 늘림으로써 과거 연필-종이 활동보다 학생과 교사가 더 열심히 참여하는 PBL 수업과 단위를 만들 수 있었고, 이는 PBL의 확산을 촉진했다.[Parsons, McRae. & Taylor, 2006]

사이클 1과 2의 초기에, AISI 프로젝트에 참여한 사람들은 앨버타 주에서 교육과정을 가르치는 방법을 변경하는 데 PLC가 할 수 있는 역할을 인식하기 시작했다. PLC는 학교와 지역의 특정 목표와 쟁점을 해결하기 위해 교사와 행정가와 같은 이해관계자 간의 더 많은 협력을 장려했다. AISI 프로젝트 중 다수는 교직원 간 공동체 구축을 그들 제안의 핵심 성과로 보았다. 다음은 AISI 프로젝트의 최종 보고서에서 인용한 내용이다. "즉, 교사들의 사기, 기술, 전문성 등은 팀으로 수업을 계획하고, 기술을 교육과정에 통합하고, 평가 도구를 개발하고, 교수 전략을 공유하고, 학교 개선 이니셔티브를 이행하면서 향상된다."[Alberta University, 2004, p.12]

AISI의 평가에서는 12년간의 운영이 끝날 무렵 앨버타 주의 교수 문화가 바뀌었다고 결론 내렸다. 이러한 변화에는 교사들이 인터넷을 통해 만들고 제공한 풍부한 교육과정 자원에 대한 교사의 접근, 기술 활용의 변화, PBL과 학생 주도 지식 창출의 역할, 그리고 교실과 학교에서 실행 연구의 중요성뿐만 아니라 앨버타 주의 교육 시스템에서 리더로서 교사의 출현도 포함된다.[Alberta Education. 2010; Gunn, Pomahac, Striker, & Tailfeathers, 2011; Hargreaves et al., 2009; Parsons et al.. 2006; Parsons & Beauchamp, 2012] 이러한 교사 실행 연구 결과는 앨버타 주의 교육과 전문성 개발에 대한 생각을 변화시켰다.^{Alberta} Education, 2012

AISI가 제공하는 자금은 학교가 관리하는 일반 예산으로 편입되어 사용되었으며, 이제는 학교가 그 작업을 이어갈 책임을 지닌다. 한편, 앨 버타 주의 교사들을 위한 전문성 개발에는 4주기의 AISI를 통해 깨달은 교훈들이 많이 포함된다. 교사들은 이제 자기 분야의 리더이자 전문가 로 인정받고, 외부 전문가를 영입하던 이전의 관행에서 벗어나 동료들에 게 전문성 개발을 제공해야 한다. 학교는 PLC를 통한 협력적 공유와 지 식 구축을 지원한다.

앨버타 교사 협회Alberta Teachers' Association, ATA, 2010는 AISI에서 얻 은 통찰을 인정하는 전문성 개발 프레임워크를 개발했다.^{Link 4-4}

1. **과정**: 전문성 개발은 교사들이 자신의 실천을 탐구하고 비판적으 로 성찰하며, 교육과정의 계획 및 전달에서 위험을 감수하도록 격 려해야 한다.
2. **내용**: 효과적인 교수 및 학습 전략을 강조하는 최신 연구를 활용 한다.
3. **맥락**: 전문성 개발 활동과 관계없이 교사의 전문성은 인정되며 자 신의 필요를 결정하는 판단력도 인정받는다.

이러한 목표를 달성하기 위해 앨버타 주의 교사 전문성 개발은 PLC 의 지속적인 성장, 교사들의 코칭, 훈련 및 멘토링에 대한 구조화된 접 근, 그리고 컨퍼런스 및 워크숍과 같은 전통적인 전문성 개발 행사와 같 은 다양한 형태로 이루어진다. 앨버타 주에서 전문성 개발의 성공에 중 요한 것은 세션 이후의 후속 조치이다. 교사들은 처음에는 전문적 반성 과 동료와의 공유를 연계하여 학습한 내용을 적용한다. 이후 교사는 자신의 반성과 동료 피드백뿐만 아니라 학생의 수행에 따라 전략을 조정하고 이를 교실에서 활용한다.[ATA, 2010] 이론, 반성, 그리고 실천이 함께 작동하여 학생의 학습을 향상시키는 것을 목표로 한다.

교사 주도 전문성 개발

교사들은 학교 기반 맥락과 학교 외부의 더 공식적인 환경에서 전문적 학습을 이끈다. 이러한 기회에 대해서는 다음 섹션에서 설명한다.

학교 내 전문적 학습을 선도하기 위한 교사의 기술 개발

싱가포르에서는 교사 주도의 전문적 학습의 비전을 달성하기 위해 시스템 차원의 일련의 전략이 수립되었다. 첫째, 교사 리더가 전문적 학습을 이끌 수 있는 플랫폼이 교과 모임subject chapters, 전문 네트워크, 전문 포커스 그룹 및 PLC를 통해 구축되었다. 둘째, 전문적 학습을 위한 강력한 조직 구조가 개발되었다. 여기에는 교사들이 전문성 개발 활동에 참여할 수 있는 권리와 혜택, 교육부에서 주관하는 강좌에 대한 자금 지원, 교사들이 수업 계획, 성찰, 전문성 개발 활동에 참여할 수 있도록 학교 내 시간 보호, 그리고 모든 교육부 직원이 학습, 협업 및 자원에 원스톱으로 접근할 수 있는 온라인 포털이 포함된다. 셋째, 교육에서 역할 모델을 공인하기 위해 교사를 위한 상금과 인정 시스템이 마련되었다.

AST와 기타 아카데미 및 언어 센터 설립은 명시적으로 교사 주도의 전문적 학습을 지원하기 위한 것이다. 이러한 아카데미와 언어 센터는 다음을 지원한다.

교사 공동체에서 교육적 리더십을 이끌어내고, 전문 지식을 시스템에 불어넣고, 교사들 사이에 자부심, 정체성 및 주인의식을 고취하고, 내용 숙달을 강화하고, 수업 역량을 개발하고, 실천 기준을 높이고, 교육 혁신 및 변화를 추진하고, 지속적인 학습을 진전시킴으로써 교사들의 전문적 학습과 개발을 지원한다.^{Tan & Wong, 2012, pp.452-453}

싱가포르는 학교 내 전문적 학습의 관행을 제도화했기 때문에 교육부와 NIE는 이러한 학교 내 실천이 가능하도록 부서장과 교사 리더에게 전문성 개발을 제공한다. 각 학교에는 전문적 학습을 담당하는 교직원 전문성 개발자와 경력 교사 또는 리더 교사들로 구성된 팀이 있다. 교직원 전문성 개발자는 학교 목표를 바탕으로 학교 학습 계획을 수립하고 부서장과 협력하여 교사의 전문성 개발 요구 사항을 결정한다. 또한 각 교사는 개별 학습 계획을 갖고 있다.

교육적 리더십pedagogical leadership의 아이디어는 싱가포르 학교 시스템 전반에 걸쳐 학교 개혁과 개선에 참여하는 경력 교사, 리더 교사, 수석 교사가 갖추어야 할 기술과 지식을 제공한다. AST의 진언mantra[2]은 "교사를 위한, 교사에 의한…교사의 전문성, 직업 정체성, 교사의 성장과 평생 학습에 대한 아카데미의 약속과 헌신을 전형적으로 잘 보여준다."^{Tan & Wong, 2012, p.452} 아카데미와 언어 센터는 학습 공동체의 교사들을 지원하고 상호 관심사, 필요성 또는 교과 분야를 위해 개발된 수많은 교사 네트워크를 후원한다.

싱가포르의 클러스터 시스템(각 클러스터는 10~13개 학교의 네트워크다)은 교사 지도자들이 자신의 교사 리더십 역량을 구축하고 나아가 자신들이 근무하는 학교에서 다른 교사의 역량을 구축하는 데 도움이 되는 또 다른 전문적 학습 플랫폼professional learning platform을 제공한다.

---

2. 진언(mantra)은 영적 또는 물리적 변형을 일으킬 수 있다고 여겨지는 주문 또는 주술이다.

교사 지도자들은 학습 공동체, 실행 연구 프로젝트, 수업 연구 및 기타 학교 내 전문적 학습의 다양한 측면들을 이끌고 촉진하는 방법에 대한 전문성 개발을 제공하고 제공받는다.

상하이는 또한 시스템 전반에 걸쳐 전문적 학습을 지원하는 교사의 역할을 포함하는 경력 사다리를 만들었다. 학교 내에서 교과 멘토는 신규 교사를 지원하고, 학구의 교과 지도자district subject leader는 교육청 전체에 걸쳐 전문적 학습을 개발하며, 수석 교사는 학교의 교과 교사와 전문적 학습을 개발하고, 시의 교과 지도자municipal subject leader는 교육과정과 광범위한 교육 목표를 설정한다.[Jensen et al., 2016] 이들은 모두 이러한 시스템에서 성장한 베테랑 전문 교사들이다.

학교 벽 너머의 교사 주도 학습

직무에 기반한 전문성 개발도 중요하지만, 교사들이 그들의 지역을 넘어서서 자신들의 거주 지역에서 접할 수 없는 실천을 배우고 자신의 전문 분야에서 가치 있는 아이디어와 기술을 지닌 다른 교사와 긴밀히 협력하는 것도 중요하다. 어떤 실천 영역에서든 일부 학교들은 더욱 정교한 접근 방식을 개발하는 데 다른 학교보다 더 발전해 있으며, 이러한 발전은 다른 학교로도 공유되고 확산되어야 한다. 이것은 시스템 전반에 걸쳐 유망한 실천과 전문가 수준의 학습을 광범위하게 공유하려는 지역에서 매우 중요하다.

교사 주도의 전문성 개발은 교원노조teachers' unions가 후원하는 경우가 많다. 우리가 연구한 지역에서는 교원노조가 전문적인 협회로서 중요한 역할을 수행하며, 직업에 대한 기준을 설정하고, 회원들이 높은 기준을 유지하게 하고, 회원들이 그들의 실천을 개선할 수 있도록 학습 경험을 구성한다.

예를 들어, 온타리오 주에서는 교사 연맹teachers' federations이 전문적 학습 제공에 중요한 역할을 하며, 매년 수천 명의 교사가 '교사에 의해, 교사를 위해' 개발된 활동에 참여한다. 학년도 전반에 걸친 기회에는 리더십 기술, 교육과정 전달, 공정성 마인드equity mindedness를 포함한 다양한 주제에 대한 장기적인 경험뿐 아니라 1~3일 워크숍 같은 단기적인 경험이 포함된다. 교사 단체들은 교과 협회subject matter associations, 교육부, 기타 기관들과도 협력하여 학년도 및 여름 동안 다양한 전문적 학습 자원과 활동을 제공한다. 5장에서 설명할 바와 같이, 이러한 교사 주도 학습 경험 중 일부는 교사 리더십을 개발하기 위한 주 전체 프로그램province-wide program에서 비롯된다.

호주에서도 노조는 중요한 역할을 한다. 노조는 신규 교사를 위한 워크숍을 제공하고 AEU와 독립 교육 조합Independent Education Union이 공동 소유한 교사 학습 네트워크Teacher Learning Network[Link 4-5]를 후원하여 전문 학습 워크숍, 강좌 및 자원을 회원들에게 무료로 또는 할인된 비용으로 제공한다. 이 단체는 국가교원전문성표준national professional teaching standards에 대한 각 전문적 학습 활동을 참조하여 회원들이 등록을 갱신하는 데 도움을 준다.

학교 네트워크는 교사 주도의 전문적 학습을 위한 수단이 되어오기도 했다. 빅토리아 주는 한때 주 교육부 지역 사무소를 통해 이러한 네트워크를 자금 지원하고 조직했으며, 학교는 이 네트워크가 매우 가치가 있다고 생각했다. 자금이 학교 현장으로 이양된 후에도 이 네트워크들은 운영되었다. 새로 선출된 정부는 학교와 리더십 네트워크를 지원하기 위한 자원을 다시 늘릴 것이라고 밝혔다. 세오나 아울리치Seona Aulich 교사는 전문적 학습을 제공하기 위해 학교 네트워크가 어떻게 작동하는지 설명한다.

네트워크 전체에 걸쳐, 우리는 한 학기에 한 번 네트워크 회의를 합니다. 저는 5/6학년 교사입니다. 모든 5/6학년 교사는 우리 클러스터 내의 학교에 모입니다. 이 아이디어는 모범 사례를 공유하자는 것입니다. 지난주에 우리는 12개 세션이 운영되는 네트워크 관련 전문성 향상을 위한 행사를 진행했습니다. 이 세션들은 교실에서 특별히 무언가를 잘하는 학급 교사들이 운영했습니다. [예를 들어] 저는 다른 학교에서 진행된 중학생들의 문맹퇴치를 위한 문해 세션literacy session에 참석했습니다. 교사들은 전에 보지 못했던 새로운 것을 보지만, 학교에는 전혀 비용이 들지 않습니다. 우리는 학교 내에서뿐만 아니라 네트워크 학교들 내에서 모범 사례를 지속적으로 공유하려고 노력합니다.

흥미롭게도 호주에서 높은 평가를 받는 750명의 교사를 대상으로 한 설문 조사에서, 응답자들은 협력을 통해 그들의 실천을 향상시키는 많은 방법을 언급했다. 교사들은 또한 다른 교사들의 전문적 학습을 이끄는 행위가 그들 자신의 학습과 실천에 영향을 미쳤다고 한다.McIntyre, 2013 이러한 통찰은 다른 교사를 멘토링하거나 지원하는 데 참여하는 교사 지도자에 관한 많은 연구에서 나타난다. 즉, 그들은 다른 교사들을 지원하는 것에서 배운다는 것을 안다.예를 들어 Darling-Hammond, 2006 참조

수업 연구 대회Teaching Competitions

많은 나라가 요리에서 패션 디자인, 닌자 전투Ninja warrior에 이르기까지 모든 분야에서 스포츠 시합과 경쟁에 상당한 에너지를 소비하는 반면, 중국은 수업 연구 대회teaching competitions를 후원하여 교사 학습에 인센티브를 제공한다. 수업 연구 대회에서 교사가 심사위원단 앞에서 수업을 진행하고 수업 관찰 프로토콜observation protocol에 따라 순위 등급을 받는다. 또한 교사가 그들의 교수 전략과 학생 참여 전략 선택에 대해 어떻게 추론했는지 볼 수 있도록 해당 수업에 대한 수업 계획안이

심사위원들에게 제공된다. 지방 및 국가 차원의 수업 연구 대회 및 실연은 많은 참관인이 참여하는 공개 행사이며 반드시 교실에서 이루어지는 것은 아니다. [그림 4-4]와 같이 심사위원과 참관인이 참여할 수 있도록 강당에 강의실이 설치되기도 한다. 학교 상황에서, 공개 교실 세션은 교사가 수업을 진행하는 동안 여러 참관인이 교실 벽쪽으로 밀집해서 서 있는 형태다.

대회 우승자들은 학교에서 축하를 받으며 그들의 사진은 종종 학교 벽에 전시된다. 대회의 기준은 21세기 역량에 대한 여러 나라의 교원 전문성 표준standards for teaching을 포함하고 있으며, 우승자들은 교육의 모범이자 잘 가르치는 교사teachers of teaching로 간주된다. 이러한 대회는 교육 개혁과 전문적 학습에 관한 더 광범위한 목적을 제공한다. 대회의 평가 양식^{Link 4-6, 부록 C의 예 참조}은 교수 기준에 반영된 가치 있는 교수 측면들을 명확히 보여준다. 이는 탐구 중심의 교수 및 학습에 기초한 학생 중심의 접근 방식을 나타낸다. 이러한 표준은 학생들을 존중하고 동기

[그림 4-4] 교사가 중국의 소셜네트워크서비스(SNS) 위챗(WeChat)에 올린 수업 연구 대회 사진

를 부여하고 평가하는 것, 학생 개개인을 위한 차별화된 교육을 제공하는 것, 어려움을 겪는 학생들을 돌보고 그들을 학습에 참여시키기 위한 다양한 방법을 사용하는 것, 학생들이 '적극적이고 적절하게' 도전하게 하는 것, 적시에 피드백을 주는 것, 학생들을 '독립적이고 탐구적이며 협력적인 학습'에 관련된 다양한 학습 방법에 참여시키는 것 등을 포함한다. 이는 학생들이 학습 내용을 잘 파악하고, 도전적인 분야에서 진전을 이루고, 성공적인 학습 경험을 갖게 해 준다.

또한 평가 양식은 상하이에서 상을 받는 수업은 교수 맥락에 맞는 의미 있는 내용에 초점이 맞춰져 있음을 보여준다. 수업은 교사가 설명을 제시하기 전에 학생들이 학습 활동에 참여하는 것을 보여주고, 학생들이 수업 활동에 대해 생각하고 참여하게 해야 한다. 교사의 역할은 학생들이 수업 중에 적극적인 학습에 참여하게 하고 동기를 부여하고 안내하고 자극하고 영감을 주는 것이다. 적어도 수업의 80%는 탐구, 협력, 발표, 의사소통에 초점을 맞추어야 한다. 학생들이 학습 목표를 달성할 수 있도록 학급 성적에 상관없이 모든 학생에게 관심을 가짐으로써 광범위한 학생 참여가 기대된다.

수업 연구 대회에서 강조되는 이러한 기준은 일상적인 실천에서도 강조된다. 예를 들어, 방금 설명한 부록 C의 평가 양식에 따라, 이 연구를 위한 관찰에서 우리는 교사들이 수업 중에 얼마나 많은 학생 그리고 어떤 학생들이 수업에 참여했는지 알 수 있도록 다양한 추적 기술tracking techniques을 사용한다는 것을 보았다. 수업에서는 전체 학급과의 질의, 질문과 대답, 학생 간 짝을 이룬 대화, 학생이 칠판에 자신의 작업을 시연하는 것, 집에서 가져온 수학 조작과 시연 자료로 자신의 작업을 보여주는 것 등을 통해 교사와 학생 간 많은 상호작용이 일어났다. 이에 따라 표준standards은 실제로 활용되며, 교사들은 이러한 시연에 참여하고 관찰하고 비평함으로써 학습한다.

피드백과 평가

고성과 시스템은 교사 학습에 중점을 두고 있기에 교수에 대한 피드백이 자주 이루어지며, 이런 시스템에서 평가는 발달적 측면을 강조하는 경향이 있다. 즉 교사평가 체제의 목표는 저성과자를 파악하여 제재하기보다는 교사의 성과 향상에 도움이 되는 정보를 제공하는 데 있다. 3장에서 설명했듯이, 수습 기간 동안의 면밀한 멘토링 작업과 함께 교사들의 신중한 선택과 준비를 돕기 때문에, 이러한 시스템은 일반적으로 교사를 해고하는 방식으로 작동하지 않는다.

지속적인 개선을 염두에 두고 있는 이러한 평가는 3장에서 설명한 교원 전문성 표준을 기반으로 이루어지며 전문적 학습 기회와 연계된다. 싱가포르와 상하이 같은 경우, 평가는 급여뿐만 아니라 교사의 경력 향상 기회와 직결된다.^{경력 개발과 그 운영 방식에 대한 자세한 내용은 5장 참조}

그리고 평가 시스템은 피드백의 기회를 제공한다. 일부 국가에서는 교장이 교사의 성과에 대한 피드백을 제공하는 주요 원천인 반면, 많은 국가에서는 교사가 동료에게 피드백을 제공한다. 종종 동료 교사의 피드백은 특히 학교 내에서 동일한 내용 영역이나 교수 분야에 있는 동료의 피드백인 경우, 특정 교육과정이나 학생들과 특히 관련이 있다. TALIS에 따르면, 조사 대상 국가의 교사 중 42%는 동료로부터 교수에 대한 피드백을 받는다고 보고한다.^{OECD, 2014d} 핀란드, 싱가포르, 호주에서는 그 비율이 더 높았고(43~51%), 미국(27%)보다 훨씬 높았다.

평가 실행이 가장 빈번한 지역(호주, 싱가포르 및 상하이)에서 연구한 바에 따르면, 관찰 및 피드백 과정의 상당 부분은 교사들이 다른 교사와 함께 작업하는 것이다. 교사로부터 배우는 교사는 이들 국가에서 전형적 모범strong norm이 된다. 그것은 또한 교사들이 가장 높이 평가하는 학습 형태다. 중국 교사들을 대상으로 전문적 학습 활동에 대해 전국적으로 설문 조사를 한 결과, 경력 교사experienced teachers, 같은 학년을 가르치는 교사, 같은 과목을 가르치는 동료 교사가 학교 리더, 학교 밖의 전문가 또는 학생보다 교사의 전문적 학습에 더 큰 영향을 미치는 것으로 나타났다.[Gang, 2010, p.201] 또한 TALIS 분석에 따르면 교사가 받은 평가와 피드백이 교실 수업에 영향을 미쳤을 때 교사의 직업 만족도가 더 높은 것으로 나타났다.[OECD, 2014d]

평가에 대한 접근

핀란드, 캐나다와 같이 우리가 연구한 일부 국가에서는 교사가 어려움을 겪고 있지 않는 한 공식적인 평가는 교사 발달 체제의 주요 요소가 아니다. 다른 국가들에서 평가는 모든 교사를 위한 연례 행사이며, 평가 과정에 대한 조직적 투자의 정도는 다양하다. 그러나 전반적으로 교사의 개선 계획과 연계된 연간 학습 계획 또는 목표 설정의 형태로 교사 발달에 매년 관심을 기울이고 있다. 이러한 계획은 평가 과정 자체와 유사하며, 3장에서 설명한 교원 전문성 표준과 연결되어 있다.

캐나다

온타리오 주의 교사 성과 평가TPA는 교사 발달을 촉진하고 필요할 때 추가 지원 기회를 파악하기 위해 고안되었다. 입문 과정을 성공적으로 마치면 교사들은 5년에 한 번(성적 문제가 없는 한) 사전 관찰 회의, 교실 관찰, 사후 관찰 회의, 종합 보고서 등 전통적인 형식으로 교장이나 교장이 지명한 사람의 평가를 받는다. 평가는 OCT가 정한 실천 기준을 반영한 16개 역량을 기반으로 한다. 신규 교사는 16개 역량 중 8개 역량에 대해 평가를 받으며, 경력 교사는 16개 역량 모두에 대해 평가를 받는다.

TPA 외에도 경력 교사는 매년 전문적인 성장을 위한 계획을 개략적으로 설명하는 연간 학습 계획서ALP도 작성해야 한다. 교장과 협력하여 교사들은 이론적 근거, 일련의 전략 및 이를 달성하기 위한 실행 계획과 함께 성장 목표를 설정한다. 이렇게 함으로써 교사들은 이전 성과 평가, 전년도의 전문적 학습, 그리고 학부모와 학생들의 의견을 반영한다.

마찬가지로, 앨버타 주에서 공식적인 교사 평가는 드물지만(교사가 자격 취득을 지원하거나 리더십 자리에 지원하고 교장에게 요청할 때만 발생), 교사들은 연간 전문적 성장 계획을 준비한다. 계획서는 (1) 교사 개인의 학습 요구도 평가에 기초한 목적과 목표를 반영하고, (2) 교수 질 관리 기준Teaching Quality Standards과 명백한 관계를 보여주며, (3) 학교, 학교 감독기관, 정부의 교육 계획을 고려한다. 이는 교장이나 교장이 위임한 교사 집단이 검토하고 승인한다.

핀란드

핀란드에서 평가 기능의 상당 부분은 교장과 교사의 지속적인 업무에 통합되어 있으며, 인사 평가는 비공식적으로 이루어진다. 실제로 TALIS 조사에 따르면 핀란드 교사의 거의 26%가 교장이 교사를 공식적으로 평가하지 않는다고 보고한 학교에서 가르치고 있다.[OECD, 2014d] 평가 기능의 상당 부분이 교장과 교사의 지속적인 업무에 통합되어 있다. 일반적으로 평가는 개인의 성장, 전문성 개발 참여, 학교에 대한 기여, 개인적인 전문적 목표와 같은 문제에 초점을 맞출 수 있는 일대일 개인 대화를 포함한다. 교사의 업무에 대한 설명보다는 지도steering에 초점을 맞추고 있다.[Hatch, 2013]

헬싱키에서 교장들은 교사들이 한 해 동안 설정한 목표를 어떻게 달성했는가에 대해 교사들과의 대화를 진행하기 위해 공통 양식을 사용한다. 이 양식은 '개인적 성과', '다재다능성versatility', '주도성' 및 '협력 능력' 등과 같이 중요한 것으로 간주되는 교수의 핵심 특성에 초점을 맞춘다. 교사의 일반적인 교실 실천에 더하여, 교사의 '다재다능성'은 '좋은 교육학적 기술'을 사용하거나 숙달했는가, '다양한 상황에서 다양한 학생들을 인정하고 만날 수 있는가', '다양한 학습 요구를 인정할 수 있는가'를 의미한다. 양식Link 4-7은 교사와 교장에게 교사가 '주도성initiative'을 보여주는 정도(예: '새롭고 의미 있는 작업 방법 및 실천 활용' 및 '현직교육, [학교 내] 과업 집단, 개발 이니셔티브, 학구의 과업 집단district workgroups에 적극적인 참여'를 포함)를 고려할 것을 요구한다. 헬싱키에 있는 뮬루푸로 초등학교Myllypuro Primary School의 안나 히르보넨Anna Hirvonen 교장에 따르면, 이 과정은 일정 기간 동안 교사들과의 많은 상호작용에 의존한다.

저는 매년 모든 선생님과 토론을 하고 있습니다. 협력 능력, 다재다능성, 주도성 및 성과 측면에서 [교사의] 개인적 목표가 어떻게 달성되었는지 평가합니다. 모든 교사는 저에게 그들이 어떻게 일을 진행하고 있는지에 대해 말합니다. 그러고 나서 저는 교사들의 작업에 대한 제 견해를 밝히고 교사들이 어떻게 모든 목표에 도달했는지에 대해 이야기합니다. 만약 우리 의견이 일치한다면 이 과정은 쉬웠을 것입니다. 그러나 항상 의견이 일치하는 것은 아니었으며 그것은 힘든 일이었습니다. 1차 평가 전에 일정을 정하고 교사들이 수업하는 동안 학교를 돌아다니며 수업을 참관할 수 있었습니다. 그것은 짧은 방문이 아니었습니다. 저는 교실에서 시간을 보냈습니다. 그리고 저는 학교에서 교사들이 학생들과 함께하는 상황, 복도에서의 상황, 그리고 우리가 어떤 도전을 함께 해결해야 할 때의 상황 등 다양한 상황에서 참여하는 것을 보았습니다. 또한 저는 교사들이 학교생활 전반에 어떻게 참여하는지, 학교 공동체 전체의 활용을 위해 어떻게 지식을 끌어오는지, 자기 개발을 어떻게 하는지, 개발 과정에 어떻게 참여하는지 등을 관찰합니다.

이 대화를 통해 교사는 다음 해의 목표를 설정하고 때로는 학교 내외에서 학습 기회를 파악할 수 있게 된다.

교사들이 학교의 복지에 기여하고 지식을 '전체 학교 공동체의 활용'을 위해 공유하는 방식에 의해 부분적으로 평가된다는 공동체적인 개념은, 안나Anna가 설명한 대로, 여러 지역에서 공통적으로 나타나는 요소다. 교사 평가는 교사 개인의 역량이나 효과성을 다른 교사들과 비교하여 순위를 매기는 것이 아니다. 그것은 협력하고 계속해서 배우고 개선하는 사려 깊고 효과적인 교수 팀을 만드는 것에 관한 것이다. 이 개념은 모든 지역에서 중심적이었다.

평가는 교사 평가가 연례 행사인 호주, 싱가포르, 상하이에서 더 빈번하고 공식적으로 이루어지며, 성장 요구와 관련하여 매년 수립되는 전문적인 교원 전문성 표준 및 개별 교사 성과 목표와 밀접하게 연계되어 있다.

호주

예를 들어, 뉴사우스웨일스 주의 연간 성과 및 개발 계획$^{Link\ 4-8}$은 교사의 성과 및 개발 요구, 전문성과 명시적으로 연결된 3~5개의 간명한 전문적 목표를 문서화하고 있다. 목표는 학교 계획$^{Link\ 4-9}$ 및 체계적인 전략 방향에 부합해야 한다는 기대가 있다. 또한 기존 전문성을 인정하고 전문적인 성장을 위한 영역을 파악함으로써 전문성 표준에 맞춰 교사 개개인의 맞춤형 경로를 구축하는 것이 목표라는 기대도 있다. 교장이나 교장이 지명한 사람은 교사와 회의하고 성과를 관찰하고 문서화할 책임이 있다.

빅토리아 주에서 성과 및 발달performance and development로 알려진 교사 평가는 전문적 학습 기회와 업무에 대한 피드백을 통해 특정 표준 및 목표에 근거한 교사의 성과를 그들의 발달과 연결하기 위한 것으로, 집단 효능, 동료 협력 및 전문적 책무성의 원칙에 의해 뒷받침된다.[DEECK, 2014a] 교육훈련부The Department of Education and Training는 PLC[DuFour & Marzano, 2011]의 장으로 간주되는 학교들과 함께 교수 실천의 가시적 문화[visible culture City, Elmore, Fiarman, & Teitel, 2009]를 강화하여 집단 역량을 구축하려 했다.

호주에서 교사의 성과는 여러 가지 면에서 학교 개선 및 학생 학습과 연결되어 있다. 첫째, 교사의 개별 성과 및 발달 계획은 학교 목표와 밀접한 관련이 있으며, 빅토리아 주에는 학생 학습, 학생 참여 및 웰빙, 학생 진로 경로 및 전환이라는 세 가지 광범위한 범주가 있다. 이 중에서도 학생의 학습 목표가 가장 구체적이며 다양한 평가 결과가 교사의 계획에 반영된다. 경력 교사인 세오나 아울리치Seona Aulich는 다음과 같이 설명한다.

교직원으로서 우리는 학교 전체의 자료를 많이 보고 추세를 살펴봅니다. 우리는 학교로서 집단적으로 책임을 져야 합니다. 우리는 전년도 데이터를 보고 전략 계획과 연간 실행 계획에 대한 새로운 목표를 설정했습니다. 다음 해에 우리가 현실적으로 개선할 수 있는 것은 무엇인가? 그것이 우리의 [성과 및 발달 계획] 목표가 나오는 곳입니다.

둘째, 평가 과정은 주의, 그리고 현재는 국가의 교원 전문성 표준과 관련이 있다. 2014년부터 빅토리아 주는 교사들이 4개 영역에서 자신의 성과를 평가받는 균형 점수표 접근balanced scorecard approach을 사용해 왔다. 처음 세 가지는 국가 교원 전문성 표준national professional teaching standards(전문적 지식, 전문적 실천 및 전문적 참여)의 영역과 직접적으로 연결되며, 네 번째는 학생 성과이다. 교사와 교장이 함께 그들의 경력 단계와 직무 분류에 적합한 국가 표준의 수준을 활용하여 4개 영역 각각에서 목표를 논의하고 설정한다. 학교는 학교 기반 전문적 학습과 포트폴리오를 성과의 증거로 활용하는 데 상당한 유연성이 있으며, 개별 교사의 성과를 평가함에 4개 영역 각각의 상대적 가중치에 대한 재량권이 있다.

이 과정에는 평가의 초점을 교사의 전문성 개발과 학생의 학습 성과에 맞추는 두 가지 기제가 포함되어 있다. 빅토리아 주의 성과 및 발달 문화 체계에서, 팀 목표(보통 학년 수준 팀)를 포함하는 교사의 개별 성과 계획은 학교의 목표와 연결된다. 이것은 집단적인 책무성을 강화하기 위한 것이다. 즉, 교사들은 팀 목표를 추가함으로써 서로에게 책임이 있고, 교사는 학교 전략 계획을 통해 지역 사회에 책임을 진다. 또한 팀 목표의 맥락에서 개인의 목표를 설정하는데, 이 과정은 학교 내의 협력적 실천 강화에 기여하기 위한 것이다.

[그림 4-5] 균형 점수표 접근의 예

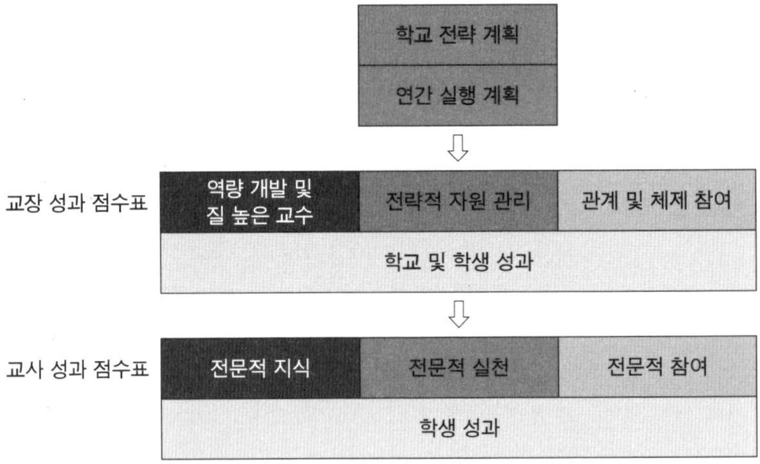

| 학교 전략 계획 |
| 연간 실행 계획 |

⇩

| 교장 성과 점수표 | 역량 개발 및 질 높은 교수 | 전략적 자원 관리 | 관계 및 체제 참여 |
| | 학교 및 학생 성과 | | |

⇩

| 교사 성과 점수표 | 전문적 지식 | 전문적 실천 | 전문적 참여 |
| | 학생 성과 | | |

출처: DEECD에서 재인용(2013b, p.15).

이 과정을 국가 교수 표준national teaching standards과 연계시킴으로써, 교사 평가는 뉴사우스웨일스 주와 빅토리아 주의 전문적 학습, 연간 등록annual registration[3] 및 인증 과정과도 연결된다. 실제로 전문적 학습의 증거는 등록 갱신 및 평가를 위한 증거가 될 수 있다. 이것은 학교 기반 프로세스를 주 정책, 국가 전문성 표준 및 양질의 교육에 대한 논의를 위한 공통 언어와 연결한다.

교사와 교장은 학생들이 발전하는 데 필요한 것, 교사가 학생을 참여시키기 위해 배워야 하는 것, 그리고 학생의 학습에 대한 교사의 영향을 평가하는 것과 같은 교수 표준과 지속적인 개선에 기초한 전문적인 대화를 나눌 것으로 기대된다. 이러한 방식으로 성과 및 발달 과정은 교사들이 학교의 관행과 자신의 교수 관행에 대해 성찰할 수 있는 또 다른 기제를 제공한다. 이 과정은 학교와 교직 내에서 교수의 질을 표현하는 공통 언어로서 국가 표준을 더 심화시킨다.

개별 계획에 대한 성과는 또한 여러 형태의 피드백을 기반으로 한다. 여기에는 일반적으로 교사를 지도하거나 학교 운영 역할을 하는 사람을 포함하여 학교 내 동료가 관찰한 수업에 대한 피드백이 포함된다. 최근 국제 조사 자료에 따르면, 전국적으로 호주 교사는 학교장(27%)보다 학교 운영 팀 구성원(57%)이나 다른 교사(51%)로부터 업무에 대한 피드백을 더 많이 받는 것으로 나타났다.[OECD, 2014d] 피드백에는 학생 및 학부모 설문조사 또는 구조화된 관찰 정보도 포함될 수 있다.[DEECK, 2014a] 개별 계획에는 개인 목표뿐 아니라 팀 목표도 포함될 수 있다.

예를 들어, 빅토리아 주 윌모트파크Willmott Park 초등학교에서는 교장과의 논의를 통해 교사의 성과 계획이 합의되고 각 학년 수준에 대

---

3. 빅토리아 주에서 모든 교사는 빅토리아 교직관리원(Victorian Institute of Teaching, VIT)에 등록해야 한다. 등록 교사(registered teachers)는 국가 표준에 부합하는 자격을 이수하고 등록을 취득하기 위해 엄격한 적합성 평가(suitability assessments)를 받아야 한다. VIT는 교사 경력 내내 정기적인 전문적 학습과 적합성 평가가 계속되도록 보장한다. 교사들은 등록(registration)을 유지하기 위해 매년 9월 30일까지 등록 절차를 마쳐야 한다. 연간 등록 프로세스는 모든 등록 범주에 적용된다. https:// www.vit.vic.edu.au/maintain/annual-registration(검색일: 2022.12.2.)

한 개인 목표와 팀 목표가 통합된다. 교사들은 전문적 지식, 전문적 실천 및 전문적 참여의 세 가지 영역에서 각각 2개씩 6개의 개선 목표를 선택한 다음, 이를 학생 성취 데이터의 증거와 함께 사용하여 특정 목표 대상을 포함하는 S.M.A.R.T. 목표(구체적이고, 측정 가능하고, 합의되고, 현실적이며, 시간 기반인)[4]를 만든다. 체계적인 피드백은 연중 정기적인 수업 관찰을 기반으로 하며, 주로 전문적 학습 리더 중 한 명이 제공하고 부교장과 교장이 가끔 비공식적인 관찰로 보완한다.

상하이

상하이의 교사 평가 시스템 또한 동료 교사와 학생을 포함하여 교사를 위한 다양한 형태의 입력과 피드백을 추구한다. 교장이 평가에서 주요 역할을 수행하고 최종 등급을 결정하지만, 실제 평가와 피드백 과정은 실질적으로 교사 간에 이루어진다. 상하이의 한 교사는 다음과 같이 설명했다.

> 교사들은 자신의 업무에 대한 개요를 작성해야 하고, 교장과 다른 교사는 개요에 따라 업무를 평가합니다. 대부분의 학교에서, 교사들은 그들의 교수에 따라 평가받습니다. 교사의 수업은 지안주장jiaoyanzu zhang[교수 및 연구팀의 리더]이 관찰하며, 다른 교사들과 학생들은 일부 평가 양식을 작성해야 합니다. 그 결과는 교사에게 피드백되고 교장에게 보낼 것이지만 교육청에는 보내지 않을 것입니다. 그것은 급여에는 큰 차이가 없지만 어떤 교사들이 더 중요한 책임을 맡을 수 있는지 원칙을 정하는 데 도움을 줍니다.

---

4. 영어 원어는 'specific, measurable, agreed, realistic, and time-based'이다.

이 인용문에서 알 수 있듯이, 학생들의 피드백은 교사 평가 과정의 일상적인 부분이다. 학교와 교육청 관리자는 학교 평가 과정의 일환으로 학생과 학부모를 대상으로 설문 조사를 하고 교사와 학급 운영에 대한 질문은 교장이 검토한다. 호주와 싱가포르처럼 목표 설정과 중간 검토, 연말 검토의 주기가 있다. 그리고 5장에서 더 자세히 설명하겠지만, 상하이에서 평가는 궁극적으로 교사들이 직급에서 승진할 수 있는 경력 사다리 계획career ladder scheme에 부합한다.

싱가포르

싱가포르의 평가 시스템은 교사 발달 전략의 한 부분이다. 교사들을 평가하고 발전시키기 위해 교육부는 개선된 성과 관리 시스템Enhanced Performance Management System, EPMS이라고 알려진 시스템을 사용한다. EPMS는 본질적으로 총체적으로 설계되고 경력 경로별로 각 교사가 선택한 수행 역할에 맞게 맞춤화되어 있다. 기본적으로 EPMS는 교사 평가 및 발달의 기초로서 다양한 전문 역량을 제시한다. 이들은 세 가지 주요 결과 영역key result areas, KRAs−(1) 학생 성과(양질의 학습과 인성 개발), (2) 전문적 성과(자신의 전문성 개발, 다른 사람의 전문성 개발), (3) 조직적 성과(프로젝트 및 위원회 작업에 대한 기여)−에서 교사의 성과를 명시한다. 이러한 영역에서 역량은 개인의 속성(예: 전문적 가치 및 윤리), 전문적 숙달(예: 학생 중심, 가치 중심 실천), 조직의 우수성(예: 비전 및 계획), 효과적인 협업(예: 대인 관계 및 기술)으로 나뉜다. 교사는 그들 자신의 교수뿐만 아니라 학교, 클러스터 또는 협회에서 다른 교사의 전문적 학습에 어떻게 기여하는지에 대해서도 평가받는다. KRA는 등급 척도 없이 개방형이다.

평가 및 발달 도구로서 EPMS는 교사의 업무에 대한 형성적이고 총괄적인 검토 기능을 한다. 이는 교사를 위한 자기 평가 도구로 사용된다.

교사들이 강점 영역을 확인하고, 전체 아동을 교육하는 자신의 능력을 평가하고, 학생들의 결과를 추적하고, 교수 역량을 검토하고, 개인적인 훈련과 발달 계획을 개발하고, 학교 발전에 대한 혁신과 기타 기여를 명확히 하는 데 도움이 될 수 있다. 둘째, EPMS는 코칭과 멘토링의 기반을 형성한다. 업무 검토 주기는 교사의 직속 상급자와 함께 연초에 진행하는 1대1 목표 설정으로 시작해서 중간 및 연말 업무 검토로 이어진다. 검토 주기는 개선 영역을 구체화하는 데 도움이 되고, 발달 및 경력 경로를 지도로 그려볼 수 있게 해 준다.

싱가포르에서 교사들은 학교에서도 자신의 실천에 대한 중요한 피드백을 받는다. 이는 덜 공식적이지만, 마찬가지로 중요한 멘토링 과정과 결합된 공식적 평가 및 발달 과정으로 이루어진다. 교사와 선배 동료 간의 대화는 교사가 잘한 점과 함께 발전해야 할 영역을 다룬다. 교사 성장 모델Teacher Growth Model, TGM[Link 4-10]은 교사 성장에 필요한 포괄적인 역량군과 함께 이러한 발달 관련 대화를 종종 안내한다. 래플스여학교Raffles Girls School의 교사 전문가인 아자하르 빈 모하메드 누르Azahar Bin Mohamed Noor는 피드백과 후속 조치의 성격을 다음과 같이 설명한다.

평가는 평가적이면서 발전적입니다. 대화는 매우 발전적인 방식으로 이루어집니다. 우리는 교수 역량을 평가하기 위한 교실 관찰 도구와 같이 우리만의 도구를 가지고 있습니다. 또한 우리는 EPMS를 사용하여 우리의 보고 담당자Reporting Officer, RO와 1년에 두 번 대화합니다. EPMS 문서는 올해 우리의 계획이 무엇인지, 우리가 무엇을 했으며 그것이 학교나 학생들에게 미치는 영향이 무엇인가를 기록하는 것입니다. 그것은 또한 교사들의 훈련 요구 사항을 기록합니다.

카란지Kranji 중학교의 탄 휘 핀Tan Hwee Pin 교장은 다음과 같이 설명했다.

우리는 이것이 발달적 과정이라는 것을 교사들에게 강조하고 싶습니다. 이것은 여행이고 우리는 교사들이 이 여행에서 주인의식을 갖기를 원합니다. 우리의 부서장HODs[heads of department]들은 교사들과 매우 긴밀하게 일하고 교사들에게 정기적으로 피드백을 제공합니다. 이러한 지속적인 대화를 통해 교사는 1년 내내 자신의 진전 상황을 도표로 작성하고 자신의 계획을 발전시킬 수 있습니다.

전문적 학습 링크

고성과 지역에는 평가, 피드백 및 전문적 학습 간의 연계가 잘 발달되어 있다. 뉴사우스웨일스 주의 교육 및 지역사회부The Department of Education and Communities는 이러한 연계를 다음과 같이 명시한다.

모든 교사는 질 높은 교수 및 학습 제공을 위해 전문적 성장을 촉진하는 성과 및 발달 과정에 참여할 책임뿐만 아니라 전문적 학습을 지원받을 권리가 있습니다. 성과 및 발달 과정의 가장 중요한 목적은 숙련되고 효과적인 교수 인력의 지속적인 발달을 통해 학생 결과의 계속적인 개선을 지원하는 것입니다.

뉴사우스웨일스 주 교사와 학교 리더들은 목표 달성을 지원하기 위해 동료 및 감독자와 협력하여 적절한 전략과 전문적 학습을 문서화해야 한다. 계획을 실행하는 동안, 교사들은 그들의 일상 업무에서 얻은 증거를 수집해야 하며, 이 증거들은 전체적으로 고려할 때 목표를 향한 교사들의 진전을 보여줄 것이다. 필요한 증거에는 학생의 학습과 결과에 대한 데이터, 교수 실천에 대한 동료 관찰 피드백, 동료와의 협력적 실천 결과가 포함되어야 한다.

뉴사우스웨일스 주에서 매우 존경받는 교사highly respected teachers 750명을 대상으로 한 설문조사에 따르면, 이 모든 것들이 전문적 학습의 원천이라고 한다. 교사들은 협업 계획 및 동료 관찰 외에도 가장 유용한 피드백은 학생 작품을 평가한 결과와 학생들로부터 받은 피드백에서 나왔다고 보고했다. 두 번째로 유용한 피드백의 원천은 다른 교사와 감독자들의 피드백이었다. 외부 평가 자료는 학생 작업 샘플의 증거보다 낮은 평가를 받았다.McIntyre, 2013 교사들의 응답에 따르면 교사 학습의 핵심 동인은 교수 과정에서 수행된 학습의 풍부한 증거에 기초한 형성 평가다. 이 평가는 교실과 가장 밀접하게 연결되어 있으며, 교사들이 자신의 교수의 영향을 모니터링하고 학생은 자신의 학습 진행 상황을 도표로 작성할 수 있도록 지속적인 피드백 주기를 만든다. 매우 우수한 이들 교사는 그들이 만드는 차이와 그것을 만드는 방법을 지속적으로 평가했다. 어떤 유형의 피드백을 더 자주 찾는지 물었을 때, 교사들은 다른 교사의 피드백이라고 했다.

싱가포르에서는 교사와 보고 담당자의 대화와 교사와 멘토 간 멘토링 대화를 통해 전문적 학습 연계가 이루어진다. 종종 TGM이 안내하는 이러한 대화는 교사가 무엇을 잘했는지, 그리고 발전할 수 있는 영역이 어디에 있는지를 다룬다. 보고 담당자와 대화 후 교사는 자신의 생각과 미래 계획을 기록한 평가를 작성한다. 여기서 어떤 면에서 개선되었는가, 어떻게 자신을 더 발전시킬 것인가, 어떤 전문적 학습 활동을 하고 싶은가 등의 질문에 답한다. 교사와 보고 담당자는 교사가 이러한 목표를 추구하는 데 도움이 될 학교 내외의 학습 기회를 파악한다. 캐나다와 호주의 교육 시스템에서도 동일한 과정이 진행되며, 교사의 목표를 기반으로 연간 학습 계획이 세워진다.

싱가포르에서는 교원평가를 통해 교사의 진로와 연결하여 전문적 학습을 실시할 수도 있다. 예를 들어, 크란지Kranji 중학교 교사 로스밀리아 브테 카스민Rosmiliah Bte Kasmin은 리더십 트랙에서 교사 트랙으로 진로를 바꾸었을 때 그녀의 교원평가[Link 4-11]가 전문성 발전 계획에 새롭게 초점을 맞추는 데 어떻게 도움을 주었는지에 대해 다음과 같이 구체적으로 설명한다.^{경력 교사 로스밀리아 브테 카스민Rosimiliah Bte Kasmin과의 면담, 2014}

매년 학기 초에, 전 학년도의 맡은 일을 고려하여 향후 3년에서 5년간의 진로에 대해 부서장과 면담을 합니다. 이 특별한 면담은 교사가 가고자 하는 진로에 대한 방향성을 정하는 데 도움을 줍니다. 예를 들어, 만약 부서장처럼 리더십 트랙으로 나아가려 한다면, 학교 측에서는 보다 특색 있는 프로젝트나 업무를 수행할 기회를 제공할 것입니다. 반대로, 교사 트랙으로 선택한다면 반드시 완성해야 하는 프로젝트와 업무들이 있습니다. 또한, 경력 교사의 위치로 승진하기 전에 필요한 기능들도 익혀 두어야 합니다.

제가 리더십 트랙이었을 때, 부서 차원에서 학생들을 위한 활동을 조직하는 일을 많이 했습니다. 그렇지만 이런 활동은 경력 교사가 되는 데 필수적인 교사 멘토링과는 직접 연계되지는 않았습니다. 그래서 진로를 수정한 뒤 교원평가를 통해, 교사들을 멘토링할 때 필요한 기능들이 무엇인지 이해해 갈 수 있었고, 멘토링 역량을 기르는 방법도 고민할 수 있었습니다.

이후 교육부는 NIE, 아카데미 및 언어 센터를 통해 학습 기회를 제공한다. 또한, 현장 기반의 리더십 기회를 제공하거나 교사 리더들이 근무하는 여러 장소 중 한 곳에서 직접 멘토링을 제공하기도 한다.

보상과 연결

싱가포르, 중국, 호주 같은 여러 국가는 평가와 보상을 연결하려는 시도를 해 왔다. 보상 전략의 본질은 이러한 노력들이 얼마만큼이나 성공적이었는지에 대한 정도로 나타난다. 앞서 언급한 대로, 싱가포르와 상하이에서 경력 사다리 시스템career ladder systems은 오랫동안 존재해 왔으며 잘 받아들여지고 있다. 교사들은 성장하고, 그들의 교수 성취 수준을 인정받고, 전문성을 공유할 수 있는 추가 책임을 맡을 기회를 통해 혜택을 얻는다. 그리고 경력이 짧은 교사들은 고경력 교사들로부터 멘토링 받는 것을 매우 감사하게 여기며, 고경력 교사들은 이러한 역할을 수행하기 위해 증진하고 훈련하고 시간을 들인다.

호주의 연방정부 초기 성과급 개혁은 개개인 교사 성취에 대한 교장의 평가를 통한 연봉 인상안을 제안했다. 이 제안서는 교사 업무 성취에 대한 증빙으로 학생 성취와 교사 전문성 표준에 대한 실천의 증거를 포함할 것을 제안했다. 뉴사우스웨일스 주와 빅토리아 주는 접근 방식이 상당히 달랐다. 뉴사우스웨일스 주 정부는 교사 전문성 표준에 의해 정의된 교수 실천에 대한 평가를 지지했다. 이러한 접근 방법은 교원들에 의해 지지되었다. 반면, 2010년부터 2014년까지 단기간 집권했던 빅토리아 주의 자유당-국민당 연립 정부Liberal-National coalition government는 자신이 계획한 목표를 충분히 달성한 것으로 인정된 교사에게만 교장이 연간 급여 인상분을 제공하는 성과급 형태를 도입하려 했다. 또한, 교장들은 이러한 성과급 결정과 학생들의 시험 점수를 연결하도록 노력하기도 했다.

그러나 성과급에 대한 이 같은 접근 방법은 교사들뿐만 아니라 학교 관리자에게도 상당한 반발을 초래했다. 새로운 정부는 이러한 접근 방법을 더 이상 강조하지 않는 듯하다. 교장들은 주로 이 가이드라인을 무시했고 거의 모든 교사에게 연봉 인상을 제공했다. 경력 교사인 세오나

아울리치Seona Aulich는 성과급이라는 개념이 빅토리아 주의 교수 문화와 정반대되는 것이라고 했다.

사람들은 성과급 개념에 전혀 관심이 없을지 모르지만, 교사들은 이 부분에 상당히 예민합니다. 보통 교사들끼리는 서로가 가까이에서 일하고 있기에 서로 신경 쓰게 됩니다. 즉, 학교에는 비밀이 없습니다. 예를 들어, 한 교사가 잘못을 저지르면, 곧 학교에 있는 모든 교사가 이에 대해 다 알게 됩니다. … 그러면 학교의 문화가 붕괴하기 시작합니다. … 특히 초등학교에서는 학생의 학업적 성공에 대한 노력을 강조하기보다 학교 운영을 위해 중요한 다양한 역할을 수행할 수도 있습니다. … 이것이 바로 교사가 하는 일에 대한 총체적인 관점입니다. 만약 교실에 매우 수줍어하는 학생이 있다면, 그 학생이 자신을 드러낼 수 있도록 관리하는 것이 그 학급 담임이 한 해 동안 해야 할 일입니다. 그 학생은 학교 출석이 긍정적으로 개선되고, 웃으며 학교를 다니게 될 수 있습니다. 학생과의 관계에 대해 일어나는 일은 대부분 이런 종류의 일입니다. 그러니 어떻게 총제적인 관점에서 이러한 부분을 측정하고 평가할 수 있습니까?

교원 단체educators' union는 빅토리아 정부의 성과급을 도입하고자 하는 제안을 거절했다. 학교문화를 황폐화할 수도 있다는 생각에서다. AEU의 빅토리아 부회장 저스틴 뮬러리Justin Mullaly는 다음과 같이 이야기했다.

교사들은 서로의 생각이 공유되고 학생들이 최고가 될 수 있도록 협력할 때, 교실에 실제 적용될 수 있는 교수학습 계획을 잘 세우고 발전시킬 수 있습니다. 그러나 성과급은 동료애와 교사들이 자유롭고 공정하게 서로 일하는 환경에 부정적인 영향을 미칠 수 있습니다. 이는 우리가 학교 현장에서 바라는 것과 매우 반대되는 일입니다.

교육공동체는 교장들에 의해 연봉이 결정되는 것에 반대해왔지만, 새로운 교사 전문성 표준과 연결된 경력 사다리 개념은 그 사다리에서 승진하는 것을 결정하기 위해 잘 개발된 외부에서 운영되는 평가 과정과 함께 교원 단체와 교육자들에게 일반적으로 수용되었다. 교사의 리더십 역할에서의 승진은 연봉에도 영향을 준다. 그러나 새롭게 개발된 경력 사다리는 더 잘 받아들여질 것으로 보인다. 기준들이 명확하고 외부 전문가에 의한 교원평가의 과정이 일반적이고, 엄밀하게 진행되어서 다른 교사들도 신뢰할 수 있기 때문이다. 게다가 기준을 충족하는 모든 교사가 보상받을 수 있게 되어 있다. 즉, 한 교사가 보상을 얻으면 다른 교사들은 보상을 잃게 되는 맥락에서 상대적으로 서로의 순위를 매기는 것이 아니다. 결국, 경력 사다리는 전체적으로 모든 교사의 전문성 확장에 그 의도가 있다. 승진은 교사가 다른 교사들을 돕는 역할에 참여시키는 것과 관련이 있기 때문이다. 따라서 승진의 결과는 개인적 보너스가 아니라 결국 더 효과적인 교수를 위한 집단적인 진전collective step으로 생각할 수 있다. 이러한 접근 방법을 5장에서 다룬다.

5장에서 다루겠지만, 상하이와 싱가포르의 경력 사다리는 교사로서의 전문성이 더 높은 직급, 책무, 보상으로 보답받을 수 있다. 또한, 매해 성과에 따라 연봉도 달라진다. 싱가포르에서는 연봉 결정이 큰 논란을 일으키지 않았지만, 경력 사다리는 교사와 학교의 전문 학습 조직의 기능상 매우 중요한 역할을 한다. 중국은 2009년에 교사들의 연봉을 전체적으로 인상하기 위한 방안으로 성과급 조건을 추가했다. 이에 대해 상하이의 일부 학교 관리자들은 경력 사다리에 비해 전문적 교수expert teaching를 지원하는 데 오히려 역효과가 생기거나 도움이 되지 않는다고 생각한다.

상하이의 성과급 규칙은 업무수행을 바탕으로 30%의 연봉 차이를 요구한다. 70%의 기본급은 주로 교사들이 가르치는 수업시수나 교실에서 담임 교사banzhuren, 교사 연구 집단jiaoyanzu의 대표, 또는 교내외의 동료 교사들에게 공개 수업을 하는 것과 같은 추가적인 과제나 해야 할 업무에 따라 분배된다.

성과 평정 과정은 학교마다 다르다. 즉, 개별 교사들의 성과급을 분배하기 위한 특정 기준이나 공식이 있는 것은 아니다. 교장들은 학생 지도와 전문성 발달 같은 다양한 정보와 우수함에 대한 여러 지표를 활용한다. 성과급 도입은 일부 교장들에게 평가 절차를 더 어렵게 만든다. 예를 들어, 한 교장은 교사들 사이의 세세한 차이를 구분하기에 평가 절차가 충분치 않다고 설명한다. 그래서 이 교장은 성과를 기준으로 한 연봉 체계를 만들기 위해 교사의 기능에 대한 자신의 지식을 사용하여 세 가지 큰 기준으로 교사를 나누었다.

성과 인센티브는 가장 힘든 부분입니다. … 교사들의 업무수행이 비슷하게 평가되는 상황에서는 평가에 대한 근거가 충분하지 않습니다. 예를 들어, 리Li 선생님은 매우 뛰어나지만 업무 평정에서는 나와 비슷할 수 있습니다. 그러나 성과 평가에는 차이를 둘 수밖에 없습니다. 이 부분이 정말 어려운 것이에요. 그래서 평정 체계를 설계하는 것에서 세밀함을 더하는 것이 가장 중요한데, 이때 시간과 노력이 듭니다. 그렇지만 우리에겐 그런 여유가 없는 것이 문제입니다. 만약 평정 체계가 일반적이고 모호하다면 교사들 사이의 차이를 찾아내기 어려울 것입니다. … 무엇을 근거로 평가할 수 있을까요? … 우리는 평정 체계를 세밀하게 설계하는 데 시간과 노력을 들일 여력이 없습니다. 평정 체계가 너무 일반적이면 성과 상여에 대한 구체적인 근거를 제공할 수 없게 됩니다. 예를 들어, 중국어 교과에서 먼저 어떤 교사가 최고인지 정하고 난 뒤 제일 못하는 교사를 결정한다고 합시다. 그렇게 되면 나머지 다른 교사들은 대부분 그 사이에 해당합니다. 이러한 방식이 효율적이고 공정해 보일지도 모릅니다. 그러나 누군가가 최고의 교사인 1등이라면 다른 누군가는 반드시 2등이 되어야 합니다. 이처럼 다른 교사들보다 한 교사의 수업에 대한 수행능력이 현저하게 좋지 못하거나 사소한 규정을 어긴다면, 그 교사들은 등급이 낮아집니다.

학교와 학구 행정가들은 이러한 목적에서 교사들의 순위가 매겨질 거라는 정보를 제공하기 위해 학생과 학부모에게 학교 평가 과정의 일부로서 설문을 한다.[Link 4-12] 다음은 한 학교에서 매년 제공하는 학생 설문 문항의 일부다.

- 가장 좋아하는 남자 선생님은 누구인가요? 그리고 가장 좋아하는 여자 선생님은 누구인가요?
- 가장 호의적인 선생님은 누구인가요?
- 수업 중 어느 과목을 가장 좋아하나요? 그 과목을 가르치는 선생님은 누구인가요?
- 생활이나 학업에서 어려움이 생기면 누구에게 도움을 요청하나요?
- 지금까지 어떤 선생님이 생활이나 학업에서 가장 많은 도움을 주었나요?
- 중국어, 수학, 영어 같은 주요 교과가 아닌 과목 중에서 어떤 과목을 가장 좋아하나요? 그 과목을 가르치는 선생님은 누구인가요?

이러한 접근 방법에 불편함이 있을 수 있지만, 위와 같은 설문의 결과는 주로 교장들이 교사에 대한 평가나 성과급 결정을 해야 하는 상황에서 사용하게 된다. 베이징의 한 연구에 따르면, 전체적으로 보았을 때 성과급 체계의 실행이 과거에 비해 교수의 질을 발전시키는 데 동기를 부여하지는 못했다고 한다.[Niu & Liu, 2012] 우리 연구에서도 경력 사다리와 교사에 대한 인식, 또 교사의 역할들이 더 큰 동기부여 효과가 있다고 생각된다.

연구에서 배운 교훈

고성과 지역에서 전문적 학습은 높은 수준의 교육자를 기르기 위한 제도상의 일부이다. 이 제도는 효과적인 교사를 모집하고 준비시키는 노력에서 시작한다. 일단 교사들이 임용되고 멘토링을 받게 되면, 자신들의 학습을 이어가고 기능을 연마하며 매년 더 나아지리라 예상된다. 이때, 피드백과 평가가 가장 중요한 요소가 된다. 즉, 교사는 추가적인 학습 기회를 통해 자신들을 이끌어 줄 수 있는 피드백을 받게 된다.

이러한 나라들에서 전문적 학습은 예산이 소요되지만, 미국의 예산 사용과는 차이가 있다. 미국은 호텔과 같은 곳에서 전국적으로 유명한 강사를 초대해 예산을 쓰는 것에 비해, 고성과 국가들의 학교에서는 교사들에게 전문적 학습을 지속하도록 학교 일과 중에 시간을 제공함으로써 예산을 사용한다.

물론 여기서 이야기하는 정책과 관행들은 국가에 따라 다르지만, 다음과 같은 공통적인 테마가 있다.

교사의 전문적 학습은 지속적이고 발전적이어야 한다. 고성과 국가에서는 교사들이 발전시키고 증명해야 할 지식과 기능에 대해 교수 기준을 통해 명확하게 문서화하고 있다. 그러나 분명한 것은, 초임 교사들에

대해 경력 교사와 같은 수준으로 기대하지 않는다는 점이다. 또한 경력 교사라 하여 마찬가지로 수석교사와 같은 수준으로 기대하지는 않는다. 평가와 승진에 대한 기준과 제도는 교사들이 원하고 나아가야 할 수준의 전문성을 의미한다.

전문적 학습은 협력적이다. 고성과 학교들은 개별 교사를 위한 학습 계획과 함께 학교공동체 전체를 위한 학습 계획을 가지고 있다. 교사는 자신뿐만 아니라 학교의 목적을 이루기 위해 학습 기회를 추구한다. 많은 경우 교사들이 양쪽 목표를 위해 수행하는 활동은 다른 교사와 협력하는 것을 포함한다. 즉, 학생들의 활동, 수업 계획, 연구를 검토하기 위해 정기적으로 모임을 갖게 된다. 실행 연구를 수행하고 그 결과도 공유할 수 있다. 이처럼 교사들은 수업에 대한 다양한 접근방법을 참관하기 위해 다른 교실이나 학교를 방문하기도 한다. 이때, 평가는 교사에게 수업 실천에 대한 피드백을 제공할 수 있다.

교사는 동료와의 학습을 이끌어 간다. 예를 들어, 호주와 캐나다에서는 전문성 개발에서 전문적 교사 집단이 주요한 역할을 한다. 전문적 교사 집단은 '교사에 의한, 교사를 위한' 워크숍뿐만 아니라 다른 다양한 학습 기회를 제공한다. 이와 같은 방식은 전문적 학습의 협력적 본질을 강조한다. 싱가포르의 AST도 비슷한 성격을 지닌다. 상하이의 교사들도 수업 연구, 실행 연구, 교사들이 주도하는 학습공동체에 참여한다. 핀란드에서는 동료 멘토링과 공동 멘토링은 교사가 동료 교사들과 학교를 위한 배움을 공유하는 과정으로 인식된다.

교사는 연구자다. 고성과 국가에서 교사교육의 특징은 교사들이 교실에서 학생들을 지도할 때도 지속적으로 연구를 강조한다는 점이다. 교사들은 현재의 연구문헌도 잘 이해해야 할 뿐만 아니라 그들 자신의 실천에 기반한 연구를 할 것으로 기대된다. 이러한 연구는 자신의 실천이나 동료들의 실천에도 영향을 미친다. 또한 대부분 경우 연구의 결과가

현장에 영향을 미치며, 교사들은 전문적 학술지에 정기적으로 논문을 게재하기도 한다.

평가는 교사의 발전과 성장을 돕도록 구성된다. 고성과 국가에서의 교원평가는 높은 수준의 교사에게 보상을 주고 낮은 수준의 교사를 발견하고 방지하는 것이 주목적이 아니다. 오히려 학습과 개선에 대한 목표를 설정하고, 업무수행에 대한 피드백을 제공하며, 교사들이 개선을 위한 자신의 목표에 어떻게 도달할 수 있는지 알게 해주고 수업 실천을 발전시키기 위해 무엇을 해야 할지 도와준다. 이 과정은 전문적 학습기회와도 연결되어서 교사들이 자신과 학교의 목표를 동시에 이루어 나가는 데 도움을 받는다.

고성과 시스템에서 전문적 학습은 말 그대로 전문적professional이라고 할 수 있다. 국가와 각 지방은 직업에 대한 지식구조와 기술을 정하고, 교사들이 해당 역량을 기르도록 준비시키며, 경력 과정을 통해 계속해서 그 지식과 기능을 기를 수 있도록 책무성을 부여한다. 그런 점에서 가르치는 일은 법, 의학, 공학 같은 영역의 전문직과 유사하다.

또한, 교사들은 현재 자신의 직업을 쉽게 그만두지 않을 것이다. 즉, 이러한 고성과 국가들의 이직률은 미국에 비하면 매우 낮게 나타난다. 그러나 이 같은 국가들도 국가 차원에서 교사들에게 책임을 부여하고 전문성을 공유하는 새로운 방안을 모색하며, 역할을 수행하기 위해 더 많은 보상을 주는 제도를 만들고 기회를 제공한다. 5장은 교사의 진로와 행정가로서의 경로를 이러한 국가들이 어떻게 만들어 왔는지에 대해 논의한다.

5.

교직 경력과 리더십

학생들을 가르치고 그들의 삶에도 긍정적인 방향으로 영향을 주려고 노력했던 수년이 지나고 나서, 이제는 교실의 벽을 넘어서고 싶다는 생각이 들었습니다. 그리고 교사로서 다른 교사들도 도와주고자 노력했습니다. 부서장department head이 되어 부서 내의 다른 교사들과 내가 가진 자료를 공유하거나 다른 자료들을 찾을 수 있는 곳을 소개해 줄 기회들이 있었습니다. 이처럼 부서장으로서 부서에 있는 다양한 수준의 교사들을 도와주며 보람을 느끼게 되었습니다. 이러한 일련의 일들을 통해 저는 교실벽을 넘어서 더 많은 교사와 학생에게 보다 광범위하게 영향을 주고 싶어졌습니다.

온타리오 학교 교장

저는 학교에서 공식적으로 지도자 위치leadership position의 역할을 갖고 있지는 않습니다. 부서장도, 교감도 아닙니다. 한 명의 평교사입니다, … [그 교수 학습과 리더십 프로그램]을 통해 짧은 기간에 특정 분야에서 전문가가 될 수 있다고 느껴졌습니다. 평소와 달리 추가로 해야 할 일이 있습니다만, 프로그램에 참여하게 되어 다른 교사들과의 연결, 협력, 브레인스토밍, 새로운 방안 모색 등을 통해 새로운 활력을 찾게 되었습니다. 또 보람되고, 윤택해지며, 영감을 얻고, 생기 넘치게 되고, 몰입하게 되었습니다. 평소에는 해 볼 여유도, 기회도 없었던 큰 생각을 꿈꾸도록 핵심 팀으로 우리 셋은 서로를 도와주고 있습니다.

교사 학습 및 리더십 프로그램에 참여한 온타리오 교사

3장과 4장에서 기술한 것처럼, 고성과 시스템에서 교사들은 철저한 준비와 지속적인 지원을 받는다. 이러한 시스템에서는 모든 학생이 효과적이고 배려심 있는 교사들에게 날마다 접근할 수 있도록 지원해 준다. 이 교사들은 어떻게 가르칠지 알고 있으며, 계속해서 자신의 실천을 개선하기 위해 노력하고 있다. 그러나 이러한 체제에서 교수teaching란 교사들이 개발해야 할 일련의 기능들의 집합이 아니다. 교사는 하나의 전문직이다. 즉, 능력 있는 사람들이 들어갈 수 있고 경력기간 동안 일을 계속 지속해 나갈 수 있다. 변호사나 엔지니어와 같은 다른 전문직업처럼 교사도 같은 종류의 만족감을 느끼고 보상을 얻을 수 있다.

시스템은 다양한 방법으로 이를 가능하게 한다. 첫째, 시스템은 교사가 자신의 흥미와 역량을 바탕으로 새로운 책임을 갖도록 구조를 만들어 준다. 교사들은 교육과정을 개발하고, 평가를 만들며, 젊은 교사들을 멘토링해 줄 수도 있고, 교사 연수를 지원할 수도 있는 등 다양한 기회가 있다. 교사들은 가르치는 일을 떠날 필요도 없고 경력을 위해 행정가의 길로 들어설 필요도 없다.

둘째, 시스템은 전도유망한 지도자 후보를 찾을 수 있고, 그들이 새로운 위치에서 성장하도록 지원할 수 있는 구조를 지닌다. 이 지역들 대부분은 동료들의 학습을 성공적으로 돕는 교사를 찾아내어 이들이 교사지도자 및 학교 지도자가 될 수 있게 하는 적극적인 방법을 개발했다. 이러한 지역은 잠재적인 지도자가 자신에게 맞는 직책에 지원하기를 기다리지 않고, 적극적으로 그들을 모집하고 학습 기회를 제공한다.

셋째, 시스템은 재능과 성취를 파악하는 데 4장에서 언급한 교원평가를 사용한다. 평가의 중요한 목적 중 하나는 학교와 학교체제가 특정한 역량을 지닌 교사를 찾고 교사들이 승진을 위해 자신의 역량을 증명하도록 지원하는 것이다.

이러한 정책들은 가르치는 일이 매력적이고 보람 있는 직업이라 느끼게 해주고 능력 있는 사람들이 교사가 되고 싶도록 한다는 점에서 그 효과가 상당하다. 이는 자연스레 교사교육 프로그램이 후보자를 선정할 때 더욱 까다롭게 선발할 수 있게 해 준다. 또한 경력 교사나 훌륭한 교사들이 자신의 경험과 지식을 초임 교사들에게 제공하게 하여 전체적으로 교육의 질을 향상시킬 수 있다는 장점이 있다. 마지막으로, 이러한 정책들은 교사들이 자신들의 직업을 지속적으로 유지하게 하며, 빠른 이직으로 인한 비용과 혼란을 줄일 수 있다.

이 장에서는 고성과 국가들에서 경력 경로career paths와 리더십 개발 관행leadership development practices을 살펴본다. 구체적으로 경력 경로, 교사들이 동료들과 함께 학습 기회를 이끌어가는 기회들, 학교 교장과 다른 행정 지도자를 모집하고 발전시키는 전략들을 다루고자 한다.

경력 경로

일부 교육 시스템에서는 미국의 많은 주가 그러하듯이 교사의 업무 내용이 고정되어 있다. 즉, 교사의 일은 기본적으로 처음 시작한 날부터 30년이 지나도 크게 차이가 없다. 급여는 경력과 학위에 따라 인상되지만, 교실에서 20~30명의 학생들과 거의 하루를 보낸다는 기본적인 책임은 그대로다. 책무를 더 수행하고 싶다면 가르치는 일을 그만두고 행정가로 지원할 수 있다.

다른 시스템들에서는 교사가 교직을 떠나지 않고도 새로운 역할을 할 수 있는 구조를 만들었다. 예를 들어, 교사가 하루 중 일부는 학생들을 가르치고, 남은 시간은 전문성 개발에서 다른 교사들을 가르칠 수도 있다. 교육과정과 평가에 대해 일을 맡을 수도 있고, 교육부에서 정책 자문을 할 수도 있다. 또 다른 방법으로, 교사들은 학교와 학교 시스템에서 지도자가 될 수도 있다.

이러한 시스템을 만들어 가는 교육정책들은 교원평가 체제를 이용하여 교사들의 강점과 부족한 부분을 평가한다. 또 교사들이 자신의 역량을 확인하고 이에 대해 주목할 수 있도록 도와줄 수 있다. 이를 통해 가장 유능한 교사들이 다른 교사들을 이끌어 갈 수 있도록 도와준다.

가장 잘 발달된 경력 사다리 구조 중 하나는 싱가포르에 있으며, 상하이도 공식적인 승진 구조가 있다. 호주도 최근에 지역별로 다양하게 실행될 수 있는 새로운 국가 교수 표준과 결부된 경력 사다리 개념을 도입했다.

온타리오 주도 다양한 교사의 리더십 역할과 연수 기회를 만들어 왔다. 그것은 매우 발달된 위계적 구조에 의존하지 않고 시스템의 어느 수준에서라도 리더십 기회를 가질 수 있다는 점에서 선형적인 승진의 경력 사다리보다는 다양한 방향으로 나아갈 수 있는 경력 분기career lattice와 같이 적용된다. 핀란드에서는 교사들이 학교 내에서 다양한 리더십 역할을 수행하지만, 공식적으로 지정된 것이라기보다는 기존의 하는 일에 포함되어 진행된다. 이러한 국가들은 교사들에게 교실에서 성취와 다른 동료를 지원하는 능력을 증명하길 요구하며 이를 바탕으로 다양한 승진과 리더십에 대한 경로를 제공한다. 학교의 리더로서 교장의 전통적 역할이 여전히 지배적이지만, 이러한 시스템에 있는 리더십은 보다 세부적으로 나누어진다. 학교의 다양한 보직과 개인들이 코칭, 교육과정 개발, 학교 발전 활동들을 나눠서 수행하게 된다.Spillane, Sherer, & Codern, 2005

싱가포르의 경력 사다리 시스템

싱가포르의 모델에는 교수teaching 트랙, 리더십leadership 트랙, 선임전
문가senior specialist 트랙으로 세 가지 리더십 경로가 있다.[그림 5-1]

[그림 5-1] 싱가포르의 모델[1]

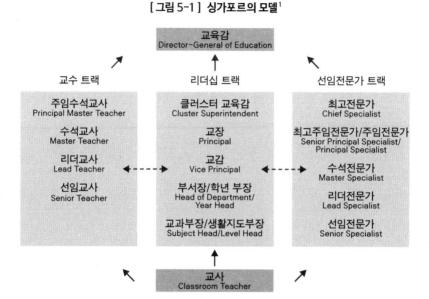

교원 성과 평가 과정은 정규 평가 시스템의 일부로, 교사들의 동료와
협업에 대한 능력, 리더십 기술, 교수 능력을 강조하며, 이는 경력 사다
리를 위한 밑거름이 된다. 성과 평가를 하는 학교 지도자와 부서장은 잠
재력을 찾고 발견하는 방법, 교사에게 다양한 리더십 기회를 주어 잠재
력을 개발하는 방법, 교사들이 자신의 기능을 개발하고 또 각 트랙에
따른 연수와 평정에 지원하고 싶도록 격려하는 방법에 대해 지도를 받

---

1. 이 그림은 원문과 달리 2023년 현재 싱가포르 리더십 경로를 반영하여 수정한 것이
   다. 양국의 교육 시스템이 다르므로 번역어가 전달하는 의미가 한국 상황과 정확히
   일치하지 않음을 밝혀둔다. 내용과 관련해서는 싱가포르 NIE의 정호진 교수의 도움
   을 받았다.(출처: https://www.moe.gov.sg/careers/become-teachers/pri-sec-jc-
   ci/professional-development)

는다. 교육부의 클러스트 지도자Cluster leaders와 고위 관리자들은 리더
십의 잠재력이 있는 교사들에게 관심을 가지고 이러한 교사들이 새로운
도전을 마주하며 다양한 직업적 학습 기회를 가질 수 있도록 돕는다.

교수 트랙teaching track

일단 교사가 여정을 시작하면, 세 가지 트랙에는 고유의 성과 기준이
있다. 교수 트랙의 경우, 이러한 기준은 교사가 구성하는 전문 포트폴리
오를 통해 평가된다.Link 5-1 이 포트폴리오는 왜 더 높은 지위로 가야 하
는지에 대한 개인적 진술, 인증 기준을 만족하는 증빙 서류들에 대한 요
약, 증빙 서류를 입증할 수 있는 추가적인 자료(예: 수업 지도안, 발표 자
료 등)를 포함한다. 교수 트랙 기준은 질 높은 학습을 통한 학생의 전인
적 발달, 지도pastoral care와 복지, 범교과 교육과정 활동과 같은 교수
평가 기준에 근거하여 만들어진다. 교사가 다음 지위로 올라갈수록 기
준의 범위는 보다 넓어져 학교, 클러스터, 지역, 국가를 위한 공헌, 협업
과 인적 네트워크 형성, 전문성·기풍·규준에 대한 문화 형성에의 기여
들을 포함하게 된다. 주임수석교사나 책임전문가는 교장과 같은 정도의
수익을 보장받는다. 따라서 전문가 교사들이 자신의 흥미와 재능에 따
라 세 가지 트랙 중 하나를 선택하도록 강력한 인센티브가 존재한다는
것에 주목하는 것이 중요하다.

교수 트랙을 통해 교사들은 먼저 선임교사가 되기를 바랄 수 있다. 그
러면 이는 리더 교사로 이어지고, 또한 수석교사 수준으로 더 발전할 수
있다. 교수 트랙에서 승진해 가면, 학교 내에서 또는 더 큰 범주의 교사
공동체의 리더십 역할이나 도움이 필요한 초임 교사를 위한 교수적 지
도자pedagogical leader, 교수학적 멘토instructional mentor, 전문적 학습
지도자의 역할을 할 수 있다. 수석교사는 학교에 머물지 않고 관련되는
아카데미로 활동 반경을 넓혀 갈 수 있다. 싱가포르 교사 아카데미AST

같은 조직들은 교육부에서 설립한 것으로, 교사들이 다른 교사들을 위한 전문적 학습을 이끌어가도록 만들었다.

수학에서 주임수석교사를 맡고 있는 신시아 세토Cynthia Seto는 최근 AST로 발령을 받고 다음과 같이 자신의 경력이 어떻게 발전되어 왔는지 설명했다.

저는 교사 지도자였습니다. 일반 교사에서 시작하여 선임교사가 되었습니다. 선임교사로서 여느 교사들처럼 가르치는 수업시수를 배정받기는 하지만, 일반 교사들에 비해 멘토링 시간을 위해 한 시간에서 세 시간에 이르기까지 더 적은 수업시수를 받기도 합니다. 대부분의 선임 교사가 하는 일은 초임 교사들이나 수학에서 ICT 통합과 같은 특정 기능이 부족한 예비 교사들을 도와주는 것입니다.

이후 선임 교사에서 수석교사가 되었습니다. 교장에 의해 지명되었을 때 포트폴리오를 작성해야 했습니다. 포트폴리오의 다섯 가지 기준은 전문성 신장 참여, 학생의 질 높은 학습, 학생의 지도pastoral care와 복지에 대한 관심, 공동체를 위해 노력하는 방법 등입니다. 수석교사가 되기 위해 포트폴리오를 제출했을 때, 이제 열정을 교사들의 역량을 기르는 데 활용해야 한다고 다짐했습니다.

AST에서 신시아는 다른 교사나 교사 지도자들을 위한 전문성 개발을 기획하고 지원한다. AST와 다른 특정 교과 아카데미나 언어 센터들은 교사들의 전문적 학습과 발전을 지원한다.

이를 위해 교사 공동체로부터 교수적 리더십을 이끌어내고, 전문성을 교육 시스템에 결합하며, 교사들 사이에서 자신감, 정체성, 소속감을 강화하고, 교과 내용에 통달하고, 교수학습 역량을 기르고, 실천 기준을 높이고, 교수적 변혁이나 변화를 추구하며, 지속적 학습을 발전시켜가는 방법들이 있다.^{Tan & Wong, 2012, pp.452-453}

교사 지도자들은 학교와 클러스터의 업무도 지원한다. 이러한 모든 방법으로 싱가포르에서 교직은 교육자들이 관리자가 되지 않아도 계속 학습하고 새로운 도전을 하며 자신의 전문성을 공유할 많은 기회가 존재하는 흥미로운 직업이다. 신시아 세토와 아이린 탄이 말한 것처럼 "오랫동안 교사 지도자라는 용어는 일반적으로 학교 내 지도자로 있는 부서장과 교감을 지칭했다. [선임 교사들]은 이제 자신들을 교사 지도자로 보고 있다."

리더십 트랙leadership track

한편, 싱가포르에서 리더십 트랙은 학교 행정가로서 역할을 할 수 있는 적성과 능력이 있는 교사들을 위한 곳이다. 또한, 학교에서 리더십을 위한 자리로 가기 위한 경로이며, 추후 교육부에서 리더십 역할을 할 수 있다. 리더십은 효과적인 학교 운영을 위해 핵심적인 것으로 간주되므로, 학교 지도자를 찾아내고 양성하는 데 많은 관심과 재원이 사용된다. 모든 교장과 부서장은 임명을 받기 전에 정부 예산으로 연수를 받는다. 교육부에 의해 주도적으로 계획된 리더십 개발 프로그램의 종합세트가 있고, 이는 초임 또는 경험 있는 부서장, 교감, 교장들을 위해 적합하게 맞춤형으로 운영될 수 있다. 각자 경력의 적절한 단계에서, 지도자에게는 멘토가 지정되어 리더십 역할을 할 수 있도록 안내하고 조언해 준다.

지도자들은 학교 리더십 역할을 맡을 수 있는 잠재력을 증명하는 교사들 사이에서 발견되기도 하고, 길러질 수도 있고, 모집되기도 한다. 매년 교사들은 리더십 기술과 교수 기술을 다면적으로, 그리고 역량 중심의 과정으로 평가받는다. 교육부는 평가를 검토하고 어떤 교사가 추가적인 도전과제와 학습 기회를 받을 준비가 되었는지 정기적으로 교장들에게 확인함으로써 지속적으로 전도유망하고 잠재력 있는 지도자를 탐색한다. 잠재적 교장 후보가 확인되면, 리더십과 관리 능력을 더 개발시키기 위해 여러 종류의 연수에 참여시키며 새로운 책무를 가질 기회를 제공한다. 이들은 엄격한 선발 과정을 거쳐 평정자들이 적합하다고 판단할 때 학교의 리더십 직책에 임명된다.

리더십 개발은 다양한 방법으로 지원될 수 있다. 리더십 트랙에 있는 교육자들은 추가적인 준비와 대학원 수준의 강의들을 통해 지식과 기능을 발전시킬 수 있다. 예를 들어, 2007년 7월 NIE는 학교 경영 및 리더십 프로그램Management and Leadership in School, MLS을 개설했다. 전일제로 17주 동안 부서장 경험이 있는 중견 지도자를 대상으로, 재직 중 참여 프로그램으로 설계되었다. 참여자는 교장과 교육장들이 선발했으며, 교육부가 참가비를 전액 지원하고 월급여도 계속 지불되었다.

자신의 학교에서 학교 기반의 개선 사업에 이미 참여하고 있는 중견 지도자들을 대상으로 하여, 이론과 실제를 의도적으로 통합하고 '글로컬'(global과 local의 합성어)한 이슈들에 주목한다는 점이 MLS의 특징이다. 엄격한 학술적 내용뿐 아니라 참여자는 실제적인 학습 경험에 참여하고 리더십 모듈의 이론적 부분에서 배운 것을 반영하는 프로젝트를 수행하게 된다.

이 프로그램의 중요한 특징은 해외연수 및 산업시찰이다. 참여자는 교육체제를 공부하기 위해 아시아-태평양 지역의 한 국가를 방문할 수 있다. 해당 국가에서 지역 산업을 살펴보고 선택한 기관의 운영 방식을 시찰할 기회를 제공받는다. 이러한 시찰은 참여자들에게 교육체제와 다양한 조직들의 운영에 대해 다른 경험을 하는 기회가 된다.

교육부는 시스템 수준에서 교사들이 리더십 경험을 확장할 수 있도록 투자하고 교육부 내에서 추가적으로 리더십 직책이 만들어질 수 있다고 공지한다. 이러한 직책은 리더십 트랙에 있는 교사들이 실천뿐 아니라 정책과 프로그램 개발에 대한 목소리를 낼 수 있고 자신의 학교를 넘어 여러 학교에서의 개선 노력들에 참여할 수 있게 해준다. 교사들은 이러한 직책에 지원할 수 있고 2년 또는 4년짜리 임기에 도전할 수 있다. 교육부와 NIE의 직책에도 지원 가능하며, 예비교사 교육에 대학 강사로서 다음 세대 교사들에게 영향을 주는 기회도 갖는다. 이러한 특정 리더십 경험을 평가해본 후 교사들이 이러한 트랙을 가고 싶지 않다면, 다양한 환경에서 활동에 참여한 경험을 바탕으로 자신의 관점과 지식을 확장하여 다시 교실로 돌아올 수 있다.

전문가 트랙specialist track

선임전문가 트랙은 자신의 영역에 풍부한 경험이 있는 교사들을 위한 것이다. 교사들은 이 트랙을 선택하여 "교육에서 특정 영역(교육과정, 계획, 교육 프로그램, 교육 공학 등)에서 심도 있는 지식과 기능을 갖춘 핵심 전문가 집단이 되어 새로운 지평을 열고 싱가포르를 교육에서 선도국가가 되게 해준다."Lee & Tan, 2010, Teo, 2001, p.3에서 재인용 이들의 리더십 역할은 종종 학교를 벗어나 교육부 본부까지 이어진다. 이곳에서 교육과정, 교육심리학, 교육연구, 평가 및 측정 같은 분야에 참여할 수 있다. 교육부는 이러한 영역의 대학원 수준의 연구를 지원한다.

상하이의 경력 사다리

상하이 또한 잘 발달된 경력 사다리가 있다. 중국 교사들은 수습교사, 2급교사, 1급교사, 고급교사의 네 단계로 공식적으로 분류된다. 자신의 전문적 역량과 동료들 사이에서의 위치를 바탕으로 현재 단계에서 다음 단계로 올라갈 수 있다. 승진을 위해 교사들은 몇 년 동안 자신이 했던 일들을 요약하여 제출해야 하고, 언어적 능력을 보여주기 위한 필기시험을 치르며, 교수에 대한 연구 논문을 작성하고, 학구에서의 면접에 참여하며, 경력 교사에 의해 수업관찰을 받는다. 경력 사다리에서 위로 올라간다는 것은 전문적 성취와 자신감을 가지게 한다. 학교에서 교사들은 다른 교사들의 등급을 미리 알고 있고 높은 단계에 있는 교사를 멘토나 학교의 지도자로 생각한다. 예를 들어, 교사 연구 단체jiaoyanzu의 장은 주로 높은 단계에 있는 경험 많고 성취가 높은 교사다. 낮은 단계의 교사들은 주로 이제 경력을 시작하는 경우가 많다.

현재 단계에서 다음 단계로 진급하기 위해, 교사들은 학구에 지원서를 제출한다. 지원서는 교사의 현재 단계와 취득 학위, 현재 참여 중인 학교 기반의 연구 개요, 수상 실적, 학생 성취에 대한 인정, 게재된 논문들을 포함한다. 학교는 이러한 지원서를 먼저 승인해야 한다. 그것은 학교장이 지원자가 지원 자격을 갖춘 것에 동의했음을 의미한다. 학구 수준에서는 보통 교수에 대해 잘 알려진 교과영역 전문가 또는 교사 전문성 개발 직원들로 구성된 전문가 위원회가 지원서를 검토하고 진급에 대한 결정을 내린다.

가장 높은 단계는 소수의 인원만 도달할 수 있다. 2010년의 한 연구에 따르면 7% 이내의 상하이 교사들이 이 단계에 도달할 수 있다고 한다.[Gang, 2010, p.14] 40~50%의 교사들은 각각 1급 또는 2급교사이며, 5% 미만이 수습교사다.

외부인들의 관점에서 승진과정에서 활용된 교사들의 연구 실적들이 놀라울 수도 있다. 그러나 4장에서 논의한 것처럼, 교사의 수업실천에 대한 연구는 평소에도 일어나는 일들이다. 본 연구의 면담 과정에서 교사들은 자신의 연구와 연구 과정을 통해 배우게 된 내용들을 언급했다. 11,000명 이상의 교사들이 참여한 국가 수준의 설문에서, 약 75%의 응답자가 최소 1개 이상의 연구출판물이 있고, 30%는 4개 이상의 연구

출판물이 있었으며, 8%는 9개 이상의 연구를 출판하기도 했다.^{Gang. 2010.} ^{p.148} 일부 교사들은 연구교사라는 직함으로 지역교육청에서 직책을 가지고 있었다. 연구교사는 학교에서 일어나는 연구를 조정하고 관찰하는데 도움을 준다.

높은 단계의 교사들은 승진하지 않은 경력 교사들이 수업을 개선하는 데 필요한 지원과 안내를 제공한다. 교사를 위한 전문적 학습 기회 또한 다양한 단계의 교사들을 위해 구조화되어 경력 사다리를 올라가도록 지원한다. 상하이 지안수루Jiansulu 초등학교 교장은 학교 수준, 학구 수준, 시도 수준에서 제공되는 기회에 대해 다음과 같이 설명했다.

먼저, 학교에서 교사가 성장할 기회를 제공할 수 있는 플랫폼을 만듭니다. 예를 들어, 학교에서 수년간의 교수 경험과 성과가 있는 경우, 학구 수준에서 리더 교사를 위한 전문적 연수에 참여할 기회가 생깁니다. 연수에서 연구 프로젝트를 통해 또 전문가들의 안내를 통해 많은 것을 배울 수 있습니다. 다음으로, 시도에서 제공하는 연수에 참여할 수도 있습니다. 이 수준에서는 두 가지 명성 스튜디오dual-prestige 혹은 우수 교사와 우수 학교 스튜디오가 있어, 더 전문적이고 집중된 지원을 받을 수 있습니다. 단계별로 진급할 가능성이 있는 교사에게는 이처럼 실질적인 성장을 위한 기회들이 강한 장려정책이 됩니다. 초중등학교에서 선임 교사 시스템과 같은 일반적인 진급 시스템과 함께, 교사들에게는 이러한 정책이 우수한 플랫폼이 됩니다.

교수에 대한 공식적 경력 사다리와 함께, 4장에서 언급한 수업 연구 대회에서 입상하거나 연구나 멘토링으로 잘 알려진 교사들은 보상을 받거나 지식, 기능, 성취에 대해 공식적으로 인정을 받는다. 교사들의 수상과 성취에 대한 인정은 빈번하게 이루어지며, 정기적으로 학교 공동체를

[그림 5-2] 상하이 푸지안(Pujian) 제2 초등학교의 교사들의 수상을 보여 주는 전시물들

[그림 5-2] 상하이 푸지안(Pujian) 제2 초등학교의 교사들의 수상을 보여 주는 전시물들

통해 전달된다. 주기적으로 학교의 복도나 학교 밖에 교사의 사진과 성취를 게시한다.^{예시: [그림 5-2]} 이러한 수상경력은 학교 공동체 전체의 명성을 높일 수 있다고 여겨진다. 상하이에서는 9월 10일을 스승의 날로 제정하여, 국가 전체가 이를 기념하고 실적이 있는 교사들을 표창하기 위해 많은 수상식이 열린다.

호주의 교직 경력 단계teaching career stages

호주의 교직 경력은 초기 교사 교육, 전문성 개발 그리고 교사 평가의 균형 점수표 채택을 고려할 때, 점점 더 국가 교사 전문성 표준에 따라 구조화되고 있다. 국가 기준은 초임 교사graduate, 숙련 교사proficient, 고성취 교사highly accomplished, 리더 교사leader의 네 가지 경력 단계를 규정하며, 대부분 주에서 현재 급여와 경우에 따라 수정된 책무의 차등을 통해 경력 사다리를 만들어 사용한다. 네 단계 중에서 첫째는 새로 졸업하는 졸업생이 초임 교사로서 교직에 대해 지녀야 할 교사지식, 실천, 참여에 대한 기대치가 기준과 연결되어 있다. 임시교사에서 정교사

가 되는 두 번째 단계인 숙련 교사 단계에서는 저경력 교사를 위한 기준 기반의 입문 교육과 멘토링의 기초를 제공한다. 교사가 교실에서 머무르는 동안에도 자신의 전문성을 계속 개발하고 경력을 발전시킬 수 있도록 더 높은 단계가 제공된다. 고성취 교사는 기준에서 높은 수준의 숙련도를 증명한 교사들이고, 리더 교사는 개인적으로 능력을 증명하고 매우 효과적인 교수를 통해 학교에서 리더십을 보여주는 교사들이다. AITSL 전 회장 토니 맥케이Tony Mackay는 좋은 교사를 찾는 것은 학생들의 학습을 지원할 수 있는 일관성 있는 시스템을 위한 것으로 다음과 같이 설명했다.Link 5-2

[초기교사교육, 교수법, 리더십 개발]의 모든 측면을 생각할 때 교사의 질과 리더십의 질에 대한 시스템이 없으면, 모든 학생을 위한 질 높은 학습이라는 의제agenda를 추진하기가 매우 어렵습니다.

연방정부는 위대한 스승상Rewards for Great Teachers 프로그램을 만들어 기준의 활용을 지원하고 성취가 높은 교사들에게 경제적인 지원을 하고자 했다.COAG, 2012 이 정책은 2013년부터 호주 교원 성과 및 개발Australian Teacher Performance and Development, ATPD 프레임워크를 실행하는 데 참여하는 주, 영토, 자치령에 자금을 지원하고, 호주 교사 전문성 기준Australian Professional Standards for Teachers 프레임워크에 따라 교사들을 고성취 교사와 리더 교사로 인증한다.GOAC, 2012 참여하는 주는 ATPD 체계에 상응하는 교사 단계를 평가하고 자격을 주며, 성과와 개발 주기에 대한 체제가 수립되어 있어야 한다.

AITSL이 가이드라인을 만들고 증빙서류에 대한 양식을 제공하지만, 교사가 기준의 필수 요건을 충족하는지에 대한 평가는 주별 인증 기관에 의해 결정된다.(각 경력 단계에서 전문적 실천 사례는 http://aitsl.edu.

au/australian-professional-standards-for-teachers/illustrations-of-practice/find-by-career-stage에서 찾을 수 있다.) 예를 들어, 뉴사우스웨일스 주는 훌륭한 실적을 보여줄 수 있는 교사들이 교실에서 수업에 전념할 수 있게 하고, 다른 교사들의 발전을 지원하기 위해 경력 경로 career pathway를 만들어 왔다. 이러한 교사들은 경제적으로 또 직업적으로 보상을 받는 대신 전문적 학습에 대해 리더십을 제공해야 하는 책무가 있다. 멘토링과 학교 교육과정에 대한 리더십, 협력적인 수업 준비, 평가, 교수에 관여하게 되고 학교 내외 교사들의 전문적 학습을 위해 피드백을 제공하기 위해 실천과 그 효과를 잘 관찰하도록 배치되기도 한다. 또한, 교수법을 변화시키기 위한 노력이나 전문적 학습 계획을 이끌어가기도 한다.

뉴사우스웨일스 주는 보상을 기준에 기반한 더 높은 수준의 전문성 인증와 연계하기 위해 급여 구조를 개정했다. 교사가 숙련 교사 기준으로 인증되면 상당한 수준의 급여가 인상되고, 고성취나 리더 교사에 도달하면 10만 호주 달러가 넘는 급여를 받게 된다.(연구 당시 호주 달러와 미국 달러는 거의 비슷했다.) 이러한 개혁은 교원단체들의 강력한 지지를 바탕으로 실시되었다. 교원단체는 교직 입문 단계의 더 엄격한 전문성 기준 및 경력에 따라 기준과 연계된 승진체제를 강력히 지지했다. 한 교원노조 지도자는 다음과 같이 설명했다.

> 우리는 고성취 교사와 리더 교사라는 범주로 경력 재구조화를 하는 것이 경력 구조를 강화하는 것이지 급여 체계를 파괴하는 것이 아니라고 예상합니다. 교사로 교실에 남고자 한다면, 교사로서 가장 높은 곳에 도달할 수 있습니다. 승진이나 행정직으로 가기를 원치 않지만, 신규 교사들을 위해 멘토링을 하는 것에 보상을 받고자 원할 수도 있습니다. [그래서 고성취 교사를 위한] 기준으로 평가받기를 자원합니다.

만약 기준을 충족한다면 인정받고 추가 보상을 받게 됩니다. 계속 기준을 만족하면, 5년 뒤 재인증을 위한 평가를 받게 됩니다. 우리는 이 모든 것에 동의했습니다.

이러한 시스템 자체는 주마다 다르다. 빅토리아 주는 교사자격 기준에서 아직 고성취 교사와 리더 교사를 채택하지 않았고, 이러한 두 단계의 활용은 개별 학교 내에서 지역별로 결정한다. 그러나 뉴사우스웨일스 주는 엄밀한 증거기반 시스템을 구축하고 후보자가 교수, 교육과정 계획, 학생 지도에서 어떻게 각 기준을 만족하는지 증거를 보여주는 포트폴리오를 준비해야 한다. 증빙서류의 성격은 교사들이 현재 속하거나 도달하고자 하는 특정 경력 단계에 적합해야 한다. 가장 높은 단계에서 증거의 성격은 교실 중심에서 학교 중심으로, 다른 교사의 발전을 포함하는 더 광범위한 것으로 변하게 된다. 신뢰할 만한 방법으로 평가할 수 있도록 훈련된 두 명의 외부심사자는 후보자의 학교로 와서 수업을 관찰하고 교사가 학생에 대한 지식과 교수전략을 증명할 수 있는지를 심사한다. 심사는 교사의 증빙서류를 포함한 전문적 포트폴리오에 대한 검사와 학교 지도자의 추천도 포함하여 진행된다. 이 시스템은 승진을 결정하기 위해 포트폴리오의 필수조건으로 활용되는 공통 기준을 사용하고 훈련된 평정자의 관찰을 활용한다.

호주의 교원단체union는 교장들과 교사들을 대표하며, 교원단체장은 이러한 기준이 지속적으로 교직에서 통일된 연속성을 만들고 학교에서 업무의 질을 개선하는 수단으로, 교사가 행정가의 역할로 승진할 때 적용될 수 있다고 생각한다. 높은 질의 교수가 효과적인 학교 리더십의 중요한 요소이긴 하지만, 학교 리더십 역할은 APSP에서 이야기하는 교수실천에 대한 폭넓은 전문성을 토대로 한다는 데 대부분 공감한다. 한 단체장은 다음과 같이 이야기했다.

어떤 승진이든 선행 조건으로, 적어도 고성취 기준을 충족해야 한다고 저는 생각합니다. 부장이나 교감이 되고 싶으신가요? 최소한 그러한 확인 과정을 거쳐야 합니다. 여기에는 외부 평가 요소가 포함됩니다. 포트폴리오를 작성하고, 면접을 보고, 평가를 받아야 합니다. 교장이 되고 싶으신가요? 최소한 해당 기준을 충족시킨 리더 교사로 인정받아야 합니다. 신뢰할 수 있는 부가적인 긍정적 효과가 있는 질 관리 메커니즘을 구축해야 합니다.

이러한 기준들을 반영한 승진 시스템을 개발할 것을 주장해야 한다고 생각합니다. 교장들에 대해서는 실제로 그 사람이 아동을 가르칠 수 있는지 확인하고 싶습니다. 교실로 가서 몇 시간 동안 그들을 관찰하고, 그들이 어떻게 수업을 진행하고 아이들의 요구에 대응하며 30명의 아이를 가르치는지 확인하기를 원합니다. 30명 한 반이 아니라 30명의 개별 아이들을 가르치고 그들에게 어떻게 맞춤형 프로그램을 제공하는지 말입니다. 저는 좋은 교사가 아니면 좋은 교장이 될 수 없다고 믿습니다. 예산 편성에서 최고이고, 서류 작업, 행정 업무, 요구되는 모든 일을 잘할 수 있습니다. 말로만 하는 것은 가능합니다. 그러나 어린이들을 가르치는 능력이 없다면 실패할 것입니다. 어린이들을 가르칠 수 없다면 부족할 것입니다. 교장으로서 여러분이 어린이들을 가르칠 수 있다는 것을 입증할 수 있다면, [교직원들]은 땅끝까지 따라갈 것입니다.

교직에 대한 이러한 비전은 성장하는 전문성과 아이들에 대한 공통된 헌신을 동시에 반영한다. 그리고 호주에서 새롭게 등장하는 경력 사다리 구조에 대한 많은 교육자의 열망에도 담겨있다.

온타리오 주의 교사 리더십에 대한 지원

온타리오 주의 교사들에 대한 경력 승진 기회는 풍부하지만 덜 계층적이다. 교사들은 경험, 전문성, 추가 자격증additional qualifications, AQs 같은 추가 교육 그리고 담당 업무 변화와 같은 조합을 통해 경력 중에 승진할 수 있다. 교사는 학교, 학구, 지역 수준에서 다양한 직책을 향해 나아갈 수 있다. 예를 들어, 실습학교에서 예비교사들을 지원하는 협력교사나 새롭게 자격증을 받는 교사들을 위한 멘토가 될 수가 있고, 교원단체나 시도조직에 참여하기도 하고, 학교나 교육청의 관리직 자리로 이동할 수도 있다. 교육청은 장학사, 교육청 컨설턴트, 부서장과 같이 추가적인 책무를 가진 자리에 예산을 지원한다. 게다가 학생 성공 전략 Student Success Strategy과 같은 교육부의 학생 성취 계획과 관련된 새로운 기회들도 있다.[6장 참고]

추가 자격증 프로그램은 교사의 지식과 전문성을 개발 및 인정해 주고, 학생들의 수요를 만족할 수 있도록 지식과 기능을 확장하는 데 목표가 있다. 예를 들어, 인기 있는 추가 자격증은 특수교육, 제2언어로서의 영어 교육과 프랑스어 교육 등이 있다. 또한 새로운 추가 자격증이 교육의 최근 요구사항과 발전에 맞추기 위해 개발되는데, 공학과 교수법의 통합, 포용적인 교실 조성, 원주민First Nations, Métis, and Inuit을 이해하고 지원하는 교육 등이다. 최근에는 일부 AQ 과정은 참여와 접근성을 높이기 위해 모듈화되어, 마이크로 자격증과 유사한 역할을 한다. 온타리오 주 영어 가톨릭 교사 협회의 수장 페리Susan Perry는 한 교사가 "올해 자폐아를 세 명 맡게 되어 자폐에 대해 더 배우고 싶다."라고 한다면, 그 교사는 매우 구체적인 영역에서 특정 수요를 만족할 수 있도록 연구할 수도 있고 전문성을 확장할 수 있는 동시에, 더 많은 돈을 벌 수도 있고, 동료 교사들의 학습에 공헌자가 될 수도 있다.

학교나 지역교육청에서 학생 성취 전략에 대한 교사 리더십 직책을 수행하도록 자금 지원을 하는 것에 더하여, 교육부는 경력 있는 교사들을 일시적으로 임기 제한이 있는 보직으로 임용하여 자신들의 전략들을 소개하도록 하고 교육 영역에서 그 실행을 지원하게 할 수 있다. 학생 성취 영역 부장이었던 메리 진 갤러허Mary Jean Gallagher는 이러한 전략이 해당 지역의 교육에 대한 공통된 비전을 만들어 갈 수 있는지에 대해 다음과 같이 설명한다.

우리는 자신이 하고 있는 것에 통달한 교사들을 모집합니다. 이러한 교사들은 자신이 속한 학교나 교육청에서 국어와 수학, 그리고 수업을 향상시키는 것에 대해 잘 이해하고 있습니다. 이런 사람들이 와서 이상적으로는 3년 동안 근무합니다. 그렇게 오래 근무하는 것이 가능하다면 다른 교육청의 그룹에서 일합니다. 그들은 다른 곳에서는 어떻게 일이 이루어지는지 알고, 우리 내부 직원들과 함께 배웁니다. 그리고 우리는 우리 자체 직원들의 전문성 개발에 노력을 기울입니다. 우리가 진행해야 할 공통 이슈에 대한 논의와 모델링에도 참여해야 하기에, 그 교사들은 독립적인 수행원이 아니라 비슷한 생각을 가지고 가깝게 연결되어 있습니다. 교사들은 3년 기간 동안 많은 성장을 하게 됩니다. 그리고 그들이 학교로 돌아가면 새로운 교사들이 우리와 일하게 됩니다. 그러나 기존 교사들은 여전히 우리를 위해 그 자리에서 일하고 있는 것입니다. 그래서 결국 우리는 업무에 대해 깊이 이해하고 학교와 교실, 지역교육청을 타당한 방법으로 이끌어 갈 수 있는 사람들을 많이 보유하게 됩니다.

현재 온타리오 주에서는 25%가 넘는 교사들이 학생 성취와 관련된 업무를 하고 있습니다. 이러한 역할은 학생 성공이나 학교 효과성과 관련된 것이며, 위원회 혹은 파견되었다가 돌아온 교직원이 선도합니다. 이 모든 부분이 학생 성취 의제에 대한 온타리오의 증가하는 관심과 초점의 일부입니다.

전문적 학습을 이끄는 기회

리더십 기회에 대한 계획에서 알 수 있듯이, 교사가 새로운 역할을 맡기 위한 중요한 방법은 동료 교사들의 전문적 학습을 이끌어 가는 것이다. 고성과 시스템에서 대부분의 전문적 학습은 학교 내에서 일어나기 때문에, 교사 지도자들은 학습을 조직하고 동료 교사들을 지원해야 하는 특별한 책무가 있다.

교사 지도자들에 의한 지원은 신규 교사를 멘토링하는 것으로 시작한다. 3장에서 강조한 대로, 고성과 시스템에는 구조화된 입문 프로그램이 있으며, 이는 신규 교사들이 학교 문화에 적응하고 교수학적 지원을 받을 수 있도록 멘토들이 중요한 역할을 한다. 신규 교사가 필요한 지원을 받을 수 있도록, 시스템은 멘토의 자격과 책무를 명확하게 제시한다.

예를 들어, 온타리오 주에서는 멘토링은 자발적으로 운영하는 것을 원칙으로 한다. 물론, 필요에 따라서는 관리자들이 개별 교사에게 요청하여 초임 교사를 지원하는 역할을 맡도록 운영하기도 한다. 멘토들은 반드시 '교육 전문가로서 훌륭한 모범'이 되어야 한다. 성인과 학생들과 활동하는 데 능숙하고, 현재 교육과정과 교수학습 전략에 대한 식견이 있어야 하며, 문제해결자이며 협력자여야 하고, 효과적으로 남의 의견을 들어 줄 수 있고 의사소통이 가능해야 하며, 피드백을 활용하고, 평생학습자여야 한다. 지역에서는 멘토들을 위한 연수 프로그램을 구조화하고 멘티들과 활동할 수 있는 자유로운 시간을 제공한다. 온타리오 주는 이러한 프로그램을 교사 지도자를 기르는 비형식적인 방법으로 생각한다.

더 확장된 형태로 교육부와 온타리오 주 교사연맹Ontario Teachers'

Federation, OTF의 파트너십으로 온타리오 주 교사 학습 및 리더십 프로그램Ontario's Teacher Learning and Leadership Program, TLLP[Link 5-3]이 2007년부터 시작되었다.

TLLP의 주요 목적은 다음과 같다.

- 자기 주도적으로 높은 수준의 전문성 개발에 참여할 수 있도록 경험 있는 교사들을 지원하라.
- 자신의 전문적 학습과 모범적인 실천을 공유하기 위한 교사의 리더십 능력을 개발하라.
- 실천의 확산과 지속을 위한 지식의 교환을 활성화하라.

교사 학습 및 리더십 프로그램TLLP* 접근은 "진정한 학습자는 학습을 주도하고… 그리고 이것은 교사에 의해, 또 교사를 위해 이루어진다"Campbell, Lieberman, & Yashkina, 2014, p.65는 신념에 근거해 있다. 해마다 경력 교사(일반적으로 팀 내에서)가 TLLP 프로젝트를 수행하는 것에 지원하게 되며, 거기에서 그들은 학습의 영역을 담당하고 그들의 결과를 다른 이들과 공유하게 된다. 학교 이사회School board committees는 지원서를 검토하고 그들의 우선순위에 대한 선택을 교사 단체와 정부 대표자로 구성되는 지역 위원회provincial committee에 제출하며, 이 위원회가 예산 지원을 위한 프로젝트를 선정한다. 이들 프로젝트에서 가장 빈번하게 나타나는 중점 영역은 개별화 교육, 테크놀로지, 수학, 문해력, 그리고 전문적 학습 공동체였다. 그리고 이들 영역의 대부분은 교사 협력 학습, 연구 검토, 연구 참여와 다른 형식의 전문적 학습 및 네트워킹을 포함했다.

TLLP 프로젝트를 시작하기 전에, 성공적인 지원자들은 리더십 역량 수업에 참석하게 되는데, 이는 학급 교사들이 TLLP의 전문적인 학습, 프로젝트 관리 및 리더십을 수행하는 것을 준비하는 데 도움을 주기 위해 마련된 것이다. TLLP 프로젝트 전반에 걸쳐, 그리고 그 이상으로, 참가자들은 자원, 학습 및 토론을 공유하는 온라인 커뮤니티인 멘토링 순간들Mentoring Moments의 일부로 참여한다. 그리고 TLLP 프로젝트가 끝나면 TLLP 팀은 학습 공유 회담Sharing the Learning Summit에 참여함으로써 완성된 프로젝트를 소개하고 실천의 확산과 지속가능성을 강화하게 된다.

이러한 프로젝트에 대한 연구에 의하면, 대다수 교사들은 이를 통해 새로운 지식을 얻고 더 큰 협업을 경험했을 뿐 아니라, 테크놀로지 및 평가 기술을 포함하여 교육적 실천을 개선하게 되었다고 보고했다.[Campbell, Lieberman, & Yashkina, 2015] 설문 응답자 중 97%는 TLLP가 자신의 리더십 역량 개발에 도움이 되었다고 보고했다. 한 TLLP 인터뷰 대상자는 "이것은 가장 훌륭한 풀뿌리 리더십의 전형입니다. 그리고 이것은 제 경력에서 가장 훌륭하고 보람 있는 작업 중 일부였습니다."라고 논평했다.[Campbell, Lieberman, & Yashkina, 2015] 또 다른 사람은 다음과 같이 언급했다.

이 프로젝트를 통해 저는 협력에 대한 전략을 활용하고, 그룹의 다른 사람들에게 힘을 실어주고, 다른 사람들보다 자신감이 떨어지는 동료들에게 동기를 부여할 기회를 얻게 되었다는 점에서 매우 가치 있었습니다. 이 프로젝트를 이끈 경험은, 저의 교직 경력 중 가장 유용한 리더십 기반의 전문적인 학습이었다고 할 수 있습니다.

지식을 교환하는 것에 대한 강조는 교사들이 그들의 실천을 사유화하는 데서 벗어나, 교실, 학교, 학구, 지역 그리고 국제적으로 그들의 학습과 실천을 공유할 수 있도록 지원했다. 최근 프로젝트를 분석한 결과에 따르면, 대다수 교사는 전문적인 학습 세션을 개발하고 제공하며, 트위터, 블로그, 웹 사이트를 포함한 온라인 미디어 사용을 통해 학습을 공유하는 것으로 나타났다. 다른 형태의 공유 형식에는 직원 회의, 전문적 학습 공동체, 회의, 모델링, 멘토링, 커뮤니케이션 및 출판물, 각종 행사 등이 포함된다. TLLP 교사들은 또한 수업 계획서, 자원 목록, 평가 도구, 교육 자료를 포함한 전문적인 자원과 자료를 개발하고 있었다.

실천 공유를 더욱 확산시키기 위하여, 완료된 TLLP 프로젝트는 교육위원회에 의해 확인된 후, 지역 지식 교류Provinal Knowledge Exchange, PKE를 통해 추가 자금을 신청함으로써, TLLP의 실천을 온타리오 전역의 다른 학교 및 교육위원회와 공유할 수 있도록 자원과 시간을 제공할 수 있다. 가장 최근에, 온타리오 주 공영 방송 TVO는 TLLP 교사들의 조언을 기반으로 온라인 플랫폼인 Teach Ontario를 개발했다. Teach Ontario를 통해 교사들은 온타리오 주 전역의 교사들과 함께, 교사들을 위해, 그리고 교사들에 의해 실천을 공유하고, 연구를 탐색하며, 새로운 프로젝트에 협력하고, 지식의 유통을 지원할 수 있는 자원들에 접근할 수 있다. 다음은 지식 교환 방식에 대한 한 가지 예시다.

지역 지식 교류(PKE) 활동

지역 지식 교류는 커스틴 무스카트-페넬Kirsten Muscatt-Fennel이 심코 카운티 학구 교육위원회Simcoe County District School Board, SCDSB에 있는 필드크레스트 초등학교Fieldcrest Elementary School의 초등 교사였을 때, 그녀에 의해 TLLP 프로젝트의 일환으로 시작되었다. 커스틴의 수학에 대한 열정은 그녀가 균형 잡힌 수학 프로그램Balanced Math Program을 그녀의 학급과 학교에 가져오게 했다. 이 프로그램은 참여적이고 상호작용적인 학습 커뮤니티에서 모형화되고, 안내되고, 공유되고, 독립적인 수학 학습의 경험을 할 기회를 준다. 한 학교에서 TLLP로 시작한 균형 잡힌 수학 프로그램은 2013~2014년 심코 카운티 교육위원회를 거쳐 15개 학교가 참여하는 지역 지식 교류 활동이 되었다. 커스틴이 이끄는 지역 지식 교류 팀에는 특수교사 대럴 백스Darrel Bax와 필드크레스트 초등학교 8학년 스테파니 스켈튼Stephanie Skelton이 포함되어 있다. 이 프로젝트는 교육위원회의 교육감뿐만 아니라 현재와 과거의 학교 교장들로부터 강력한 지지를 받았다.

이번 지역 지식 교류의 핵심 학습 목표로는 공학을 활용한 수리 교육 및 평가 능력의 향상, 수학적 과정에서의 학생 성취도 제고 전략, 개별화 수업의 강화 등이 있었다. 지역 지식 교류 프로젝트는 지역 지식 교류팀이 교사들에게 프로그램에 대해 알리고 자원과 활동의 사용에 대한 시범을 보여주고, 참여 교사들이 사용할 수 있는 실질적인 자원을 제공하는 등의 협력적 학습 과정을 지원했다. 참여한 교사들은 실습 교실과 지역 지식 교류팀이 시범을 보여주는 다양한 학습 자원들을 관찰할 수 있었다. 교사들에게는 균형 잡힌 수학Balanced Math 전략들을 사용하기 위해 함께 계획하고 학습할 기회가 주어졌다. 각 세션은 아이디어 교환과 수업의 공동 계획에 맞도록 설계되었다.

프로젝트 팀은 다양한 교육 전략 및 교육위원회의 필수 실무 Essential Practices와 관련된 자원들을 강조하기 위하여 설계된 위키 공간Wiki Space을 사용하여 학습을 공유했다. 교사들은 또한 수업, 평가 자료, 안내장, 학생 성과 샘플 등 다양한 자료를 업로드하고 교환함으로써 위키 공간에서 협력활동을 실행했다. 게다가 PKE에 참여하는 모든 교사들은 그들의 교실과 학교에서 스스로 사용할 수 있도록 자원에 대한 파일, 책, 자료들을 받았다. 또한 교사들은 자신의 교실에서 균형 잡힌 수학을 적용하고 학교 안팎으로 다른 직원들과 학습과 자원을 공유할 수 있도록 지원받았고, 이를 통해 프로그램의 범위를 더욱 넓힐 수 있었다. 그리고 전문성 신장에 참여한 교사들은 지식을 다른 사람들에게 전파하면서 스스로 교사 지도자가 되었다. 지역 지식 교류팀은 지역 내에서 더욱 많은 실천의 공유를 위하여 수학 지도서tutorial를 짧은 비디오 클립으로 만들어 온라인에서 이용할 수 있게 했다.

결국, 3명의 교사로 시작한 교사 리더십 프로젝트는 다양한 TLLP 계획이 종종 그러했던 것처럼, 수백 명을 지원하는 해당 학구 전체의 프로그램이 되었고 이어서 지역 전체의 학습을 위한 자원이 되었다.

이와 유사하게, 싱가포르의 경력 시스템은 매우 유능한 교사들이 학교 내에서 그리고 학교 전체에서 전문적인 학습을 이끌 수 있도록 기회를 제공한다. 전문적인 학습을 이끄는 데 교사의 역할이 가장 두드러지게 나타난 예로는 싱가포르 교사 아카데미AST와 다른 학과별 아카데미 및 언어 센터를 들 수 있다. 이러한 아카데미와 언어 센터는 처음에 수석 교사들을 모아서 그들의 학습을 지원하고, 또한 그들이 다른 교사들을 위해 전문적인 학습을 도표화하고 계획하고 조직할 수 있게 하려고 설립된 것이다. 현재는 76명의 수석 교사들과 교장이 속해 있다.

현재 AST에 배치된 수학과 선임 수석 수학 교사 신시아 세토Cynthia Seto는 학교 내 및 학교 간 모범 사례의 확산을 촉진하는 아카데미의 역할에 대해 그녀의 견해를 공유한 바 있다.

저는 AST가 교사들에게 그들의 전문성 신장에 대한 주인정신과 리더십을 갖도록 장려함을 알고 있습니다. 그것은 교사들에게 다른 학교의 교사들과 협력하고 교류할 기회를 줍니다. 나는 수석 교사가 되기 전에 7년 동안 선임 교사로 있었습니다. … 특정 학교에는 두세 명의 선임 교사가 있을 수 있지만, 때로 그들은 다른 과목 출신이기 때문에 다른 선임 교사들이 그들의 과목에서 무엇을 하고 있는지 알 수 있는 플랫폼이 필요합니다. 저는 아카데미가 이런 종류의 협력을 이끌어내고, 좋은 실천을 학교 전체에 보급할 수 있는 위치에 있다고 생각합니다.

지금 수석 교사로서 저의 첫 번째 목표는 수학과 수석 교사들의 수학 부문의 전문성 기준을 높이는 것입니다. 이를 위해, 우리는 워크숍을 개최하고 이후의 노력을 위한 기회를 제공하고 있습니다. 나는 교사들에게 네트워크 학습 공동체networked learning community, NLCs를 장려하는 촉매 역할을 함으로써 우리가 하는 일에 대해 더 많은 이야기를 나누고 있습니다. 그리고 아이들의 수학 학습을 위하여 다양한 학습 요구를 충족시키는 데 도움이 되는 전략을 어떻게 통합할 수 있는지 살펴보는 중입니다.

우리는 함께 수업을 설계하고, 이것이 학급에서 어떻게 작동하는지 볼 수 있습니다. 일단 선생님들이 수업을 관찰하고 난 후 우리는 그것에 대해 의논합니다. 그 수업은 완벽한 것이 아닐지 모르지만, 학습 기회는 될 수 있습니다. 교사들은 "난 내 수업에서 그런 걸 해 보고 싶어요."라고 할 수도 있습니다. 그리고 나서 그들이 학습한 것을 교실에서 적용할 것입니다. 그리고 그것은 비디오의 형태일 수도 있습니다. 또 그것은 "오, 나의 학생들, 이것이 그들이 수업에서 한 것들이었어."라는 형태일 수도 있습니다. 동시에 "오, 당신의 학교는 그렇게 하고 있나요? 우리 학교에서는 이렇게 하고 있어요. 분명 우리도 뭔가 더 잘할 수 있을 거예요, 잘 알고 있죠?"와 같은 형태일 수도 있습니다.

상하이의 명확하게 구분된 경력 사다리는 또한 전문적 학습에서 리더십 역할을 맡을 수 있는 기회를 제공한다. 그러나 그 경력 사다리 시스템의 관찰자들이 지적한 바와 같이, 리더십은 명시적일 뿐만 아니라 암시적일 수도 있다. 교사 연구 모임jiaoyanzu에서 교사를 '핵심 교사

backbone teacher'로 비공식적으로 판별하는 것은 중국의 교육 문화 내에서 이러한 암묵적인 리더십의 한 예다. 페인과 마Pane and Ma[1993]는 핵심 교사를 다음과 같이 설명한다.

교사 연구 모임의 활동에 더 적극적이고 가르치는 것에 평판이 좋은 사람들 ··· 즉 핵심 교사들은 교수의 자질 향상을 위해 무엇을 하고 어떻게 일하는지에 대해 자신의 그룹에 많은 기여를 합니다. 사실상 그들은 그룹의 장의 보조자 및 자원 담당자로 활동합니다. 그 그룹이 새로운 프로그램을 설계할 때, 일반적으로 그들은 그것을 먼저 시도하는 사람들입니다. 그들은 새로운 가르침을 멘토링하거나 지도하기도 합니다. 우리가 교사 연구 모임을 학교의 조직에서 중요한 역할을 하는 것으로 생각한다면, 핵심 교사는 그룹의 중요한 구성원으로 보아야 합니다.[p.680]

어떤 사람들에게는 중국의 경력 사다리 구조가 위계적으로 보일 수 있다. 경험이 적은 교사가 차tea를 대령하고, 경력 많은 교사만큼 말을 많이 할 수 없으며, 가장자리에만 앉아 있는 등 교사 연구 모임 회의에서는 지위의 차이가 뚜렷하게 나타난다. 교사 연구 모임의 대표는 회의 테이블의 중앙 자리에 앉아 수업에 대한 피드백을 가장 먼저 제공하고, 회의가 끝날 때 모든 피드백을 요약하는 역할을 한다.

그러나 이러한 다양한 역할들은 관료적 직함이라기보다는 전문성의 기능을 보여 주는 것이다. 페인과 마Pane and Ma[1993]는 중국에서의 교사 간 관계에 대해 다음과 같이 설명했다.

중국에서 교사들이 함께 일하는 모습을 보면, 그들이 민주적인 방식으로 일하지 않는다는 것을 쉽게 알 수 있다. 거기에는 '사람 하나당 투표 하나'의 원칙이 적용되지 않는다. 그러나 그것은 정적인 위계질서도 아닌 것 같다. 교사연구 그룹장이나 핵심 교사는 법적 권한이 없다. 그들이 명성이 있다 하더라도, 다른 선생님들에게 해야 할 일을 지시하는 것은 허락되지 않는다. 따라서 이들은 지도자라기보다는 전문가로 여겨진다. 교사들은 다른 교사에 의해 수동적으로 지시되기보다는, 이러한 핵심 교사들의 전문 지식을 자원으로 이용할 것이다. 따라서 전문가 교사들은 사다리의 꼭대기보다는 소용돌이의 중심에 있다고 할 수 있다.[p.689]

학교 지도자의 모집 및 육성

학교와 조직의 리더십 역할은 또 다른 경력 경로를 제공한다. 고성과 시스템은 잠재적인 리더를 적극 영입하고, 그들에게 훈련과 지원을 제공하고, 그들을 새로운 역할로 안내해 준다. 이런 지역에서는 학교, 학구 또는 클러스터cluster의 사무실, 주, 지역 또는 국가 부처에서 더 높은 수준의 교육 행정직으로 승진하는 것 또한 일반적으로 교사 당시의 경력과 업적에 기반한다. 예를 들어, 상하이에서 OECD는 이렇게 언급했다.

거의 모든 정부 교육 당국의 공무원들은, 지방자치단체와 학구 자치단체에서 학교 교사로 시작했다. 이들은 대부분 교사나 학교장으로 두각을 나타냈고 경력이 풍부했다. 이것은 그들이 일반적으로 직면하는 모든 행정적인 잡무들과 학교 내 정치적인 문제들 속에서도 가르치고 배우는 것에 대한 그들의 헌신과 전문적인 관심을 보여주는 증거가 될 것이다. 그러나 그들은 교수teaching를 훨씬 뛰어넘는 정책 영역을 탐색할 수 있는 전략적 비전을 추구함과 동시에, 이러한 교수에 지속적으

로 초점을 두고 있다.OECD, 2011, p.89

우리 연구에서 만나 본 상하이 학교 교장들은 교사로서 가장 높은 지위를 얻었고, 그들의 교수 성과를 자랑스럽게 이야기했다. 그들은 성공적인 교육에 대한 지식을 학교 교직원 교육 및 학교의 개선 방향과 관련짓는 경향이 있었다.

이와 유사하게, 핀란드에서도 교장들은 보통 뛰어난 교사들 중에서 선발된다. 규정에 따라, 모든 학교장은 그들이 관리하는 학교의 자격을 갖춘 교사여야 하며, 대학에서 특정한 학업 훈련을 이수해야 한다. 대부분의 경우, 이러한 과정은 그 사람이 학교에서 가르치거나 일하는 동안 파트타임 공부를 통해 이루어진다. 일부 대학 프로그램은 동료 지원 리더십 모델을 기반으로 하며, 훈련의 일부는 고경력 교장이 감독하고 멘토링하는 방식으로 수행된다.

교육적 리더십은 핀란드에 지역적으로 뿌리내린 역량 강화 프레임워크에서 작동하고 있다. 앤드 하그리브스Andy Hargreves와 동료들[2008]은 핀란드의 리더십 개발 과정 분석에서 다음과 같이 결론을 내렸다.

리더십은 오늘날 높은 성취를 내는 조건, 과정 및 목표에 주의를 기울임으로써 핀란드의 높은 성취에 기여합니다. 여기에는 공동 미션, 광범위하지만 신중하게 조율되는 운영 시스템, 교육과정 및 교육 개발에 많은 투자를 하는 강력한 지역 리더십, 이미 입학 시점부터 교육 및 능력에서 충분한 자격을 갖춘 교사들, 비공식적 협력과 분산된 리더십, 교실·동료 및 교수 문화culture of teaching에 가까이 머무는 교장들, 그리고 [교장 입장에서는] 학교 기반 개선 작업의 실용적이고 임기응변적인 실천에 대해 평등한 교사 사회에서 솔선수범하는 것이 포함됩니다.Hargreaves, Halász, & Pont, 2008, p.93

온타리오 주의 리더십 전략

보다 공식적인 접근은 학교 지도자를 모집하고 준비하기 위해 개발한 온타리오 주의 접근 방법이다. 온타리오 리더십 전략The Ontario Leadership Strategy, OLS[Link 5-4]은 리더십 개발을 위한 연구 기반 체계에 의해 뒷받침되고 안내된다.[그림 5-3] 참조

[그림 5-3] 온타리오 주 리더십 체계

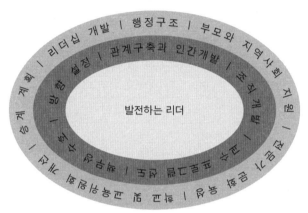

출처: 온타리오 교육부의 리더십 개발부(2012).

OLS를 통해 온타리오 주의 각 학구는 학교 및 조직의 리더와 조직의 학술적 또는 사업적 측면에서 리더십 역할을 하려는 학구 내 모든 사람에게 초점을 맞춘 위원회 리더십 개발 전략board leadership development strategy, BLDS을 개발하고 구현하기 위한 자금과 지원을 제공한다. BLDS는 다음 4가지 주요 영역에 초점을 맞춘다.

- 체계적이고 혁신적인 승계계획을 통한 리더 영입 및 선정하기
- 학교 및 조직 개선을 지속할 수 있는 방향으로 리더를 배치하고 이동시키기
- 다양한 맥락과 경력 단계의 리더의 요구에 맞는 멘토링, 성과 평

가, 차별화된 학습기회를 통한 리더 육성
- 리더를 위한 지원의 조절을 통하여 산만한 운영을 방지하고, 정보에 쉽게 접근할 수 있도록 하며, 다양한 계획에서 일관성을 구축하도록 지원

온타리오 주의 교장 및 교감은 교장 자격 프로그램Principals' Qualification Program, PQP을 이수하여 교장 자격을 취득해야 한다. OCT에 의해 인증되고 지역 내 교장 협회와 대학 교육학부에서 제공하는 이 프로그램은 각각 125시간의 두 부분으로 되어 있으며, 여기에 더하여 실습으로 구성되어 있다. 이는 온타리오주 리더십 프레임워크Ontario Leadership Framework, OLF를 기반으로 하며, 리더십에 대한 이해를 높이고 학교 및 조직의 리더가 되는 것이 무엇을 의미하는지 설명하고, 리더의 영향력과 교수 및 학습의 질 사이의 연결을 명시하고 학교 및 시스템 지도자들의 전문적 학습과 개발의 설계와 실행을 안내하기 위해 고안되었다. 이 체계에는 교감 및 교장, 학군 감독관에게 알려야 할 핵심적인 리더십 실천이 포함되어 있다. 이 프레임워크를 기반으로 OCT[2009]는 PQP 후보자에 대한 학습 기대치를 다음과 같이 설정했다.

- 교직의 실천 표준과 교직의 윤리적인 실천 표준을 교장의 역할과 관련하여 성찰하라.
- 교육위원회, 지역 정책 및 계획과 연계하여 공유된 비전을 세우라.
- 학교 문화 형성에 필요한 리더십 기술과 지식을 확장하라.
- 학교 관리자의 역할과 관련된 리더십과 관리 능력을 확장하라.
- 학생의 성취도 향상을 위한 교육 프로그램을 구현하고 평가를 촉진하는 데서 교육과정 리더십을 증명하라.
- 효율적이고 효과적인 학교 육성을 위한 인적 자원 관리 기술을

확대하라.

- 변화를 시작하고 촉진하고 관리하라.
- 온타리오 주의 교육과 관련된 법률 및 정책에 대한 지식을 확장하라.
- 학부모, 지역사회 및 기타 교육 이해 관계자와 협력하여 학생들의 요구를 충족시키고 교육의 목표를 발전시키는 데 필요한 지식과 기술을 향상시켜라.
- 현재 연구, 성과 데이터와 학생, 교사, 학부모 및 공동체의 피드백을 사용하여 교육 및 학생 성취 향상과 관련된 결정을 내려라.

교장은 PQP 이수 외에도 학부 학위, 5년의 수업 경력, 학교 시스템의 3개 부분(행정 단위)에 대한 자격을 충족시키고, 석사학위 또는 복수 전공에서 전문가 자격을 소지해야 한다. 가톨릭 위원회에서 교장은 종교학 전문가 과정도 이수해야 한다.

PQP 외에도, 대부분의 교육청 프로그램은 부모와의 긍정적인 관계, 리더십과 학생의 성취 간의 연계, 일과 삶의 균형과 같은 리더십 관련 주제에 대한 다수의 전문성 신장 세미나를 포함하고 있다. 그리고 일부 프로그램에는 예비 행정가가 현직 교장 또는 교감과 함께 배치되는 직업 체험job shadowing 요소도 포함되어 있다. 이것은 리더십을 발휘해야 하는 직군으로의 이동을 생각하는 사람들에게 자신의 역할에 대한 기대와 요구를 직접 경험할 수 있게 해준다.

우리와 이야기를 나눈 행정가들은 이 모든 표준을 충족하고 리더십 훈련에 참여했으며, 그것이 정책과 실무를 위한 귀중한 준비라는 것을 깨닫게 되었다고 한다. 한 교장이 언급한 사항은 다음과 같다.

리더십 개발 프로그램은 우리 모두 함께 인턴십을 하고 있다는 점에서 정말 가치 있는 일이었습니다. 문제에 대한 브리핑 및 해결책에 대한 아이디어를 생각해 내는 일은 우리에게 서로 닿을 수 있는 작은 지원을 제공했습니다. 직업 체험은 매우 귀한 경험이었습니다. 나는 그것이 위원회가 수행한 가장 좋은 일 중 하나라고 생각했습니다. 나는 교장 선생님과 일했습니다. 그는 "좋아요. 당신은 그저 벽에 붙은 파리[2]와 같아요. 여러분은 제가 하는 모든 일을 관찰하게 될 것이고, 우리는 이에 대해 나중에 질문하게 될 것입니다."라고 했습니다. 저는 10개월 동안 한 달에 한 번 이 일을 할 기회가 있었습니다. 이것은 정말 내게 도움이 되었습니다.

온타리오 주 리더십 시스템의 일부로서, 모든 교장 및 교감은 각 역할에 맞게 그들의 첫 2년 동안 멘토링을 받는데, 이는 교육부의 자금 지원을 받고 교육부 지침에 따라 교육위원회에 의해 제공된다. 리더십 멘토링 프로그램의 특징으로는 멘토 양성, 멘토와 멘티가 어떻게 협력할 것인지에 대한 학습 계획, 멘토와 멘티 간 좋은 관계를 보장하기 위한 투명한 매칭 및 마무리 과정 등을 들 수 있다.

싱가포르의 리더십 트랙

싱가포르에서 리더십은 강력한 학교를 위한 핵심 원동력으로 여겨지며, 학교의 지도자를 선별하고 훈련시키기 위해 많은 관심과 자원이 주어진다. 리더십 잠재력이 있는 교사는 조기에 파악되고 그 리더십이 요구되는 지위에 맞게 교육받는다. 교사들이 리더십 트랙을 추구하게 될 때, 그들은 교사로부터 시작하여 교과의 장subject head, 부서장head of department, 교감vice principal을 거쳐 교장직principalship으로 진급하게

---

2. 심리학 용어와 관련된 표현으로, 사건을 경험할 때 벽에 붙은 파리처럼 제3자로서 객관적인 시점을 갖는 것이 도움이 될 수 있음을 의미한다.

된다.

교장직이 되기까지 고려되는 과정은 엄격하다. 예비 교장들은 교육부 상임 비서관permanent secretary, 일반 감독관director-general 그리고 부서 감독관divisional directors을 포함하여 고위 경영진과 여러 차례 인터뷰를 거치게 된다. 그들은 또한 리더십 상황에 기반한 훈련을 받는데, 이것은 리더십 역량과 리더십 포지션을 맡을 준비를 측정하기 위한 2일간의 집중적인 시뮬레이션 테스트로 이루어진다. 이 선발 과정이 끝나면 NIE가 실시하는 6개월간의 교육 리더 프로그램Leaders in Education Program, LEP 에 참석해야 한다.

LEP는 교장직을 맡을 가능성이 있는 교감들을, 학교와 다른 산업을 포함한 그 이상의 환경에서 도전적인 리더십 경험에 노출시키는 경영 리더십 프로그램이다. 또한 참가자들은 다른 국가를 방문하고 그들의 교육 시스템, 구조, 그들이 고심하고 있는 문제의 종류에 대해 배울 기회를 갖는다. 교육 리더 프로그램은 효과적인 리더십을 위한 자질 형성에도 도움을 주며, 참가자들이 교육 리더십을 발휘하고 학교 운영의 요구를 충족시키며 학부모, 학교위원회 및 대중과 효과적인 이해관계를 수립할 수 있도록 지원한다. 참가자들은 NIE에서 과정을 수강하는 동안 숙련된 교장 선생님과 파트너 관계를 맺고 멘토링을 받는다. LEP 외에도 새로운 교장들은 거버넌스, 인적 자원 관리, 재무 관리 및 미디어 관리에 대한 직무 교육을 받는다. 학교 내 교장 배치는 교육부에서 결정하는데, 교장은 리더십에서의 강점과 학교의 프로필과 필요에 따라 매칭된다.

교사와 마찬가지로 교장도 향상된 성과관리 시스템EPMS에 따라 그들의 성취와 리더십 역량을 평가받는다. 평가 과정에서는 학교에 대한 비전, 전략적 계획 및 행정, 교직원 개발 및 관리, 자원 및 학교 과정 관리 등의 영역에서의 과정과 결과도 고려된다. 이에 더하여 학생들의 학업 성취뿐만 아니라 예술과 미학, 신체 건강 및 스포츠, 사회적·정서적 웰빙, 학생들의 사기 및 리더십 같은 비학업적 영역에서의 성취를 포함하는 전반적인 학교 발전과 성과에 대해서도 평가가 이루어진다. 이러한 전반적인 평가는 리더십 트랙을 따라 승진과 진보를 결정하는 데 활용된다. 성과가 좋지 않은 교장들은 상담과 지도를 받게 되고, 필요하다면 재배치가 이루어지게 된다.

강력한 리더십 능력과 폭넓은 교육 개선 비전을 보여주는 교장들은 클러스터 교육감cluster superintendent의 수준으로 승진을 거쳐, 교육감 직위directorship에 이르기까지 지속적으로 평가를 받게 된다. 따라서 싱가포르는 공통 비전에 기반한 일관성 있는 시스템 구축을 목표로 한다. 그 비전이란 공유된 목표에 대한 강력하고 공통적인 훈련과 교육 지식, 기술 및 인재의 지속적인 개발을 뜻한다.

리더십 개발을 위한 호주의 전략

호주에서는 교육 조건과 교사 학습, 이것이 학생들의 학습에 미치는 근본적인 영향에 대한 인식이 학교 지도자 간에 널리 퍼져 있다. 교장을 위한 호주의 전문성 표준^{Link 5-5}은 효과적인 교수와 학습을 돕기 위해 국가적으로 일관된 체계를 제공하는데, 이는 효과적인 지도자들이 이해하고 수행해야 할 일을 정의한다.^{[그림 5-4] 참조} 전문가 협회, 노동조합, 고용주와의 강력한 협업을 통해 개발된 이 표준은 전문적 타당성과 효과성이 높다. 이 표준에는 다음과 같은 주요 전문적 실천이 명시되어 있다.

- 교수와 학습의 선도
- 자신과 타인의 발전
- 개선, 혁신 및 변화의 선도
- 학교 경영의 선도
- 공동체 참여 및 협력

[그림 5-4] 교장을 위한 호주의 전문성 표준

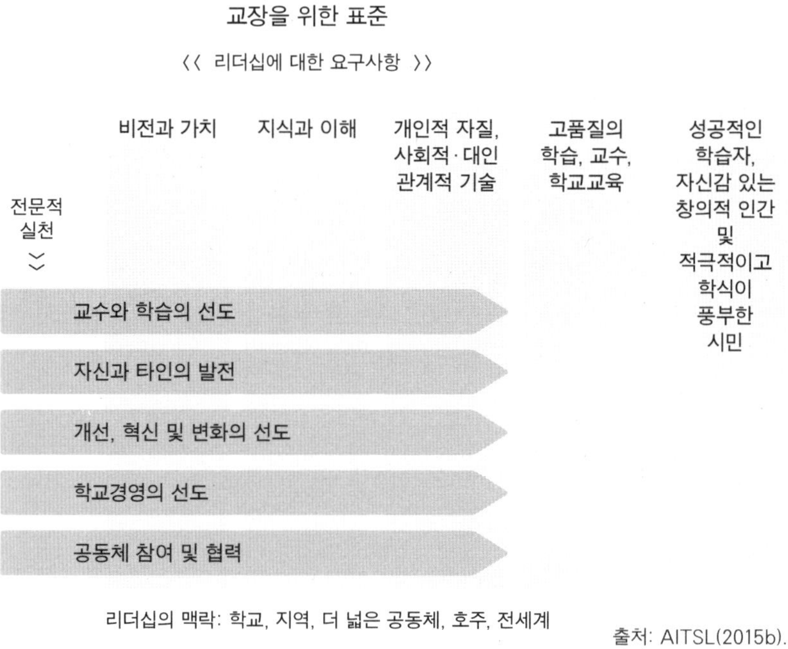

교장을 위한 표준

〈〈 리더십에 대한 요구사항 〉〉

비전과 가치　지식과 이해　개인적 자질,　고품질의　성공적인
　　　　　　　　　　　　사회적·대인　학습, 교수,　학습자,
　　　　　　　　　　　　관계적 기술　학교교육　자신감 있는
전문적　　　　　　　　　　　　　　　　　　　창의적 인간
실천　　　　　　　　　　　　　　　　　　　및
〉　　　　　　　　　　　　　　　　　　적극적이고
　　　　　　　　　　　　　　　　　　　학식이
교수와 학습의 선도　　　　　　　　　　풍부한
　　　　　　　　　　　　　　　　　　시민
자신과 타인의 발전

개선, 혁신 및 변화의 선도

학교경영의 선도

공동체 참여 및 협력

리더십의 맥락: 학교, 지역, 더 넓은 공동체, 호주, 전세계　　출처: AITSL(2015b).

이러한 전문적 실천은 리더십 요구 사항의 세 가지 영역에 의해 뒷받
침된다.

- 가치관과 신념
- 지식 및 이해
- 개인 및 대인관계 기술

이 표준은 숙련된 교장의 개발을 지원하는 일련의 리더십 프로파일을
포함한다. 그리고 이들은 리더십 요구 사항, 전문적 실천 및 리더십 강조
라는 세 가지 관점에 따라 분류되며, 고품질 교육 및 학습을 지원하고
이끄는 교장의 역할에 초점을 맞춘다.[그림 5-5] 참조

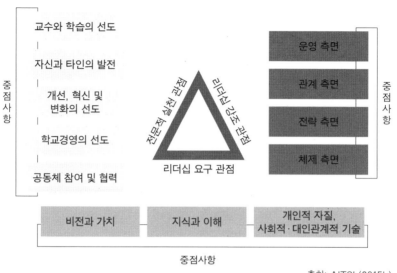

[그림 5-5] 교장을 위한 호주의 전문성 표준의 관점들

출처: AITSL(2015b).

이 기준은 학교 리더십 역량 개발을 위한 보다 체계적이고 일관성 있는 증거 기반 과정evidence-based process의 기초를 제공한다. 학교의 지속적인 발전을 효과적으로 이끌기 위하여 교장들이 알아야 할 것, 이해해야 할 것, 가치관, 해야 할 것 등을 기술하기 때문에 교장을 교육하고 인증할 수 있는 명확한 틀도 제공한다. 호주의 향후 발전은 새로운 국가 인증 과정의 개발을 포함하고 있다. 이 과정은 모든 새로운 교장들이 '인증된 실천적 교장certified practicing principal'이 되는 것을 요구하게 될 것이다. 이 과정에는 호주 교장 전문성 표준에 의한 자격 인증과 효과성 입증을 위한 증거 포트폴리오 개발이 포함된다.

뉴사우스웨일스 주

뉴사우스웨일스 주에서 '위대한 가르침, 영감을 주는 학습Great Teaching, Inspired Learning'이라는 개혁은 교장의 자격 요건에 대한 개발을 예고했는데, 이러한 자격 요건은 뉴사우스웨일스 주가 2005년부터 제공해 온 전문적 학습 프로그램에 기반을 둔 것으로, 동기 부여를 위한 리더십, 임원의 입문 및 연수의 개발, 학교 개선 프로그램을 위한 팀 리더십 등을 포함한다. 뉴사우스웨일스 주 전문 학습 및 리더십 개발 전략은 교사와 학교 지도자가 각자 자신의 경력 상태에서 역량을 구축하기 위해 도입된 것이다. 뉴사우스웨일스 주 교육 및 지역사회부Department of Education and Communities, DEC의 전문 학습 연속체Professional Learning Continuum는 교사 준비부터 학교 및 시스템 리더십에 이르기까지 필요한 전문적 학습 요구 사항들을 설정해 두었다. 또한 각 경력 단계에서는 '교실에 변화 일으키기', '학교에서 변화 만들기' 및 '옆 학교에 변화 만들기'와 같이 학생들에게 미치는 역할의 영향을 명확하게 설명하고 있다.

초창기의 사례는 2014년에 시작된 뉴사우스웨일스 주 초등교장협회Primary Principals Association, PPA에 의해 운영되는 '교장 자격Principals Credential' 프로그램이다. 이는 호주 교장 직무 표준에 기반을 두며 교육과정과 결과의 투명성, 모든 학생의 성공을 위한 개별화 학습의 필요성 등 학교 지도자들의 주요 전문적 책임과 관련되어 있다. 이 프로그램에는 두 가지 경로가 있다. 한 경로는 학교 리더십을 열망하는 우수한 교사들과 학교 행정가들을 위한 것이다. 또 다른 경로는 리더십 실천을 검토하고, 개선에서 혁신과 변화를 주도하려는 지금의 교장들에게 전문적 학습과 교장 자격 인정credentialing을 제공하는 것이다. 이 프로그램은 교육 리더십 석사 학위와 연계되어 있으며, 뉴사우스웨일스 주에서 앞으로 교장 자격 인정의 역할을 할 것으로 예상된다.

또한 이 18개월의 프로그램은 수행 증거에 대한 공식적인 평가를 포함한다. 프로그램의 핵심 구성 요소로서 참가자들은 학교 내에서 혁신적인 변화를 주도하고, 학습 및 리더십 영향력의 증거로 전자 포트폴리오를 개발해야 한다. 공식적인 학습은 3번의 세미나를 통해 제공되는데, 이를 통해 국제적 모범 교육 사례에 대한 연구와 사고에 접근할 수 있다. 이 세미나는 개인화된 전문적 학습 계획과 학교 연구 및 학습 계획 개발을 위한 기반도 제공한다. 참가자들은 개별 행동 프로젝트와 전문적 학습 계획 구현을 위해 공동적이고 협력적인 그룹에서 일하게 된다. 참가자들은 해당 프로그램을 통해 전문적 학습에서 유능하고 전문성을 갖춘 실천적인 교장들로 구성된 그룹의 지원을 받는다. 또한 해당 프로그램 수료, 포트폴리오 증거의 평가, 경영진의 요약 문서 및 세미나 발표, 타당성 검증 등은 리더십 역량 인정과 뉴사우스웨일스 주 PPA 자격 인정으로 이어진다. 해당 참가자들은 교육 리더십 석사 프로그램의 50%를 달성한 것으로 인정받게 된다.

2014~2015년 프로그램 참가자들은 매우 긍정적인 평가를 했으며^뉴 사우스웨일스 주 Primary Principals Association, 2015, 분석, 검토 및 협력의 리더십 기술을 개발하는 데 가치가 있었다고 진술했다. 옥슬리 파크 학교Oxley Park School의 조디 베넷Jodi Bennett 교감은 검토 패널 회의에서 다음과 같이 말했다.

나는 멈추고 생각하는 법을 배웠습니다. 우리가 무엇을 해야 하는지, 그리고 왜 해야 하는지 이해하는 데 도움이 되는 데이터는 무엇일까요? 다음 단계에 내가 취해야 할 가장 좋은 행동을 알려주는 증거는 무엇이며, 궁극적으로 우리가 학생들의 진정한 변화를 위해 어떻게 협력할 수 있을까요? 저는 우리가 처한 상황이 매우 중요하다는 것을 이해하고, 우리 팀의 모델을 확립하고 우리가 달성해야 할 것을 달성하기 위해 어떻게 자원을 조정할 수 있는지 알게 됐습니다.

우리는 선생님들이 우리의 아이들과 변화를 만들기 위해 함께 노력하는 학습의 리더라는 것을 확인하기 위해 교실의 벽을 허물고 있습니다. 우리는 이제 함께 일하고, 우리의 업무에 대해 공부하고, 우리의 학습 연속성learning continuum을 활용하고, 서로에게 피드백을 제공할 수 있습니다. 우리는 신뢰를 쌓고 함께 학습에 집중할 필요가 있었습니다. 교사들은 그들의 가르침에 대해 함께 검토함으로써 우리가 무엇을 배우고 있는지 명확하게 말할 수 있습니다. 또한 교사들이 교문을 넘어 다른 학교의 다른 교사들로부터 배우는 것은 전문적 학습의 훌륭한 원천입니다. 저는 이 프로그램을 통해 다른 학교의 다른 선생님들과 연결될 기회가 있었습니다. 이러한 전문적인 네트워크의 힘은 대단했고, 그래서 다른 선생님들도 이 기회를 가졌으면 합니다.

이 프로그램의 핵심 요소 중 하나는 리더십 도전이었습니다. 이러한 도전은 제가 끝까지 지켜봐야 할 중점사항이 무엇인지 알려주었고, 이러한 도전을 실천함으로써 저는 리더로서 저의 성장에 집중할 필요가 있었습니다. 당신이 성장하고 싶다면, 자신의 일에 책무성을 가지고 싶다면, 그리고 당신의 실천을 검토받고 싶다면, 이것은 당신을 위한 프로그램임이 분명합니다.Bennett, 2015

빅토리아 주

뉴사우스웨일스 주와 빅토리아 주에서는 학교와 시스템의 리더십이 학교 성과를 높이는 주요 동력으로 꼽힌다. 호주에서 가장 적극적으로 학교 분권화를 추진하는 빅토리아 주는 자율 경영 학교self-managing schools에 대한 헌신으로 교장들에게 막중한 책임을 부여한다. 여기에는 학교 내 자원 배분, 학생 학습의 지속적인 개선을 위한 지역사회 및 교육훈련부DET에 대한 책임, 교사 성과 평가 및 전문적 학습 계획을 포함한 인사 관리가 포함된다. 교장은 숙련된 조직 및 재무 관리자여야 하며 강력한 교육 리더십 기술이 있어야 한다. 따라서 빅토리아 주의 자율 경영 학교 모델의 성공은 학교 지도자들의 꾸준한 참여를 유지하고 효과적으로 훈련시킬 수 있는 주의 능력에 크게 달려 있다. 따라서 DET는 잠재적인 인재를 식별하고 새로운 지원자를 리더십 훈련 프로그램에 포섭하기 위해, 학교 네트워크와 협력하는 새로운 인재 판별 시스템을 개발하기 시작했다.

DET는 리더십 역량을 고정된 속성들의 집합이 아니라 시간에 따라 학습하고 개발할 수 있는 지식과 기술의 집합을 나타내는 것으로 간주한다.^{Mathews, Moorman, & Nusche, 2007} 이는 교육부의 2007년 학교 지도자를 위한 발달적 학습 프레임워크Developmental Learning Framework for School Leaders(leadership framework)에 반영되었다. 이는 기술 리더십, 인적 리더십, 교육적 리더십, 상징적 리더십, 문화적 리더십을 포함하여 양질의 교수 및 학습을 위한 조건을 조성하기 위해 효과적인 학교 지도자의 지식, 기술 및 기질에 대한 5가지 영역을 설정했다.^{DEECD, 2012a: DET, 2007} 각 영역은 일련의 리더십 프로파일을 통해 더 상세화되어 있는데, 이는 각 영역을 가로질러 증가하는 숙련도에 대해 설명한다. 이 프레임워크는 현재 호주 교장 전문성 표준으로 대체되었다.

빅토리아 주의 학교 개선에서 리더십 능력 개발의 중요성을 고려하여, 주 정부는 주로 DET 내에 있는 전문 리더십 훈련 기관인 바스토우 교육 리더십 연구소Bastow Institute of Educational Leadership를 통해 리더십 훈련의 직접적인 제공을 위한 투자를 해 왔다.

바스토우 시설은 그 자체로 인상적이다. 건물 외관은 1882년 멜버른의 첫 번째 학교 부지 중 하나인 주립 학교 307호의 붉은 벽돌로 된 학교 건물 그대로이다. 대조적으로, 최근에 개조된 내부는 천장 높이의 유리창 패널이 비스듬히 연결되어 있는 현대 건축으로 장관을 이룬다. 목적에 맞게 설계된 개방적인 대화 공간에는 마당과 스탠딩 테이블이 있다. 지하실에는 약 100명을 수용할 수 있는 완전한 전자 네트워크 강의실이 있으며, 동시에 더 많은 사람들에게 웹캐스트를 할 수 있게 만들어졌다. 이 건물 자체는 정부가 개선이 필요하다고 보는 부분 그리고 학교 교육의 전통을 미래지향적인 교육 비전과 결합시킬 수 있는 방법을 상징적으로 나타낸다. 바스토우의 책임자 브루스 암스트롱Bruce Armstrong 은 다음과 같이 설명한다.Link 5-6

> 그것은 당신의 고용주가 당신의 지식, 기술, 지도하고 가르치는 품성의 개발에 투자하는 것을 상징적으로 보여줍니다. … 즉, "우리는 당신을 소중히 여깁니다."라고 말하는 것입니다. 이것은 인프라에서부터 학교 수준이나 시스템 수준에서 변화를 개념화하는 방식까지 모두 상징적입니다. … 여기에는 멋지고 현대적이고 미래 지향적인 모습들이 있습니다. 제 생각에 이것은 여러분이 리더가 되려면 미래의 관점을 가져야 한다는 것을 의미하는 것 같습니다.

바스토우는 2009년 개교 이래 7천 명의 교사와 교장들이 이 시설에서 교육받게 되었고, 결국 주에서 가장 큰 교육 리더십 훈련 제공자가 되었다.C. McKenzie, Bastow Institute R&D 이사와의 인터뷰. 2014.5.30

바스토우의 현재 코스 구조는 경력 단계 접근법에 기반을 둔다.

- **신규 리더**: 교직 3~5년 경력의 교사들을 위한 과정
- **중간 리더**: 학교에서 팀을 이끄는 교사들을 위한 과정
- **교장 지망자**: 교감 또는 선도적인 교사의 잠재력 발굴을 위한 과정
- **새 교장**: 교장직이 초임인 사람을 위한 진화 과정
- **우수한 교장 및 퇴직 교장**: 교장 코칭부터 교수 리더십 석사 학위까지의 과정으로, 시스템 리더가 될 잠재력이 있는 사람들을 위해 설계된 과정

이 프로그램들은 각각 다음 프로그램과 이어지도록 의도되었다. 잠재적인 지도자를 조기에 식별함으로써, 그들은 경력 전반에 걸쳐 다양한 시점에서 바스토우에서 진행 중인 리더십 훈련에 단계적으로 참여할 수 있을 것으로 기대된다. DET는 주 내에서 리더십 인재를 식별하기 위한 새로운 시스템을 개발했다. 이를 통해 2014년부터 2015년까지 신규 리더로서 최대 400명의 교사, 이미 학교에서 리더 역할을 하는 교사들인 200명의 중간 리더, 교장 준비 프로그램을 완료한 100명의 교장 지망자, 전문 코칭을 제공하는 200명의 기존 교장, 네트워크 지도자 역할을 하는 80명의 고성과 교장 등과 같은 집단cohort을 양성할 것으로 기대한다.[DEECD, 2013b]

바스토우의 교육과정은 국제적으로 학교 리더십 연구를 이끌어 낸 연구의 결과를 토대로 2009년에 개발되었다. 이 교육과정은 앞서 서술된 리더십 모델과 하버드의 프로젝트 제로Project Zero[3]의 이해를 위한 교육 요소를 결합하여 학습을 여러 방식으로 표현할 수 있는 '이해의 수행performances of understanding'[4] 접근법을 강조한다. 또한 호주 교장 전문성 표준을 통합하기 위해 강좌의 교육과정course curriculum이 업데이트되고 있다.

리더십 교육생들은 2인 1조로 또는 팀별로 참석하여 해당 기관의 수준을 넘어 학습을 강화하도록 권장되며, 각 교육 코스들은 교장이 교육 코스 워크숍에서 배운 기술을 다시 자신의 학교 환경에 적용할 수 있도록 구성되어 있다. 교육 코스 책임자 암스트롱Armstrong은 다음과 같이 설명한 바 있다.

---

3. 프로젝트 제로(Project Zero)는 하버드 교육대학원의 교육 연구 그룹으로, 교육과 학습과 관련된 다양한 주제들을 탐구하는 비영리 조직이다. 이 그룹의 사명은 인문학과 과학 분야뿐만 아니라 예술 분야에서, 형식적 또는 비형식적 맥락에서, 개인, 집단 그리고 기관 수준에서 학습, 사고, 창의성을 이해하고 기르는 데 있다.
4. 이해의 수행(performances of understanding)은 학생들이 중요한 지식과 기능의 이해를 증명하고 개발하기 위한 과업, 활동, 과제들을 의미한다.

바스토우 이전과 바스토우 이후 우리 강좌들의 큰 변화 중 하나는 사람들이 성과 평가performance assessments를 거쳐야 한다는 점입니다. 그것은 액션 러닝에 포함되어 있으므로, 이에 대해 조금 배운 다음 자신의 학교로 돌아가게 됩니다. 그리고 학교에서 학교 상황, 학교에 대한 요구 및 발달 단계를 살펴본 후, 도전해야 할 프로젝트, 학교 기반의 변화 프로젝트, 또는 동료 주도의 프로젝트를 식별하게 됩니다. 그런 다음 [바스토우로] 돌아와서 학습에 대해 이야기한 후 공식적인 평가와 피드백이 있게 됩니다.

최근 바스토우는 리더십 개발 분야에서 대학과 보다 긴밀한 파트너십을 맺고, 리더십 교육생들이 연구소의 일부 과정을 수강함으로써 대학 학점을 받을 수 있게 노력하고 있다. 이 조치는 바스토우 콘텐츠의 엄격성을 강화하고 대학 지식에 대한 접근을 지원하고, 리더십 교육생들이 대학에서 재교육을 받아 대학원 수준의 자격을 이수할 수 있는 메커니즘을 제공하는 역할을 한다. 예를 들어, 교육 리더십의 일부 수업은 멜버른 교육대학원MGSE 교수진들에 의해 제공될 것이며, 참가자들은 MGSE의 교육 리더십 코스 수료에 대한 학점을 인정받을 수 있다. 바스토우는 또한 교장 및 중간 지도자를 대상으로 하는 1년짜리 프로그램인 리더십 석사과정 프로그램에 대해 모나쉬 대학Monash University과 학점 인정 협정을 체결했다.

교육 리더십 프로그램 석사과정

바스토우 연구소는 멜버른 대학교를 통해 제공되는 교육 리더십 프로그램의 석사 과정생들에게 소정의 장학금을 제공한다. 바스토우에서 공부하는 교장들은 특정한 과정의 프로그램을 이수할 수 있다. 이 프로그램은 학교에서의 가르침이 학생 학습에 미치는 영향을 이해하기 위해 증거를 활용하고, 교사들의 협력을 유도하며, 학교 개선을 촉진하기 위한 교수 실천을 공유하는 데 중점을 둔다. 1~2년에 걸쳐 주로 주말과 학교 휴일에 교수되는 이 과정은 교장에게 학교 데이터를 활용해 교실과 학년 수준에서 효과 크기effect size를 계산하는 방법을 가르치는 것으로 시작하여, 학생 개개인의 수준에까지 내려간다. 그런 다음 교장들은 교육 리더로서 학생 학습에 미치는 영향을 해석하는 방법과 학교 내 교직원과 협력하여 학교 효과를 높이는 방법을 연구하게 된다.

이 프로그램 강좌 강사의 한 명인 존 해티John Hattie 교장은 교장의 주요 과제는 이런 데이터를 위협적이지 않게, 학생 학습의 진전도에 대한 공통의 관념이나 기준을 세우는 데 활용하도록 교직원에게 이용 가능하고 가시적인 방식으로 제공하는 것Link 5-7이라고 다음과 같이 설명했다.

내가 가장 많이 사용하는 [방법]은 책갈피bookmark 방법입니다. 우리는 연 단위 교육과정이 아니라 수준 단위levels-based 교육과정을 가지고 있으므로 이는 책갈피 방법을 훨씬 쉽게 만듭니다. 우리는 교사들에게 아이들의 작품을 가져와 달라고 요청합니다. … 보통 8주에서 10주에 걸쳐 사전 작업과 사후 작업의 두 가지 학생 작품을 가져오게 합니다. 먼저 교사들에게 그것을 [교육과정] 별로 개별적으로 배치하게 하고, 그런 다음 [학생 진도에 대해] 토론할 것을 요청합니다. 그리고 돌아가서 그룹으로 다시 동일한 작업을 합니다. 여기서 교장의 역할은 그 토론을 중재하는 것입니다. 당신이 그것을 잘못하게 되면 교사는 다시는 이 연습을 하려 하지 않을 것입니다. 이는 당신이 교사의 판단에 의문을 품었다는 것을 의미하니까요. 따라서 이것은 엄청난 기술입니다. 나는 이를 수행하는 방법에 대한 시뮬레이션을 통해 어떻게 해야 하는지 설명하고 나서, 당신이 빠지는 함정을 지적하고 당신에게 무슨 일이 일어나게 되는지 이해하도록 돕습니다.

이 과정에서는 또한 교장이 학교 내에 학습 공동체를 만들고 교수 실천을 개선할 방법에 대해서도 살펴본다. 해티가 추가로 지적하는 바와 같이, 학교 지도자들은 이미 학교에 존재할 수 있는 교사 지식과 전문 지식을 활용하는 것에 중점을 두게 된다.

나는 우리가 학교의 모든 사람이 모든 영역에서 전문가이기를 기대하는 것을 멈춰야 한다고 생각합니다. 우리가 해야 할 일 중 하나는 그들에게 이렇게 말하는 것입니다. 만약 여러분이 교장으로서 어떤 영역에 전문성이 있지 않다면, 여러분의 학교에는 20~30명의 다른 사람들이 있습니다. 여러분의 일은 올바른 서사narrative를 만드는 것입니다. 반드시 모든 것을 할 필요는 없습니다. … 나는 교사가 [모든 것]에 대한 전문가라고 생각하는 것이야말로 큰 실수라고 생각합니다—우리는 그 모든 것에 충분한 돈이 없습니다.

바스토우는 학교 리더십 팀을 위한 코칭 교육과정을 제공하기 시작했다. 여기에는 일반적으로 교장, 교감 및 기타 경력 교사가 포함된다. 리더 팀은 연구소에서 함께 공부하고, 그들 학교의 자료를 검토하고, 팀워크를 기르기 위해 노력하며, 그들의 학교를 위한 개선 프로젝트를 설계한다. 책임자 암스트롱Amstrong은 전체 리더십 팀과 함께 작업함으로써 학교 문화를 변화시킬 수 있는 잠재력이 있다고 설명한다.

그것은 당신이 한두 명의 교사의 교실에서 작지 않은 개혁을 시작할 때이기 때문에 매우 강력할 수 있습니다. 흔히 지배적인 조직 구조나 문화는 학교의 혁신과 개혁에 [방해가 되거나] 반대될 수 있고 교사를 지치게 할 수 있으며, 그래서 교사들은 포기하게 됩니다. 우리가 함께 이 일을 주도할 거라는 생각으로 모든 사람을 하나로 모으게 된다면, 그것은 학교 전체의 노력을 얻을 수 있는 것과 같습니다. 저는 이것이 절대적으로 중요하다고 생각합니다.

바스토우 연구소를 통한 서비스를 넘어서, DET는 새로운 교장들을 위한 입문용 도구 키트induction toolkit와 온라인 학습 모듈 그리고 전문 협회와 협력을 통한 다양한 전문적 학습 기회를 제공한다. 예를 들어, 호주 PPA가 개발한 문해력 리더로서의 교장Principals as Literacy Leaders, PALL 프로그램은 빅토리아 주 교장 협회를 통해 제공되었다. 이 5일간의 프로그램은 학교의 문해력 요구를 평가하기 위한 데이터와 증거의 활용 및 학교의 문해력 향상을 위한 전문적인 학습 공동체를 구축하고 이끌 수 있는 교장의 역량 강화에 중점을 둔다. DET는 이 프로그램을 지원하기 위해 보조금을 지원했고, 학교에서는 이 프로그램을 실행하는 교장들을 위해 10시간의 지속적인 코칭에 대한 자금을 제공했다.

이러한 다양한 방법으로 이루어지는 교사 리더, 학교 리더 및 리더십 팀의 개발은 호주와 우리가 연구한 다른 지역의 학교 역량을 강화한다.

연구를 통해 배운 교훈

고성과 시스템은 교사라는 직업을 하나의 전문직이자, 일을 시작하고 지속하기에 매력적인 직업이며, 훌륭한 성과를 보이는 사람들에게 내적·

외적 보상을 제공하는 직업으로 간주한다. 그렇게 함으로써 이 시스템은 높은 자격을 갖춘 사람들이 교직에 진출하도록 보장하고, 그 결과 사회 전반에 걸쳐 교직에 대한 존중을 강화한다.

다른 직업에 종사하는 사람들도 그러하듯이, 이러한 제도 속의 교사들은 그들의 흥미와 능력에 따라 추가적인 책무를 지게 된다. 그리고 이것은 교사들에게 가치 있는 일이다. 가르치는 것에 대한 흥미를 높이고, 그들을 계속 자극하기 때문이다. 동시에 교육 시스템에도 가치 있는 일이다. 그것은 리더십을 나누고 교사들이 동료 교사들의 역량을 쌓는 데 중요한 역할을 할 수 있게 돕는다. 그러한 방식으로, 경력 사다리 구조는 고성과 시스템에서 인적 자원시스템의 필수적인 부분이 된다.

그리고 여기 설명된 정책 및 실천은 국가마다 다르지만 몇 가지 공통적인 주제를 공유한다.

경력 경로career path는 교사들이 리더십 역할을 맡을 수 있게 한다. 교사들은 자신의 직업에서 승진할 기회와, 앞으로 나아가기 위해 자신이 무엇을 해야 하는지 알고 있다. 그들은 선택권이 있고 그들의 관심사를 따를 수 있다. 그들은 학교에서 일을 지속하거나, 추가적인 학습 기회를 잡거나, 정책을 연구할 수도 있다. 어떤 나라에서는 이것이 매우 공식적인 승진 체계일 수 있지만, 다른 나라에서는 덜 공식적인 승진 체계일 수 있다. 그러나 전반적으로 교사들의 역할과 자신의 기술을 공유할 기회는 그들이 자신의 경력을 지속해 감에 따라 발전한다.

교사의 승진은 전문적인 학습과 관련이 있다. 경력 경로는 학습 시스템의 핵심적인 구성 요소 역할을 한다. 지식이 풍부하고 경력이 풍부한 교사들은 새로운 교사들을 위한 전문적인 학습을 이끌게 된다. 그들은 학교 리더십 팀의 일원이 되고, 학교에서, 또 어떤 경우에는 학교 밖에서 교육 리더십을 관리하는 것을 돕게 된다.

리더십 개발은 의도적인 것이다. 고성과 시스템은 잠재력 있는 리더들

을 적극적으로 모집하고 리더 역할을 맡을 수 있도록 지원과 학습 기회를 제공한다. 이러한 시스템은 수업에 대한 지식은 물론, 학생의 학습뿐만 아니라 성인의 학습을 이끌 수 있는, 입증된 능력을 갖춘 훌륭한 교사를 찾는다. 이러한 조직은 예비 리더들에게 그들이 예비 교사들에게 제공하는 것과 같은 종류의 임상적인 경험을 제공함으로써, 리더들이 자신의 리더십을 시작하는 날부터 자신의 직무에 대비할 수 있게 한다.

이 장과 앞의 두 장에서 설명하는 실천은 완벽한 시스템을 묘사한다. 그들은 서로 보완하도록 설계되어 있다. 강력한 모집 정책은 자격을 갖춘 사람들이 교직에 진출하는 것을 보장하는 데 도움이 되지만, 교사들이 그 분야에서 성장하고 발전할 기회가 있을 때만 효과적일 수 있다. 강력한 준비 프로그램은 교사들이 그들의 경력을 잘 시작하게 하지만, 전문적 학습은 교사들이 그들의 경력 전반에서 학습과 성장을 지속하도록 돕는다. 경력 경로는 교사들이 전문적 학습을 주도하고 지도적 지위로 성장할 기회를 제공한다. 이러한 경로는 경험 많은 교사들에게 그들이 멘토링하고 지원하는 초보자들과 함께 교직의 시작 단계로 돌아올 수 있도록 '전문적 발전의 연속성'을 연결할 기회를 제공한다.[Sato, Roehrig, & Donna, 2010]

한편 이러한 실천을 통해 고성과 시스템이 학생의 수준 높은 학습에 기여한다는 것을 입증해 왔지만, 여전히 이 시스템들은 쉬고 있지 않다. 그것은 스스로 학습하는 조직이다. 그들은 계속해서 자신의 시스템을 연구하며 무엇이 잘 작동하고 있고 무엇이 개선되어야 하는지 결정하고, 필요할 때는 정책을 변경한다.

* 이것은 TLLP의 정보 수집 과정을 보여주는 비디오다. http://www.youtube.com/watch?v=3DCiHTSaZu8&feature=youtube

6.

형평성 추구를 위한 노력

고성과 시스템은 국제적인 평가 결과, 평균 점수가 매우 높으며 그 점수 간 편차도 적다. 즉, 각 (하위) 시스템별로 높은 성과를 나타내는 사람과 낮은 성과를 나타내는 사람 사이의 격차가 비교적 작다. 따라서 이 시스템들에서는 전반적인 평균 점수도 높을 뿐만 아니라 최저 점수도 높다.

이런 사실은 결코 우연이 아니다. 이러한 고성과 시스템은 애초에 성과가 낮았던 학생들이나 학생 단체들을 지원하기 위해 고안되고 실행된 시스템이지만 우수한 성과를 나타내는 학생들을 희생시키지도 않는다. 형평성과 수월성이란 제로섬 게임이 아니며 이 둘은 서로를 보강한다. 교사의 질 관리 정책은 형평성을 지향하는 더 큰 시스템의 중요한 구성 요소이며, 더 넓은 의미의 형평성 의제를 지향하는 정책은 능력 있는 교사들이 필요한 지원을 충분히 받으면서도 각자 개인의 목표를 성취할 수 있게 만들기 때문이다.

이 정책에는 여러 가지 방식이 있다. 첫째, 고성과 시스템은 아동복지 지원을 위해 실질적인 정책을 수립하고 예산을 조달한다. 고성과 시스템은 모든 학교가 적절한 서비스를 받고, 교사 급여 및 근무 조건에 차이가 없도록 자원을 공평하게 제공한다. 특별 보조가 필요한 학생이 있는 학교에는 추가적인 지원을 한다. 추가적인 지원은 추가 예산, 특별 (교육) 프로그램과 훈련, 특수 교사 제공을 의미한다. 이런 결과로 모든 학교에서 교사들은 필요한 모든 지원을 충분하게 받으며 효율적으로 교육할 수 있다.

둘째, 이 시스템은 도움이 많이 필요한 학생들을 위한 교사와 리더를 모집하고 지원한다. 이 시스템은 도움이 가장 많이 필요한 학교에 역량이 뛰어난 교사들이 배치될 수 있도록 인센티브를 제공한다. 이런 교사들은 다양한 문화적 배경을 지닌 학생들을 잘 가르칠 수 있도록 충분한 교육과 연수를 받은 교사들이다.

셋째, 이 시스템은 교사들이 다양한 학습자의 다양한 차이에 부응하는 교수법, 즉 형평성 교수법을 배우게 하며, 소외된 학생들이 높은 수준에 도달하도록 지원하는 교육과정을 개발한다. 이 시스템은 한 가지 교수법이 모든 학생에게 적합할 수는 없음을 인식하고, 학교와 교사로 하여금 해외에서 국내로 들어오거나 국내에서 다른 나라로 나가는 이민자, 특수 교육 대상 학생, 역사적으로 소외된 지역의 학생 등과 같이 다양한 학생들의 다양한 요구에 부응할 수 있게 한다.

마지막으로, 고성과 시스템은 교수와 학습을 지속적으로 개선하는 학교 개선 전략이 있다. 이런 전략 안에서 가장 도움이 필요한 학생과 학교에 대해 우선 지원하고 특별 예산을 지급한다.

이 장에서는 고성과 시스템에서 형평성에 관련된 정책과 실행에 대해 알아볼 것이다. 이 시스템은 모든 학교에 잘 준비된 교사들을 공평하게 배치하고, 교사들에게는 다양한 학생들의 독특한 요구에 부합하는 다양한 도구가 제공되도록 보장한다. 이렇게 지원받는 교사들은 이런 지원을 받는 학교에 결국 오래 재직하게 된다. 국가마다 독특한 이러한 정책들의 특징을 살펴보고 모든 국가에 공통되는 주제를 찾아보고자 한다.

학생 학습 예산 지원

교육 형평성의 핵심은 자원의 이용 가능성에 있다. 즉, 학생들이 어디서 학교에 다니든, 기대하는 것을 배울 적절한 기회를 보장한다. 이 관점에서 형평성은 모든 아이가 잘 성장할 수 있도록 학교 밖 환경을 제공한다. 그리고 풍부한 학습 프로그램, 우수한 자질의 교사, 긍정적인 학교 풍토를 통해 학생들이 안전하며 지지를 받는다고 느낄 수 있는 학교 내 환경을 제공한다. 또한, 교사가 계속 근무할 수 있고, 전문적인 경력을 개발할 수 있도록 지원한다.

아동 복지 지원

아동 복지 지원이란 정부가 아동들의 심신이 건강할 수 있도록 숙박과 음식을 제공하고, 질 좋은 영유아 케어와 학습 기회를 보장하며 학교에서도 아동들이 잘 지원받게 하는 것을 의미한다. 우리가 연구한 나라마다 이러한 아동 복지를 위한 투자는 상당히 많은 편이었다.

핀란드의 사회민주주의 시스템에는 모든 국민에게 무료 의료 서비스를 제공하고 또한 모든 가정에 기초 소득과 주택 자금을 제공하는 정책 프레임이 있다. 이런 기본적인 지원 외에도 아동 복지 관련 특별 예산이 또 있다. 1930년대 이후부터, 신생아가 태어날 경우 핀란드 정부는 옷, 이불, 장난감, 기저귀와 다른 필수 아기용품이 담긴 베이비박스를 선물한다. 이 베이비박스에는 심지어 작은 매트리스도 포함되어 있다. 이 베이비박스는 신생아들의 아기침대 역할을 할 수도 있는데, 실제로 그렇게 많이 활용되었다. 이 박스의 의도는 핀란드의 모든 아동에게 평등한 출발을 보장하려는 것이다. 또한 핀란드 어린이를 위한 형평성의 중요성을 상징적으로 나타내는 역할을 한다.Lee, 2013

베이비박스 외에도, 핀란드는 모든 아동이 동등하게 학령기전 학교 준비를 할 수 있도록 돕는 다음과 같은 제도가 있다. 장기 육아 휴직 제도를 통해 아기가 태어난 후 1년 동안 아기를 양육하는 부모에게 수입을 보장하여 경제적 부담 없이 집에서 양육에 전념할 수 있게 한다. 핀란드의 모든 영유아는 질 높고 안전한 영유아 프로그램 혜택을 받을 수 있는데, 정부에서 대부분 비용을 지불한다. 또한 6세 아동이 다니는 프리스쿨은 전액 무료다. 이 시스템 속에서 우수한 자격을 갖춘 전문가들은 아동 발달 과정을 깊이 이해하고 지원하기 위해 부모와 긴밀하게 협조한다. 아동들이 초등학교에 진학할 때, 이러한 전문가들은 초등학교 교육자들이 개별 아동들의 필요와 관심을 알게 하여 그들의 건강한 발전이 중단되지 않도록 보장한다. 교육적으로 혹은 개인적으로 아동들을 돌본다는 개념은 학교의 핵심 원칙이다. 모든 학생은 매일 교내에서 무료 식사를 제공받고 무료 의료혜택과 무료 통학, 무료 교재와 무료 상담을 제공받기에 학습을 위한 모든 토대가 마련되는 것이다.^{Sahlberg, 2007}

다른 고성과 시스템들도 아동과 가족을 위한 다양한 사회적 혜택과 건강보험 혜택을 제공한다. 이 고성과 시스템들은 아동이 학습을 위해 필요한 지원을 충분히 받은 후 입학하는지 확인한다. 호주에는 아동의 종합적인 안녕well-being이 핵심이라는 매우 강한 인식이 존재하며, 이는 모든 사회 정책의 필수 요건이기도 하다. 호주 아동 복지를 뒷받침하는 안전망을 제공하기 위해 고안된 핵심 국가 정책에는 건강과 사회 안전 지원 서비스social security support services가 있다. 1970년대 이후로 호주 정부는 모든 국민을 위한 보편적인 공공 의료 보험 제도를 위한 예산을 지원하고 있는데, 이는 전액 무료 혹은 부분 무료 치료를 제공하기 위한 것이다. 호주 정부는 다양한 사회 안전 자금payments과 서비스도 제공하는데, 아동과 가족을 위한 가계 소득 지원, 청소년 수당 지원, 학비 지원, 주택 임대 지원이 그것이다. 호주의 이런 국가 시스템은 전 세계에서 가장 강력한 가족 안전망 중 하나다.

캐나다도 아동과 청소년을 위한 의료 서비스와 사회 서비스를 제공한다. 캐나다의 각 주는 의무적이고 보편적인 의료 서비스를 제공한다. 의료 서비스health care delivery 및 재정 지원 시스템financing system에는 공공 시스템과 민간 시스템이 혼재되어 있지만 공공 시스템이 70%를 담당한다. 캐나다는 아동이 있는 가정에 직접적 재정 지원도 하는데, 수입이 적은 가정에 더 많은 지원을 한다. 캐나다의 아동 세금 보조금 제도 Canada Child Tax Benefit에 따라 캐나다 연방 정부는 아동이 있는 가정에 매달 일정 수당을 지원한다. 아울러 캐나다 정부는 보편 아동 양육 수당Universal Child Care Benefit에 따라 6세 미만 아동이 있는 가정에 양육과 유아교육을 위한 비용을 지급한다.

싱가포르에서는 정부가 모든 아동에게 건강 보험과 거주지 마련에 광범위한 보조금을 지급한다. 인구의 약 80%가 깨끗하고 안전하며 잘 설계된 공공 지원 주택에 산다. 이런 주택 단지에는 일반적으로 좋은 시설을 갖춘 학교가 있다. 영아 보육과 유아 교육을 위해 정부 및 기업은 점점 더 많은 지원금을 제공하며, 전문적 교육을 받은 교사들이 지원한다.

학교 재정 지원

아울러, 우리 연구 범위에 드는 모든 나라의 정부는 형평성을 살리는 학교 시스템을 구축하기 위해 노력하고 있다. 핀란드의 교육 재정 시스템은 이런 원칙에 기반을 둔다. 모든 단계에서 교육 비용의 98%를 정부에서 책임지는데, 이런 사실은 교육 접근성과 교육의 질에 강력하고 공평한 기초가 된다. 교육 재정의 대부분은 지방세(전체의 약 2/3)로 지원되지만 중앙 정부는 재정 자립도가 낮은 지역에 예산을 추가 지원한다. 그렇게 하는 과정에서, 핀란드 국가교육위원회Finnish National Board of Education는 지역의 특별한 요구와 재정 자립도의 차이를 고려하는 평균화 공식equating formula을 적용하여 모든 지역이 필요한 지원을 받을 수 있게 한다.[Link 6-1] 어떤 학구는 중앙정부에서 더 많은 재정적 지원을 받는다. 한편으로 다른 학구는 대부분 자치 정부의 예산에서 지원을 받을 수 있다. 이렇게 평균화하려는 계산과 노력으로 인해 부요한 학구가 불균등하게 높은 예산을 지원받는 일이 생기지 않는다. 지방자치단체에 대한 중앙정부의 보조금은 그 활용처가 지정되지 않는다. 즉, 지역에서 선출된 정치가와 지역 교육청이 중앙정부에서 내려온 지방 교육예산이 그 지방의 교육과 교육 관련 서비스에 잘 활용되도록 그 활용처를 정한다.

앨버타 주의 예산 시스템도 위와 비슷한 원칙에 기반을 둔다. 그러나 예산 지원 시스템은 약간 더 복잡하다. 정부가 공립학교뿐 아니라 사립학교와 가톨릭 학교에도 예산을 제공하기 때문이다. 앨버타 주의 교육 예산[Link 6-2]은 일반 정부 세입general government revenues에서 나오며, K-12 교육 예산의 약 2/3를 차지한다. 나머지 1/3은 교육 재산세education property taxes로 충당한다.[Alberta Education, 2016] 모든 돈은 앨버타 주정부에 모아진 후 할당된다. 교직원을 고용하고 지원하는 예산은 다른 용도로 사용되지 않도록 보호된다. 그 외 예산에 대해서는 지역 교육위원회와 교육청 담당자가 할당된 교육 예산을 상당히 유연하게 활용할 수 있다.

유치원부터 9학년까지는 학생 한 명당, 10학년부터 12학년까지는 한 학점당 배당되는 기본 예산에 덧붙여서, 별도의 다른 예산differential funding이 중증장애 학생, 영어를 제2언어로 활용하는 학생, 프랑스어와 문화교육(프랑스화Francisation), 원주민First Nations, 사회경제적 지위, 북부(지리적 범위) 지원 예산, 학습 자원, 교통, 시설 운영 및 유지를 위한 자금으로 활용된다. 특별 예산targeted funding은 테크놀로지와 자금 조달 capital funding뿐 아니라 특수 학교 발전 예산으로 제공된다.

지역 교육위원회는 특별 교육세 징수를 승인받을 수 있지만, 그것은 특정 회계 연도 예산의 최대 3%를 넘을 수 없다.[학교법, 2000] 이런 규칙 때문에 교육위원회가 지역에서 교육세를 부과할지라도 그 금액은 평등과 공평이라는 재정 지원 시스템의 더 큰 원칙을 크게 훼손하지 않는다.

　이와 유사하게 온타리오 주 정부는 지방 과세 능력의 불일치를 조정하기 위한 자금을 제공한다. 현재 온타리오 교육부는 학생 필요성에 따라 책정된 일련의 연간 보조금을 교육위원회school board에 제공한다.[Link 6-3, 온타리오 주 정부, 2015] 2013~2014년에 이 보조금은 학생 기반 보조금(교사 급여, 보조 교사, 교과서, 학습 용품, 도서관 및 상담 서비스), 학교 기반 보조금(교장, 교감, 비서, 사무용품), 12개의 특수 목적 보조금(특수 교육, 원주민, 학습 기회, 안전한 학교, 시설, 학생 교통 등), 총 208억 달러로 추정되는 부채 상환(이자 비용) 등으로 구성되었다. 이러한 보조금은 모든 학구가 비슷한 수준의 교육 프로그램을 제공할 수 있도록 공평하게 분배되는데, 특별한 도움이 필요한 학교에는 더 많은 보조금이 할당된다. 모든 예산 활용 범주는 비교적 크게 정하며, 지역 교육위원회가 예산 할당의 방향과 초점을 결정하는 재량권을 갖는다.

　캐나다와 비슷하게, 호주는 오랫동안 주가 운영하는 교육 시스템이 있었지만, 1964년에 연방 정부가 학교에 자금을 제공하기 시작했다. 1964년에 과학 실험실을 위해, 그 후 도서관을 위해 자금을 제공했고, 1970년에는 지속적 지원을 위해 자금을 제공했다. 2008년에 연방정부는 9개의 주 정부와 준주정부territories, 연방정부의 모든 교육부 장관들이 서명한 '호주 청년을 위한 교육 목표에 관한 멜버른 선언Melbourne Declaration on Education Goals for Young Australians'에 따라 교육 정책 및 예산에서 이전보다 강력한 역할을 수행하기 시작했다. 멜버른 선언은 매우 명백하게 공평성을 강조하고, 모든 주 전체에 걸쳐 배울 기회의 불평등을 제거하는 것에 초점을 맞췄다.[MCEETYA, 2008]

멜버른 선언 결과로 학교 예산 지원 검토 보고서가 탄생했는데, 저명한 사업가이며 사회사업가인 데이비드 곤스키David Gonski의 이름을 따라 곤스키 보고서라고 명명했다. 이 보고서는 주 정부와 연방 정부, 그리고 정부 산하의 학교와 그렇지 않은 학교의 예산 균형 및 조정에 대한 대대적인 수정을 권장했다.^{Gonski, Boston Greiner, Lawrence, Scales, & Tannock, 2012} 핵심적인 수정 원칙은 관행적인 패턴에 따라 예산 지원을 하지 말고 학생 개개인의 필요에 따라 지원하라는 것이다. 그리고 장애가 있는 학생, 사회·경제적 배경이 여의치 않은 학생, 원주민이나 토레스 해협 출신 학생 Torres Strait Islander, 영어 실력이 낮은 학생, 외딴 지역 출신 학생, 주요 도시 학교 출신이 아닌 학생, 즉 더 많은 지원이 필요한 학생들에게 더 많은 지원을 해 줘야 한다는 것이다. 호주 교사 교육자들에게 2014년에 곤스키는 이렇게 말했다.

우리(검토 위원회)가 내릴 수 있었던 가장 쉬운 결정 중 하나는 호주 내에서 적절한 예산 지원 시스템을 결정하는 데 '형평성equity'이 무엇을 의미해야 하는지에 대한 것이었다. 우리는 강하게, 그리고 만장일치로, 예산 지원 시스템은 교육 성과의 차이가 부, 소득, 권력 또는 소유물의 차이에서 비롯되어서는 안 된다고 생각했다. 그 결과, 예산 지원 시스템이 학생의 필요에 근거해서 운영되어야 한다는 것은 명백해졌고 중요해졌다.

호주 정부는 곤스키 보고서의 핵심 권고사항을 받아들여 6년간 멜버른 선언에 서명한 각 주는 연방정부가 2달러씩 인상할 때마다 1달러씩 기금을 늘리는 재원 조달 모델을 마련했다. 곤스키 보고서는 어떤 학교도 결과에 근거하여 예산을 덜 받지 않도록 요구했기에, 이로 인해 실질적으로 상당한 예산 증가를 권장했다.^{Gonski et al., 2012} 학교 개선을 위한 국가 파트너십National Partnership for School Improvement은 2013년 '더 나은 학교Better Schools'라는 기치 아래 발표되었다. 주 정부는 2013년 6월 이 계획에 서명했고, 자금 조달 계획은 2013년 호주 교육법에 포함되어, 2013년 9월 대통령 선거 직전에 법안으로 날인되었다. 그리고 이 법안은 2014년 1월 1일에 효력이 시작되었다.

그러나 선거에서 연방정부가 교체되면서 새 행정부는 처음에는 1년만 자금을 지원하기로 약속했다가 그 후 4년간의 자금 지원(2018년까지)으로 수정했다. 이는 이미 연방 정부가 늘리기로 한 예산안에 따라 예산을 세운 주 정부가 강력히 항의했기 때문이다. 2018년 이후 이 계획에 따른 투자 수준에 관한 결정은 여전히 진행 중이지만, 학생의 필요에 따른 원칙needs-based framework은 이미 확립되었다. 뉴사우스웨일스 주와 빅토리아 주는 학생 필요에 입각한 재원 조달 모델을 도입했는데, 불리한 배경을 지닌 학생들의 학습 자원 불평등 문제 해결을 위해서였다. 빅토리아 주에서는 최근 자금 조달 검토위원회가 형평성 예산equity funding을 더 강화할 것을 권장했다. 이 위원회는 5학년 호주 학력평가 고사NAPLAN에서 성적이 저조한 학생들을 지원하기 위한 새로운 자원을 도입하고, 이미 학교를 그만두었거나 그만둘 위험에 처한 학생들을 위한 새로운 자원과 교육 계획initiatives을 도입할 것을 권장했다.[Bracks, 2015]

캐나다와 호주의 경우와 비슷하게, 중국 지방정부는 학교 예산의 대부분을 담당하며 재정이 열악한 지역의 보조를 위한 예산(전체 예산의 약 17% 정도)을 중앙정부가 담당한다. 중국 내 가장 부유한 곳 중 하나인 상하이에서는 시교육위원회에서 재정이 풍부한 도시 학교 예산과 재정이 열악한 시골 학교 예산을 평균화하기 위한 원칙을 적용한다. 이런 원칙이 있어서 학생당 예산의 최소 기준을 설정하고 시골 학교에서는 이 예산으로 학교 인프라에 투자하고 학습 자료를 구매하며 교사 급여를 제공하는 것이다.[Cheng, 2011] 모든 학교를 위한 평균화 노력의 일환으로,

상하이는 중국에서 처음으로 핵심학교key schools 제도를 없앴는데, 핵심학교란 더 많은 예산으로 더 좋은 자격의 교사를 채용하고 학생선발권을 누리는 모델학교였다.

상하이 시교육위원회는 상하이에 살지만 다른 성에 등록된 이주 학생들을 위한 교육을 확대했다(중국 후커우시스템을 통해 시민들은 자신의 고향에 등록하고, 등록된 지역에서 서비스를 받을 수 있다). 상하이 시교육위원회는 이주 학생들이 그들만을 위한 사립학교가 아닌, 일반 공립학교에도 다닐 수 있게 했다. 더 나아가, 상하이 시교육위원회는 사립학교들이 이주민들의 고향 학교로 등록만 되었다면 국가로부터 지원받는 예산 외에 추가 예산 지원을 하겠다고 발표했다.

싱가포르의 학교 역사는 이 연구에서 다루는 나라 중에 매우 독특하다. 싱가포르는 독립하면서 사립학교와 종교적 학교가 혼합된 교육 체제를 계승했는데, 이 체제 내에서 공립학교 시스템을 만들었다. 즉, 형평성을 확장하기 위해 사립학교를 점차 공립학교로 합쳐가는 식으로 공립학교 체제를 만들어 갔다. 1990년대 동안 예산 지원을 확장하면서 공립학교의 교육 조건과 교육과정을 향상하고 평균화했다. 이를 통해 학생들이 다양한 교육과정에 접근할 기회가 더 확대되었다. 어떤 학교에 다니든지 초등교육은 모든 학생에게 무료이고, 정부는 등록금과 교과서를 제공할 뿐 아니라 교복 구매 비용을 지불할 수 없는 학교(독립 학교 또는 자율 학교 포함) 학생들에게는 교복도 제공한다.

대부분의 싱가포르 사람들이 거주하는 공공 주택 단지 주민들은 인종적 또는 민족적으로 섞여서 거주하게 되어 있고, 각 단지마다 자원이 풍부한 학교가 위치하고 있다. 따라서 모든 공립학교government schools가 실질적으로 통합되어 있고 고품질 교육을 제공한다. 싱가포르 내 응답자들은 공립학교는 일반적으로 교육의 질이 높으며, 부유한 가정을 포함한 대부분의 가정에서 자녀를 보내고 싶은 학교로 여긴다고 했다.

이제 사실상 모든 싱가포르 사람들은 고등 교육을 받을 수 있다. 고등교육은 정부 보조금이 많아서 등록금이 저렴하고, 가족들이 감당할 수 있는 비용과 학생들이 입학한 학교 비용의 차이를 메우기 위해, 필요에 기반한 지원need-based aid이 이루어진다. 거의 모든 싱가포르 사람들이 고등학교 이후 교육postsecondary education을 이수한다. 젊은이의 약 75%가 대학이나 폴리텍polytechnic에서 고등학교 이후 교육을 이수한다. 나머지 25%의 대부분은 인적·재정적 자원이 풍부한 기술교육 기관에서 직업교육을 받는다. 이런 기술교육 기관에서는 졸업자들에게 한 분야의 자격증이나 졸업장을 주는데, 이들은 싱가포르에 기반을 둔 다국적 기업이나 산업에서 취업할 수 있다.

싱가포르의 역사는 평등주의적인 정신과 다양한 민족 집단을 통합하려는 목표가 어떻게 결합되어 능력주의적인 문화와 독특하게 조화를 이루는지를 보여준다. 이를 통해 이 나라는 이례적으로 강력하고, 갈수록 더 공평해지는 교육 결과를 얻었다.

다른 어떤 사회 제도보다 더 분명하게, 싱가포르 학교 제도는 싱가포르 지도자들의 독특한 비전을 잘 구현해 내고 있다. 이는 업적, 경쟁, 기술 및 국제 표준을 강조하고 특정 그룹에 대한 특별 권리를 거부하는 것이다. 싱가포르는 모든 민족 집단과 계급 출신 학생이 학교에서 만나는데 이런 교육 시스템은 거의 모든 가정에 중요하고 심오한 영향을 끼쳤다. 이 나라의 대부분의 국내 정치 문제들, 예를 들면 민족 간의 관계, 엘리트 지위를 위한 경쟁, 국가와 국민의 미래 안보 계획, 자원 분배 등과 같은 문제는 학교와 교육 정책에 반영되었다. 다른 어떤 기관보다도 학교에 다인종주의와 싱가포르 정체성이라는 추상적 가치가 매우 구체적인 형태로 자리잡고 있다.LePoer, 1989, p.116

특별한 도움이 필요한 학교 교사 모집 및 지원

아이들에게 평등한 출발을 제공하고 학교에 공평한 자금을 제공하려는 노력 외에도, 고성과 시스템은 많은 도움이 필요한 학교의 교사를 모집하고 지원하기 위해 적극적인 조치를 취한다. 정부 자금이 지역학교나 교육청 소속 교사들에게 동일한 급여와 근로조건을 제공할 수 있도록 구조화된다면 많은 도움이 필요한 학교의 교사를 모집하고 지원하는 것은 매우 쉬워진다. 그렇지 않은 경우, 가령 미국의 대부분 지역에서 그러하듯이, 교사들이 부유한 사회·경제적 배경의 학생들이 다니는 학교에 몰리는 경향이 있다. 그 이유는 대부분 차등적 예산 지원 시스템으로 이런 학교들이 더 나은 급여와 시설, 더 작은 학급 규모, 최신의 풍부한 학습 자료, 더 지원적인 지도자 같은 근로조건을 제공하기 때문이다.[Borman & Dowling, 2008; Johnson, Kraft, & Papay, 2012; Ladd, 2011; Loeb, Darling-Hammond, & Luczak, 2005]

급여와 근로조건이 같다 해도, 노동 시장에 작동하는 여러 다른 요인이 있는데, 편의시설이 적고 사회·경제적으로 열악한 외딴 지역으로는 이동하지 않는 경향이 있다. 또한 자신이 태어나거나 교육을 받은 고향이나 지역사회를 떠나 다른 지역으로 이동하려 하지 않으며, 혹은 근무지의 문화에 친숙하지 않거나 학생 및 가족과 소통하는 데 필요한 언어 능력이 부족할 경우 이동하지 않는 경향이 있다.

모든 학생, 특히 가장 많은 도움이 필요한 학생들이 질 높은 교사의 지도를 받을 수 있도록 보장하기 위해 고성과 시스템은 훌륭한 교사가 공평하게 배분될 수 있도록 다음과 같은 인센티브와 여타 프로그램들을 제공한다.

- 교원 배정 및 승진 정책
- 도움이 많이 필요한 학교의 교사를 위한 인센티브

- 특별한 도움이 많이 필요한 지역에서 효과적으로 가르칠 수 있도록 지원하는 방안

배정 및 승진 정책

싱가포르에서 교사들은 교사교육에 입학할 때부터 이미 교육부에 의해 고용된다. 그리고 교사교육 중에도 교육부로부터 일정한 급여를 받는다. 교사교육이 끝나면 최소 3년 동안 학교 시스템에서 근무해야 하며, 그렇지 않으면 지급되었던 교육비를 반환해야 한다. 교사들은 필요한 학교로 배정된다. 학교 배정은 교육부에 의해 인력 요구에 따라 결정되며, 그에 따라 교육부는 학교의 결원과 특정 과목 분야의 부족에 대응하여 교사를 모집한다. 이런 정책은 질 높은 양성 교육을 받고 학교의 요구를 충족하는 교사가 신중하게 선택되고 배치되게 함으로써 학교에 혜택을 제공한다. 이는 예비 교사들에게도 혜택을 제공하는데, 양성 교육을 마친 후 취업이 보장되기 때문이다. 교육부는 처음 배정된 학교에서 최소 2년 의무 복무를 마친 교사들에게 매년 모집공고를 낸다. 교장들은 자기 학교에 맞는 적절한 후보 교사를 자유로이 선발할 수 있는데, 후보 교사의 현 근무지 교장의 동의서를 받아야 한다.

나중에 교사들은 특히 지도자 경로leadership track에서 승진 사다리를 타고 점진적으로 올라가게 된다. 그 과정 중에, 더 큰 인력 필요가 있는 학교로 이동하도록 권유받거나 때로 배치된다. 더 넓은 맥락에서 기술을 개발하고 활용하며, 맡을 책임을 위해 필요한 범위의 능력을 갖추었음을 입증하게 하기 위해서다. 교장 배치 과정에서는 각 학교의 고유한 지도력에 대한 요구 사항 및 교장의 경험과 배치될 학교와의 적합성을 고려한다. 교장은 일반적으로 한 학교에서 4년에서 8년 근무 후 교대된다. 이 기간에 교장은 학교에 필요한 새로운 프로그램을 시작하고 구현한 후 정착시키기 위한 충분한 시간을 확보할 수 있다. 교장 교대 원

칙은 '모든 학교가 좋은 학교'라는 교육부의 목표에 상응하며, 교장들이 다른 학교 상황에서도 자신의 지식과 경험을 살려서 새로운 시각으로 최상의 교육 실천을 할 수 있게 만든다. 이 원칙은 교장들에게 자신의 전문성 개발을 위한 새로운 도전을 맞이할 기회도 제공한다. 교육부는 전체 교육 시스템에서 나타나는 요구를 충족하기 위해 교사들과 교장들의 특별한 재능이나 전문지식을 활용하려고 노력한다.

중국 또한 적절한 교사들을 적절한 위치에 배치하고자 노력해 왔는데, 예를 들면 오랫동안 교사들이 시골에서 재직할 것을 정책적으로 요구해 왔다. 게다가 2010년에 채택된 개혁안은 시골 학교의 교육 환경 개선을 요구했고, 이런 시골 학교에서 재직하기를 희망하는 교사들이 추가적인 인센티브를 받을 수 있게 했다. 특별히 추가적인 인센티브에는 교사 보수 증액, 더 나은 주택 보급, 시골 학교 교육에서 뛰어난 공헌에 대한 표창 등이 있다. 더불어 이 개혁안은 도시 초등학교와 중학교 교사들이 상급 직함을 따기 전에 "최소 1년 이상 시골 학교나 교육 시설과 교사진이 불리한 학교에서 근무하도록" 함으로써 시골 지역에 배치되는 교사와 교장 순환 과정의 수정을 제안했다.[Communist Party of China Central Committee and the State Council, 2010, p.38] 이 제안으로 중앙 정부는 교사 순환에 대한 파일럿 프로그램을 확대하고 가장 높은 경력 교사들에게 자원이 열악한 지역에서 교대로 가르쳐야 하는 의무를 부과하게 된 것이다.

특별한 도움이 필요한 학교 교육에 대한 장려정책

많은 국가가 특별한 도움이 필요한 학교에서 가르칠 교사의 교육을 지원하고자 서비스 장학금service scholarships[1]—면제 가능 대출forgivable

---

1. 서비스 장학금(service scholarships)은 교육, 의료 혹은 다른 공공 서비스 분야에서 일하는 학생을 지원하기 위해 제공된다. 학생이 일정 기간 서비스를 제공하거나 특정 조건을 충족하는 경우 대출 형태로 제공되며, 이후에는 대출금을 면제하거나 상환 조건이 완화될 수 있다.

loans로 설계된—을 제공한다. 학교에서 상당 기간 재직하며 이 장학금을 탕감받거나 졸업 후 대출금의 일부 또는 전부를 갚아야 한다.

호주는 시드니와 멜버른 같은 대도시 지역보다 교사 채용이 힘든 시골 학교나 외딴 지역 학교에 교사를 유치하기 위해 몇 가지 지원책을 시행한다. 예를 들어, 뉴사우스웨일스 주 교육부는 특별한 도움이 필요한 학교에 교사를 채용하기 위해, 고등학교 졸업자나 현재 대학에 재학 중인 학생이나 경력 변경을 계획하는 전문가들이, 특별한 도움이 필요한 분야나 지역을 위한 초기 중등교사교육 프로그램이나 특수교육 프로그램에서 교육받을 수 있도록 다양한 장학금을 제공한다. 이런 장학금은 해안 지역이 아닌 외딴 지역 소재 뉴사우스웨일스 주 공립학교 근무를 지원하기 위해 마련된 제도이다. 장학금 수혜자들은 최대 5년 동안 교사가 되기 위해 전일제로 공부하면서 5천 호주 달러의 수당을 받는다. 이들이 학업을 마치면, 새로운 임지에서 정착할 때 필요한 이주비 지원금 같은 보조금으로 3천 호주 달러를 추가로 지급받는다. 졸업 후, 교사들은 연방 정부로부터 추가로 학자금 대출 상환 혜택을 받을 수도 있다.

2014년에는 중등 수학, 과학(물리학), 기술 및 응용 분야, 영어 및 특수교육 교사로서 교육받을 수 있도록 최대 300개의 장학금이 제공되었다. 그중 80개의 장학금은 일정 자격을 갖춘 원주민이나 토레스 해협 섬 출신 학생들에게만 지원되었다. 이 장학금 수혜자들은 졸업 후 해당 지역에 최소 3년간 전일제로 재직해야 하며, 그렇지 못했을 때는 재정 지원의 일부를 환불해야 한다.

이러한 장학금 외에도, 해안 지역이 아닌 시골이나 외딴 지역에서 재직하는 교사들은 다양한 혜택을 받는다. 총합하여 뉴사우스웨일스 주 국공립학교의 10%가 이런 혜택을 받는다. 학교마다 이런 혜택은 다음과 같이 다양하다.

- 추가 교사교육 및 연수 시간
- 외딴 지역 주택 임대료의 70%~90% 지원
- 시골이나 외딴 지역 학교에서 일정 기간 재직 후 새 임지를 지정 받을 때 우선 특례권
- 시골이나 외딴 지역 학교로 발령이 나거나 벗어날 때 동료 교사에 대한 특별한 이해와 연민을 기반으로 한 교사 이동 혜택 Compassionate transfer status[2]
- 약 40개의 외딴 지역 학교 재직 교사들에게 연간 5,000달러의 연속 재직 장려금 지급
- 다양한 지역수당: 기후 수당, 상품 및 서비스로부터의 고립 수당,[3] 휴가 여행 경비, 의료 관련 비용이나 치과 치료 등 특정 비용 환급 및 부양가족 수당
- 뉴사우스웨일스 주 서부지역 학교는 1주간 추가 여름 방학

위와 비슷하게, 빅토리아 교육훈련부의 교사 장학금 제도는 우선 지정된 학교, 시골 학교 혹은 교사 모집이 어려운 과목 분야에 재직을 희망하는 신임교사들에게 수당을 제공한다. 이 금액은 학교의 범주(공립, 사립 등) 및 과목 영역의 조합에 따라 3천~7천 호주 달러 사이이다. 수혜자는 최소 2년 동안 임지에서 가르쳐야 하며, 그렇지 못할 때는 일부 금액을 상환해야 한다. 더불어서 동일 임지에서 4년째 근무하면 최대 4천 호주 달러까지 근속 보너스를 받을 자격이 생긴다.

상하이에서는 동중국사범대학교와 상해사범대학교가 대학 입학시험 및 배치 과정에서 교사가 되기를 희망하는 학생들에게 교육부 장학금

---

2. 주로 동료 교사가 어려운 상황에 처해 있거나 특별한 필요가 있을 때 이를 지원하기 위해 교사가 다른 학교로 이동할 수 있게 하는 정책 또는 혜택을 말한다.
3. 원격지나 고립된 지역에서 생활하는 사람들에게 제공되는 금전적인 지원을 말한다.

을 제공한다. 장학금은 지원자들의 대학 입학시험 점수에 기초하여 지급되며, 전국 모든 지역 출신 학생들이 지원할 수 있다. 이 장학금 제도의 취지는 명망 있는 대학교에서 교사로서 교육받은 인재들이 자기 고향 지역으로 돌아가서 시골 지역뿐 아니라 산업화된 지역에서 더 강력한 교수 역량을 구축하게 하려는 것이다.

한편, 앨버타 주와 온타리오 주는 FNMI로 알려진 원주민의 교육 ^{Link 6-5} 강화 조치를 취해 왔다. 이런 조치의 하나가 앨버타 대학이 주최하고 교육부가 지원하는 원주민 교사교육 프로그램Aboriginal Teacher Education Program, ATEP이다. 앨버타 주와 온타리오 주 북부 지역에서 1년에 1~2개의 코호트(반)를 모집한다. 이런 코호트의 교사 후보자는 원주민First Nations 학교에서 보조 교사로 일하다 코호트로 선발되는 경향이 있다. 앨버타 대학교는 교육적 내용 전달을 위한 혼합 모델을 활용하여 이런 사람들을 교사로 양성했다. 혼합 모델에서 학기 중 어떤 기간의 수업은 대학교수가 온라인으로 진행하고 다른 기간의 수업은 학생의 거주지 근처 대학이면서 앨버타 대학교와 협력계약을 맺은 학교에서 대면으로 이루어진다. ATEP 프로그램의 핵심은 한 지역의 지역민 교사 후보자를 선발하여 교사교육을 받게 한 후 이들이 고향 지역으로 돌아가서 후배를 양성하도록 돕는 것이다.

2014년에 이 ATEP 파일럿 프로그램을 통해 북부 FNMI 지역에서 27명의 새로운 교사들이 배출되었다. ATEP 프로그램 외에도, 캘거리 대학교와 레스브리지 대학교는 근처 각 원주민 집단First nations의 문화에 특화된 과정을 제공했다.

역사적으로 소외된 학생의 효과적인 교육을 위한 준비

FNMI 학생들을 가르치는 것은 앨버타 학교 개선 계획Alberta Initiative for School Improvement, AISI에서 자금을 지원하는 광범위한 프로젝트의 주요 핵심인데, 이 프로젝트는 교수·학습 개선을 목표로 교사와 지역사회 파트너 간의 실행연구에 자금을 지원하는 12년 프로젝트다. 이 프로젝트들에는 FNMI 학생들의 학업 잠재력 향상, FNMI 학부모와 후견인의 참여 및 이들과의 소통 확대, 협력 학교 및 지역사회 내 FNMI 학생들의 보다 포괄적인 소속감 조성, 협력 학교와 협력 지역 내 문화 이해 향상이 포함된다.^{Gunn, Pomahac, Striker, 스트라이커, & Tailfeathers, 2011, p.332} 이상과 같은 많은 성공적인 프로젝트들이 앨버타 주 다른 학교와 지역으로 확산했다.

온타리오 주에도 앨버타 주보다는 적지만 상당한 원주민 인구가 있다. 온타리오 주의 몇몇 프로그램의 목표는 원어민 학생들을 가르칠 교사를 양성하는 것이다. 북부 온타리오 썬더베이라는 시에 위치한 레이크헤드Lakehead 대학교에 가장 포괄적인 프로그램이 있다. 레이크헤드 대학교에는 캐나다에서 유일하게 원주민 교육학과가 있는데, 이 학과는 원주민 문화와 전통에 초점을 맞춘 두 개의 독특한 학부 학위 프로그램을 운영한다.

하나는 우등 교육 학사(원주민) 프로그램으로, 원주민 혈통을 가진 사람들이 원주민 공동체의 교사 및 지도자로 성장할 수 있도록 설계되었다. 학위는 다음과 같은 두 단계로 구성된다. 첫 단계에서는 필수인 원주민 모국어(크리Cree 및 오지브와Ojibwa) 및 원주민 학습에 대한 과정을 포함하여 사회 과학/인문학 및 과학/환경 교육 학부에서 2년간 과정을 이수한다. 둘째 단계에서는 원주민 아동의 문해력 관련 과정, 여러 원주민 환경에서의 교육적 맥락, 원주민 양육 방식 등 교육 관련 추가 교육과정을 2년간 이수한다. 추가 교육과정에는 학급 경영, 교육 심리학 및 뛰어난 학습자 교육뿐 아니라 내용 중심 교수법이 포함된다.

예비 교사들은 원주민 학생들이 많은 원주민 학교band school 또는 주립 학교에서 두 번의 교육 실습을 해야 한다. 또한 학위 프로그램의 마지막 해에 학생들은 의미 있는 성과를 입증하는 우등 프로젝트를 완료해야 한다. 이 프로젝트에서 학습 포트폴리오를 포함하여 다양한 미디어 중 하나를 통해 연장자 또는 기타 문화 지도자와의 견습, 연구 프로젝트, 문화적으로 관련된 학습 도구의 설계를 하게 된다. 학위를 취득한 학생은 온타리오 학교에서 K-6학년을 가르칠 수 있는 온타리오 교직 관리원 자격증을 받을 수 있다. 이 프로그램은 다른 프로그램과 유사하게, 온타리오 교사 교육의 새로운 요건의 하나인 5년 모델로 연장될 예정이다.

레이크헤드의 두 번째 프로그램은 원어민 교사 교육 프로그램Native Teacher Education Program, NTEP이다. 이 프로그램은 4개의 학부 프로그램으로 구성되어 있다. 이 프로그램은 원주민 후손뿐만 아니라 원주민이 아니더라도 원주민들을 교육하려는 열망이 있는 지원자들에게도 개방된다. 프로그램에는 교수법 및 교과 내용뿐만 아니라 원주민 언어와 문화에 대한 과정이 포함된다.

이러한 프로그램뿐 아니라 NTEP는 레이크헤드 내 연속적 또는 병행적[4]으로 예비 교사 교육 프로그램에 등록된 학생들에게 원주민 학생 대상 교사를 위한 전공 과정도 제공한다. 이 교사 자격을 얻기 위해 학생들은 자신의 전공 과정과 함께 현지 미술 및 공예, 캐나다의 퍼스트 네이션즈, 오지브와 또는 크리 문학, 원주민 학습 개론 그리고 추가 선택 과목으로 원주민 교육에 대한 강좌를 이수해야 한다.

형평성 교수법 개발

특수한 학교나 학생들의 요구에 초점을 둔 프로그램과 함께, 국가마다 모든 교사가 다양한 학생들을 효과적으로 교육할 수 있도록 양성하고자 하는데, 이는 모든 지역에서 점점 더 강조되고 있다.

---

4. 내용학을 먼저 배우고 교육학을 배우는 것을 연속적(consecutive)이라 하고, 내용학과 교육학을 동시에 배우는 것을 병행적(concurrent)이라 한다.

핀란드 교사교육은 오랫동안 다양한 학습자를 위한 교사 양성에 힘써 왔다. 이 목적을 달성하기 위해 핀란드 교사교육은 특수 교육이 필요한 학생을 포함하여, 서로 다른 다양한 방식으로 배우는 개별 학생들을 어떻게 가르칠지에 방점을 두었다. 핀란드 교사교육은 '다문화성 multiculturality' 개념—이는 국가 교육과정에 반영되어 있다—과 '학습 곤란과 배제의 예방'뿐 아니라 학생의 학습, 평가, 교육과정 개발에 대한 이해를 강조한다.^{Buchberger & Buchberger, 2004, p.6} 헬싱키 대학교에서 교사들은, 예를 들어 '특수성과 다양성 다루기: 다양성을 위한 교육' 및 '학교에서의 문화적 다양성'과 함께 '교육과 사회 정의'라는 강좌를 수강한다.

유아교육부터 초중등교육까지 학교는 모든 학생의 요구를 충족하기 위해 헌신한다. 모든 핀란드 아이들은 2개 국어를 사용한다. 그중 많은 아이가 3개 국어를 사용하는데, 여기에는 핀란드어, 영어뿐 아니라 자신의 모국어—학교에서 늘 가르친다—가 포함된다. 헬싱키에서는 동일 모국어를 사용하는 아동 세 명이 있으면 그 아동들과 다른 아동들을 위한 수업을 개설하고자 노력한다. 학교에서 가르치는 공통어로는 소말리어, 아랍어, 사미어, 스웨덴어와 러시아어가 있다. 학생 집단에 반영된 다양한 지역과 인종에 대한 문화와 종교 수업도 진행된다. 목표는 모든 학생이 소속감을 느끼며, 자신의 언어와 문화유산을 유지하고, 자신의 언어와 문화유산을 배우는 다른 학생들과 함께하여 진정한 다문화 및 다언어 교육 경험을 하게 하려는 것이다.

핀란드 학교는 '특수교육' 대상 학생으로 지정되었는지 여부에 관계없이 어려움을 겪는 학생들을 수업 내에서 혹은 수업 외적으로 지원한다. 핀란드 교육 정책은 특수한 요구가 있는 아이들에 대해 포용적인 접근 방식을 취한다. 이와 반대로 전통적인 접근법은 특수 교육 기관에 꼭 들어맞는 아이들의 '장애disabilities'에 초점을 맞춘다. 핀란드 교사들은 교실에서 포용적 접근법이 실행될 수 있도록 전문성을 갖춰야 한다.

핀란드에서 종합 학교의 발전은 모든 학생을 동일한 학교 시스템에 있게 하기 위한 것이었다. 특히 도움이 필요한 학생들을 위해 '시간제 특수교육'이 등장했으며[Graham & Jahnukainen, 2011], 1980년대부터 활용되었다. '실패하기를 기다리는wait to fail' 접근법과는 분명히 다르게, 이 정책은 특별한 지원이나 도움이 필요한 어린이를 별도로 다루지 않고 추가 지원이나 도움이 필요한 *여느any* 학생 중 하나로 간주한다. 이는 일시적으로 직유법이나 곱셈 같은 특정 개념을 이해하기에 어려움을 겪는 아동과, 특수교육학의 특수 요구 정의에 해당하는 특별하고 장기적인 어려움이 있는 아동을 구분하지 않는다는 것이다. 이 개념은 특수교육이 필요한 아동을 장애아로 지칭하는 대신, 넓고 자연스럽게 발생하는 다양성의 연속체continuum of variation 내에 위치시킨다. 그래서 아동의 능력 발달을 구분하고 범주화하기보다 지원한다.

1~9학년 핀란드 학생의 약 30%가 어떤 형태로든 특별한 지원을 받는다.[Graham & Jahnukainen, 2011; 핀란드 통계청, 2014a 참조] 학생들이 (범주화 및 지정 과정과 특별 지원 서비스에 대한 법적 결정을 오랫동안 지긋지긋하게 기다리는 것보다) 필요할 때 정교한 지도와 지원을 받기 때문에 학생 대부분은 장기적으로 추가 지원이 필요하지 않다. 그래서 특수교육이 필요한 학생이라고 확인된 학생의 수가 초등학교보다 중등학교에서 낮아지고, 재이수로 인한 지체 없이 졸업하는 첫 번째 졸업률이 2012년에 93%로 매우 높았다.[Sahlberg, 2015b, p.36; 핀란드 통계청, 2007]

다양한 문화에 대한 이해와 다양한 학생 대상 교수법은 호주에서도 교사교육의 주요 구성 요소다. 국가 교사 표준에 따라 교사 교육 프로그램은 무엇보다도 졸업생들이 다음을 이해할 수 있도록 구성된다.

- **학생들과 그들의 학습 방법**: 학생과 아동의 발달(신체적, 사회적, 지적); 배경이 다른 학생들을 위해 차별화된 교육; 원주민 및 토레스

해협 섬 출신 학생을 잘 가르치기 위한 전략; 장애를 포함한 다양한 학습 요구가 있는 학생들을 잘 가르치기 위한 전략

- **교과 내용 및 교수법**: 평가 및 보고와 관련된 사항; 기준에서 특히 강조되는 몇 가지 영역, 즉 문해력, 기본적 계산 능력, ICT, 원주민과 토레스 해협 섬 주민의 역사, 문화, 언어에 대한 지식; 이러한 기준들은 호주 교육과정, 평가 및 보고 기관ACARA에 의해 개발된 새로운 국가 교육과정—그리고 각 주가 실행을 위해 수정한 것—을 교사들이 학생의 경험을 기반으로 문해력, 수리력, 그리고 다른 기능들에서 학생의 진도를 고려하며 재해석할personalize 것을 기대한다.

- **안전하고 지원적이며 포괄적인 학습 환경을 만드는 방법**[AITSL, 2011]

현재 교사 교육 기관 및 교원 평가 시스템에 대해 시행되는 주기적 진단은 교사가 다양한 학습자의 요구 해결을 돕는 것이 목표다. 이는 교사가 학생의 학습 요구를 깊이 이해하는 것을 배우고, 그에 맞는 생산적인 학습 전략을 구현한 후 이런 전략을 평가하고 개선해야 하기 때문이다. 더불어 대학과 학교들은 문화적 지식 확장과 문화적인 역량 강화를 위해 더 많은 강좌와 임상 활동을 제공한다.[3장 참조]

뉴사우스웨일스 주에서는 교사와 학교 리더의 문화적 역량을 강화하기 위한 하나의 전략이 '지역 공동체 연계 구상Connected Communities initiative'[DEC. 2011]이라는 이름으로 시작되었다. 참여 학교들은 5년 동안 총괄 교장을 임명하고, 문화적 연계를 제공할 수 있는 원주민인 지역민 리더를 임명한다. 이 지역민 리더는 학교의 리더십 팀의 문화적 멘토도 겸한다. 지역 원주민 교육 협의체The local Aborigival Education Consultative Group 또한 각 학교의 강력한 문화 이해 전략 수립에 도움을 준다. 모든 교직원은 지역 원주민 공동체와 협력하여 원주민 문화 교육에 참여하고

원주민 학생들과 그들의 학습 방법에 대한 지식을 확장하기 위해 전문적 학습에 참여한다. 이런 작업은 교사들이 원주민 학생들을 위한 효과적인 교수·학습 및 평가를 계획하고 실행하는 것을 돕기 위한 것이다. 다음과 같은 자산 기반assets-based[5], 반인종차별적 참여 모델을 표현하는 8가지 핵심 개념이 이 작업 및 기타 정부 작업을 안내하기 위해 정립되었다.[NSW Government, 2013]

- 온정주의보다 공동협력partnership
- 불이익보다 기회
- 실패보다 성공
- '말하기'보다 '듣기'
- 일률적인 해결책보다 지역적인 해결책이 우선함
- 가정assumptions보다 증거
- 소외보다 참여
- 이론보다 실천

학교 개선 방안

고성과 시스템에서 형평성 전략의 중요한 요소는 목적 지향적인 학교 개선이다. 비록 대규모 개선 노력이 전반적으로 모든 학교를 대상으로 하지만, 능력이 가장 부족한 학교들이 특히 혜택을 받는다. 그리고 대규모 개선 노력은 교수 지식과 기술을 강화할 뿐만 아니라 교육 실천에 대한 지속적인 분석과 반성을 위한 전략을 세움으로써 질 높은 학교 교육을 위한 강력한 인프라를 구축한다. 이러한 노력은 학생들을 위한 효과적인 교육을 지원한다.

---

5. 주로 긍정적인 면을 강조하며, 개인이나 공동체의 강점, 자원, 능력을 중심에 두는 접근 방식이다.

온타리오 주의 문맹 퇴치 및 수리력 향상 전략이 한 예다. 이 전략은 2004년에 새로운 주가 이전 정부의 전략을 뒤집고 교수·학습 역량 강화에 초점을 맞추며 세워졌다. 정부는 6학년 학생 중 75%가 읽기, 쓰기, 수학에서 주 정부 기준에 도달할 것을 목표로 세웠다. 그리고 교육부 안에 각 학교가 그 목표에 도달할 수 있도록 지원하는 담당분과를 만들었다. 문해력 및 수리력 분과Literacy and Numeracy Secretariat는 학교 시스템과 학교에 광범위한 지원 서비스를 제공한다.

- 교육위원회와 협력하여 그 학교 시스템과 학교 수준에 도전적이며 야심찬 학업 성취도 설정
- 학업 성취도 향상 방안을 모색하고 성취도 향상에 필요한 자원 조달 방안(예: 자금 지원)을 모색하기 위해 학교 위원회와 협력
- 교사, 교장 및 기타 교육자에게 전문적인 학습 기회 제공
- 효과적인 교수법에 대한 연구 공유
- 교장협의회, 교원연맹, 교육학부 및 기타 단체와 파트너십 구축
- 교육위원회 내부 및 전체에서의 성공 사례 공유
- 학생들이 배운 개념과 기능을 강화하도록 교사의 지시에 따라 돕는 튜터 고용을 위한 자금을 교육위원회에 제공

학교 차원에서 이것은 모든 학교가 향상되도록 지원하는 것에 초점을 맞췄는데, 성취 수준이 낮은 것으로 확인된 학교 혹은 성취 수준 향상을 위해 노력하고 있다고 알려진 학교에는 추가 지원을 한다.

'지원과 긍정적인 압력'이라는 행동이론과 일치하는 온타리오 주 교육부의 접근법은, 개선에 어려움을 겪는 학교를 식별하고, 교사와 학교 관리자의 능력을 향상시켜 교수, 학습 및 교육 성과를 향상시키기 위한 목표 지향적 자원과 전문성 개발을 지원하는 것이다. 처음에 교육부는

주에서 정한 기준을 33% 미만의 학생이 달성한 초등학교, 즉 주 전체 학교 중 20%를 대상으로 추가 지원할 것을 목표로 삼았다. 그러나 저학력 학교 수가 줄어들자 교육부는 주에서 정한 학습 목표를 달성한 학생이 50% 미만인 학교를 지원하는 것으로 변경하였다.

이 전략은 큰 성공을 거두었다. 이 전략을 시작할 때, 54%의 학생들이 읽기, 쓰기, 수학에서 주에서 정한 학습 목표에 도달했다. 2013~2014년에는 72%가 이러한 목표를 달성하거나 초과 달성했다. 저학력 학교 수는 6%로 떨어졌다. 영어 사용자들과 영어 학습자들의 학력 격차는 상당히 좁혀졌고, 이민자들과 캐나다 태생 학생들의 학업 성과에 큰 차이가 없어졌다.

호주에서는 전통적으로 성적이 저조했던 학교를 개선하기 위해 구체적인 학교 개선 전략이 개발되었다. 뉴사우스웨일스 주에서는 교사와 학교 리더십을 개발하는 프로그램을 통해 이런 학교를 지원했다. 그것은 교수 실천을 안내하기 위해 평가와 구조structure[6]를 활용하는 것을 포함하여 교수법 향상에 초점을 두었다. 이 프로그램은 통합적 리더십과 교육과정 프로그램의 실행을 통해 학교 전체의 리더십 개발에 중점을 두었다. '학교 향상을 위한 팀 리더십 프로그램'과 '독서 중심 프로그램'에 참여한 학교에서 뚜렷하고 지속적인 학업 성취도 향상을 보였다.

특별한 도움이 필요한 학교 개선 및 지원에 집중하기

학교 개선 계획이 전반적인 성과를 높이고 학교 능력의 견고한 인프라를 구축하기 위해 설계되는 한편, 고성과 시스템은 어려움을 겪는 학생들과 학교들의 개선 노력에 집중하여 추가 자원을 제공한다. 이런 방식으로, 자원 부족으로 가장 큰 어려움을 겪는 학교에 가장 많은 지원

---

6. 구조(structure)는 교육과정, 교육 자료, 수업 일정, 학습 환경 등을 구성하는 것을 의미한다.

이 제공된다.

일부 시스템에서는 책무성 및 개선 시스템이 가장 큰 어려움을 겪고 있는 학교에 자원과 관심을 제공하기 위해 설계된다. 다른 시스템에서는 자원이 널리 이용 가능하지만, 어느 학교에 다니든 관계없이 어려움을 겪는 학생들에게 초점을 맞춘다.

온타리오 주의 학생 성공 전략Ontario's Student Success Strategy은 고등학교 성취도 향상을 위한 프로그램인데, 위 두 가지 요소를 모두 포함한다. 그 노력의 일환으로, 교육부는 성취도가 낮은 학교를 파악한 후 그 학교의 교장과 교사 팀과 긴밀히 협력하는 팀을 파견하여 교수법을 개선하는 역량을 높이도록 돕는다. 예를 들어, 그 팀은 학생들이 어려움을 겪는 것으로 보이는 과목을 식별하고 그 과목 교사들과 협력하여 탐문 과정을 시작할 수 있다. 교육부 팀은 교수를 위한 효과적인 전략들을 모색하여 제시한다. 그러면 교사들은 이 전략들을 적용해보고 그 효과성에 관련된 자료를 수집하여 자신들과 교육부 팀 내에서 검토한다.

게다가, 학생 성공 전략에는 학생 성공 교사(학생의 성공을 도모하는 교사)와 학생 성공 팀을 각 중등학교에 지정하는 것이 포함된다. 한 교육자[Link 6-6]에 따르면, 그 팀은 어려움을 겪는 학생들을 중점적으로 살펴보고 그들의 성적 향상을 위한 계획을 세운다.

모든 학교에는 [학생 성공 교사]가 한 명씩 있다. … 이 교사는 최소한 절반 이상의 시간을 일반적 교사 업무에서 해방되는 것이 기대된다. … 학생 성공 교사는 어려움을 겪는 학생들의 대변인이다. 이 학생들은 우리가 일반적으로 사용하는 용어로는 '지속적인 어려움을 겪는 학생'이지만, 이들은 학교가 파악하는 어떤 이유든 상관없이 어려움에 처할 수 있다. 따라서 그 젊은이는 중요한 사건 혹은 오랜 기간 더 지속되는 도전에 직면할 수 있다. 이들의 위험이 학생 성공 교사의 레이다에 잡히면 교사가 이 위험에 처한 학생과 공동 작업을 하게 된다. 그 학생을 지켜보고, 그 학생이 어떻게 지내는지 추적하고, 다른 교사들과 함께 그 학생들을 옹호한다. 학생 성공 교사의 역할에는 학생을 지원할 수 있는 아이디어를 실현하기 위해 교사들과 함께 일하는 것도 있다. 다른 많은 일과 마찬가지로, 이 전략이 실제 어떻게 진행되는지는 각 학교 환경과 맥락에 따라 다르다. 모든 학교와 모든 학생 성공 교사의 상황은 매우 다르다.^{Rob Andrews, 18개 구현, 혁신 및 지원 부서를 위한 '학생 성공/학습'}

이중 학점 교사Dual-credit teachers[7]도 학생 성공 전략의 일부다. 초등학교 수준에서, 학생의 학업 담당 교사들은 학생들의 학습을 이해하기 위해 담임교사 또는 담당교사들과 협력하고 공동 학습하며, 교수 및 평가 활동에서 개선할 점을 알려준다. 교육부는 학교 이사회에 이러한 직책에 필요한 자금을 제공하고, 학생 성취 담당 분과를 통해 지역 간에 배운 점들과 현지 실천 사례를 공유하도록 돕는다.

비슷하게, 싱가포르에서는 많은 프로그램이 독특한 학습 요구가 있는 학생들에게 초점을 맞춘다. 특화된 조기 개입 프로그램은 문해력과 수리능력에서 위험에 처한 초등학교 저학년 학생들을 지원한다. 예를 들어, 1992년부터 도입된 학습 지원 프로그램은 초등 1학년 입학 때 문해력이 약한 학생들을 지원한다. 특별 훈련을 받은 교사들이 매일 이 학생들을 8~10명의 작은 그룹으로 나눠 가르친다. 마찬가지로, 수학에 대한 학습 지원은 1학년 수학 교육과정에 접근할 수 있는 기술과 지식이 없고 기초적인 계산 능력이 없는 학생들에 대한 추가 지원을 위해 조기 개입에 초점을 맞춘다. 특수 훈련을 받은 교사들은 이 학생들에게 주당 2,

---

7. 학생들이 대학 학점을 얻을 수 있는 고등학교 수업을 가르치는 교사를 지칭하는 용어다. 이 수업을 듣는 학생은 고등학교 학점과 대학 학점을 동시에 취득한다.

3시간씩 추가 지원을 한다.

초등학교 저학년 외에도, 특히 영어와 수학에서 저학력 학습자를 지원하기 위한 추가적인 학습 프로그램이 있다. 2013년부터 초등 및 중등 교사 교육은 교사들에게 학생들의 수리능력 습득을 돕기 위한 교수 전략을 갖추도록 강화되었다. 이러한 교수 전략은 정규 교과 시간뿐만 아니라 그 외의 시간에도 소집단 활동에서 활용될 수 있다. 그들은 학생들이 자기 페이스대로 배워서 계산 능력을 강화할 수 있게 돕는다.

또한 학생들, 특히 불리한 배경 출신 학생들의 사회·정서적 요구의 중요성에 대한 인식이 커지고 있다. 2015년 1월 현재, 싱가포르의 187개 초등학교 중 105개 학교에 학교 기반 학생 보호 센터가 설치되어 추가적인 방과후 지도와 함께 생산적인 방과후 생활 환경을 제공한다. 교육부는 이 제도를 점차 확대하여 모든 초등학교에 학생 보호 센터를 설치할 예정이다.

상하이는 학교 차원의 개선 노력에 집중하고 있다. 상하이에서 가장 최근의 혁신적인 개혁 노력 중 하나는 저성과 학교를 권한 위임 경영 프로그램empowered management program을 통해 개선하려는 접근법이다.[Jensen & Farmer, 2013] 한때 강력한 교육투자를 위한 몇 개의 핵심 학교를 찾는 노력에서, 시스템의 전반적인 질 향상을 위한 노력으로 바뀐 것이다. 이 접근법에서, 교육청 리더들은 저성과 학교와 고성과 학교를 연결한다. 고성과 학교는 저성과 학교의 특정 분야, 예를 들면 교수의 질이나 학교 경영, 학부모 사이의 관계를 지원하고 발전하도록 돕기 위해 계약을 맺는다. 저성과 학교의 경우 교육청 평가를 통해 신중하게 모니터링된다. 계약 조건이 충족되어 저성과 학교가 긍정적 결과가 나타나야 고성과 학교는 보수를 받게 되며, 저성과 학교의 긍정적 결과가 나타나지 않으면 지불이 보류된 상태로 계약관계는 종료될 수 있다.

학교 개혁에 대한 권한 위임 경영 접근 방식은 저성과 학교를 개혁하기 위해 상하이 최고의 교장들과 교사들의 전문성에서 답을 찾는다. 고성과 학교들에게 주어지는 학교 개혁 계약의 참여 기회는 그 학교와 학교 교원들의 명망을 더 높여 주게 된다. 상하이 정부는 교육자들이 저성과 학교를 혁신할 경우 승진 기회와 자율성을 약속했고, 이 정책은 성공을 거두었다.

권한 위임 경영 접근 방식은 도시 내에서뿐만 아니라 가난한 시골 학교와 교환 프로그램을 통해서도 수행되었다.

2007년에 상하이시 정부는 시내에 있는 10개의 좋은 학교와 다른 교육 중개기관에, 10개 농촌 지구 및 군에서 의무 교육을 제공하는 20개 학교를 책임질 것을 요구했다. 10개의 좋은 학교 및 다른 교육 중개기관과 시골 학교는 좋은 학교의 선임 행정가와 경력 교사를 시골로 2년간 보낼 것을 계약했다. 파트너십 비용은 시 정부가 부담한다.^{상하이 시교육위원회, 2008} 그러한 협약은 시골 학교뿐만 아니라 좋은 학교에도 이익을 주어 이 학교 교사들에게 더 많은 승진 기회를 제공한다.^{OECD, 2011, p.97}

상하이에는 저성과 학교를 지원하기 위한 다른 정책들도 있다. 예를 들어, 고성과 학교 교장들은 여러 학교를 관리하도록 요청받을 수 있고, 지리적으로 가까운 곳에 있는 학교들은 클러스터를 형성하여 교사 교환을 포함한 교육 자원을 같이 활용할 수 있다. 이런 클러스터에는 공립 및 사립학교가 포함될 수 있고, 고등 교육 기관으로부터 조언을 받을 수도 있다.

상하이에서 학교와 교사가 서로에게서 배우기

치바오 실험 중학교는 지난 5년간 고성과 학교와 공동작업을 하면서 배울 기회를 통해 극적인 성과를 얻었다. 자 지안 샹Zha Jian

Sheng은 교장이자 리더 교사로서 고성과 학교의 지도 아래 자신의 학교 교사들이 어떻게 전문성 신장을 경험했는지 다음과 같이 설명했다.

[전략에는] 몇 가지 구성 요소가 있다. 명문 학교들이 주관한 후 이 전략들은 다양한 구성 요소들과 함께 현장에서 작동한다. 첫 번째 요소는 실험 중학교의 뛰어난 젊은 교사들을 명문 학교로 1년 동안 보내서 가르치는 법을 배우게 하는 것이다. 동시에 명문 학교에서는 1년 동안 뛰어난 중견 교사 및 리더 교사들을 실험 중학교에 보낸다. 우리 학교에서는 매년 3명의 교사를 보냈고 3명의 교사를 명문 학교에서 받았다.

한 교사가 다음과 같이 위 교장의 말과 비슷한 말을 한다.

사실 우리는 가르치는 법을 배우기 위해 명문 학교에 갔고, 명문 학교 교사는 우리 학교로 와서 교수법을 안내하고 명문 학교에서는 어떻게 가르치는지 보여주었다.

더불어, 실험 학교에서는 수업 설계와 계획을 위해 교사들 간 의사소통이 계속 이루어진다. 치바오Qibao학교 수석 교사는 멘토로서, 도움이 필요한 실험 학교 교사들과 팀을 이룬다.

5년 전, 시시Shixi 중학교는 상하이 중학교에서 최하위권이었고, 치바오학교에서 활용된 전략을 활용하기 위해 치바오 교육 그룹에 편입되었다.

전에 치바오학교에서 수상 경력이 있는 자 지안 샹 교장은 그의 현재 학교의 성공 요인을 두 가지 분야의 개선 노력에서 찾았다. 학생들을 위한 적극적인 교실 교수법과 젊은 교사들의 발전에 대한 초점 집중이다. 이 교장은 적극적으로 서로 참여하는 교수 실천을 설명하면서 동양과 서양의 가치관을 명시적으로 언급한다.

동양적인 시각에서는 학생들의 헌신은 노력과 근면성에 집중하는 것이다. 즉, 태생적인 능력이 아니라 노력에 초점을 맞춘다. 이 동양의 관점으로는 누구나 시간과 노력을 투자하면 성공할 수 있다는 것이다. 서양적인 관점에서는 이와 달리 독립적인 학습, 협력, 호기심, 팀워크와 창의력에 대해 말한다. 이것이 수업에서 어떻게 나타나는지 설명하기 위해, 그는 경험으로부터 배운다는 존 듀이의 아이디어를 인용한다. 치바오 실험 학교 교사들이 학생들을 경험과 활동에 참여시키는 수업 활동으로 전환하는 것은 처음에는 어려운 도전이었다. 그들은 학생들의 새로운 학습 활동 과정을 배워야 했고, 시간이 가면서 어떻게 학생들의 경험을 중심에 두고 수업을 이끌어갈지 고민해야 했다. 하지만 교사들이 이제는 학생들이 지루해하지 않는 것 같아서 가르치는 일이 즐겁다고 보고한다. 그들은 또한 가장 성적이 낮은 학생들이 오히려 더 잘한다는 것을 관찰하게 되었다. 그들이 전통적인 교수법으로 돌아가면 그들과 그들의 학생들이 모두 참담해할 거라고 고백했다.

마지막으로, 자 지안 샹은 가장 젊은 신규 교사들에 대한 투자의 중요성을 강조한다. 그는 신규 교사들이 초임 때부터 좀 더 활동적인 방법으로 가르치는 것을 배워서, 교사 경력을 쌓은 후 나중에 가르치는 법을 다시 배울 필요가 없게 해야 한다고 강조한다. 나아가 교사들에게 다른 교사로부터 배울 수 있는 더 많은 기회를 제공하기 위하여, 경력 교사들이 신규 교사와 협력할 기회를 마련하고, 초임 교사를 특별히 배려하고 도와줄 것을 강조한다. 치바오 교육 그룹 내의 파트너십을 통해 자 지안 샹 교장은 가장 경험이 적은 신규 교사들에게 이러한 배울 기회를 제공할 수 있다고 했다. 그의 좌우명은 "학생과 교사와 학교가 발전하도록 돕기 위해 강력한 지도자 팀을 양성하는 것"이다.

또 다른 전략으로는 도시 지역이 농촌 지역과 3년 계약을 체결하는 지역 맺어주기가 있다. 교육 계획을 포함하여 교사의 전문적인 학습, 교육과정, 교육 자료에 관한 정보를 교환하는 것이 이 전략의 내용이다. 세 번째 전략은 교사의 임지 교환을 포함한다. 시골 학교에서 자격을 갖춘 교사를 모집하고 유지하는 일의 어려움을 고려하여, 도시 학교에서 시골 학교로, 그리고 반대로 교사의 임지를 바꾸는 것이다.[청, 2011] 또한 도시 지역의 높은 성취를 이룬 교장들이 몇 개의 시골 학교를 이끌도록 시골 학교로 전보 발령을 받았다. 이 전략의 목표는 질 높은 경력 교사의 분배가 균형을 이루게 하는 것이었다.

또한 빅토리아 주는 동료 평가 시스템을 통해 특정 학교에 대한 지원에 집중한다. 이 시스템에서는 평가 관련 주요 임계값을 초과하는 학교들을 대상으로 4년에 한 번 동료 평가 과정을 통해 평가한다. 동료 평가를 통해 성적 자료, 교육과정, 교육 방법, 학교 리더십 등과 같은 선행 지표들을 분석하고, 지역사회와 학교 간 관계의 질을 분석하며, 자원이 얼마나 효과적으로 사용되는지 분석한다.

동료 평가는 검토 대상 학교에서 선정한 두 명의 동료에 의해 수행되며, 외부에서 인증받은 검토자가 검토하고 지도하며, 이들은 동료 평가 활동을 문서화한다. 이때 동료는 주로 동일 주 내의 다른 학교 교장들이다. 동료 평가 과정은 그러한 동료들의 전문적인 지식과 능력을 강화하기 위한 것이다.[DEECD, 2013c] 교육부는 바스토우 교육 리더십 연구소를 통해 교장에게 학교 평가를 위한 인증 교육을 제공한다. 시스템 전반에 걸친 최고의 실천 사례들을 파악하기 위해, 동료 평가와 함께 수행되는 모범 실천 사례 평가 과정이 있다.

주요 임계값을 채우지 못한 학교는 더 집중적인 우선 평가를 거친다. 교육부는 검토 팀과 계약하고 이 팀은 4일 동안 학교의 자료를 분석하면서 학교 개선을 저해하는 요인을 찾는다.[DEECD, 2013c] 우선 검토의 결과를 토대로 해당 학교 대표들과 지역 및 중앙 교육부가 함께 중재 프로그램을 설계한다.

"중재 프로그램은 교사와 리더의 역량을 강화하여 학교의 자기 개선 능력을 키우고 지속적으로 개선하는 데 초점을 맞춘다."[DEECD, 2013c, p.11] 여기에는 교장과 교직원을 위해 구조화된 동료 지원 프로그램 또는 멘토링 및 코칭 등이 포함될 수 있다. 이런 프로그램의 분야별로는 리더십, 교수 및 학습, 학교 거버넌스, 전략적 파트너십, 문해력과 수리력 등이 있을 수 있다. 각각의 경우에 중재의 초점은 역량 강화 및 학교의 개선을 위한 집중적 지원에 둔다. 빅토리아 주에서 자체 평가와 동료 평가 과정은 반성적 연구, 전문적 참여, 모범 사례를 공유하기 위한 네트워크 활용의 원리들을 현장에 실현하는 데 기여한다. 이런 원리들은 우리가 연구한 모든 나라의 학교 개선 과정에서 나타난다.

연구에서 배운 교훈

고성과 시스템은 전반적으로 학생의 성적 향상뿐만 아니라 모든 학생이 성공에 필요한 지식과 기능을 얻을 수 있도록 노력한다. 그들은 '모두를 포용한다all means all'는 원칙에 따라 행동한다. 즉, 모든 배경의 모든 학생은 수준 높은 교육과 지원을 받을 자격이 있다.

이 원칙을 수행할 때 고성과 시스템은 다양한 접근 방식을 활용한다. 고성과 시스템은 아동 복지를 지원하고, 모든 학교에 적절한 재정적 지원을 하며, 특별한 요구가 있는 학생을 위한 추가 지원을 한다. 그들은 자격을 갖춘 교사와 지도자의 공정한 배분을 보장하는 조치를 한다. 고성과 시스템은 성과를 모니터링하고, 어려움을 겪는 학생과 학교에 자원을 더 할당한다. 고성과 시스템은 교사들이 다양한 환경에서 가르치고 배경에 상관없이 모든 학생의 요구를 충족할 수 있도록 훈련한다.

물론 이런 노력은 완벽하지 않다. 세계의 모든 시스템과 같이, 이 시스템들도 기회와 성취의 격차를 계속 경험한다. 그러나 이 시스템들이 공평성을 추구하기 위해 취하는 조치들은 주목할 만하다. 여기 설명된 정책 및 실천 방법은 국가마다 다르지만, 다음과 같은 몇 가지 공통된 주제가 있다.

형평성은 필요에 따른 지원으로부터 시작된다. 이 모든 국가의 자금 지원 시스템은 모두에게 적절한 지원 기반을 제공하지만 동시에 다음과 같이 추가 지원이 필요한 학생들을 주목한다. 즉, 장애 학생, 제2언어 학습자, 저소득 가정의 학생이 다니는 학교에 학생의 필요에 따라 추가 자금을 지원하는 것이다. 그리고 성적이 저조한 학교와 학생이 교육적 도움과 기타 서비스를 받을 수 있도록 목표 지향적인 재정 지원을 한다.

형평성을 위해서는 교사와 지도자의 정교한 지식뿐 아니라 문화적 역량이 필요하다. 교사교육 프로그램은 교사가 각 어린이를 보고 이해하는 법을 배우고 모든 아이를 성공적으로 가르치는 광범위한 전략 목록을 개발하게 한다. 성공에는 문화적 경험과 언어에 대한 이해와 지원이 필요하다. 이러한 노력은 교육자가 학생을 학습자로서뿐만 아니라 사람으로서 이해하는 데 도움이 된다.

형평성은 학교 개선에 연결된다. 고성과 시스템에서 활용되는 형평성 전략은 학교 개선을 위한 노력과 긴밀하게 연결되어 있다. 추가 자금으로 학교는 모든 학생을 효과적으로 교육할 수 있는 역량과 자원을 갖추게 된다. 자격을 갖춘 교사의 공평한 분배 제도의 목표는 교원 채용이

어려운 학교들에서 전반적인 교육의 질을 개선하는 것이다. 추가 지원 프로그램의 목표는, 상하이의 고성과 학교와 저성과 학교를 짝짓는 제도에 나타난 바와 같이, 모든 학교의 수준을 높이는 것이다.

형평성을 위한 지원의 목표는 교육자와 학교의 역량을 구축하는 것이다. 다양한 학생들의 요구를 해결하기 위해 주 및 중앙 정부가 학교에 제공하는 지원은 결국 교사가 학생을 가르치고 지도자가 학교를 이끌어 가는 능력을 키우기 위한 것이다. 이것은 예비교사 프로그램에서 시작된다. 이 프로그램에서 예비교사는 다양한 문화에 대해 배우고 문화마다 적절한 교수법을 배운다. 이 프로그램은, 예를 들어 온타리오 주에서는 교육부의 장학진들이 저성과 학교의 교사들과 함께 연구 기반 개선 전략을 수행하는 것과 같은 추가 지원 프로그램으로 이어진다.

이 책 전체에서 국가마다 효과적인 교사 질 관리 시스템이 정말 그 자체로 시스템이라는 점을 강조했다. 이런 고성과 시스템에서 핵심은 교사교육이나 교사 평가와 같은 교사의 자질에만 초점을 맞추지 않고 오히려 상호보완적인 모든 구성 요소를 고려하고 있다는 점이다. 결과적으로, 고성과 시스템에서는 해마다 우수한 교사를 모집하고 준비시키고 또 이탈 없이 유지할 수 있게 되는 것이다.

형평성을 지원하기 위한 정책과 실천은 교사 질 관리 정책 또한 그 자체로 일관되고 상호 보완되는 시스템의 일부임을 명백히 보여준다. 학교 재정 시스템은 교사 자질 지원 및 역량 강화를 통한 개선을 통해 학교 기능 향상을 지원한다. 책무성 시스템은 데이터를 제공하고 역량을 구축하고 교사의 자질 지원을 위한 자원을 제공한다. 그리고 예비교사 교육 프로그램은 고성능의 공평한 시스템으로 가르치고 지도할 수 있는 교사와 지도자의 공급이 지속적으로 이루어지게 함으로써 자연스럽게 이 프로그램 자체가 강화될 수 있게 된다.

이런 식의 고성과 시스템을 갖추는 것은 지속력이 필요한 매우 도전적인 작업이다. 7장에서 우리는 국가마다 새로운 도전에 응전하기 위해 어떻게 교수·학습을 관리하는지 알아보았다. 이런 관리는 국가마다 부분적으로는 서로 다른 시스템에서 성공적인 아이디어를 차용하고, 부분적으로는 개혁에 직면할 때마다 존재하는 일련의 장애물을 직시해서 파악하고 극복하려는 의지를 보여 줌으로써, 또 부분적으로는 교수·학습에서의 더 나은 형평성과 질 향상 관련 목표를 명시적으로 제시함으로써 수행되고 있다.

7.

지속적인 개선을 위한
글로벌 학습

많은 차이가 있음에도 이 독특한 국가들은 우수한 개인을 교직에 유치하고 선발하여 이들에게 예비 및 현직 교사 교육을 제공하는 강력한 장치를 구축했다. 예비 교사 교육 프로그램은 학문적 기반을 지닐 뿐 아니라 현장에서 중요한 임상 학습을 제공한다. 현직 교사들에게는 더욱 정교하고 효과적인 교수법을 연마할 수 있도록 지속적으로 기회를 제공한다.

정책 시스템이 잘 발달된 교육선진국의 성공은 타국의 효과적인 실제를 채택하고, 적용하고, 통합하는 능력에 기인한다. 이러한 차용은 교육이 국제적이고 경제적인 경쟁력의 원동력으로 인식되던 1990년대 이래 가속화되어 온 과정이다. 성공적인 차용을 위해서는 약간의 정책 기술이 필요하다. 새로운 맥락으로 '이동한 정책traveling polices'은 한 국가가 직면한 특정 도전에 대응하는 데 기여하고 기존 정책 시스템, 문화적 규범 및 현장의 실제에 맞추어 잘 조정될 때 성공할 수 있기 때문이다. 어떤 정책이 새로운 맥락에서 충분히 조정되어 견고한 결합성을 확보하지 못하는 경우, 그 정책은 깊은 이해나 확신 없이 실행되며 빈약하고 종종 수명이 짧은 수단이 되고 만다.

잘 발달된 정책 시스템의 또 다른 특징은 정적이라기보다는 동적이라는 것이다. 국제적인 평가에서 높은 성취를 보인 교육선진국에서도 정책 입안자들은 학생들의 학습을 향상시킬 수 있는 정책 조정의 기회를 계속 찾고 있다. 우리가 연구한 교육선진국들의 경우, 이러한 변화는 종종 교직에 대한 전문 직업의식 증진을 수반하는데, 이는 현장을 계속 개선하기 위해 동료와 협력하고 끊임없이 학습하는 것을 교직 비전의 중심에 둔다.

이러한 접근 방식은 엄격하고 강제적인 규칙을 통해 교육을 규정하고 제한하는 하향식 정책을 만들어 '원격 통제'[Shulman 1983] 하려는 시도와 대조적이다. 대신 그 정책들은 지역적 맥락과 학생들의 요구를 반영하여 전문가들이 좋은 결정을 내릴 수 있도록 지침을 제공하고 조건을 제시한다. *전문적인 정책professional policy*이라고 [Darling-Hammond, 2009: Thompson & Zeuli, 1999] 불려온 이 접근은 수요자의 다양한 요구를 충족하지 못하는 표준화된 처방전을 부과하는 대신, 교육자들에게 공유된 전문성을 개발하고 이를 적절하게 적용하는 것에 대한 책무성을 갖게 하기 위해 전문성 표준을 사용한다. 지식은 늘 성장하고 지식의 적절한 적용은 많은 요인에 달려 있으므로, 이 전략은 표준 설정, 인증, 양성 및 전문 학습 같은 과정을 활성화함으로써 학교 현장에서 효과적인 변화를 선도할 가능성이 더 높은 일련의 상향식 구조, 규범, 문화를 구축하는 것을 목표로 한다.

이 장에서 우리는 이 지역들이 이러한 정책을 규정해온 다양한 방식을 간략하게 설명하면서 이들이 다른 국가들로부터 학습한 방식과 차용한 방식을 함께 제시한다. 연구 대상 지역들에서 공통적으로 발견된 교원 정책 및 교수 정책의 사례들을 설명하고, 정책 개발의 다음 단계에서 각 국가가 어디로 이동하고 있는지 살펴본다. 이 모든 주제를 종합하여 얻은 결론의 요약으로 마무리한다.

정책 차용: 성공 사례에서 배우기

점점 더 많은 국가들이 성취도가 높은 지역에서 사용되는 정책 해결책을 찾기 위해, 다른 국가들과 비교하여 시스템을 벤치마킹하는 데 참여하고 있다. 이 과정은 PISA, TIMSS(수학·과학 성취도 추이 변화 국제비교 연구), PIRLS(읽기 능력 향상 국제 연구) 같은 국제 비교 평가 제도의 출현과 함께 더욱 가시화되었다. 게다가, 정책 입안자들은 세계은행과 OECD 같은 기관들이 주도하는 교육 시스템에 대한 비교 연구와 미국의 국립교육경제센터NCEE에 소속된 국제교육벤치마킹센터의 새로운 연구 프로그램들을 통해 정보를 얻고 있다.

국제 비교 평가에 대한 공공의 관심과 인식의 증대는 정부가 교육 정책을 바꾸게 하는 압력으로 작용할 수 있다(혹은 기회를 창출할 수 있다). 예를 들면, PISA 2009에서 호주의 상대적 성취도의 하향 후, 줄리아 길라드Julia Gilard 총리는 2012년 "2025년까지 호주는 '독해, 과학, 수학'에서 상위 5개국에 포함되어야 한다"[Gillard, 2012]는 성명을 발표했다. 곧이어, 호주는 교육 재정 증대와 균등화라는 주요 개혁을 포함하는 새로운 교육 법안을 통과시켰다. 이른바 곤스키Gonski 개혁은 이런 필요의 인식과 목표의 발표에 의해 정당화되었는데, 그것 없이는 정치적으로 불가능했던 일이다.

국제적인 벤치마킹을 추구하려는 시도는 주정부 차원의 정책 문서에서도 찾을 수 있다. 예를 들어, 빅토리아 주의 전략적인 계획은 정부가 다른 국가로부터 정책을 차용해야 한다는 것을 나타낸다.

세계 지도자의 지위를 실현하는 것은 야심차지만 현실적인 목표다. 핀란드, 홍콩, 캐나다 같은 정상에 있는 국가들은 서로 다른 시스템과 문화가 있고 이들은 우리 것과도 다르다. 우리의 과제는 다른 고성과 국가들의 경험에서 배우고 우리 맥락에서 가장 효과적인 전략을 선택하여 그것을 잘 실행하는 것이다.^{DEECD, 2013a, p.9}

교육의 질에 투자하자는 생각이 바로 국제적 차용의 핵심적인 측면이었다. 예를 들어, 빅토리아 주교육부Victoria DEECD는 우리가 "다른 고도의 자율적인 시스템에서 경험한 학습 결과와 동일한 개선을 이루지 못하고 있다."고 언급하면서 이렇게 주장했다.

> 핀란드와 싱가포르 같은 고성과 국가들의 경험을 통해 교육개혁은 교사와 지도자들의 전문성에 토대를 두고 전문적 실천을 구축하는 데 초점을 둘 때 성공하리라는 것을 알 수 있다.^{DEECD, 2012b, p.6}

교직 전문성 강화 방법에 대한 아이디어는 교직 전문성 국제회의 International Summit on the Teaching Profession와 같은 국제 교육 포럼을 통해 부분적으로 전해졌다. OECD, 국제교원노조연맹Education International 그리고 개최국이 공동 주최하는 이 행사는 2011년 이래 매년 '높은 성과를 거두며 빠르게 발전하는 교육시스템을 갖춘 많은 국가의 정부 및 교사 단체'를 소집해서 '효과적인 교사 정책과 실천에 대한 개방적이고 건설적인 교류' 포럼을 개최해 왔다.^{Kultusminister Kofernz, 2016} 이 연례 회의는 TALIS 같은 국제 벤치마킹 조사자료를 활용한 특정 주제에 대한 OECD의 보고서 발표뿐만 아니라 참가국들의 정책 비교 및 함의점을 다루는 세션을 특별히 운영한다.

이러한 다양한 국제적 대화들은 교직이 어떻게 구조화되어야 하는가와 어떤 것이 교직의 핵심 요소가 되어야 하는가에 대한 아이디어의 범위를 확장하는 데 기여해 왔다. 여기에는 다음과 같은 몇 가지 아이디어들이 포함된다. 첫째, 전통적인 전문직에 관련된 아이디어로, 기술적 의

사결정을 넘어선 전문적인 자율성이다. 이는 업무에 대한 집단적 통제, 진입 표준에 대한 통제, 지식 기반 공유, 기본 윤리 강령 등으로 표현된다. 둘째, 공공 책무성 및 관리 감독에 관련된 아이디어로, 현장 평가의 일부인 실천 기준으로 표현된다. 셋째, 지식 사회와 관련된 아이디어로, 반성적 실천가로서의 교사와 같은 것이다.[Snoek, 2014]

다음은 우리가 연구한 지역들 사이에서 교류된 정책 및 실천들이다.

- 교수 실천을 이끌기 위한 전문성 기준 사용
- 교직 입문과 승진 능력을 확인하기 위한 교사 등록 및 자격 제도 개발
- 임상 실습에 초점을 둔 교사교육 프로그램 설계
- 수업 연구 및 실행 연구와 같은 전문성 향상 전략

교사 전문성 기준

교사 전문성 기준 개발은 교직에 필요한 지식, 기술 및 성향을 개발하는 보다 일관성 있는 접근을 위해 개혁의 중요한 열쇠가 되어 왔다. 의학이나 법률 같은 전통적인 전문직의 특징은 윤리적 기대를 토대로 삼은 명확한 지식 기반을 고객을 위해 사용한다는 것이다. 전문성 기준은 일반적으로 전문가들로 구성된 대표기관에 의해 관리되며, 이 기관은 정부의 처방이나 개입으로부터 어느 정도의 자율성을 누린다.[Snoek, 2014] 교수 전문성 기준이 예비 교사 교육 프로그램들의 인증, 등록, 전문적 학습, 경력 경로 같은 기능을 뒷받침하는 데 사용될 때, 이들은 교수 실천을 안내하고 지원하기 위한 더 일관된 시스템을 형성하는 데 도움이 될 수 있다.[Darling-Hammond, Wise, &, Klein, 1999]

교사 전문성 표준은 미국에서 처음 국가교원전문성표준위원회National Board for Professional teaching Standards의 주도로 개발되었는데, 1987년

교사 고급자격 인증 기준을 설정했다. 1990년대 초반 전국신규교사평가 및지원협회Interstate New Teacher Assessment and Support Consortium가 초임 교사를 위한 기준을 정했고, 국가교사교육인증위원회National Council for Accreditation of Teacher Education는 이러한 교수 기준을 교사 양성 프로그램을 승인하기 위한 장기적인 접근법에 통합했다. 국가 위원회 기준은 처음으로 역량—즉, 교사는 무엇을 알아야 하고, 어떤 자질을 갖추어야 하고, 무엇을 할 수 있는지와 같은 것—에 초점을 두었고, 이러한 접근 방식은 우리가 연구한 지역을 포함해서 세계 여러 국가로 퍼져나갔다.

우리가 연구한 지역들 중에서 핀란드를 제외한 각 국가는 유사한 정부 기관이나 전문 기관을 통해 일련의 표준을 채택했다. 핀란드에서는 다른 과정을 거쳐 비슷한 목적을 달성했다. 2004년 대학 학위에 관한 정부 규정은 1970년대 것을 기반으로 한 1995년 버전을 개정한 것인데, 예비 교사 교육 프로그램의 기준을 설정했으며, 이는 교사가 전공 지식, 교육학적 지식, 교수 실천의 측면에 대해 무엇을 학습해야 하는지에 대한 기대 수준을 나타낸다. 교수 기준은 그 국가에서 전문적 실천을 위한 초석으로 신뢰받는 교원 양성 대학들을 통해 실현된다. 다른 국가에서는 전문 단체들이 교사 지식, 전문적 실천, 동료들과의 전문적 협업 및 전문적 학습에 관한 지침을 제공한다.

교수 기준은 미국 국경을 넘어 1990년대 캐나다로 전파되었다. 앨버타 주에서 교육부에 의해 제시된 교수 질관리 기준 장관령Teaching Quality Standard Ministerial order은 교사가 자격증을 취득하고 경력 유지를 위해 충족해야 하는 기준을 설정했다. 또한 교육부는 이 기준에 따라 예비 교사 교육 프로그램을 인증하고 모니터링한다. 이 기준은 1997년에 처음 채택되었고, 교사에 대한 전문적인 관점을 담고 있다. 즉 교사는 직무의 토대가 되는 법률적이고 윤리적인 틀을 이해해야 한다. 또한 교사는 다양한 교수법을 이해하고 실행할 수 있어야 하며, 교과 내용을 깊이 이해하고 이를 교육과정으로 구현할 수 있어야 한다. 더 나아가 교사는 학부모·지역 공동체·학교 동료들과 생산적인 관계를 정립할 수 있는 평생 학습자가 되어야 한다.^{Alberta Education, 1997}

1999년 채택된 온타리오 주의 교수 전문성 기준Ontario's Professional Standards of Practice은 동료가 선발한 교사들과 정부가 임명한 다양한 교육 전문가들로 구성된 온타리오 교직관리원Ontario College of Teachers에 의해 정립되었다. 그 기준은 교직의 견고한 기반 조성을 위해 마련된 것으로, 예비 교사 프로그램 및 교사 자격증 부여의 밑바탕이 되었다. 여기에는 '학생과 학생 학습에 대한 헌신', '전문적인 지식', '전문적인 실천', '학습 공동체에서의 리더십'이 포함된다. 교수 전문성 기준의 부록에는 '돌봄', '존중', '신뢰', '성실성'을 보여주어야 하는 교사에 대한 윤리적 기준이 제시되어 있다.^{Ontario College of Teachers, 2000} 그 기준은 높은 기대 수준을 설정하고 있고, 의무적인 최소한의 점검표보다는 야심찬 교육적 이상을 상세하게 제시한 것으로 간주된다.

뉴사우스웨일스 주와 빅토리아 주 같은 호주의 주들은 2000년대 초반에 교수 기준을 개발했고, 이들 기준은 2011년 AITSL가 개발한 국가적인 호주교사전문성기준Australian Professional Standards for Teachers의 기초가 되었다. 각 주의 전문 단체(가령 빅토리아 교직관리원Victorian Institute of Teaching 및 뉴사우스웨일스 주 교육 및 교사교육 표준위원회the Board of Studies, Teaching and Educational Standards in New South Wales)에 의해 시행되는 새로운 국가 기준은 예비 교사 교육 프로그램 인증, 교사 등록, 그리고 어떤 경우에는 경력 개발의 토대가 되었다. 주들은 더 높은 수준의 교사를 인증하는 것을 선택할 수 있다. 4개의 각 경력 단계에 적용되는 37개 항이 포함된 7가지 기준은 교직에 있는 동안 교사의 자기 성찰과 전문적인 학습을 안내하는 공통 언어를 제공한다.

싱가포르에서는 두 개의 상호보완적인 교수 기준이 개발되었는데, 첫 번째는 2005년에 교사평가를 안내하기 위해 개발되었고, 두 번째는 4년 후 교사교육을 안내하기 위해 개발되었다. 7가지 교사 역량은 세 가지 차원으로 범주화된다. 이들은 교사의 전문적 실천, 리더십 및 경영, 효과성이다. 그 기준은 교사들이 경력 단계를 통과할 때마다 확장되어, 학교와 클러스터, 전문적 협력 및 네트워킹에 대한 기여와 전문직 문화에 대한 기여를 포함한다.

상하이에서는 초중등 교사의 교수 기준이 2011년 국가 교육부에 의해 개발되었다. 이 기준은 교사들에 대한 전문적인 기대 수준에 관하여 예비교사 교육 프로그램에 더욱 강력한 지침을 제공하기 위해 개발되었다. 61개 기준은 크게 네 범주로 구분된다.

- **학생 중심 교육**: 독립적인 발달(자립) 지원, 호기심 자극, 학습 흥미 촉진, 탐구의 자유 창출
- **교사윤리**: 역할 모델과 전문가로서의 교사에 대한 기대
- **지식 및 기술**: 교수에 관한 지식 및 전략, 학생들의 사고 및 문화적 특성에 대한 이해, 학급경영, 학생들의 창의성과 자주적인 사고 지원
- **교사의 평생학습**: 동료와 함께 꾸준히 교육과 교수를 성찰하고 개선하며, 현장의 요구와 문제를 파악하여 탐색과 연구를 통해 다루고 해결하기

흥미롭게도, 상하이의 교수 기준은 더 깊은 이해와 비판적이고 창의적인 사고력과 함께 다양한 학생들의 요구를 충족하는 더 강력한 전략을 위한 교수라는 새로운 이미지를 전달한다. 이것은 예비교사들의 실습 경험을 확장하고 재설계하는 것을 포함한 예비교사 교육 프로그램의

변화와 재직 교사 교육에서, 특히 교사경쟁과 승진 과정에서 승진 가산점을 주는 것을 포함한 여러 변화를 가져오고 있다. 정부가 바람직하고 우수한 교수가 어떤 것인지를 명백하게 밝힐 때 교사들에게는 새로운 교수법을 더 폭넓게 학습하게 하고, 교장들에게는 그들 스스로 교사들의 교수법 개발 추구를 지원하도록 하는 인센티브를 제공할 수 있다.

교사 자격증 또는 등록

교수 기준은 여러 지역에서 교사 자격증(또한 등록, 인가 또는 인증으로 다양하게 불림)과 결합되어 있다. 또한 자격증 제도는 미국에 뿌리를 두지만, 국제적으로 많은 교육선진국으로 확산했다. 의사와 간호사 같은 다른 직업군에도 전문 자격증이 있으며, 이는 국제적으로 교직에서도 자격증 제도 채택을 촉진했다. 우리가 연구한 국가들 중에서 호주, 캐나다 및 중국은 면허 또는 인증의 형태가 있고, 핀란드에서는 최근 등록 시스템에 대한 논의가 일었다.

교사 자격증은 교직에 대한 공신력을 얻기 위한 수단이 될 수 있다. 또한 교사 자격증 제도의 본질은 교육의 질을 높이는 것이다. 예를 들어, 온타리오 주에서 교사 자격증의 핵심 기능은 교사들이 승인된 교사교육 기관으로부터 기준을 충족하는 교육을 받았음을 보장하는 것이다. 이것은 관할 지역 밖에서 훈련받는 교사들이 많은 지역에서 특히 중요하다. 온타리오 교직관리원은 교사교육 프로그램에 대한 정부 규정을 충족하고 교직관리원의 교수 기준과 일치하는 경우 교사교육 기관을 인증한다. 인증받은 프로그램을 마친 교사는 교직관리원에 교사 자격증을 신청한다. 신청자들은 지정된 한 학년의 학생을 가르칠 수 있는 교과 내용 지식과 방법이 있다는 것을 보여주어야 한다. 교사는 추가 자격을 얻기 위한 학습을 진행하면서 일 년에 한 번씩 자격증을 추가할 수 있다.

자격증 또는 등록의 개념이 2단계로 나뉘는 것도 미국에서 비롯된 것이다. 지원자는 예비 단계를 마친 후 초기 자격을 얻고 나서 2~3년 내에, 혹은 지속적인 개선 능력을 입증했거나, 교사 전문성 기준에 명시된 역량 수준을 입증했을 때 장기 전문 자격증을 신청해야 한다. 예를 들어, 앨버타 주에서 교사들은 일정 수준의 기준을 충족하는 교사교육 프로그램을 성공적으로 마치면 최대 3년 동안 유효한 인턴 교사 자격증을 받는다. 영구적인 전문 자격증으로 전환하려면 학교 교장의 추천이 필요하다. 그 추천은 해당 교사가 적어도 2년 동안 성공적인 교수 경험을 했고, 앨버타 교수질관리기준에 명시된 지식, 기술 및 태도에 기반한 최소 두 차례 평가를 받았음을 보여주어야 한다.

유사하게 호주의 교사들은 초임 교사 지위graduate teacher status에서 시작하여 빅토리아 주에서는 등록registration으로, 뉴사우스웨일스 주에서는 교사 인증teacher accreditation이라고 알려진, 국가 교수 기준으로 평가되는 과정을 통해 숙달된 교사 지위proficient teacher status로 승진하기까지 2~3년이 걸린다. 그 과정은 교사 스스로 국가 기준에 익숙해지게 하며, 이를 통해 자신의 교수 실천뿐 아니라 학습과 발달에 대한 안내를 받고 성찰하게 되어 있다. 완전한 등록이나 인증을 성취하기 위해, 임시 등록된 교사들은 그들의 전문적 실천이 어떻게 기준을 충족하는지 증거를 수집한다. 그 증거는 학교기반 패널이나 교장에게 제출되며 그들은 주 교직 담당자에게 추천보고서를 써 준다. 이 과정이 초기경력 교사의 학습을 학교 수준의 지원과 멘토링으로 연결하는 데 도움이 된다.

예를 들어, 빅토리아 주에서 교사들은 3장에서 논의된 성찰적 탐구의 주기를 실행할 수 있는 능력을 문서화해야 한다. 보고서는 학생의 학습에 초점을 맞춘 탐구 질문을 생성하고, 학생들의 맥락과 특정한 학습 요구를 확인하고, 원하는 학습 결과를 달성하기 위한 단원 계획을 세우고, 동료와의 전문적인 대화 및 전문성 개발 활동을 포함하여 그들 자신의 학습을 위한 실행 계획을 설계하며, 학습 요구 충족 여부에 대한 교수 효과성을 평가하는 저널을 작성하고, 학생 학습의 다음 단계 계획을 세울 수 있는 그들의 능력을 입증해야 한다.

빅토리아 교직관리원의 프란 코스그로브Fran Cosgrove가 다음과 같이 설명했듯이, 이 과정은 교직 지원 시스템에서 기준을 의미 있게 만들기 위해 설계되었다.

우리 관점은 초임 교사들이 이 기준을 충족해야 한다면 그것을 정말 강력한 지원 수단으로 사용하겠다는 것입니다. 우리가 한 일은 교사들이 교직에 입문하는 방식을 정한 것입니다. 우리는 "교사들이 기준을 충족해야 한다면, 우리가 할 일은 그 과정을 규정하는 것이다."라고 했습니다. 그것은 증거에 기반한 과정입니다. 학교에 기반을 둔 것입니다. 그래서 그것은 지금 당신이 현장에서 하고 있는 것이어야 합니다. 그것은 실천을 정의하는 것에 관한 것일 뿐 아니라 실천을 지원하는 것에 관한 것이었습니다. 우리는 경력교사가 초임 교사와 함께 작업해야 한다는 생각을 우리의 과정에 반영하기로 했습니다. 경력교사와 초임 교사 간 학생 학습에 초점을 둔 전문적인 대화와 상호작용이 있었다는 증거를 보여주어야 합니다. 경력교사는 초임 교사의 교실에서 시간을 보내야 합니다. … 우리는 팀퍼리Timperley의 성찰적 탐구 주기가 우리의 증거기반 과정과 매우 잘 어울린다고 했습니다. 교사는 학생의 학습에서 시작하여 자신의 전문적 학습으로 나아갑니다. 교사는 자신의 실행 계획을 개발합니다. 교사는 그것을 자신의 학생들에게 적용합니다. 교사는 그에 따라 나타나는 학습에 대해 성찰합니다. 교사는 그 주기를 계속합니다. … 우리는 교사들에게 이 주기를 따르면서 증거를 수집할 것을 요청합니다.

그 과정은 경력 초기 단계에서의 교사 등록으로 끝나지 않는다. 일단 전문 교사 등록(숙달된 교사 지위로)이 성취되면 그것이 유지되어야 한다. 호주의 교사들은 기준 기반 전문성 개발 활동을 평균적으로 연간 20시간을 수행하고 증거를 제출해야 한다. 그들은 자신들의 전문적 학습이 어떻게 기준을 충족하고, 전문적인 지식 습득과 교육 실제에 기여하며 학생의 학습을 지원하는지 설명하는 개별적인 성찰록을 작성한다. 또한 기준은 경력 사다리를 통해 리더 교사lead teacher의 지위까지 이르는 증거 기반 승진 과정을 안내하는 데도 사용된다. 그 기준에는 전문적인 지식, 실천, 동료와의 협력이 반영되어 있기 때문에, 자격증 갱신 및 승진 과정은 결국 학생의 학습과 교사의 협력적 활동에 초점을 둔 지속적인 교사 전문성 개발을 지원하기 위한 것이다.

이런 과정이 추구하는 목표는 전 AISL 의장 토니 맥케이Tony Mackay가 명시한 대로 지속적인 학습을 가치 있게 여기고, 교수의 질과 혁신을 촉진하며, 21세기 학생 학습을 지원할 수 있도록 전문적인 실천 활동을 개선하는 것이다.Link 7-1

우리는 졸업하는 시점에서 우리가 할 수 있는 한 가장 잘 준비되어 있다는 자신감을 가져야 합니다. 그러나 그것은 시작일 뿐입니다. 경력 초기, 입문, 오리엔테이션, 코칭, 멘토링, 관찰, 피드백의 특성을 생각해 보십시오. 질 높은 실천을 통해 변화를 이끌고자 하는 직업에서는 그 모든 것을 수용하고, 직업 생활에 대한 당신의 헌신이 있어야 한다는 것을 이해해야 합니다.…

나는 교직 종사자들이 어떻게 현재의 지식에 기반하여 위대한 실천가가 될 수 있을지 사고하는 데 영감을 줄 뿐 아니라 실제로 어떻게 새로운 지식의 구성자가 될 수 있을지 고민하는 데도 영감을 주고 싶습니다. 그 새로운 지식은 젊은이들의 학습 방식과 학습 내용, 생존하고 번영하는 능력에 큰 변화를 가져올 것입니다.^{2014년 1월, 전 AITSL 의장 맥케이 인터뷰}

일부 지역에서 교사 자격 인증은 교직계의 책무다. 온타리오 주의 경우가 그러하다. 여기서 교직관리원의 이사회는 주로 동료들에 의해 선출된 현직 또는 전직 교사들과 지방 정부에서 임명한 몇몇 사람들로 구성된다. 빅토리아 주에서는 빅토리아 교직관리원이 독립성을 유지하지만 주 정부에 보고한다. 반면, 뉴사우스웨일스 주의 교직관리원 Institute of Teachers은 2014년 정부의 교육위원회와 통합되어 각 정부에서 임명하는 위원과 교원 연맹, 학군에서 지명된 자들로 구성되어 있다. 앨버타 주와 상하이에서는 교사 자격 부여가 여전히 정부의 기능으로 남아 있다.

1990년대 이후 중국은 모든 교사에게 공립학교에서 가르치든 사립학교에서 가르치든 상관없이 국가자격증 취득을 요구해 왔다. 대다수 교사들은 사범학교 및 대학 기반의 양성 프로그램을 통해 이 자격증을 취득할 수 있도록 지원받고 있고, 현재 모든 교사는 교사 자격증을 위해 3부로 된 국가시험을 통과해야 한다.^{제3장에서 설명} 이 과정을 거친 후 교사는 평생 자격증을 취득하게 된다.

싱가포르에서 자격증 취득 목표 중 일부는 대체 수단을 통해 달성된다. 신임교사들의 지속적인 학습과 모범적인 실천, 윤리의식에 대한 선서가 포함된 공식적인 교직 입문을 공표하는^{제3장 참조} 임명식 이후, 신임교사들은 1년간 수습 기간을 거친다. 이 기간 동안 그들은 정기적으로 학년 및 과목 수준의 지도 교사와 부서장에 의해 관찰과 멘토링을 받으며, 성과가 낮으면 추가 피드백과 코칭을 받는다. 그 수습 기간 말에 신임교사들은 학교 지도자들의 평가를 받고, 만약 기준을 충족하면 영구직 교사로 확정된다.

교사 자격 인증의 확산은 교직을 전문화하려는 노력과 관련이 있다.

그것이 교사 기준, 교사 학습 및 성장, 교사가 교실에서 수행하는 활동과 연결될 때 지역 정책 맥락에서 적극 채택될 수 있다. 뉴사우스웨일스주의 한 교사는 다음과 같이 언급했다.

그 기준들은 이런 기준을 지닌 다른 전문직들이 존중받는 것처럼 우리를 존경받는 수준으로 높여 준다고 생각합니다. 그것은 또한 공통의 추진력, 비전 또는 이해를 갖추는 데 도움이 됩니다. … 우리는 공통된 수준의 전문적 실천을 향해 일하고 있습니다.

임상 기반 초임 교사 양성

신규 교사를 위한 임상적 교육의 강화는 정책 차입 및 전이의 사례다. 이 과정은 부분적으로 국제 평가에서의 핀란드의 성취가 발달된 예비교사교육 프로그램 덕분이라는 인식이 높아지면서 촉진되었다. 3장에서 자세히 논의한 바와 같이, 핀란드 교사들은 학문적 훈련을 석사 수준까지 받을 뿐만 아니라 연구 중심 대학에 부속된 실습 중점 모델학교에서 상당 기간 교육 실습에 참여하며 모니터링을 받는다.

또한, 이름에서 알 수 있듯이, 임상 기반 교사 양성은 의료 분야에서의 전문적인 양성에 관한 아이디어를 차용한 것이다. 구체적으로 그것은 교사들이 내용 영역 및 실천에 대한 이론적 지식의 전문가가 되는 것뿐만 아니라, 하나의 교실을 단독으로 담당하기 전 양성 과정 전반에 걸쳐, 의사들처럼 경험 많은 멘토들의 감독 아래서 상당 기간 관찰하고 실습하는 경험을 하도록 제안한다.

그러한 프로그램의 도입은 카네기 재단의 '새로운 시대를 위한 교사 Teachers for a New Era' 같은 보고서가 발표되면서 추진력을 얻었다. 이는 전국교사교육인증협의회에서 발행한[NCATE, 2010] 임상 기반 양성에 대한 파란색 리본 보고서와 마찬가지로, 교직은 임상 실습을 위한 레지

던트 과정을 특징으로 하는 '학문적 가르침에 토대를 둔 임상 기반 전문직academically taught clinical profession'이어야 한다고 강조했다.Carnegie Corporation, 2006 이론과 실제의 통합은 이미 멜버른 대학교 교육대학원University of Melbourne Graduate School of Education 학장 필드 리카드Field Rickards의 관심사였다. 그는 과거에 의료 모델을 따라 청각학Audiology 훈련을 받았고, 교사 교육을 개선할 방법을 찾고 있었다. 리카드는 다음과 같이 언급했다.

내가 읽은 문서들 중 하나는 [카네기 재단의] '새로운 시대를 위한 교사'였습니다. 그 문서는 "교직은 학문적 가르침에 토대를 둔 임상 기반 전문직이어야 한다."라고 했습니다. 저는 '임상 실습'과 '임상 실무 전문직clinical practice profession'이라는 단어를 읽자마자 '완벽해. 바로 그것이 우리가 교육을 받아야 하는 지점이야. 우리가 교사들의 전문적인 훈련을 재창조할 기회가 생긴다면 그것에 집중해야 해.'라고 생각했습니다. 저에게 임상 실습은 사고의 틀입니다.

멜버른 대학의 MTeach 프로그램은 이 사고의 틀에서 발전했고, 의학에서 사용되는 것과 유사한 임상 실습 접근법에 확고하게 기초한다.

교육 석사 프로그램

멜버른 교육대학원의 교육학 석사 과정은 교사들이 임상 개입적 실무 전문가가 되도록 훈련하기 위한 것이다. 교사 후보자들은 학술적 연구 모형research inquiry model에 따른 교육을 받는다. 이 모형에 따라 이들은 1명 이상 학생의 학습 요구를 확인하고, 탐구를 통해 학습 요구 충족을 위한 전략을 선정하며, 그 전략을 실행하고, 그 전략의 효과성에 대해 평가하고 성찰한다.

그 프로그램은 청각학적 요소들과 제2언어 학습 원리의 요소들에 토대를 두고 개발되었다. 따라서 그것은 학생의 학습에 대하여 임상적 분석 접근법을 취한다. 또한 그것은 발달론적 패러다임을 따라 학생의 능력이 발달의 연속선상에 있다고 본다. 이것은 교사 후보자들이 학습 결과뿐만 아니라 과정에 초점을 두도록 이끈다. 교사의 역할은 학생들이 현재 이해하고 할 수 있는 것에 대한 증거를 활용하여 다음에 배울 것이 무엇인지 확인하는 것이다. 그러고 나서 그 발달을 촉진하는 개입과 학습 프로그램을 개발하는 것이다. 이 프로그램의 교수법으로 중요한 요소는 같은 교실에서 차별화된 교수를 제공하는 것이다. 패트릭 그리피스Patrick Griffith 교수는 이 접근법을 위한 훈련이 어떻게 교사들이 진단적인 눈으로 학생들을 주의 깊게 관찰하는 데 도움이 되는지 주목했다.

증거에 대한 생각은 꽤 명확하다. 거의 모든 졸업생이 점수가 아니라 기술에 대해 이야기하고 그들 모두가 성장을 모니터링하는 방법으로 추론이 아닌 증거에 대해 말할 것이다. 그리고 그들은 모두 성취 수준보다는 학습 준비도에 대해 말할 것이다.

임상 훈련은 교사 후보자가 일주일에 3일은 대학에서 관련 과정을 수강하고 2일은 학교현장에서 보내는 방식으로 진행된다. 이렇게 이론과 실습을 프로그램의 4학기 동안 서로 엮는다. 이 실습에서 임상 전문가와 지도 교사가 교사 후보자와 끊임없이 소통하면서 수업 계획을 검토하고 피드백을 제공하며, 수업을 관찰하고, 코칭을 제공한다.

교사 후보자에 대한 평가는 이론과 실제를 통합하는 능력에 기반하여 학생 학습을 촉진할 수 있는 연구 수행, 개입 설계, 효과성 평가 부문을 평가하는 임상 실기 시험clinical praxis exam을 사용하여 이루어진다.

핀란드에서 처음 시작된 '학문적 가르침에 토대를 둔 임상 기반 전문직'에 대한 접근은 호주와 캐나다의 대학으로 확산했다. 이들은 파트너 학교에서의 광범위한 교육 실습을 포함하는 2년 석사 프로그램을 개발하고 있다. 또한 이런 접근은 싱가포르와 상하이에서도 뿌리내리기 시작했다.

이 모델에서 교수 실천은 교사 중심적, 내용에 대한 전달 중심적 접근에서 학생 중심 접근으로 전환된다. 학생 중심 접근은 교사가 가르칠 준비가 되어 있는지에 초점을 두는 것 못지않게, 학생이 배울 준비가 되어 있는지에 초점을 둔다. 이 접근법의 핵심은 교사가 학생들의 학습에 대해 연구하고 생산적인 다음 단계를 계획할 수 있는 능력이며, 구체적인 교수 활동에서 문제에 대한 해결책을 발견하는 능력 또한 중요하다. 또한 교사 연구 및 분석, 효과성 평가, 그리고 교수에 대한 성찰 및 정교화는 탐구 지향적인 교사 개발 활동에 영향을 주기 시작했다. 여기에는 세계로 확산된 수업 연구와 실행 연구 같은 것이 포함된다.

수업 연구 및 실행 연구

우리는 특정 교육과정 내용과 특정 학생들의 교육에 초점을 둔 다양한 교사 탐구 활동이 우리가 연구한 교육선진국 전체에 널리 퍼져 있는 것에 상당히 놀랐다. 앞 절에서 기술한 바와 같이, 교사 탐구 활동은 교육선진국들의 선도 대학들에서 신임 교사를 위해 장려되고, 수업 연구와 다른 형태의 실행 연구를 포함해서 다양한 형태로 학교로 유입되고 있다.

수업 연구는 실행 연구의 한 형태로서 핵심 주제에 대한 수업의 설계,

실행 및 개선에 초점을 둔다. 그것은 일본과 중국에서 기원했으며, 상하이와 싱가포르를 포함한 아시아에 강한 뿌리가 있고, 최근 호주, 캐나다, 스웨덴, 영국, 미국 등으로 퍼져 갔다.[Dudley, 2011] 전통적인 수업 연구와 여러 형태의 교사 실행 연구[4장에서 설명]에서 교사는 비판적인 안목으로 교수 활동을 바라보고 종종 다른 교사들과 협력하면서 어떤 전략이 학생들에게 가장 성공적인지 시험하고 평가한다. 실행 연구는 여러 형태로 이루어지나 수업 연구와 유사하게 교사들이 교수 학습 활동을 공동 관찰하고 검토하며, 결과를 분석하고 해석하며, 개선을 위한 전략을 제안하고 실행한다.

수업 연구는 개별 수업을 테스트하고 미세 조정하는 데 초점을 맞추는 반면, 여러 형태의 실행 연구는 더 광범위한 교육과정 문제와 학생 개인 또는 집단의 특정 요구 충족과 관련된 문제를 다룬다. 두 가지 모두 현장 중심 또는 맥락에 부합하는 교사 전문성 개발에 기여한다. 그들은 교사들이 특정 학습 요구 사항에 대처하기 위해 동료들의 집단 역량을 활용할 기회를 제공함으로써 교수 활동 개선에 기여할 수 있다.

싱가포르와 상하이의 학교 기반 공동 실행 연구 집단부터 호주의 교사들이 수행하는 탐구 주기와 온타리오와 앨버타에서 주 정부가 예산을 지원하는 교사 주도 프로젝트와 핀란드에서 흔히 볼 수 있는 체계적인 교수 평가 과정까지, 이 접근법의 확산은 지식 생산 과정에서 교사의 역할에 변화를 가져온다.[Zeichner, 1995] 교사 실행 연구에 대한 명확한 설명 중 하나에 따르면, 실행 연구에 참여하는 것은 교직에 깊은 영향을 미친다.

실행 연구는 어떤 문제를 탐구하는 과정인 동시에 그 문제 해결을 위한 조치를 취하는 과정입니다. … 비록 그것이 변화를 이끄는 행위에 집중되어 있지만, 실행 연구도 정신적인 성향—교실과 학교에서 살아가는 방식—이며 평생 탐구하는 습관입니다.…

　실행 연구를 통해 교사들이 전문적인 지식을 갖출 수 있습니다. 이는 교사들이—실행 연구 과정을 통해—지식을 개념화하고 창조하고, 지식을 중심으로 상호작용하고, 지식을 변형하고 적용하기 때문입니다. 실행 연구는 교사들이 자신의 교수를 성찰하여 개선하게 하고 더욱 자율적으로 전문적인 판단을 하게 하며, 교수와 학습을 위한 보다 활기차고 역동적인 환경을 구축하고, 그들의 실천적 지식을 명확히 표현하고 구축하며 자신의 전문성을 인식하게 합니다. 지식과 행위가 결합하여 실천에 변화를 가져올 때, 변화와 개혁이 외부에서 하향식으로 강요되기보다는 내부에서 교육을 변화시키고 개혁할 수 있는 교사의 힘에 대한 인식이 커집니다.[Pine, 2008, pp.30-31]

새로운 시야

우리가 연구한 지역들 중 어느 국가도 그 영광에 안주하거나 정적인 상태로 남아 있지 않다. 각각은 지속적으로 교수의 질을 높이기 위해 정책 개혁을 추진하고 있다. 서로 다른 맥락에도 불구하고, 여러 국가에 걸쳐 나타나는 몇 가지 공통점이 있다. 특히 대부분은 교육과정, 교수법 및 평가의 초점을 21세기 학습 요구에 두기 위해, 아동 복지를 개선하기 위해, 그리고 교육 기회의 평등을 더 확대하고, 수준 높은 교사들을 양성, 유지, 개발하기 위해 구축한 지원 체계를 강화하려고 노력하고 있다.

21세기 학습 요구를 충족하기 위한 시스템 혁신

우리가 연구한 정책 시스템의 두드러진 특징은, 21세기 직업과 사회에 대비하여 학생들이 더 잘 준비하도록 교육과정 및 관련 지원의 변화가 진행 중이라는 것이다. 이러한 변화에는 학교 교육의 초점을 사전에 정의된 내용의 획득을 넘어 지식을 새로운 상황에 적용하는 방향으로 수정하는 것이 포함된다. 2장에서 언급한 바와 같이 각 지역들은 최근 교육 내용 학습 외에 비판적 사고와 실제 상황에서 발휘할 실력 양성에 더 중점을 두기 위해 교육과정 지침을 개정했거나 개정 중이다. 그러한 역량에는 일반적으로 대인 관계 기술, 비판적이고 창의적인 사고, 평생 학습 역량이 포함된다. 모든 시스템은 이러한 교육과정의 변화가 교수의 변화도 요구한다는 것을 인식하고 있으며, 교육과정 개정이 진행되는 동안 교사들과 이를 준비하는 계획을 세우고 있다.

아마도 가장 극적인 교육과정 개발 프로젝트는 핀란드에서 일어나고 있다. 핀란드는 국가 교육과정을 개정하는 동안 '현상 기반 학습 phenomenon-based learning'을 특히 상위 중등학교에서 더 확대하는 방향으로 움직이기 시작했다.[Sahlberg, 2015a] 이 접근법에서, 학생 학습은 특정 주제나 연구 질문에 중심을 두고, 학생들은 이 주제를 다루기 위해 다양한 교과 지식을 이용한다. 미국에서 다양한 시기에 확산했던 프로젝트 기반 또는 문제 기반 학습 개념과 다르지 않게, 이 접근법은 여러 교과에 걸친 지식을 활용하여 학생들의 질문과 아이디어에 대한 탐구를 촉진하기 위해 고안된 것으로 보인다. 핀란드에서는 이런 변화에 따라 학교들이 분절적인 전통적 교과들을 덜 강조하면서 현실 세계의 문제를 다루는 다학제적인 주제에 관한 몇몇 단원을 매년 다루는 방향으로 일부 수업 시수가 재구조화되었다. 예를 들면, 역사·지리·언어·수학적 요소를 통합하여 여러 차시로 재구성한 유럽 연합에 관한 단원이 그런 것이다.

현상 기반 학습은 2016년 말 도입될 예정인 새로운 국가 교육과정에서 더 큰 역할을 할 것으로 예상되는데, 그것은 많은 핀란드 교사에게 접근 방식의 중요한 변화를 의미한다. 그렇지만 교사들이 교육과정 그룹을 통해 국가 교육과정 틀의 개정에서 중요한 역할을 수행한다는 것에 주목해야 한다. 그 과정의 개방된 특성으로 교사들은 개정된 교육과정이 적용되기 훨씬 전에 개정된 주요 내용에 관한 충분한 정보를 얻을 수 있다. 한 조사에 따르면, 헬싱키 교사의 70%는 이미 현상 기반 학습 구현 교육을 받은 적이 있다.[Garner, 2015] 앞서 언급한 바와 같이, 교육과정 틀은 대강화된 기준이고, 각 학교는 프로그래밍의 종류와 각 단원에 필요한 수업 시수를 정할 수 있다. 따라서 교사들은 학교의 요구를 충족하기 위해 수업 계획과 교육과정 틀의 재구성에 계속 중요한 역할을 수행할 것이다.

이러한 선진 지역들에서 교육 내용을 바꾸는 것은 교육 방법, 특히 교수법을 바꾸는 것이기도 하다. 여기에는 학생들의 호기심과 비판적 사고력을 키우며 학습 참여도를 높이기 위한 학생 참여와 질문의 확대, 학생들의 문제 해결 능력을 기르기 위한 학교 수업과 실제 생활 문제의 연결, 여러 영역의 지식을 통합하기 위한 프로젝트 기반 학습의 촉진이 포함될 수 있다. 예를 들어, 핀란드의 현상 기반 학습으로의 이동에는 학생들이 수업 설계에서 더 큰 목소리를 내면서 교사들과 협력하여 연구 프로젝트를 개발하는 것이 포함된다. 마찬가지로, 호주에서 일부 학교 네트워크는 탐구 중심 학습법과 고차원적 질문에 답변하기 같은 구체적인 전략을 통해 학생들의 호기심을 키우는 것을 목표로 하는 전문적인 학습 전략을 활용한다.[DEECK, 2011]

상하이에서 진행 중인 교육과정 개혁은 교육과정과 교수법을 전통적인 시험 중심의 접근법에서 학생 중심의 보다 적극적인 학습, 고차원적인 사고, 실제 문제에 대한 지식의 적용 확대를 지향하는 접근법으로 바꾸고 있다.[Tan, 2013] 동중국사범대학교East China Normal University의 학교 혁신과 발전 연구소Institute of Schooling Reform and Development에서 운영하는 것과 같은 네트워크를 통해, 상하이 학교에서 '새로운' 기초 교육이 자리 잡기 시작한다.[Ye, 2009] 교사들은 학생들이 스스로 생각하고 새로운 아이디어를 만들어 낼 수 있도록 장려받으며 방법도 배운다.

학교가 새로운 선택 과목을 위한 교육과정을 개발하도록 장려하고, 교실을 넘어 과학 센터 및 박물관 같은 장소에서도 수업을 진행하도록 장려한다.[Zhang, Ding, & Xu, 2016] 2장에서 언급한 바와 같이, 상하이에서는 교사들이 설명 중심 교수법보다 학생 활동에 더 많은 시간을 할애하게 하는데, 여기에는 학생 주도 연구 및 다른 학생들과의 더 많은 상호작용이 포함된다.[OECD, 2011; Tan, 2013] 이런 종류의 교수법 사용은 실행 연구 집단의 작업과 수업 연구 대회에 활용되는 기준을 통해 더욱 촉진된다.

이와 동시에 선진 지역들은 또한 학생 학습 평가를 위한 정책을 변경하여 적용하고 있다. 상하이에서, 최근의 정책은 학교가 자체 학생 평가 프로그램을 개발할 수 있도록 더 큰 유연성을 부여한다. 몇몇 학교들은 학생들의 프로젝트 발표를 실험하며, 학생들의 문제 해결 능력 및 지식 적용 능력을 평가한다. 다른 학교들은 학생 성장 기록부를 개발했다. 여기에는 자기 평가와 동료 평가의 결합, 학생들의 우수한 작품을 모은 포트폴리오, 지역 사회에서의 봉사 활동, 신체적 건강이 포함되고, 교사와 학부모의 의견이 가미된다.[Tan, 2013] 마찬가지로 핀란드의 상위 중등학교들은 학생들의 다양한 학습 활동을 추적하고 평가하는 수단으로 e-포트폴리오를 도입한다.

싱가포르에서는 비판적 사고 능력을 측정하기 위한 개방형 평가의 사용이 늘고 있는데, 이는 에세이, 연구 프로젝트, 과학 실험 등을 포함한다. 또한, 모든 학교급의 입학 전형은 시험 점수를 넘어 학생 능력에 대한 더 광범위한 지표를 포함하도록 확대되고 있으며, 특히 비판적인 사고와 문제 해결에 대한 지표가 강조된다. 프로젝트 기반 요소는 학생 시험 성적의 20%까지 차지할 수 있다. 또한 학생들은 대학 입학 전형 자료로 시험 점수와 함께 특정 프로젝트 결과물을 선정하여 제출할 수 있다.

단순한 노력만으로는 교수 학습을 혁신할 수 없다. 그것에는 정책 시스템의 여러 부분을 변경하기 위한 노력이 요구된다. 또한 학생과 교사의 정체성 변화가 요구된다. 학생들은 그들의 학습을 스스로 통제하도록 영감을 받고 격려받아야 한다. 교사들은 내용 전달자 이상이 되어야 하고, '학습기회의 디자이너'가 되어야 한다.[Koh, Tan, & Ng, 2012] 그러한 전환에는 교사를 훈련하는 방법의 변화와 교사의 경력 전반에 걸쳐 학습을 다양하게 지원하는 체계의 구축이 요구된다.

교육의 형평성과 학생 요구 충족

이러한 국가들은 21세기 학습 요구를 충족하기 위해 교육과정과 평가를 혁신하면서 모든 학생에게 질 높은 교육을 제공하려는 강한 의지가 있다. 6장에서 설명된 바와 같이, 각 선진 지역의 많은 새 정책은 교육적 불평등을 다루며, 아동 복지를 지원하여 아이들이 배울 준비를 갖추게 하는 것을 목표로 한다. 이러한 노력은 교육에 대한 국가 및 지방의 투자를 넘어 그 이상으로 이루어지며, 교육 투자가 성과를 내는 데 필수적인 것으로 이해된다. 이를 통해 소수의 운 좋은 학생만이 아니라 모든 학생이 급변하는 세상에서 성공하기 위해 필요한 기술을 갖추게 된다.[Tucker, 2011] 1장에서 언급했듯이, 국제 데이터는 높은 교육적 성취와 형평성이 동시에 가능할 뿐만 아니라 서로를 강화할 수 있다는 주장을 지지한다.

그러나 형평성 문제의 성격은 국가마다 다르며, 앞으로의 정책의 중점도 마찬가지다. 호주에서는 연방 차원에서 부분적으로만 채택된 곤스키 Gonski 기금 개혁 외에도, 새로운 주 차원의 정책을 통해 학교 자금의 더 큰 형평성을 달성하고자 한다. 뉴사우스웨일스 주에서는 학교 자원 할당 모형의 점진적인 반복 시행을 통해, 장애가 있는 학생, 낮은 사회·경제적 배경의 학생, 원주민 학생, 난민 또는 새로운 이민 학생들이 있는 학교의 1인당 학생 자금과 교사들을 위한 전문적인 학습 기금을 추가로 제공한다. 빅토리아 주에서는 새로운 정책에 따라 최근 주로 농촌 및 소도시 지역 학교에 대한 필요 기반 자금 지원을 70% 늘렸고[DET, 2015], 가장 낙후된 지역의 학교 학생들을 가르치는 수학 및 과학 전공자들의 연수를 확대했다. 새로운 자금 조달 조치는 '뒤떨어질 위험이 있다'고 여겨지는 학생들을 포함하도록 필요 기반 자금 조달 공식을 확장할 것이다.

싱가포르의 교육 형평성을 위한 정책 전략은 성적이 낮은 학생에 대한 추가적인 자금과 지원, 소규모 수업 운영, 그리고 '사다리와 다리 ladders and bridges'를 포함한 차별화된 교육과정을 결합한다. 여기서 '사다리와 다리'는 학술적으로 더 어려운 코스로 학생들이 돌아갈 수 있도록 돕는 것을 뜻한다. 이 외에 영어 읽기와 쓰기, 수학에 어려움을 겪는 초등학교 저학년 학생들에게 조기 진단 및 보충 학습 지도를 한다. 특별히 훈련된 교사들의 매일 소그룹을 지도하는 학습 지원 프로그램은 성적이 저조한 학생들의 교육 기회 형평성을 높이기 위한 것이다.[Teh, 2014]

중국 학교들은 일부 교사에게 전문적인 역할을 부여한다. 중국에서는 각 학급에 '반주렌banzhuren'[Link 7-2]—이라는 교사가 배정되는 것이 일반적이다. '교실 지도자class director'로 번역되는 이들은 학급 학생들의 조언자 역할을 한다. 이 교사는 학생의 가족들과 상담하고 학급에서 학업 진행을 추적하며, 학생들이 직면하는 사회적·정서적 문제에 대해 상담을 한다. 몇몇 반주렌들은 학기 중 토·일요일이나 공휴일에 가정 방문을 하기도 한다. 이들은 사회적으로 중요한 문제에 대한 수업을 하거나 학생들이 동아리를 조직하는 것을 돕는다. 또한 학급 학생들이 다른 교사의 수업에 참여할 때 학생들의 성장을 모니터링하고 지원한다. 반주렌은 여러 해 동안 학생들과 함께 지내므로 학생들과 그들의 가족들을 잘 알게 된다.

이와 함께 학생들의 복지에 대한 관심이 높아지고 있다. 정책 시스템이 잘 개발된 지역에서는 학생들이 그들의 문화적·감정적·사회적 요구도 충족될 때 성공할 가능성이 높다는 인식이 확산하고 있다. 특히 이는 소수자 또는 배경이 열악한 학생들에게 그렇다. 이와 관련하여 호주와 캐나다에서 광범위한 노력이 이루어지고 있다. 예를 들어, 호주 교육과정은 "원주민 학생과 토레스 해협 섬 학생들은 교육과정의 각 학습 영역에서 그들 자신, 그들의 정체성 및 문화를 접할 수 있을 때, [그들]은 교육과정에 완전히 참여할 수 있고 자존감을 기를 수 있다"라고 강조함으로써 원주민 문화의 학습을 모든 교과에 걸쳐 융합적으로 학습되어야 하는 범교과적 우선 사항으로 설정한다.^{ACARA, 2015} 국가적으로 합의된 멜버른 선언Melborune Declaration은 학교들이 지역사회와 더 강하게 연계하도록 장려한다. "학교와 원주민 공동체 상호 간 문화 존중에 기초한 파트너십 개발은 원주민 학생에게 효과적인 학교 교육을 제공하기 위한 주요 방법이다."^{MCEETYA, 2008, p.10} 마찬가지로, 교사들을 위한 국가 기준은 교사들이 '학생들에게 원주민 및 토레스 해협 섬 주민의 역사, 문화 및 언어를 이해하고 존중할 기회를 제공할 것'을 요구한다.^{AITSL, 2011, p.11}

마찬가지로, 온타리오의 탁월한 성취를 위한 정책 비전의 목표 중 하나는 "원주민 학생과 비원주민 학생 모두의 학습 경험을 향상하기 위해 퍼스트 네이션즈First Nations, 메티스Metis, 이누이트Inuit의 문화와 역사에 대한 지식과 이해를 높이는 것이다."^{Government of Ontario, 2014, p.13} 국가 차원에서 캐나다 정책 입안자들은 교육과정, 예비 교사 교육 및 전문적인 학습을 통해 토착 역사, 문화 및 관점을 강화하고 통합하기 위해 여러 법률을 제정하고 정책들을 수립하는 데 헌신해 왔다.^{ISTP, 2016}

학생들의 복지를 지원하기 위한 교육 시스템 구축은 역사적으로 경쟁적이고 시험 지향적인 상하이와 싱가포르의 시스템에서 더 어려울 수 있다. 특히 학생의 가족들이 학문적 성취에 대한 뿌리 깊은 문화적 기대가 있고, 가능한 한 많은 가족의 자원을 자녀의 성취를 앞당기기 위한 과외와 전문적 프로그램 활동에 투자하는 경우 더욱 그러하다. 그럼에도 이러한 국가들에서도 변화가 나타나고 있다. 중국에서의 2020년 정책 비전은 학생의 스트레스를 줄이고 창의성과 학습에 대한 활발한 참여를 촉진하기 위해 학생의 무거운 숙제 부담을 줄이고자 한다. 상하이는 중국에서 처음으로 숙제의 양에 제한을 둔 구역 중 하나인데, 더불어 주중에 필요한 최소한의 필수 신체 활동 시간을 설정했다.[Cheng, 2011]

싱가포르에서는 다양한 정책을 통해 학생 학습에 대해 종합적으로 접근하면서 인지적, 미적, 정신적, 도덕적, 사회적 차원을 포괄하는 전인적 학생의 성장을 추구한다. 이 접근법은 '21세기 역량의 틀'에 반영되어 있으며, 이는 학생들이 21세기에 살고 일하는 데 필요한 기술과 역량을 명료하게 제시함으로써 학생의 학습과 발달을 이끌기 위한 것이다. 마찬가지로, '모든 아이가 배울 수 있다는 믿음'과 '각각의 아이들의 잠재력 실현에 대한 헌신'을 포함하는 '학습자 중심의 가치'는 교사 교육정책과 교사의 전문성 발달을 위한 교사성장 모형의 핵심 요소다.[Singapore MOE, 2012: Singapore NIE, 2012, p.6] 또한 학생들은 교사들과 함께 지역사회 기반 프로젝트를 진행하는 통합 교육과정 활동에 참여한다.

교직을 위한 연속적 지원 체계 구축

각 지역에서는 교직 경력 전반에서 교사 지원을 강화하려는 정책을 꾸준히 실행했다. 각 지역은 교직 인력 개발에 필요한 지원을 제공하기 위해 시스템의 여러 다른 정책 영역에서 노력해 왔다. 이것은 높은 기준, 교사 지식에 대한 존중, 지속적 학습을 위한 교사 협력 증진, 교사의 리더십을 지원하는 경력 경로 제공을 특징으로 한다.

호주는 새로운 정책을 통해 교사 교육을 받은 졸업생teacher gruduates의 질에 대한 대중의 신뢰를 강화하기 위해 노력하고 있다. 따라서 교사

양성 프로그램에 중점을 두고 교사 교육을 받은 졸업생이 교실에서 가르칠 역량을 갖추도록 지원한다. 여기에는 교사 지망생을 예비 교사 교육 프로그램initial teacher education, ITE으로 수용하기 위한 선발 기준을 강화하는 것이 포함된다. 2017년부터 시행될 새로운 지침에는 '가르치려는 동기', '대인 관계 및 의사소통 능력', '배우려는 의지' 같은 학업적 역량과 개인적 자질이 포함된다.

교사 교육에서의 전문적 실천을 위한 새로운 인증 지침은 대학과 실습 협력 학교placement school의 더욱 긴밀한 의사소통을 위한 구조화된 합의를 요구한다. 교사 교육 기간 동안 다양한 전문적 경험, 실습 협력 학교 배치 초기에 관찰과 참여를 효과적으로 할 기회, 기준을 충족하지 못할 위험이 있는 예비 교사의 조기 식별이 지침에 포함된다. 국가는 양질의 수업을 계획하고, 효과적으로 실행하고, 학습자 활동에 관한 평가와 피드백을 제공할 수 있는 교사 졸업생의 능력을 보장하기 위해 추가적인 교수법 및 교사 수행 평가 방안을 탐색한다. 2016년에 도입된 새로운 지침과 함께, 이러한 권장 사항은 교사들이 풍부한 전문적 경험을 갖추고 교실에 들어가며, 경력 초기에 잠재력을 실현할 수 있게 지원하는 것을 목표로 한다.

핀란드는 예비 교사 교육의 강점 때문에 과거에는 덜 주목받았던 교직 입문induction 및 멘토링을 강조한다. 핀란드의 지방 분권적 교육 구조에서 교사의 교직 입문은 학교와 지방자치단체가 책임을 진다. 최근 몇 년 동안 교육문화부Ministry of Education and Culture는 핀란드의 300개 지방자치단체 중 120개 이상이 참여한 오사바 베르메Osaava Verme(교사 입문을 위한 핀란드 네트워크)라는 교사 교육 기관 협력 네트워크에서 운영하는 멘토링 프로그램에 자금을 지원했다.[Pennanen, Bristol, Wilkinson, & Heikkinen, 2016]

핀란드의 멘토링은 다른 몇몇 지역과는 매우 다른 특성이 있다. 여기서는 익숙한 일 대 일 혹은 멘토-견습생 모델에서 벗어나 동료 그룹 멘토링 형태로 전환되었다. 이 방식은 평가보다는 동료 간 협력과 대화에 중점을 둔다.Kemmis, Heikkinen, Fransson, Aspfors, & Edwards-Groves, 2014; Pennanen et al., 2016 참가자들은 종종 소집단으로 만나서 경험이 풍부한 교사의 조력을 받아 공동 멘토 및 공동 멘티로서 역할을 하는 동료들과 자신의 활동에 관해 논의한다. 따라서 멘토링을 교사의 직업적 정체성 형성과 교사 공동체 강화에 도움을 주는 협업적 자기 개발로 이해한다.Geeraerts, Tynjälä, Heikkinen, Markkanen, Pennanen, & Gijbels, 2015; Kemmis et al., 2014

다른 지역에서는 교사 주도의 전문성 개발 영역의 지원을 확대하고 있다. 상하이 시교육위원회는 확장성scalability을 조사하기 위한 파일럿 프로그램의 일부로 종종 실행 연구를 지원한다. 장과 동료들Zhang et al., 2016 은 2013년 100개 이상의 학교 기반 프로젝트를 비롯하여 상하이의 실행 연구의 양이 2010년 이후 두 배 이상 증가했으며, 교사-교장 실행 연구가 자주 학술지에 등장하고 학교 기반 연구 전체에서 비중이 크게 늘고 있다고 보고한다.

실행 연구는 상하이 학교의 중요한 부분이 되었다. 교장을 대상으로 한 설문 조사에 따르면 거의 모든 학교에서 교육 연구 수행에 관한 규정을 만들었으며, 교사의 연구 프로젝트 참여 또는 신청을 지원했고, 다양한 교과에 관한 연구팀을 구성했으며, 교사 평가에 교사의 연구 성과를 포함했고, 교사 연구를 위한 예산을 할당했다.Zhang et al., 2016, pp.17-18

추가적인 변화에는 교사 지식의 가치를 반영하여, 고경력 교사를 대상으로 대학 교수와 동등한 직함 사용을 허용하는 2013년 경력 사다리 개정이 포함된다.

이와 유사한 변화는 온타리오 주에서도 이루어졌다. 해당 지역에서는

'교사 학습 및 리더십 프로그램'을 확대하고 있다. 이 프로그램은 개별 학급 교사 또는 그룹이 참여하는 연구와 전문 학습 프로젝트에 정부 보조금을 제공한다. 이 교사 주도 프로그램은 수업 연구에서 혁신적인 교실 전략 및 방법에 이르기까지 연간 약 80개 프로젝트에 자금을 지원하고, 설립 후 4천 명 이상의 교사가 참여했다. 이 프로그램의 일환으로 교사는 온라인 학습 공동체에 참여하고 자신의 학습 경험을 학교 내부 및 외부의 다른 교사와 공유해야 한다. 이 프로그램은 교사의 지식과 경험을 기반으로 교사 리더십을 강화하고 교사 역량 개발을 위한 모범 사례 공유를 촉진한다.

결론

이렇듯 국가, 주 및 지방에서 모든 학생을 위한 질 높은 수업을 지원하기 위해 지속적으로 노력하고 있다는 점은 명백하다. 우리는 1장에서 교육 선진 지역들 사이에 몇 가지 공통점을 포착하는 10가지 핵심 주제를 제시했다. 이 주제를 정리하면 각 지역은 다음과 같은 특징을 공유한다.

1. *교직에 대한 높은 사회적 존중:* 이것은 교직에 대한 정부의 입장과 조치에 나타난다. 경쟁력 있는 급여, 채용 및 훈련에 대한 투자, 의사 결정에 참여, 리더십을 위한 기회 제공의 기저에는 교사와 교육은 사회 복지에 매우 중요하다는 인식이 있다. 극복해야 할 문제가 있는 경우 교사는 문제의 원인 제공자가 아니라 해결자들 중 한 사람으로 본다.

2. *교직 입문에서의 선별:* 이것은 교직의 높은 지위와 강력한 지원으로 가능하다. 교사 후보자는 학업 능력과 함께 성인뿐만 아니라 아이들과 함께 일할 수 있는 강력한 능력과 헌신을 고려하여 신중하게 선발된

다. 교사가 되기 위한 양성 과정은 엄격하며 일반적으로 자격취득, 임용 및 입문에 관한 높은 기준을 따른다. 이 직업에 진입하면서 후보자는 일찍부터 자신의 능력을 입증했으며, 학교는 나중에 그들을 걸러내는 대신 교직 생애 전반에 걸쳐 그들이 성장하도록 집중할 수 있다.

3. *교사 양성 및 전문적 학습을 위한 재정 지원:* 교사 교육을 받는 동안 대부분 혹은 전액 지원을 받아서, 모든 후보자는 교직 입문 전에 충분한 능력을 갖출 수 있다. 정부는 지속적인 전문성 개발을 위한 교사의 시간과 비용을 지원한다. 결과적으로, 교사들은 그들이 부담할 수 있는 만큼만 교육을 받는 것이 아니라 충분히 학습할 기회를 가지며, 경력 전반에 걸쳐 상당한 전문성을 개발할 것으로 기대된다. 매년 수립되는 교사와 학교를 위한 전문 학습 계획은 공유된 목표를 향한 의도적 발전을 안내한다.

4. *교사 전문성 기준:* 이것은 교사의 지식·기술 및 태도에 대한 기대 수준을 제시하며, 예비 교사 교육, 전문 자격증 또는 등록, 전문적 학습, 평가 및 경력 개발의 토대를 제공한다. 이러한 기준에 포함된 교수-학습의 비전은 학생의 전인적 발달, 즉 신체적·사회적·정서적·도덕적 발달에 가치를 두며, 학생의 성공을 위해 폭넓은 전략을 사용하여 모든 학습자의 성장과 학습의 증진을 위해 자신의 지식과 기술을 헌신적으로 사용하는 것을 교사의 역할로 본다.

5. *잘 구성된 교육과정 내용 및 잘 지원되는 임상 실습에 기반한 예비 교사 양성 및 교직 입문:* 교육과 예비 교사 양성은 국가 또는 주 교육과정의 사려 깊은 지침에 토대를 두는데, 최근 21세기 학습자 기능과 역량을 반영하도록 개정되고 있다. 교육과정 내용의 철저한 준비 외에 다양한 요구를 지닌 학습자를 가르칠 준비를 점점 더 강화하고 있다. 이를 위해 의학 분야의 대학 병원처럼 학교와 대학 간 파트너십을 통한 임상적 실습을 확장하고 있다. 이 임상적 실습은 전문 베테랑에 의한 멘토링

및 입문으로 이어진다. 이들 베테랑은 신규 교사에게 코칭을 제공하며, 함께 계획하고 문제를 해결할 수 있도록 훈련받은 교사들이다.

6. *연구 기반 및 연구 참여형 전문직으로서의 교직:* 예비교사 교육부터 경력 전반에 걸쳐 교사는 학생의 효과적인 학습을 이끄는 방법에 대한 연구들을 활용하고 연구한다. 다양한 지역에서 현장 기반 실행 연구역량은 교사 교육 기관의 입학 및 졸업 기준, 전문적 학습 공동체 활동, 경력 승진 준거의 일부다. 그 결과, 교사들은 목적의식을 지니고 반성적 교수 활동에 종사한다. 교사들은 수업에서 발생하는 어려움을 해결하기 위해 동료들과 탐구하며 교수 활동에 도움을 줄 증거를 수집, 활용한다.

7. *고립되지 않은 협력적인 직업으로서의 교직:* 성과는 개인의 용기 있는 행위가 아니라 집단적인 것으로 여겨진다. 교사들은 공동으로 계획하고 문제를 해결하며 이를 위해 시간 계획을 세운다. 교사들은 서로의 수업을 관찰하고 멘토링을 주고받기도 하면서 자신들의 지식과 전문성을 공유한다. 학교 내에서 그리고 학교 간에 전문성을 공유하여 질 높은 교수 활동을 시스템 전반에 걸쳐 확산한다. 교사 연구의 성공적인 사례 및 결과는 교사를 위한 학술대회에서 발표하고 학술지에 게재한다.

8. *연속적 과정으로서의 교사 개발:* 각 국가는 교사의 전문적 학습을 학생 학습을 지원하는 데 더욱 효과적인 작업으로 여기며, 시간이 흐름에 따라 동료 교사의 학습 지원을 위한 연속적인 과정으로 간주한다. 동료와의 협력은 평가 과정의 핵심 요소이며 리더십 역할을 위한 교사를 발견하는 데 도움이 된다. 교사 평가 과정은 처벌적 책무성보다는 교사의 성장 및 발전과 연결되어 있다. 교직은 계속 배워가는 직업으로 간주되며, 고경력 교사들도 새로운 기술을 끊임없이 배우고 새로운 전문성을 개발하며 공유한다.

9. *리더십을 위한 기회:* 각 국가는 리더십을 위한 기회를 충분히 제공

한다. 이 기회는 호주, 싱가포르 및 상하이에서 공식 경력 단계와 연결되어 있다. 캐나다와 핀란드를 포함하여 이 모든 국가에서는 교사 역할의 일부분으로 연구 활동, 멘토링, 교육과정 리더십 및 학교 개선 활동에 참여할 기회가 주어진다. 각 국가에서는 혁신적 교수법을 개발하고, 이를 다른 교사들과 공유하며, 학교 및 시스템 차원의 의사 결정에 참여할 기회를 공식적·비공식적으로 다양하게 제공한다.

10. *양질의 수업과 형평성을 지원하기 위해 조직된 시스템:* 시스템은 교직에 종사하는 교사 개인의 교수 활동을 지원하기 위한 기반을 제공한다. 교육 전문가들이 설계한 국가 또는 주 교육과정은 구속이 아닌 로드맵으로 사용되며, 교사의 교수 활동과 협력적 계획의 중심이 된다. 안정적이고 신뢰성 있는 자금 지원을 받는 예비 교사 양성, 멘토링 및 전문적 학습 시스템은 학교 내 일정에 포함된 전문성 개발 시간과 함께 일관되고 숙련된 교수 활동의 토대를 제공한다. 전통적으로 소외된 지역의 교육 개선을 위한 공평한 자금 조달과 의식적 집중은 모든 학생이 양질의 교수-학습 기회에 접근 가능하도록 보장하는 것을 목표로 한다.

이러한 주제에서 알 수 있듯이 질 높은 수업에 대한 폭넓은 접근은 우연이나 무작위적인 혁신 행위로 발생하지 않는다. 그러한 혁신은 잠시 흥미를 끌지만 결코 확산되지 않고 깊이 자리잡거나 정교화되지 않은 경우가 많다. 이 연구에서 밝혀진 것들 중에 정책 입안자들이 이해해야 할 몇 가지 중요한 원칙이 있다.

체제적 접근Systemic Approach

첫째, 고성과 시스템은 체계적으로 교사를 양성하고 교수 활동을 개선한다. 그들은 한 가지 정책에만 집중하여 교육의 질을 높이려 하지 않는다. 대신 고성과 시스템은 교수 활동의 각 측면을 고려하고 교사의 경

력 전반에 걸친 교사 개발 시스템을 개발했다. 일부 시스템은 시스템의 특정 측면에 더 중점을 두지만 각 지역의 시스템은 포괄적이다. 즉, 시스템의 각 요소는 서로 보완적이고, 결국 강하고 목적이 뚜렷하며 일관된 시스템^{그림 7-1 참조}을 창출하는 지원적 구조를 제공한다. 교사가 배우는 것은 그들이 가르칠 것으로 기대되는 것과 관련이 있다. 학교는 그렇게 할 수 있도록 자금을 지원받고 조직화된다. 그리고 전문성 기준, 학습 기회 및 경력 인센티브가 이 교수 활동을 위한 비전을 강화한다.

또한 우리는 국가나 주가 한 영역에서 변화를 일으키면 또 다른 것에서 상호보완적인 변화를 만드는 것을 보았다. 예를 들어, 교육과정이 개정되면 예비 교사 교육, 전문 학습, 현장 기반 교수 활동 및 인센티브가 조정된다. 혁신적 교수법이나 수업 연구 또는 실행 연구와 같은 전략 등

[그림 7-1] 교수 학습 시스템 정책들

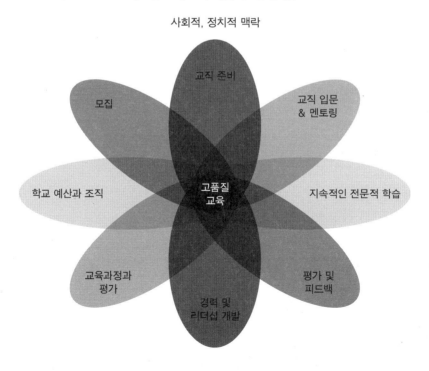

사회적, 정치적 맥락

교직 준비

모집

교직 입문 & 멘토링

학교 예산과 조직

고품질 교육

지속적인 전문적 학습

교육과정과 평가

평가 및 피드백

경력 및 리더십 개발

새로운 교수 실천이 필요할 때, 이러한 실천을 학습할 수 있도록 지원한다. 여기에는 교사가 교수 활동에 대해 배울 수 있는 세미나를 열거나 연구소를 만드는 것, 학교의 다른 교사들을 위한 학습을 조직화하는 데 도움을 줄 수 있는 고경력 교사 또는 지도 교사를 훈련하는 것, 교실에서 다른 교사의 교수 활동을 도와줄 코치를 훈련하는 것, 새로운 교육과정 단원과 수업을 설계하고 평가하기 위해 협력할 수 있는 시간을 확보하는 것이 포함된다.

실행 연구와 같은 새로운 형태의 교사 학습이 필요할 때, 이는 예비 교사 교육 및 현직 교사 연수에 포함되고, 관리자는 교사와 마찬가지로 그것에 대해 배우고 지원하는 방법을 배운다. 교장은 전문성이 가장 높은 교사들 중에서 선발되기 때문에, 교사와 교장은 공유된 지식과 경험 기반을 지닌다. 그리고 이러한 공유된 지식 기반이 교육부에서 일하기 위해 진급하는 사람들에게 전달된다는 점은 일관되고 통일된 시스템을 창출하는 데 기여한다.

일반적으로 교육부는 교수, 학습 및 시스템에 대한 실질적인 지식을 갖추고 국내외에서 이루어지는 연구의 결과와 성공적인 실천 사례들을 조사하는 실무자들로 구성된다. 이로 인해 체계적인 학습 및 실행 프로세스가 강화된다. 교육부나 주 교육부는 적절한 지식이 있는 다양한 개인들로 구성된다. 그것은 싱가포르의 경력 사다리 시스템의 일부다. 상하이는 엄격한 선발 절차가 있으며, 호주, 핀란드, 캐나다는 전문적 실천가와 정책 자문가를 활용하는 전략을 채택하고 있다.

이전에는 국가가 일부 업무 영역을 강조했다면, 이제는 시스템의 다른 부분을 강화하는 데 중점을 둔다. 예를 들어, 핀란드는 예비 교사 교육에 중점을 두었지만, 현재는 더 체계적인 멘토링 시스템 개발을 위해 노력하며, 지속적인 전문성 개발에 새로운 자금을 투자한다. 상하이는 실행 연구를 위한 교사 협력, 멘토링 및 교사 입문에 관한 매우 정교한 시스템을 구축했지만, 이제는 교사 지망생 모집 및 예비 교사 교육을 강화하기 위해 노력하고 있다. 충분히 발달된 기술과 판단 능력을 갖추고 교직에 입문할 수 있도록 교사 능력을 강화하기 위해 예비 교사 교육의 새로운 임상 모델이 여러 지역에서 자리 잡고 있다. 이러한 모든 변화는 시스템 전체를 강화하고 모든 부분 요소들이 최적으로 협력하여 작동하게 하는 데 목표가 있다.

이러한 시스템이 오랜 시간 동안 종합적 비전을 향해 꾸준하게 나아가는 것은 당연한 결과다. 몇 년마다 방향을 바꾸는 대신 이 지역들은 대부분 자신들의 요구를 충족하기 위해 정기적으로 교육과정, 수업, 교사 개발에 대한 새로운 접근을 연구, 개발, 확장해왔다. 그런 다음 이러한 접근 방식을 평가하고 개선한다. 그러고 나서 확인된 추가 요구 사항을 충족시키기 위해 추가로 개선한다. 대부분의 경우, 이런 시스템은 정치적 소용돌이의 영향을 덜 받는다. 이러한 정치적 소용돌이는 미국, 영국에서 중요한 교육적 작업과 과정을 쉽게 뒤집을 수 있으며, 다른 나라들에서는 변화하는 정치적 세력이 교육적 의사결정을 좌우할 수 있다.

조화로운 접근

둘째, 고성과 시스템의 교사 정책은 다른 교육 정책과 함께 작동된다. 예를 들어, 빅토리아 주, 뉴사우스웨일스 주 및 싱가포르의 시스템은 학생 수행 평가를 사용하는데, 이는 복잡한 문제를 해결하고 효과적으로 의사소통하기 위해 지식을 활용하는 학생들의 능력을 측정한다. 교사들이 적극적으로 이러한 평가를 개발하고 채점한다. 이것은 결과적으로 교사들에게 강력한 전문적 학습을 제공한다. 교사들은 학생들이 도달하리라 기대되는 기준과 학생들이 그러한 능력을 개발할 수 있게 하는 수업 전략과 교육과정에 대해 깊이 이해하게 된다. 또한 그들은 자신의 교실에 적용하기 위한 유사한 질 관리 기준을 개발한다.

고성과 시스템에서 책무성 정책은 수업의 질을 제고하기 위해서도 사용된다. 예를 들어 상하이에서는 학업 성취도를 높이기 위하여 성과가 낮은 학교와 우수한 학교를 매칭하면서, 전문성 신장을 위한 연수 계획을 세우고, 학교 간 교사들의 교류를 통해 교사들의 전문성이 다양한 방식으로 공유될 수 있게 한다. 핀란드에서 특별한 도움이 필요한 학생의 비율이 높은 학교는 교사와 수업을 지원하기 위한 분명한 목적을 지닌 추가 자금을 받는다. 온타리오 주도 마찬가지로 저성과 학교에 자원을 집중하는데, 특히 그 학교 지도자(관리자)들의 리더십과 교사들의 수업 능력 개발에 중점을 두며, 우수한 교사가 그 학교에 와서 수업 향상을 이끌 수 있도록 지원한다. 이 국가들이 교육을 개선하기 위해 교육 정책의 어떤 영역을 다루더라도 교육자의 역량에 관심을 집중한다.

혁신과 통제의 균형 잡기

셋째, 이러한 고성과 시스템은 질 관리 및 형평성을 유지하면서 혁신을 장려한다. 학교와 교사가 지속적으로 개선되기를 기대하는 것처럼, 고성과 시스템 자체도 정책과 실천을 개선하기 위해 끊임없이 노력하고 있다. 이를 위하여 시스템은 정책의 효과를 평가하고, 배우고 얻은 교훈을 바탕으로 정책을 개선하거나 변경한다. 그들은 성공적인 실천법과 실행 전략을 전파하는 방법을 찾아내며, 지역 학교와 교사 양성 기관이 자체 혁신적인 실천법을 개발하도록 장려한다. 이러한 혁신은 주의 깊게 모니터링되고 그들이 원하는 목적을 달성하고 있는지 확인하기 위해 평가된다. 동시에 시스템은 교육의 질과 형평성을 보장하는 실천 방안을 유지하기 위해 최선을 다하고 있다. 이를 통해 교육의 질과 형평성이 시스템의 안정적이고 신뢰할 만한 요소가 되게 하면서 혁신으로 인하여 학생들이 위험에 빠지지 않게 한다.

예를 들어, 호주와 캐나다의 주에서는 전문성 기준과 주나 지방의 인증 기준을 통해 교사 교육의 질 관리를 한다. 이와 동시에, 교사 교육 기관들이 혁신적인 실천 방안들을 개발하도록 상당한 융통성을 부여한다. 이는 정부가 때로 보조금으로 지원하는 새로운 임상 기반 모형의 개발에서 확인할 수 있다. 앨버타 주와 온타리오 주는 교사들이 혁신적인 아이디어를 개발하기 위해 지역 사회 및 다른 전문가들과 파트너십을 형성하게 하는 대담한 계획을 후원했다. 앨버타 학교 개선 계획Alberta Initiative for School Improvement은 교수와 학습 향상을 위한 교사 주도 프로젝트에 12년 동안 매년 7,500만 캐나다 달러를 지원했다. 온타리오 교사 학습 및 리더십 프로그램은 2007년부터 교사들의 혁신을 지원하기 위해 상당한 자금을 제공하며, 이는 학습 개선을 위한 실행 연구 및 광범위한 확산을 위해 사용된다. 상하이와 싱가포르에서 실행 연구 프로젝트를 뒷받침하는 교사들의 노력은 혁신 문화의 일부이며, 이런 문화는 교사 학술지, 학술대회, 표창을 통해 지지받고 칭송받고 널리 확산되어 있다.

교직에 대한 투자

요약하면, 고성과 시스템은 교사의 전문성에 투자한다. 시스템이 교사의 지식과 기술에 투자하면, 교사는 현장의 교수 활동과 개선 방안에 관한 판단을 내릴 수 있는 신뢰할 만한 전문 교육자로 인정받는다. 또한 교사가 전문성을 활용하여 다른 교사를 지원하고 정책 수립에 참여할 수 있는 구조가 마련되어 있다. 이것은 결국 사려 깊고 창의적인 사람들에게 가르치는 것을 더 매력적인 직업으로 보이게 하고, 교직 임용과 교직에 계속 머물도록 하는 것을 지원한다.

이 선순환의 가장 좋은 예는 핀란드에서 볼 수 있다. 교사의 판단에 대한 신뢰는 예비 교사 교육에 대한 국가의 과감한 투자에서 비롯한다. 모든 교사를 대상으로 하는 2년제 석사 과정은 내용 지식과 임상적 교육 실습 그리고 연구의 활용 및 수행을 위한 많은 준비에 중점을 둔다. 교사 후보자는 연구물을 읽고 이해하는 능력을 평가하는 시험을 통해 입학하고, 교수법에 대한 경험적 연구에 토대를 둔 석사 논문을 완성하고 졸업한다. 이를 통해 교사들은 자신들의 수업의 효과를 평가하는 방법들에 대한 확고한 기반을 가지게 된다. 또한 그들은 교육과정 및 평가에 대해 깊이 있게 학습한다. 교사의 판단력에 대한 신뢰가 크므로 국가는 학생 성취도에 대한 외부 평가 도구를 사용하지 않고 교사가 학생의 진행 상황을 평가하기 위해 제작한 교실 수행 평가에 의존한다. 교사들은 국가 교육과정 개발 및 검토에도 깊이 관여한다. 교사들은 국가 교육과정을 토대로 학교 기반 단원과 수업을 개발하기 위해 협력한다. 이를 통해 교사들은 자신들의 교수 활동의 목표와 결과에 대해 깊이 이해하게 된다.

싱가포르와 상하이에서는 잘 발달된 경력 사다리 시스템으로 인하여 교직이 발전하고 실천적 리더십이 향상된다. 이를 통해 교사들은 교직을 떠나지 않고 승진할 수 있으며, 우수한 교사들은 교사 지도자 또는 학교 지도자 직책으로 나아갈 수 있다. 전문성이 입증된 교사는 학교에서 교육과정 개발, 전문적 학습 지도, 수업 멘토링 등 부가적 역할을 맡거나, 학교 부서장에서 교장 그리고 교육부의 직책 등으로 진급할 수 있다. 이 모든 것은 교직의 지식 기반을 토대로 이루어지며, 교사가 받는 존경을 반영하여 그 교사의 승진에 대한 구체적이고 전문적인 의사결정을 내리게 된다.

온타리오 주에서 교육부는 경험이 풍부한 교육자를 시간제로 초빙하여, 학교에서 전략을 안내하고 실행을 지원하도록 한다. 교사 연맹은 교육 파트너십 테이블Education Partnership Table을 통해 정책 개발에 참여한다. 여기서 학생, 학부모, 이사, 교육 부서장, 감독관, 교사, 유아 교육자, 보조 근로자, 교장, 관련 지방 조직 등을 대표하는 단체 및 협회가 교육부 장관 및 고위 관료를 만난다. 테이블에 참여하는 대표들은 현장에 있는 회원들과 미리 상의하여 전문 지식과 경험에 토대를 둔 의사결정이 이루어지게 하므로 의사결정의 성공 가능성이 높아진다.

이 지역들의 변화의 방향은 몇 가지 교훈을 준다. 각각 21세기의 예상되는 요구에 맞춰 시스템을 조정하면서 교육의 질 향상을 위해 노력하고 있으며, 이를 통해 배경과 상관없이 모든 학생을 위한 학습 촉진을 추구하고 있다는 점이다. 사용 가능한 정책 수단 중에서 교사의 전문성 및 교수의 질 향상은 교육 개선의 핵심 메커니즘으로 간주된다. 이 지역들은 교직을 점점 더 전문적인 직업으로 간주하며, 동료와의 협력 및 지속적인 전문적 학습을 통해 실천의 향상을 추구하는 직업으로 이해한다.

우리가 연구한 국가와 지방은 모든 지역 사회에서 모든 학생을 위해 강력하고 지식이 풍부한 교사 집단을 창출하기 위해 체계적으로 사고하고 행동하는 것이 가능함을 보여준다. 그들은 자신들이 목표를 완전히 달성하기 위해 더 나아가야 한다고 먼저 주장할 것이다. 그러나 그들은 이미 교사와 학생의 성공을 위해 조직된 학교에서 모든 학생을 대상으로 배려 깊고 유능하고 자격을 갖춘 교사들이 협력하며 가르치는 것을 목표로 삼는 길 위에 확고하고 견고하게 서 있다.

부록 A | 연구방법론

국제 교사정책 연구the International Teacher Policy Study, ITPS는 교육 시스템 내에서 교수의 질 제고를 지원하는 정책과 실천을 조사하기 위해 다중 방법 및 다중 사례 연구 설계를 채택했다. 교원 정책 시스템의 발전 정도와 PISA 같은 국제 평가에서 학생들의 성취도를 나타내는 지표를 바탕으로 5개국에서 7개 관할 지역을 연구를 위해 선정했다. 규모가 큰 국가에서는 정책 시스템에 대한 이해를 높이기 위해 국가뿐만 아니라 선택된 주 또는 지방의 정책도 검토했다. 이 경우, 주 또는 지방은 상위 범주인 국가에 내재된 사례로 취급했다.

각 관할 팀은 한 명 이상의 지역 기반 연구원과 한 명 이상의 미국 기반 동료로 구성되었다. 이 접근법은 각각의 경우에 데이터에 대한 내부 관점과 외부 관점을 제공했다.

우리는 동일한 연구 설계를 따르되, 지역 상황에 맞게 조정하기도 했다. 정책 입안자, 교장, 교사, 교사 교육자와의 인터뷰와 학교와 대학에서의 전문적 학습 활동에 대한 관찰을 통한 데이터 수집을 위해 공통 프로토콜을 개발했다.

연구는 여러 단계로 수행되었다.

- 먼저, 교육 정책 문서와 초·중·고등 교육 기관의 교육과정, 수업, 전문성 개발 활동에 대한 문서 등 광범위한 문서를 분석했다. 각 관할구역 내의 학술 문헌과 각 관할구역에 대한 학술 문헌 검토도 마쳤다.
- 이 자료들은 국제, 국가 및 주 데이터의 분석으로 보완했다. 양적 자료는 인터뷰 이전 문서 분석을 지원하기 위해 사용했고, 나중에는 인터뷰 결과와 삼각검증을 위해 사용했다. 참고한 양적 자료에는 국가와 주 또는 지방 정부 통계, 최신 PISA 및 TALIS 보고서, OECD 국가 프로파일

문서, 그리고 교육부, 대학, 교원 단체 및 기타 전문 교육 기관이 실시한 설문 조사가 포함되었다.

- 인터뷰는 2014년에 2단계로 진행되었으며, 먼저 각 관할 지역 내 정책 입안자 및 교육 전문가를 대상으로 실시했다. 다음에는 기관 행정가, 교장, 교사, 교사 교육자 및 기타 교육 실무자와의 인터뷰를 진행했다. 각각의 경우 인터뷰는 오디오 또는 비디오로 녹음 또는 녹화하고 분석을 위해 전사하였다. 우리는 총 190명의 응답자(교사 52명, 교장 23명, 교사 후보자 23명, 대학 교수 및 직원 27명, 정책 입안자 및 교육부 직원 46명, 교원 단체 대표 11명, 행정가 또는 전문성 개발 제공자 8명)를 인터뷰했다.
- 인터뷰 외에 학교, 대학, 교실에서의 활동 및 다른 주요 회의와 전문적 학습 활동에 대해서도 자세히 관찰했다.
- 관찰 대상에는 교실 수업, 동학년 수업 계획 회의, 교사 전문성 개발 세션, 수업 관찰 및 분석 활동, 예비 교사 교육 수업 등이 포함되었다. 추가 자료에는 교사 일정표, 평가 양식, 학교 전략적 계획 문서, 연간 실행 계획 문서, 학교 예산 문서, 수업 및 평가 일정표, 교사 회의록, 학교 브로셔, 교사 교육 교육과정 문서, 교과서, 학생 학습 과제, 학교 교육과정 예시 등이 포함되었다.

국가별 사례에서 교사 교육에 관한 정책, 인식, 실천에 관한 자료를 수집한 후 교사의 모집, 양성, 입문, 전문적 학습, 경력 개발, 보상, 지위 등 주제 영역별로 분석했다. 연구자들은 다양한 자료를 삼각검증하면서 새로운 사실들을 발견할 때마다 이에 대한 증거와 상반 증거를 찾았다. 개별 사례를 구성해가면서 연구자가 어떤 주제를 발견하고, 여러 지역에 걸쳐 그것의 적용 가능성, 정확성 및 한계를 점검하는 반복적 과정을 통해 사례 간에 공통적으로 발견되는 주제를 도출했으며, 그 주제를 평가하고 세부적으로 설명하기 위해 필요한 추가 증거 자료를 모색했다.

부록 B | 치룬(QILUN)초등학교 수업계획서

학교: 민항지역 치룬초등학교	학급: 5학년 2반	교사: 지아잉 장Jiaying Zhang
주제: 평행사변형의 특징에 대한 학습	학생 수: 22	날짜: 2013년 11월 19일

1. 학습목표

1) 직사각형과 정사각형을 학습한 방법을 적용하여, 학생들이 '변'과 '각'의 차원에서 평행사변형의 특징을 스스로 발견하도록 유도한다.

2) 창작 활동에서 평행사변형의 불안정성을 경험하고 평행사변형, 직사각형, 정사각형 사이의 관계를 발견한다.

2. 목표의 근거

1) 교과서 분석

평행사변형은 초등수학 교과서 10권의 5차시에 나온다. 교과서에서 평행사변형은 두 개의 투명한 색깔 띠가 평행하게 교차하는 모습을 통해 소개된다. 이어서 두 개의 마주 보는 변의 길이가 같고 마주 보는 각도가 같은 것을 보여주고, 그다음 대각선, 밑면, 높이를 탐구하게 한다. 나는 이 과정이 평행사변형의 변과 각도를 이해하는 데 별도의 접근법을 사용하고, 앞서 도입된 직사각형과 사각형과의 비교와 연관성이 부족하다고 생각한다. 사실, 도형의 특징에 대한 학습은 두 단계로 나뉜다. 첫 번째 단계는 요소에 대한 이해를 기반으로 한 특징의 이해다. 상위 개념, 상위 방법 및 구조를 이해하고, 변의 수와 각도, 그리고 각도의 정도를 통해 직사각형과 정사각형의 특징을 학습한다. 두 번째 단계는 관련성의 이해에 기초하는데, 이때 학습은 수와 정도뿐만 아니라 변과 각의 위치에 관한 것으로 이루어진다. 이 수업은 두 번째 단계에 속한다.

구조가 유사한 2차원 도형의 특징에 대해 학습할 때, 가설을 검증하고 결론을 도출하며, 그 특징을 지속적으로 탐구하고, 특징을 사용하는 데 창의성을 발휘하는 것이 도움이 된다. 평행사변형의 학습은 직사각형, 정사각형, 삼각형의 특징에 대한 학습에 기초한다. 직사각형, 정사각형, 삼각형의 학습에서 학생들은 지식, 방법, 과정을 습득했고 이를 평행사변형 학습으로 옮길 수 있다. 그런 다음 학생들은 도움을 받으면서 직사각형, 정사각형 및 삼각형의 특징과 비교하고, 관련성에 대해 논의하고, 이러한 도형들에 대한 이해를 높일 수 있다. 학생들이 서로 다른 관점에서 특징을 이해하면서 학습할 수 있도록 도와줌으로써 도형에 대한 지식 구조를 견고하게 만드는 것이 중요하다.

2) 학생 학습 분석

이 수업 전에 학생들은 평행사변형을 관찰했다. 비록 그들이 아직 그것의 특징을 명확히 표현할 수는 없지만, 어떤 도형이 평행사변형인지 식별할 수 있다. 학습 첫 단계에서 그들은 직사각형, 사각형, 삼각형의 특징을 탐구했고, '변'과 '각'의 두 차원으로부터 도형의 특징을 탐구하는 것을 배웠고, 도형의 특징을 탐구하는 기본적인 과정(가설 세우기-가설 검증-요약과 결론-관련성 찾기)을 습득했다. 학생들이 지닌 사전 지식은 이 수업에서 주제에 대한 적극적인 발견을 위한 토대를 마련한다.

그 발견에는 정말 어려움이 있다. 첫째, 마주 보는 각의 개념이 아직 소개되지 않았기 때문에 평행사변형에서 각을 어떻게 서술할지 모를 수 있다. 둘째, 측정 오류 가능성 때문에, 마주 보는 변의 길이가 동일한지 확인하는 가장 좋은 방법은 일치하는지 확인하는 것이다. 그러나 평행사변형은 대칭이 아니므로 마주 보는 변이 일치한다는 것을 증명하기 어렵다. 셋째, 직사각형은 4개의 직각이 있는 평행사변형이다. 직사각형이 특별한 평행사변형이라는 개념을 배우기 위해서는 복잡한 과정이 필요하다. 넷째, 직사각형은 네 개의 직각이 있는 평행사변형이다. 직사각형에서 네 변이 같다면 그것은 정사각형이 된다.

평행사변형이 정사각형으로 변하는 데는 변과 각의 변화가 필요하다. 학생들이 이해하는 것뿐만 아니라 연관성에 대해 더 깊이 생각하게 하는 방법은 무엇인가? 이런 어려움들을 극복하려면 이전의 연구 방법에서 벗어나야 한다.

수업 절차			
단계	교사 활동	학생 활동	목적
1. 도입	제시: 정사각형, 직사각형 핵심 요약: 우리는 변과 각의 차원에서 2차원 도형의 특징을 탐구할 수 있다.	짝꿍에게 특징과 연관성에 관해 이야기한다.	선수 학습을 복습하고 다음 학습을 위한 준비를 한다.
2. 평행사변형 특징 탐구	1단계: 가설 세우기 질문: 교사는 학생에게 평행사변형을 준다. 너희 모두는 평행사변형이 4개의 변과 4개의 각이 있는 도형이라는 것을 안다. 4개의 각을 ⟨1, ⟨2, ⟨3, ⟨4로 표시하라. 4개 변과 각을 자세히 보고 무슨 특징이 있는지 보라. 학생들에게 그들의 생각을 공유하도록 한다. 1) 변: 평행사변형에서 같은 길이의 마주 보는 변 2) 각: ⟨1=⟨2=⟨3=⟨4 2단계: 특징 탐구 질문: 모든 평행사변형이 특징을 공유하는가? 가방에서 많은 종류의 평행사변형을 볼 수 있을 것이다. 가설이 맞는지 검증해 보라. 집단 공유: 1) 변의 특징: 힌트: 마주 보는 변이 일치하는지 보기 위해 도구를 사용할 수 있었는가? 2) 각의 특징: 소개: 마주 보는 각의 개념 3단계: 결론 도출 질문: 가설 검증을 통해 평행사변형에서 변과 각의 특징에 대해 어떤 결론을 도출할 수 있는가?	짝꿍과 생각하고 쓰고 이야기한다. 가설을 공유하고 만든다. 가설을 검증한다. 탐구: 측정 오류 가능성을 고려할 때, 마주 보는 변이 일치하는지 확인하는 것이 도움이 된다. 평행사변형에서 마주 보는 변이 일치한다는 것을 증명하기는 어렵다. 회전시키면 된다. 명료화: 평행사변형에서 마주 보는 변은 평행하고 길이가 같다. 마주 보는 각은 각도가 같다.	직사각형, 사각형, 삼각형을 공부한 학생들의 경험을 바탕으로 '가설 세우기-가설 검증-결론 도출' 과정에서 같은 지식구조를 적극적으로 적용하며 평행사변형의 특징을 경험하고 학습하도록 유도한다. 이 과정은 학생들이 겪을 수 있는 어려움에 중점을 둔다. 예를 들어, 반대편 대변이 일치할 수 있는지 경험하게 한다.

3. 평행사변형 불안정성 탐구	과제: 짧은 막대로 평행사변형을 어떻게 만들 것인가? 그 이유는 무엇인가? 짧은 막대로 평행사변형을 만들라. 질문: 여러분이 같은 막대로 만든 평행사변형들은 다르다. 여러분의 평행사변형의 변과 각을 비교하라. 그것들은 어떤 것이 같고 다른가? 과제: 4개의 짧은 막대로 안정적인 평행사변형을 만들어 보라. 얼마나 많은 종류의 평행사변형을 만들 수 있는지 보라. 특별한 경우가 있는가? 가이드: 각도의 변화를 관찰할 때 한 각도에 초점을 맞추고 다른 각도가 어떻게 변하는지 확인할 수 있다. 비교: 여기 삼각형이 있다. 그것을 비틀어 보자. 무엇을 발견할 수 있나? 요약과 추가 탐구: 평행사변형은 안정적이지 않다. 우리 삶에서 그 불안정성 때문에 평행사변형이 어디에 사용되었는지 떠올릴 수 있는가?	명료화: 평행사변형은 같은 길이의 마주보는 변이 있으므로 같은 길이의 짧은 막대 2개를 선택할 수 있을 것이다. 생각 비교: 변은 같고 각이 변한다. 실험에 대한 생각: 특정 각도에 초점을 맞춘다. 30, 45, 60, 90, 120, 135 같은 각도를 표시한다. 결과 공유: 직사각형은 평행사변형의 모든 특징을 지니는 평행사변형의 특수한 유형이다. 직사각형의 독특한 특징은 4개의 직각이 있다는 것이다. 생각: 삼각형을 비트는 것은 쉽지 않다. 평행사변형을 비트는 것이 더 쉽다. 우리 삶에서의 적용을 공유하라.	이 발견 과정에서 학생들은 과학적 과정과 논리적 과정을 거치게 된다. 평행사변형을 비틀면서 각도의 변화를 볼 것이고, 직사각형은 평행사변형의 특수한 유형임을 배울 것이다. 평행사변형을 삼각형과 비교할 때, 평행사변형의 불안정성을 더욱 이해할 것이다.
4. 평행사변형과 다른 도형의 관계 탐구	질문: 이것은 평행사변형이다. 이것을 어떻게 직사각형으로 만들 수 있는가? 직사각형을 어떻게 정사각형으로 만들 수 있는가? 결과를 공유하라. 후속 질문: 각도를 바꾼 다음, 변을 바꾸라. 평행사변형을 정사각형으로 만드는 다른 방법이 있는가? 요약: 도형은 그것들의 특징에 따라 변형될 수 있다.	생각하고 공유하라. 생각: 각도를 90도로 바꾸고 변을 같은 길이로 바꾼다. 결과 공유: 변의 길이를 먼저 다이아몬드 모양으로 바꾼 다음 각도를 바꾸어 정사각형을 만들 수 있다. 짝과 공유하라. 그림을 그려보라.	관계의 탐구는 특징에 대한 이해를 높이고 연관성 만들기를 도울 것이다. 그림은 세 도형의 관련성을 생생하게 보여주어 이후 학습의 토대가 된다.

4. 평행사변형과 다른 도형의 관련성 탐구	과제: 평행사변형, 직사각형, 정사각형 사이에는 밀접한 관계가 있는 것 같다. 이 관계를 나타내기 위해 그림을 그릴 수 있는가? 요약: 정사각형은 직사각형의 특수한 유형이다. 직사각형은 평행사변형의 특수한 유형이다.	연관성 탐구: 바깥쪽에서 중앙으로: 평행사변형 직사각형 정사각형	
5. 수업 요약	요약: 평행사변형의 특징을 어떻게 탐구했는가? 같은 방법으로 다른 도형을 학습할 수 있다.	짝을 짓고 공유하라.	이는 지식 구조를 더욱 확장하고 학생들이 배운 것을 관련 학습에 적극적으로 적용하게 하는 것이다.

부록 C | 치바오(QIBAO) 수업 대회 평가 양식

학년		과목		과제		
교사		교육 경력		직책/지위	기타 책무/업무	

평가 유형	평가 내용	평가 항목	평가 결과 (맞는 것에 V 표시를 하시오.)			
			매우 우수	상대적으로 우수	평균	상대적으로 미흡
교사 행동	교육 내용	1. 수업 내용이 효과적이고 적절하다. 교육목표가 맥락에 적절하다.				
		2. 수업 계획 설계는 교육과정의 유기적인 구성 요소로, 다른 지식과의 통합을 강조하며 학교 맥락과 연결된다.				
	교육 방법	3. 수업이 교수 전 학습 이론learning-before-teaching theory을 반영한다. 학습을 위한 과학적이고 효과적인 교육 지원이 있다.				
		4. 교사는 학생들을 존중하고, 동기 부여하고, 인정한다. 교사는 적시에 피드백을 주고 학생들의 그룹 수행에 정량적인 평가를 사용한다.				
		5. 교사는 즉각적이고 적절하게 학생들을 지도하고, 자극하고, 격려하고, 도전하게 한다. 제때 적절한 피드백과 조정이 있다.				
		6. 교사는 모든 학생을 주의 깊게 살피고 개별 학생에 따라 맞춤형 교육을 한다. 어려워하는 학생들을 돌보고 그들이 학습에 참여할 수 있는 다양한 방법을 사용한다				
학생 행동	학습	7. 교실이 역동적이다. 학생들은 참여적이고 활기차다.				
		8. 다양한 학습 방법을 포함한다. 독립적이고 탐구적이며 협력적인 학습을 포함한다.				
		9. 대부분의 학생이 참여한다. 수업 활동에서 벗어난 학생은 없다. 80% 이상이 좋은 학습 상태에 있다.				
		10. 모둠 활동이 의미 있게 활용되며 학습 내용과 연관성이 강하다.				
		11. 탐구, 협력, 발표 그리고 소통에 소요된 시간이 80% 이상을 차지한다. 분명히 학생 중심이다.				
	학습 효과	12. 대부분의 학생은 학습 목표를 달성할 수 있고, 주요 학습 내용을 잘 파악할 수 있으며, 도전적인 영역에서 진전을 이룰 수 있다.				
		13. 모든 수준의 학생이 성공적인 학습 경험을 한다. 어려워하는 학생들도 학습에 참여하고 수업 활동에서 벗어나지 않는다.				
종합 평가	긍정적인 점 분석:					
	주요 개선 영역과 분석:					

참고문헌

ABS. (2015, January 29). *Overseas born Aussies hit a 120 year peak*. Canberra, Australia: Australian Bureau of Statistics. Retrieved from http://www.abs.gov.au/AUSSTATS/abs@.nsf/Previousproducts/3412.0Media%20Release12013-14

Academy of Singapore Teachers. (n.d.). MOE Teacher Induction Framework. Retrieved from http://www.academyofsingaporeteachers.moe.gov.sg/professional-growth/professional-development-programmes/moe-teacher-induction-framework

ACARA. (2015, December 15). The Australian curriculum v 8.1. Australian Curriculum Assessment and Reporting Authority. Retrieved from http://www.australiancurriculum.edu.au/

Adamson, F., & Darling-Hammond, L. (2015). Policy pathways for twenty-first century skills. In P. Griffi n& E.Care(Eds.), *Assessment and teaching of 21st century skills: Methods and approaches* (pp.293-310). New York, NY: Springer.

AEU. (2014). Teacher Education Ministerial Advisory Group Consultation 2014: Submission. Retrieved from http://aeufederal.org.au/application/files/6114/3273/1821/TEMAGConsultation.pdf

AITSL. (2011). *National Professional Standards for Teachers*. Melbourne, Australia: Australian Institute for Teaching and School Leadership. Retrieved from http://www.aitsl.edu.au/australian-professional-standards-for-teachers

AITSL. (2015a). *Action Now: Selection of entrants into initial teacher education*. Melbourne, Australia: Australian Institute for Teaching and School Leadership. Retrieved from http://www.aitsl.edu.au/initial-teacher-education/ite-reform/selection

AITSL. (2015b). *Australian Professional Standard for Principals and Leadership Profiles*. Melbourne, Australia: Australian Institute for Teaching and School Leadership. Retrieved from http://www.aitsl.edu.au/docs/default-source/school-leadership/australian-professional-standard-for-principals-and-the-leadership-profiles.pdf

Alberta Education. (1997). *Teaching quality standard applicable to the provision of basic education in Alberta*(Ministerial Order# 016/97). Edmonton, Canada: Author.

Alberta Education. (2014). Questions about . . . teacher salaries. Retrieved September 18, 2014, from http://education.alberta.ca/admin/workforce/faq/teachers/teachersalaries.aspx

Alberta Education. (2016). *Education funding in Alberta: Kindergarten to grade 12, 2016/2017 school year.* Edmonton, Canada: Alberta Ministry of Education. Retrieved from https://education.alberta.ca/media/3255924/education-funding-in-alberta-handbook-2016-2017.pdf

Alberta Learning Information Services. (2013). 2013 Alberta wage and salary survey, jobs, skills, labour, and training. Average wages by industry and economic region. Retrieved from http://alis.alberta.ca/pdf/wageinfo/2013_AWSS_Wages_By_Industry_and_Region.pdf

ATA. (2010). *A framework for professional development in Alberta.* Alberta, Canada: The Alberta Teachers' Association.

ATA. (2014). *Reflections on teaching: Teacher efficacy and the professional capital of Alberta teachers.* Edmonton, Canada: The Alberta Teachers' Association. Retrieved from https://www.teachers.ab.ca/SiteCollections Documents/ATA/Publications/Research/PD-86-27%20Refl ections%20 on%20Teaching.pdf

Auguste, B. G., Kihn, P., & Miller, M. (2010). *Closing the talent gap: Attractסing and retaining top-third graduates to careers in teaching: An international and market research-based perspective.* McKinsey.

Banks, C. A., & Banks, J. A.(1995). Equity pedagogy: An essential component of multicultural education. *Theory into Practice, 34*(3), 152-158.

Barber, M., & Mourshed, M. (2007). *How the world's best-performing school systems come out on top.* London, UK: McKinsey & Company.

Bennett, J. (2015, August). *Presentation to the NSW PPA Credential Validation panel.* Presented at the NSW Primary Principals' Association, Australian Technology Park, Sydney, Australia.

Borman, G. D., & Dowling, N. M. (2008). Teacher attrition and retention: A meta-analytic and narrative review of the research. *Review of Educational Research, 78*(3), 367-409.

Bracks, S. (2015). *Greater returns on investment in education: Government schools funding review*. Melbourne, Australia: Victoria State Government. Retrieved from http://www.education.vic.gov.au/Documents/about/department/government-schools-funding-review-march.pdf

Buchberger, F., & Buchberger, I. (2004). Problem solving capacity of a teacher education system as a condition of success? An analysis of the "Finnish case." In F. Buchberger& I. Buchberger(Eds.), *Education policy analysis in a comparative perspective*(pp.222-237). Linz, Austria: Trauner.

Campbell, C., Lieberman, A., & Yashkina, A., with Carrier, N., Malik, S., & Sohn, J. (2014). *The Teacher Learning and Leadership Program: Research report 2013-14*. Toronto, Canada: Ontario Teachers' Federation. Retrieved from http://www.otffeo.on.ca/en/wp-content/uploads/sites/2/2014/08/TLLP-Final-Report-April-2014.pdf

Campbell, C., Lieberman, A., & Yashkina, A., with Hauseman, C., & Rodway Macri, J. (2015). *The teacher learning and leadership program: Research report for 2014-15*. Toronto, Canada: Ontario Teachers' Federation.

Carnegie Corporation. (2006). *Teachers for a new era: Transforming teacher education*. New York, NY: Carnegie Corporation.

Casserly, M. (2012, May 11). 10 jobs that didn't exist 10 years ago. *Forbes*. Retrieved December 26, 2015, from http://www.forbes.com/sites/meghancasserly/2012/05/11/10-jobs-that-didnt-exist-10-years-ago/

Cheng, K. (2011). Shanghai: How a big city in a developing country leaped to the head of the class. In M. Tucker(Ed.), *Surpassing Shanghai: An agenda for American education built on the world's leading systems*(pp.21-50). Cambridge, MA: Harvard Education Press.

Cheng, K., & Yip, H. (2006). *Facing the knowledge society: Reforming secondary education in Hong Kong and Shanghai*(Education Working Paper No. 5). Washington, DC: World Bank.

City, E. A., Elmore, R. F., Fiarman, S. E., & Teitel, L. (2009). *Instructional rounds in education: A network approach to improving teaching and learning*. Cambridge, MA: Harvard Education Press.

Clotfelter, C. T., Ladd, H. F., & Vigdor, J. L.(2006). Teacher-student matching and the assessment of teacher effectiveness. *Journal of Human Resources, 41*(4), 778-820.

COAG. (2012, June). National partnership agreement on rewards for great teachers. Council of Australian Governments. Retrieved from http://www.federalfi nancialrelations.gov.au/content/npa/education/rewards_for_great_ teachers/national_partnership.pdf

Communist Party of China Central Committee and the State Council. (2010, July). *Outline of China's national plan for medium and long-term education reform and development.* Beijing, People's Republic of China. Retrieved from http://planipolis.iiep.unesco.org/upload/China/China_ National_Long_Term_Educational_Reform_Development_2010-2020_eng. pdf

Council of Ministers of Education, Canada. (2008, April 15). Learn Canada 2020. Retrieved from http://cmec.ca/Publications/Lists/Publications/ Attachments/187/CMEC-2020-DECLARATION.en.pdf

Crocker, R. (2009). Rethinking the AISI research model: Secondary data analysis and future applications. In A.Hargreaves, R. Crocker, B. Davis, L. McEwen, P. Sahlberg, D. Shirley, D. Sumara, & M. Hughes, *The learning mosaic: A multiple perspectives review of the Alberta Initiative for School Improvement(AISI)*(pp.9-33). Edmonton, Canada: Alberta Education. Retrieved from http://education.alberta.ca/aisi

Crowley, R. (1998). *A class act: Inquiry into the status of the teaching profession.* Canberra, Australia: Parliament of Australia, Education and Trainᴇing Reference Group.

Darling-Hammond, L. (1998). Strengthening the teaching profession: Teacher learning that supports student learning. *Educational Leadership, 55*(5).

Darling-Hammond, L. (2000). How teacher education matters. *Journal of Teacher Education, 51*(3), 166-173.

Darling-Hammond, L. (2006). *Powerful teacher education: Lessons from exemplary programs.* San Francisco, CA: Jossey-Bass.

Darling-Hammond, L. (2009). Teaching and the change wars: The professionalism hypothesis. In A. Hargreaves& M. Fullan(Eds.), *Change wars*(pp.45-68). Bloomington, IN: Solution Tree Press.

Darling-Hammond, L. (2010). Recruiting and retaining teachers: Turning around the race to the bottom in high-need schools. *Journal of Curriculum and Instruction*, 4(1), 16-32. http://doi.org/10.3776/joci.2010. v4n1p16-32

Darling-Hammond, L. (2013). *Developing and sustaining a high-quality teaching force* (Global Cities Education Network). Stanford, CA: Stanford Center for Opportunity Policy in Education. Retrieved from https:// edpolicy.stanford.edu/sites/default/files/publications/developing-andsustaining-high-quality-teacher-force.pdf

Darling-Hammond, L., & Bransford, J.(Eds.). (2005). *Preparing teachers for a changing world: What teachers should learn and be able to do*. San Francisco, CA: Jossey-Bass.

Darling-Hammond, L., & Richardson, N. (2009). Research review/teacher learning: What matters. *Educational Leadership, 66*(5), 46-53.

Darling-Hammond, L., & Wentworth, L. (2014). Reaching out: International benchmarks for performance assessment. In L.Darling-Hammond & F. Adamson(Eds.), *Beyond the bubble test: How performance assessments support 21st-century learning*(pp.93-130). San Francisco, CA: Jossey-Bass.

Darling-Hammond, L., Wise, A. E., & Klein, S. P.(1999). *A license to teach. Raising standards for teaching*. San Francisco, CA: Jossey-Bass.

DEC. (2011). *Connected communities strategy*. Sydney, Australia: NSW Department of Education and Communities.

DEC. (2013). *Great teaching, inspired learning: A blueprint for action*. Sydney, Australia: NSW Department of Education and Communities. Retrieved from http://www.schools.nsw.edu.au/media/downloads/news/greatteaching/gtil_blueprint.pdf

DEECD. (2011). *Curiosity and powerful learning*. Melbourne, Australia: Department of Education and Early Childhood Development. Retrieved from http://www.aiz.vic.edu.au/Embed/Media/00000025/Curiosity-booklet-single-pages-for-web-21-Oct-11.pdf

DEECD. (2012a, December 1). *Principal selection policy*. Melbourne, Australia: Department of Education and Early Childhood Development.

DEECD. (2012b). *Towards Victoria as a learning community*. Melbourne, Australia: Communications Division for Flagship Strategies Division, Department of Education and Early Childhood Development.

DEECD. (2013a). *DEECD 2013-17 strategic plan*. Melbourne, Australia: Department of Education and Early Childhood Development. Retrieved from http://www.education.vic.gov.au/Documents/about/department/stratplan201317.pdf

DEECD. (2013b). *From new directions to action: World-class teaching and school leadership*. Melbourne, Australia: Department of Education and Early Childhood Development. Retrieved from http://www.eduweb.vic.gov.au/edulibrary/public/commrel/about/teachingprofession.pdf

DEECD. (2013c). *Professional practice and performance for improved learning: School accountability*. Melbourne, Australia: Department of Education and Early Childhood Development. Retrieved from http://www.education.vic.gov.au/school/principals/management/Pages/schoolperformance.aspx

DEECD. (2014a). *Professional practice and performance for improved learning: Performance and development*. Melbourne, Australia: Department of Education and Early Childhood Development. Retrieved from http://www.education.vic.gov.au/Documents/school/principals/management/ppilperfdevt.pdf

DEECD. (2014b, October 22). School centres for teaching excellence. Retrieved April 4, 2014, from http://www.education.vic.gov.au/about/programs/partnerships/pages/partnernationalsteach.aspx

DET. (2007). *The Developmental Learning Framework for School Leaders*. Melbourne, Australia: Department of Education and Training. Retrieved from http://www.education.vic.gov.au/Documents/school/principals/profdev/developmentallearn.pdf

DET. (2015). *Education state: Schools*. Melbourne, Australia: Department of Education and Training. Retrieved from http://www.education.vic.gov.au/Documents/about/educationstate/launch.pdf

Dolton, P., & Marcenaro-Gutierrez, O. (2013). *2013 global teacher status index*. London, UK: Varkey GEMS Foundation. Retrieved from https:www.varkeyfoundation.org/sites/default/files/documents/2013GlobalTeacherStatusIndex.pdf

Dudley, P. (2011). Lesson study: A handbook. Retrieved from http://lessonstudy.co.uk/wp-content/uploads/2012/03/Lesson_Study_Handbook_-_011011-1.pdf

DuFour, R., & Marzano, R. J. (2011). *Leaders of learning: How district, school, and classroom leaders improve student achievement*. Bloomington, IN: Solution Tree Press.

Elmore, R. F., & Burney, D. (1997). Investing in teacher learning: Staff development and instructional improvement in Community School District #2, New York City. Retrieved from http://eric.ed.gov/?id=ED416203

Finnish National Board of Education. (2007). Futures education. Retrieved from http://www.oph.fi /download/47651_netengtulevaisuuskasvatus2007.pdf

Finnish National Board of Education. (2014). Opettajat Suomessa [Teachers in Finland] (Koulutuksen seurantaraportit No. 8). Helsinki, Finland: National Board of Education.

Frey, C. B., & Osborne, M. A. (2013). The future of employment: How *susceptible are jobs to computerisation(Working paper)*. Oxford, UK: University of Oxford. Retrieved from http:// www.oxfordmartin.ox.ac.uk/ downloads/academic/future-of-employment.pdf

Gang, S. (2010). *National survey and policy analysis for teacher professional development in primary and secondary schools*. Shanghai, China: East China Normal University Press.

Garner, R. (2015, March 20). Finland schools: Subjects scrapped and replaced with "topics" as country reforms its education system. *The Independent*. Retrieved from http://www.independent.co.uk/news/world/ europe/finlandschools-subjects-are-out-and-topics-are-in-as-country-reforms-its-education-system-10123911.html

Geeraerts, K., Tynjälä, P., Heikkinen, H. L., Markkanen, I., Pennanen, M., & Gijbels, D. (2015). Peer-group mentoring as a tool for teacher development. *European Journal of Teacher Education, 38*(3), 358-377.

Gillard, J. (2012, September). A national plan for school improvement. Presented at the National Press Club, Canberra, Australia.

Goddard, Y. L., Goddard, R. D., & Tschannen-Moran, M. (2007). A theoretical and empirical investigation of teacher collaboration for school improvement and student achievement in public elementary schools. *Teachers College Record, 109*(4), 877-896.

Goh, C. T. (1997, June 2). Shaping our future: Thinking schools, learning nation. Speech by Prime Minister Goh Chok Tong at the opening of the 7th International Conference on Thinking, Singapore. [Press release]. Retrieved from http://www. moe. gov. sg/speeches/1997/020697

Gonski, D. M. (2014, May). Thoughts of a reviewer of school funding, two years on. Presented at the Australian College of Educators' Inaugural Jean Blackburn Oration, Melbourne.

Gonski, D. M. , Boston, K., Greiner, K., Lawrence, C., Scales, B., & Tannock, P. (2012). *Review of funding for schooling*. Canberra, Australia: Department of Education, Employment and Workplace Relations.

Government of Ontario. (2014). *Achieving excellence: A renewed vision for education in Ontario*. Toronto, Canada : Ministry of Education. Retrieved from http://www.edu.gov.on.ca/eng/about/renewedVision.pdf

Government of Ontario. (2015). 2015-16 education funding: A guide to the grants for students' needs. Toronto, Canada: Queen's Printer for Ontario. Retrieved from http://www.edu.gov.on.ca/eng/funding/1516/2015GSNguideEN.pdf

Graduate Careers Australia. (2013). *Graduate salaries 2012: A report on the earnings of new Australian graduates in their first full-time employment*. Melbourne, Australia: Graduate Careers Australia. Retrieved from http://www.graduatecareers.com.au/wp-content/uploads/2013/07/Graduate%20Salaries%202012%20[secured].pdf

Graham, L. J., & Jahnukainen, M. (2011). Wherefore art thou, inclusion? Analysing the development of inclusive education in New South Wales, Alberta and Finland. *Journal of Education Policy, 26*(2), 263-288.

Gunn, T. M., Pomahac, G., Striker, E., & Tailfeathers, J. (2011). First Nations, Métis, and Inuit education: The Alberta initiative for school improvement approach to improve indigenous education in Alberta. *Journal of Educational Change, 12*(3), 323-345.

Halinen, I. (2014, September 19). Curriculum reform 2016: Building the future together. Presented at the Enirdelm Conference, Vantaa, Finland.

Hargreaves, A., Crocker, R., Davis, B., McEwen, L., Sahlberg, P., Shirley, D., Sumara, D., & Hughes, M. (2009). *The learning mosaic: A multiple perspective review of the Alberta Initiative for School Improvement(AISI)*. Edmonton, Canada: Alberta Education. Retrieved from http://education.alberta.ca/aisi

Hargreaves, A., & Fullan, M. (2012). *Professional capital: Transforming teaching in every school*. New York, NY: Teachers College Press.

Hargreaves, A., Halász, G., & Pont, B. (2008). The Finnish approach to system leadership. In B. Pont, D. Nusche, & D. Hopkins(Eds.), *Improving school leadership* (Vol. 2: Case studies on system leadership, pp.69-109). Paris, France: OECD.

Hart, D. (2012). *The 18th OISE survey of educational issues: Public attitudes towards education in Ontario 2012*. Toronto, Ontario: Ontario Institute for Studies in Education. Retrieved from http://www.oise.utoronto.ca/oise/UserFiles/File/OISE%20Survey/18th_OISE_Survey/OISE%20SURVEY%2018.pdf

Hatch, T. (2013). Beneath the surface of accountability: Answerability, responsibility and capacity-building in recent educational reforms in

Norway. *Journal of Educational Change, 14*(1), 1-15.

Heng, S. K. (2012, September 12). Keynote address. Presented at the Ministry of Education work plan seminar, Singapore. Retrieved from http://www.moe.gov.sg/media/speeches/2012/09/12/keynote-address-by-mr-hengswee-keat-at-wps-2012.php.

Henry, G. T., Bastian, K. C., & Fortner, C. K. (2011). Stayers and leavers early-career teacher effectiveness and attrition. *Educational Researcher, 40*(6), 271-280.

Herbert, M., Broad, K., Gaskell , J., Hart, D., Berrill, D., Demers, S., & Heap, J. (2010). *Teacher preparation and success in Ontario.* Prepared for the Ontario Ministry of Education. Toronto, Canada: University of Toronto; Trent University; Université Laurentienne; Brock University.

Ingersoll, R. (2007). *A comparative study of teacher preparation and qualifications in six nations*(CPRE Research Reports). Philadelphia, PA: Consortium for Policy Research in Education.

Ingersoll, R. M. , & Strong, M. (2011). The impact of induction and mentoring programs for beginning teachers: A critical review of the research. *Review of Educational Research, 81*(2), 201-233. http://doi.org/10.3102/0034654311403323

International Alliance of Leading Education Institutes. (2008). *Transforming teacher education: Redefined professionals for 21st century schools.* Singapore: National Institute of Education. Retrieved from http://website.education.wisc.edu/inei/wp-content/uploads/Documents/Transforming_Teacher_Education_Report.pdf

ISTP. (2016). Country commitments from the International Summit on the Teaching Profession 2016. Retrieved from http://www.istp2016.org/fileadmin/Redaktion/Dokumente/documentation/2016_ISTP_Country_Commitments.pdf

Jackson, C. K., & Bruegmann, E. (2009). Teaching students and teaching each other: The importance of peer learning for teachers. National Bureau of Economic Research. Retrieved from http://www.nber.org/papers/w15202

Jensen, B., & Farmer, J. (2013). *School turnaround in Shanghai: The empowered-management program approach to improving school performance.* Washington, DC: Center for American Progress.

Jensen, B., Sonnemann, J., Roberts-Hull, K., & Hunter, A. (2016). *Beyond PD:*

Teacher professional learning in high-performing systems. Washington, DC: National Center for Education and the Economy.

Johnson, D. R. (2013). *Teachers and their salaries—Some evidence from the Labour Force Survey.* Laurier Centre for Economic Research & Policy Analysis. Retrieved from http://navigator.wlu.ca/content/documents/Link/career%20new%20website/LCERPA_LFNews_Jan_2013.pdf

Johnson, S. M., Kraft, M. A., & Papay, J. P. (2012). How context matters in high-need schools: The effects of teachers' working conditions on their professional satisfaction and their students' achievement. *Teachers College Record, 114*(10), 1-39.

Kaftandjieva, F., & Takala, S. (2002, June). Relating the Finnish matriculation examination English test results to the CEF scales. Presented at the Seminar on Linking Language Examinations to CEFR, Helsinki, Finland.

Kane, R., Jones, A., Rottman, J., & Conner, M. (2010). *NTIP evaluation: Final report executive summary (Cycle III).* Ottawa, Canada: University of Ottawa. Retrieved from http:// www.edu.gov.on.ca/eng/policyfunding/memos/may2010/NTIP_Evaluation_Report_2010.pdf

Kansanen, P. (2007). Research-based teacher education. In R. Jakku-Sihvonen & H. Niemi(Eds.), *Education as a societal contributor: Reflections by Finnish educationalists*(pp.131-146). Frankfurt am Main, Germany: Peter Lang.

Kemmis, S., Heikkinen, H.L.T., Fransson, G., Aspfors, J., & Edwards-Groves, C. (2014). Mentoring of new teachers as a contested practice: Supervision, support and collaborative self-development. *Teaching and Teacher Education, 43,* 154-164. http://doi.org/10.1016/j.tate.2014.07.001

Kini, T., & Podolsky, A. (2016). *Does teaching experience increase teacher effectiveness? A review of the research.* Palo Alto, CA: Learning Policy Institute. Retrieved from https:// learningpolicyinstitute.org/our-work/publications-resources/ does-teaching-experience-increase-teachereffectiveness-review-research

Koh, K. H., Tan, C., & Ng, P. T. (2012). Creating thinking schools through authentic assessment: The case in Singapore. Educational Assessment, Evaluation and Accountability, 24(2), 135-149.

Kraft, M. A., & Papay, J. P. (2014). Can professional environments in schools promote teacher development? Explaining heterogeneity in returns to teaching experience. *Educational Evaluation and Policy Analysis, 36*(4),

476-500.

Krogstad, J. M., & Keegan, M. (2014, May 14). 15 states with the highest share of immigrants in their population. Retrieved from http://www. pewresearch.org/fact-tank/2014/05/14/15-states-with-the-highest-share-ofʦimmigrants-in-their-population/

Krokfors, L. (2007). Two-fold role of refl ective pedagogical practice in research-based teacher education. In R. Jakku-Sihvonen& H. Niemi(Eds.), *Education as a societal contributor*(pp.147-160). Frankfurt am Main, Germany: Peter Lang.

Kultusminister Koferenz. (2016). ISTP2016—International Summit on the Teaching Profession 2016. Retrieved March 10, 2016, from http://www. istp2016.org/

Ladd, H. F. (2011). Teachers' perceptions of their working conditions: How predictive of planned and actual teacher movement? *Educational Evaluation and Policy Analysis, 33*(2), 235-261.

Lavonen, J. (2008). *Reasons behind Finnish students' success in the PISA scientific literacy assessment.* Helsinki, Finland: University of Helsinki. Retrieved from http://www.oph.fi /info/finlandinpisastudies/ conference2008/science_results_and_reasons.pdf

Lee, H. (2013, June 4). Why Finnish babies sleep in cardboard boxes. BBC. Retrieved October 29, 2014, from http://www.bbc.com/news/ magazine22751415

Lee, K.-E. C., & Tan, M. Y. (2010, March7-12). Rating teachers and rewarding teacher performance: The context of Singapore. Presented at the Asia-Pacific Economic Cooperation (APEC) Conference on Replicating Exemplary Practices in Mathematics Education, Koh Samui, Thailand.

Lee, S. K., Lee, W. O., & Low, E. L.(Eds.). (2013). *Educational policy innovations: Leveling up and sustaining educational achievement.* Singapore: Springer.

LePoer, B. L. (1989). *Singapore: A country study.* Washington, DC: Library of Congress, Federal Research Division.

Levin, B. (2014). Sustainable, large-scale education renewal: The case of Ontario. In S. K.Lee, W. O.Lee, & E. L.Low(Eds.), *Educational policy innovations: Leveling up and sustaining educational achievement* (pp.201-216). Singapore: Springer.

Liang, S., Glaz, S., DeFranco, T., Vinsonhaler, C., Grenier, R., & Cardetti,

F.(2012). An examination of the preparation and practice of grades 7-12 mathematics teachers from the Shandong Province in China. *Journal of Mathematics Teacher Education, 15*(5). http://doi.org/10.1007/s10857-012-9228-x

Liiten, M. (2004, February 11). Ykkössuosikki: Oppetajan ammatti [Top favorite: Teaching Profession.]. *Helsingin Sanomat.* Helsinki, Finland.

Loeb, S., Darling-Hammond, L., & Luczak, J. (2005). How teaching conditions predict teacher turnover in California schools. *Peabody Journal of Education, 80*(3), 44-70.

Lyman, P., & Varian, H. R. (2003). *How much information?* Berkeley, CA: School of Information Management and Systems, University of California, Berkeley. Retrieved from http://www2.sims.berkeley.edu/research/projects/how-much-info-2003/

Martin, A., & Pennanen, M. (2015). *Mobility and transition of pedagogical expertise in Finland*(No. 51). Jyväskylä, Finland: Finnish Institute for Educational Research, University of Jyväskylä.

Matthews, P., Moorman, H., & Nusche, D. (2007). School leadership development strategies: Building leadership capacity in Victoria, Australia. OECD. Retrieved from http://www.oecd.org/edu/school/39883476.pdf

MCEETYA. (2008). *Melbourne declaration on educational goals for young Australians.* Melbourne, Australia: Ministerial Council for Education, Employment, Training and Youth Affairs.

McIntyre, A. (2012). The greatest impact for early career teachers. Presented at the Australian Council for Educational Leaders National Conference, Adelaide.

McIntyre, A. (2013). Teacher quality evidence for action. Presented at the Australian College of Educators conference, Australian College of Educators.

McLean Davies, L., Anderson, M., Deans, J., Dinham, S., Griffin, P., Kameniar, B., ⋯ Tyler, D. (2012). Masterly preparation: Embedding clinical practice in a graduate pre-service teacher education programme. *Journal of Education for Teaching, 39*(1), 93-106. http://doi.org/10.1080/02607476.2012.733193

Mehta, J., & Schwartz, R. (2011). Canada: Looks a lot like us but gets much better results. In M. Tucker(Ed.), *Surpassing Shanghai: An agenda for American education built on the world's leading systems*(pp.141-166).

Cambridge, MA: Harvard Education Press.

Merlino, J. (2015, October 9). Raising the status of the teaching profession in the education state. Retrieved February 19, 2016, from http://www.premier.vic.gov.au/raising-the-status-of-the-teaching-profession-in-the-education-state/

Ministry of Education and Culture. (2012). *Education and research 2011– 2016: A development plan*(Reports of the Ministry of Education and Culture, Finland, 2012 –3). Helsinki, Finland : Ministry of Education and Culture. Retrieved from http://www.minedu.fi/OPM/Julkaisut/2012/Kehittamissuunnitelma.html?lang=fi &extra_locale=en

Ministry of Education of the People's Republic of China. (2011). Middle school teacher professional standards. Retrieved from http://www.moe.edu.cn/ publicfiles/business/htmlfi les/moe/s6127/201112/127830.html

Ministry of Education, Singapore. (2015). 21st century competencies. Retrieved from https://www.moe.gov.sg/education/education-system/21st-century-competencies

Ministry of Education, Singapore. (n.d.). Career information. Retrieved from https://www.moe.gov.sg/careers/teach/career-information

NCATE. (2010). *Transforming teacher education through clinical practice: A national strategy to prepare effective teachers.* (Report of the Blue Ribbon Panel on Clinical Preparation and Partnerships for Improved Student Learning). Washington, DC: National Council for Accreditation of Teacher Education. Retrieved from http://www.ncate.org/Public/researchreports/NCAtEinitiatives/BlueribbonPanel/tabid/715/Default.aspx

Niu, Z., & Liu, M. (2012, April 25). Teacher merit pay in China: A case study in Beijing. Presented at the Annual meeting of the 56th Annual Conference of the Comparative and International Education Society, San Juan, Puerto Rico.

NSW Government. (2013). *OCHRE—Opportunity, choice, healing, responsibility, empowerment*(NSW Government plan for Aboriginal affairs: Education, employment & accountability). Sydney, Australia: NSW Government. Retrieved from http://www.aboriginalaffairs.nsw.gov.au/wp-content/uploads/2013/04/AA_OCHRE_fi nal.pdf

NSW Primary Principals Association. (2015). *NSW PPA principals credential phase one report 2015.* Sydney, Australia: NSW Primary Principals Association. Retrieved from http://www.nswppa.org.au/

OECD. (2007). *Science competencies for tomorrow's world* [Report]. Paris, France: OECD Publishing. Retrieved from http://www.oecd.org/pisa/pisaproducts/pisa2006/39725224.pdf

OECD. (2011). *Lessons from PISA for the United States*. Strong performers and successful reformers in education. Paris, France: OECD Publishing. Retrieved from http://dx.doi.org/10.1787/9789264096660-en

OECD. (2013a). *PISA 2012 results: Excellence through equity* (Vol. II). Paris, France: OECD Publishing. Retrieved from http://www.oecd-ilibrary.org/education/pisa-2012-results-excellence-through-equity-volumeᵗ ii_9789264201132-en

OECD. (2013b). *PISA 2012 results: What makes schools successful*(Vol.IV). Paris, France: OECD Publishing. Retrieved from http://www.oecdᵗilibrary.org/education/pisa-2012-results-what-makes-a-school-successfulᵗ volume-iv_9789264201156-en

OECD. (2014a). *Education at a glance 2014*. Paris, France: OECD Publishing. Retrieved from http://www.oecd-ilibrary.org/education/education-ata-glance-2014_eag-2014-en

OECD. (2014b). *Education at a glance country note: Canada*. Paris, France: OECD Publishing. Retrieved from http://www.oecd.org/edu/Canada-EAG2014-Country-Note.pdf

OECD. (2014c). *PISA 2012 results: What students know and can do—student performance in mathematics, reading and science*(Vol. I, Rev. ed., February 2014). Paris, France: OECD Publishing. Retrieved from http://dx.doi.org/10.1787/9789264201118-en

OECD. (2014d). *Talis 2013 results: An international perspective on teaching and learning*. Paris, France: OECD Publishing. Retrieved from http://dx.doi.org/10.1787/9789264196261-en

OECD. (2015). *Education at a glance 2015: OECD indicators*. Paris, France: OECD Publishing. Retrieved from http://dx.doi.org/10.1787/eag-2015-en

Ontario College of Teachers. (2000). Standards of practice. Ontario, Canada: Ontario College of Teachers. Retrieved from http://www.oct.ca/public/professional-standards/standards-of-practice

Ontario College of Teachers. (2009). *Principals' qualification program*. Ontario, Canada: Ontario College of Teachers. Retrieved from https://www.oct.ca/-/media/PDF/Principals%20Qualification%20Program%20 2009/principals_qualification_program_e.pdf

Ontario College of Teachers. (2011). *Transition to teaching 2011: Early-career teachers in Ontario schools.* Toronto, Canada: Ontario College of Teachers. Retrieved from http://www.oct.ca/-/media/PDF/Transition%20 to%20Teaching%202011/EN/transitions11_e.ashx

Ontario College of Teachers. (2012). *Transition to teaching 2012: Teachers face tough entry-job hurdles in an increasingly crowded Ontario employment market.* Toronto, Canada: Ontario College of Teachers. Retrieved from http://www.oct.ca/-/media/PDF/Transition%20to%20 Teaching%202012/T2T%20Main%20Report_EN_web_accessible0313.ashx

Ontario Ministry of Education. (2010). *Growing success: Assessment, evaluation, and reporting in Ontario schools.* Toronto, Canada: Author. Retrieved from https://www.edu.gov.on.ca/eng/policyfunding/ growSuccess.pdf

Ontario Ministry of Education. (2012). Ontario leadership framework. Retrieved from https://www.education-leadership-ontario.ca/content/ framework

Ontario Ministry of Education. (2013, June 5). Giving new teachers the tools for success. Retrieved June 27, 2016, from https://news.ontario.ca/edu/ en/2013/06/giving-new-teachers-the-tools-for-success.html

Paine, L., & Ma, L. (1993). Teachers working together: A dialogue on organizational and cultural perspectives of Chinese teachers. *International Journal of Educational Research, 19*(8), 675-697.

Parkin, A. (2015). International report card on public education: Key facts on Canadian achievement and equity. The Environics Institute. Retrieved from http://www.environicsinstitute.org/uploads/institute-projects/environics%20institute%20-%20parkin%20-%20international%20 report%20on%20education%20-%20fi nal%20report.pdf

Parsons, J., & Beauchamp, L. (2012). Action research: The Alberta Initiative for School Improvement(AISI) and its implications for teacher education. *Action Researcher in Education, 3*(1), 120-131.

Parsons, J., McRae, P., & Taylor, L. (2006). *Celebrating school improvement: Six lessons from Alberta's AISI projects.* Edmonton, Canada: School Improvement Press

Pennanen, M., Bristol, L., Wilkinson, J., & Heikkinen, H.L.T. (2016). What is "good" mentoring? Understanding mentoring practices of teacher induc tion through case studies of Finland and Australia. *Pedagogy, Culture &*

Society, 24(1), 27–53. http://doi.org/10.1080/14681366.2015.1083045

Piesanen, E., Kiviniemi, U., & Valkonen, S.(2007). *Opettajankoulutuksen kehittämisohjelman seuranta ja arviointi. Opettajien täydennyskoulutus 2005 ja seuranta 1998-2005 oppiaineittain ja oppialoittain eri oppilaitosᴛ muodoissa [Follow-up and evaluation of the teacher education development program: Continuing teacher education in 2005 and its follow up 1998-2005 by fields and subjects in different types of educational institutions.]*. Jyväskyläm, Finland: University of Jyväskylä, Institute for Educational Research.

Pine, G. J. (2008). *Teacher action research: Building knowledge democracies*. Thousand Oaks, CA: Sage Publications.

Rickards, F. (2012, May 29). New course design: Building clinical skills with grounded experience in schools. Presented at the National Forum on Initial Teacher Education, Melbourne. Retrieved from http://www.education.vic.gov.au/Documents/about/programs/partnerships/natforuminitialmorning.pdf

Roberts, D. (2013, April 4). Chinese education: The truth behind the boasts. *Bloomberg Businessweek*. Retrieved from http://www.bloomberg.com/news/articles/2013-04-04/chinese-education-the-truth-behind-the-boasts

Sahlberg, P. (2007). Education policies for raising student learning: The Finnish approach. *Journal of Education Policy, 22*(2), 147-171.

Sahlberg, P. (2009). AISI: A global perspective. In A.Hargreaves, R. Crocker, B. Davis, L. McEwen, P. Sahlberg, D. Shirley, D. Sumara, & M. Hughes, *The learning mosaic: A multiple perspectives review of the Alberta Initiative for School Improvement (AISI)*(pp.77-89). Edmonton, Canada: Alberta Education. Retrieved from http://education.alberta.ca/aisi

Sahlberg, P. (2010). Educational change in Finland. In A. Hargreaves, A. Lieberman, M. Fullan, & D. Hopkins(Eds.), *Second international handbook of educational change*(pp.323-348). Dordrecht, the Netherlands: Springer.

Sahlberg, P. (2015a, March 25). Finland's school reforms won't scrap subjects altogether. *The Conversation*. Retrieved from http://theconversation.com/finlands-school-reforms-wont-scrap-subjects-altogether-39328

Sahlberg, P. (2015b). *Finnish lessons 2.0: What can the world learn from education in Finland?* New York, NY: Teachers College Press.

Salleh, H., & Tan, C.H.P. (2013). Novice teachers learning from others:

Mentoring in Shanghai schools. *Australian Journal of Teacher Education,* *38*(3), article 10, 152-165.

Sato, M., Roehrig, G., & Donna, J. (2010). Bending the professional teaching continuum: How teacher renewal supports teacher retention. In J. Rhoton(Ed.), *Science education leadership: Best practices for the new century*(pp.177-198). Arlington, VA: NSTA Press.

School Act, Pub. L. No. Revised statutes of Alberta 2000: Chapter S-3. (2000). Retrieved from http://www.qp.alberta.ca/documents/acts/s03.pdf

Sclafani, S. , & Lim, E. (2008). *Rethinking human capital: Singapore as a model for teacher development.* Washington, DC: Aspen Institute.

Scott, C., Kleinhenz, E., Weldon, K., Reid, K., & Dinhan, S. (2010). *Master of teaching MGSE: Evaluation report.* Camberwell, Australia: Australian Council for Educational Research.

Shanghai Municipal Education Commission. (2008). *Shanghai education yearbook 2008.* Shanghai, China: Shanghai Educational Publishing House.

Shanghai Municipal Statistics Bureau. (2011). *Shanghai basic facts.* Shanghai, China: Information Office of Shanghai Municipality.

Shulman, L. S. (1983). Autonomy and obligation: The remote control of teaching. In L. S. Shulman& G.Sykes(Eds.), *Handbook of teaching and policy.* New York, NY: Longman.

Shulman, L. S. (1986). Those who understand: Knowledge growth in teaching. *Educational Researcher, 15*(2), 4-14.

Singapore Department of Statistics. (2015, September). Population in brief 2015. Retrieved from http://population.sg/population-in-brief/files/population-in-brief-2015.pdf

Singapore MOE. (2012). *The teacher growth model: Fact sheet.* Singapore: Author. Retrieved from https://www.moe.gov.sg/media/press/files/2012/05/fact-sheet-teacher-growth-model.pdf

Singapore NIE. (2009). *TE21: A teacher education model for the 21st century.* Singapore: Author.

Singapore NIE. (2012). *A teacher education model for the 21st century(TE21): NIE's journey from concept to realisation—An implementation report.* Singapore: National Institute of Education. Retrieved from https://www.nie.edu.sg/files/booklet_web.pdf

Snoek, M. (2014). Theories on and concepts of professionalism of teachers and their consequences for the curriculum in teacher education.

Retrieved from http://www.hva.nl/binaries/content/assets/subsites/kc-oo/publicaties/theories-on-and-concepts-of-professionalism-hungarian-publication.pdf

Spillane, J. P., Sherer, J. Z., & Codren, A. (2005). Distributed leadership. In W. K.Hoy& C. G. Miskel(Eds.), *Educational leadership and reform*(pp.149-167). Greenwich, CT: IA.

Statistics Canada. (2013). *Immigration and ethnocultural diversity in Canada: National Household Survey, 2011*. Ottawa, Canada: Statistics Canada—Statistique Canada. Retrieved from http://epe.lac-bac.gc.ca/100/201/301/weekly_checklist/2013/internet/w13-19-U-E.html/collections/collection_2013/statcan/CS99-010-2011-1-eng.pdf

Statistics Finland. (2014a). Statistics Finland—Education. Retrieved January 20, 2015, from http://tilastokeskus.fi /til/kou_en.html

Statistics Finland. (2014b). *Ulkomaalaistaustainen väestö 2013 [Population with foreign background]*(Suomen virallinen tilasto [Official Statistics of Finland]). Helsinki, Finland: Statistics Finland. Retrieved from http://www.stat.fi /tup/julkaisut/tiedostot/julkaisuluettelo/yvrm_ulsi_201300_2014_12286_net.pdf

Stewart, V. (2011). Singapore: A journey to the top, step by step. In M. Tucker(Ed.), *Surpassing Shanghai: An agenda for American education built on the world's leading systems*(pp.113-139). Cambridge, MA: Harvard Education Press.

Tan, C. (2013). *Learning from Shanghai*. Singapore: Springer. Retrieved from http://link.springer.com/10.1007/978-981-4021-87-6

Tan, K. S., & Wong, Y. F. (2012). Developing quality teachers for the Singapore School System: The impact of the National Institute of Education and the tripartite relationship with the Ministry of Education and Schools. In I. Žogla & L. Rutka(Eds.), *Teachers' life-cycle from initial teacher education to experienced professional*. Brussels, Belgium: Association for Teacher Education in Europe.

Teh, L. W. (2014). Singapore's performance in PISA: Levelling up the long tail. In S. K. Lee, W. O. Lee, & E. L. Low(Eds.), *Educational policy innovations*(pp.71-83). Singapore: Springer.

TEMAG. (2015, February). *Action now: Classroom ready teachers: Report of the Teacher Education Ministerial Advisory Group*. Canberra, Australia: Department of Education and Training.

Teo, C. H. (2001, July). Speech by Radm(NS) Teo Chee Hean, Minister for Education and Second Minister for Defence. Presented at the NIE teachers' investiture ceremony, Singapore indoor stadium, Singapore. Retrieved from http://www.moe.gov.sg/media/speeches/2001/sp04072001.htm

Thompson, C. L. , & Zeuli, J. S. (1999). The frame and the tapestry: Standards based reform and professional development. In L. Darling-Hammond & G. Sykes(Eds.), *Teaching as the learning profession: Handbook of policy and practice*(pp.341-375). San Francisco, CA: Jossey-Bass.

Thomson, S., De Bortoli, L. J. , & Buckley, S. (2014). *PISA 2012: How Australia measures up*. Melbourne, Australia : Australian Council for Educational Research (ACER).

Toom, A., Kynäslahti, H., Krokfors, L., Jyrhämä, R., Byman, R., Stenberg, K., . . . Kansanen, P. (2010). Experiences of research-based approach to teacher education: Suggestions for future policies. *European Journal of Education, 45*(2), 331-344.

Tucker, M.(Ed.). (2011). *Surpassing Shanghai: An agenda for American education built on the world's leading systems*. Cambridge, MA: Harvard Education Press.

Tucker, M. (2014). *Chinese lessons: Shanghai's rise to the top of the PISA league tables*. Washington, DC: National Center on Education and the Economy.

University of Alberta. (2004). *Alberta Initiative for School Improvement: What have we learned; An assessment of district qualitative reports and promising practices from Cycle 1, 2000-2003*. School Improvement Press. Edmonton, Alberta. Retrieved January 4, 2005, from www.education. govab.ca/K_12/special/AISI/pdfs/UniversityofA_Cycle1_Report_June_2004. pdf

Uusiautti, S., & Määtta, K. (2013). Significant trends in the development of Finnish teacher training education programs(1860-2010). *Education Policy Analysis Archives, 21*(59). Retrieved from http://epaa.asu.edu/ojs/article/view/1276

VIT. (2013, January 1). Evidence of professional practice for full registration. Retrieved September 29, 2014, from http://www.vit.vic.edu.au/prt/pages/evidence-of-professional-practice-for-full-registration-36.aspx

VIT. (2014, June). *Evaluating the supporting provisionally registered teachers program: 2013 summary report*. Melbourne, Australia: Victorian Institute of Teaching.

Wilson, S., Floden, R., & Ferrini-Mundy, J. (2001). *Teacher preparation research: Current knowledge, gaps, and recommendations.* Seattle, WA: Center for the Study of Teaching and Policy.

Wu, N. (2014). The implementation of the national professional standard for K-12 teachers, 2012(NPST) at regional and local level in China: A case study of regional teacher professional development standards implementation in Qingyang District, Chengdu, China. *Higher Education of Social Science, 7*(3), 89-98.

Ye, L. (2009). "New Basic Education" and me: Retrospective notes from the past ten years of research. *Frontiers of Education in China, 4*(4), 558-609. http://doi.org/10.1007/s11516-009-0031-0

Zeichner, K. M. (1995). Beyond the divide of teacher research and academic research. *Teachers and Teaching: Theory and Practice, 1*(2), 153-172.

Zhang, M., Ding, X., & Xu, J. (2016). *Developing Shanghai's teachers.* Washington, DC: National Center for Education and the Economy. Retrieved from http://www.ncee.org/wp-content/uploads/2016/01/DevelopingShanghaiTeachersWEB.pdf

Zhan, M., Xu, J., & Sun, C. (2014). Effective teachers for successful schools and high performing students: The case of Shanghai. In S. K. Lee, W. O. Lee, & E. L. Low(Eds.), *Educational Policy Innovations*(pp.143-161). Singapore: Springer.

삶의 행복을 꿈꾸는 교육은
어디에서 오는가?

● **교육혁명을 앞당기는 배움책 이야기** 혁신교육의 철학과 잉걸진 미래를 만나다!

● **비고츠키 선집** 발달과 협력의 교육학 어떻게 읽을 것인가?

● 경쟁과 차별을 넘어 평등과 협력으로 미래를 열어가는 교육 대전환! 혁신교육 현장 필독서

전문적 학습네트워크 크리스 브라운·신디 푸트먼 엮음 | 성기선·문은경 옮김 | 424쪽 | 값 24,000원

초등 개념기반 탐구학습 설계와 실천 이야기 김병일 외 지음 | 380쪽 | 값 27,000원

선생님이 왜 노조 해요? 교사노동조합연맹 기획 | 324쪽 | 값 18,000원

참된 삶과 교육에 관한
생각 줍기